2009年国家社科基金项目
"《资治通鉴音注》音系与宋元语音的比较研究"（项目号：09BYY036）

本书出版得到国家民委重点学科、宁夏双一流重点培育学科中国语言文学的资助

《资治通鉴音注》语音研究（修订本）

马君花 王博雅 著

中国社会科学出版社

图书在版编目(CIP)数据

《资治通鉴音注》语音研究 / 马君花，王博雅著. 修订本. -- 北京：中国社会科学出版社，2024.12.
ISBN 978-7-5227-3899-4

Ⅰ．H11-09

中国国家版本馆 CIP 数据核字第 202490ZJ63 号

出 版 人	赵剑英
责任编辑	刘　艳
责任校对	陈　晨
责任印制	郝美娜

出　　版	中国社会科学出版社
社　　址	北京鼓楼西大街甲 158 号
邮　　编	100720
网　　址	http://www.csspw.cn
发 行 部	010-84083685
门 市 部	010-84029450
经　　销	新华书店及其他书店
印　　刷	北京君升印刷有限公司
装　　订	廊坊市广阳区广增装订厂
版　　次	2024 年 12 月第 1 版
印　　次	2024 年 12 月第 1 次印刷
开　　本	710×1000　1/16
印　　张	30
字　　数	477 千字
定　　价	178.00 元

凡购买中国社会科学出版社图书，如有质量问题请与本社营销中心联系调换
电话：010-84083683
版权所有　侵权必究

修订本前言

本书初版于2016年9月，由台湾花木兰文化出版社出版。初版共4册，其中"研究篇"2册，"资料篇"2册。由于该书在大陆无法购买，无法更好地与同仁交流，现修订后由中国社会科学出版社出版。此修订本在原先"研究篇"的基础上进行了修改、补充和完善。此次修订主要表现在以下几个方面。

1. 补充研究牙喉混注、舌齿音与牙喉音混注、来母与舌齿音混注等现象，重新审视了帮非混注、端知混注等类隔现象，指出这是文献专门用字或特殊意义的读音，是传统读书音，而非时音。修改、补充了塞音与其同部位鼻音混注现象的研究，补充了同组塞音声母混注现象的分析，并就其所反映的语音分合现象重新予以表述；补充了"去鼻化音变"的相关理论与探讨。

2. 重新研究了初版标记为"特殊音切"或"存疑"的音切，并修正了相关结论。胡注对于通假字、古今字等的注音，我们都予以重新审视与关注。重新审视了方音层次问题，并进行了修改；重新审视一字多音问题，将其与语音演变划分开来研究。修改了《通鉴音注》韵母系统与《蒙古字韵》《中原音韵》的比较表的错误。

3. 调整了初版第三章的结构层次。将初版第七章"《通鉴音注》与元代汉语语音的比较"调整为第六章第二节"《通鉴音注》《蒙古字韵》《中原音韵》音系的异同"，将初版第六章第三节标题"《通鉴音注》音系性质的讨论"修改为"《通鉴音注》与宋元时期其他文献语音特点的异同"，相应内容也有所修订。

4. 去掉了初版第八章"与江灏先生商榷的几个问题"，补充了《同音字表》，增加了附论。受篇章结构的限制，反映重纽问题、特殊音切问题的材料分散在各个节次里，比较零散，不便深入探讨。本书中我们将已经发表的相关论文附于文末，以求更加集中而明确地展现胡三省《通鉴音注》的语音特点。

需要说明的是，绪论章所附《胡三省墓志铭》《新注资治通鉴序》《通鉴释文辩误后序》对于我们了解胡三省及其治学思想都有帮助，故依照初版继续附列于此处。

本书最初的研究基础是笔者的博士学位论文（2008），后经国社基金项目资助继续研究，并形成专著出版，直到目前修订后再版，前后十五六年间，得到了许多专家的鼓励和指导。我们根据专家们的宝贵意见进行了修改，改正了相关错误，在此我们表示深深的谢意！现呈上修订本，并希望学界同仁能够继续给予批评指正，以便我们进一步修改。

马君花

2023 年 10 月

凡　例

1. 本书采用简体字行文，个别字因其繁体与简体的音义不同，故保留其繁体写法。例如，並母之"並"字、鍾韵之"鍾"字、影母之"於"等，这些字所代表的声母韵母与其简体字所代表的声母韵母并不相同，因此行文过程中我们没有使用该字的简体写法。个别繁体字的音与义与现代简体字不完全是一一对应的关系，在行文中，对于一简对多繁的情况，如果其繁体所记的古音古义各自不同，在研究中不能混同，则保留文献所使用的繁体字以区别古音与古义。

2. 本书分析音韵地位时各项内容的先后顺序是：以"‖"为分界线，其前所列内容依次是被注字、胡三省的音切、胡三省音切的音韵地位（包括声母、韵母、开合、等位、声调、韵摄6项）；"‖"后依次是被注字的《广韵》反切及其中古音韵地位。

3. 音读分析之后的方括号"【】"里显示的是《集韵》反切。分析音读时，各项内容皆以空格隔开。《集韵》反切后加"＊"号则表示该被注字与其直音字在《集韵》里是同一小韵。个别字不见于《广韵》，则采用《集韵》反切进行分析，并于反切后加"＊"标识，同时其后不再列出《集韵》反切。

4. 《广韵》和《集韵》都没有收的字都另加注释说明。有个别字读音分析项后的"【】"里有两个反切，则表示这两个反切都可以与胡注的反切相对应。

5. 本书中古音的拟音通常采用邵荣芬《切韵研究》的构拟，有争议之处则标明所参照的学者及其论著。上古音的韵部、音值及其到中古的发展都参照王力《汉语史稿》。分析语音变化时如不特别说明则都是举平以赅上去。

6. 文中出现的"胡注""《音注》""《通鉴音注》"等都是对《资治通鉴音注》的简称。为行文简便起见，我们在分析音韵地位时，胡三省反切"某某翻"省去"翻"字，直音"某音某"不省"音"字；《广韵》《集韵》反切皆省去"切"字。随文便宜行事，不再一一注明。

7. 同一话题之下分析用例顺次编号，遇有孤例者，为追求格式上的整齐，也标明序号。

目　　录

第一章　绪论 ………………………………………………………（1）
　第一节　《通鉴音注》概述 …………………………………………（1）
　第二节　《通鉴音注》的特点及本书研究的内容 …………………（8）
　　一　注音材料的特点 ………………………………………………（9）
　　二　材料来源及研究内容 …………………………………………（17）
　第三节　《通鉴音注》在汉语语音史上的研究价值 ………………（18）
　第四节　前人研究概况 ………………………………………………（20）
　第五节　研究方法 ……………………………………………………（23）
　　一　穷尽性的语料整理与分析 ……………………………………（23）
　　二　反切比较法 ……………………………………………………（25）
　　三　归纳法 …………………………………………………………（29）
　　四　比勘互证法 ……………………………………………………（29）
　　五　方音参证法 ……………………………………………………（30）
　　六　又音研究法 ……………………………………………………（31）
　　七　层次分析法 ……………………………………………………（33）
　附　录 …………………………………………………………………（34）
　　附录1　胡三省墓志铭 ……………………………………………（34）
　　附录2　新注资治通鉴序 …………………………………………（35）
　　附录3　通鉴释文辩误后序 ………………………………………（38）

第二章　被注字的分布情况 ………………………………………（40）
　　一　通摄 ……………………………………………………………（40）
　　二　江摄 ……………………………………………………………（41）

三　止摄 …………………………………………………… (42)
　　四　遇摄 …………………………………………………… (43)
　　五　蟹摄 …………………………………………………… (44)
　　六　臻摄 …………………………………………………… (45)
　　七　山摄 …………………………………………………… (47)
　　八　效摄 …………………………………………………… (49)
　　九　果摄 …………………………………………………… (50)
　　十　假摄 …………………………………………………… (51)
　　十一　宕摄 ………………………………………………… (51)
　　十二　梗摄 ………………………………………………… (52)
　　十三　曾摄 ………………………………………………… (53)
　　十四　流摄 ………………………………………………… (54)
　　十五　深摄 ………………………………………………… (55)
　　十六　咸摄 ………………………………………………… (55)

第三章　《通鉴音注》声母系统 ……………………………… (58)
第一节　唇音 …………………………………………………… (59)
　　一　重唇音 ………………………………………………… (59)
　　二　轻唇音 ………………………………………………… (67)
第二节　舌音 …………………………………………………… (75)
　　一　舌头音 ………………………………………………… (75)
　　二　舌上音 ………………………………………………… (81)
第三节　齿音 …………………………………………………… (87)
　　一　齿头音 ………………………………………………… (88)
　　二　正齿音 ………………………………………………… (97)
第四节　舌音与齿音混注问题 ……………………………… (106)
　　一　知照合流 ……………………………………………… (106)
　　二　知照归精 ……………………………………………… (118)
　　三　端组与知章庄精组诸声母混注的问题 ……………… (131)
　　四　舌上音、正齿音的演变特点 ………………………… (138)
第五节　牙喉音 ………………………………………………… (139)

目　录

　　一　牙音 …………………………………………………… (140)
　　二　喉音 …………………………………………………… (147)
　　三　牙喉音混注的问题 …………………………………… (154)
　　四　牙喉音与唇舌齿音混注现象 ………………………… (165)
第六节　半舌音与半齿音 ……………………………………… (176)
　　一　半舌音 ………………………………………………… (176)
　　二　半齿音 ………………………………………………… (181)
第七节　同部位塞音、塞擦音与鼻音声母混注的讨论 ……… (189)
第八节　《通鉴音注》声母系统的特点及音值构拟 ………… (191)
　　一　声母系统的特点 ……………………………………… (191)
　　二　声母的音值 …………………………………………… (192)

第四章　《通鉴音注》韵母系统 …………………………… (194)
第一节　-ŋ 尾韵的演变 ………………………………………… (195)
　　一　东锺部 ………………………………………………… (195)
　　二　江阳部 ………………………………………………… (198)
　　三　庚青部 ………………………………………………… (201)
　　四　-n 尾韵和 -ŋ 尾韵的混注现象 ……………………… (207)
第二节　-n 尾韵的演变 ………………………………………… (207)
　　一　真文部 ………………………………………………… (207)
　　二　寒仙部 ………………………………………………… (212)
　　三　-m 尾韵与 -n 尾韵的混注现象 ……………………… (221)
　　四　阳声韵和阴声韵的混注现象 ………………………… (222)
第三节　-m 尾韵的演变 ………………………………………… (223)
　　一　侵寻部 ………………………………………………… (223)
　　二　覃盐部 ………………………………………………… (225)
第四节　阴声韵（一）………………………………………… (232)
　　一　齐微部 ………………………………………………… (232)
　　二　支思部 ………………………………………………… (245)
　　三　皆来部 ………………………………………………… (258)
　　四　止蟹合流 ……………………………………………… (265)

第五节　阴声韵（二） ……………………………………… (266)
　　一　歌戈部 …………………………………………… (266)
　　二　家麻部 …………………………………………… (270)
　　三　车遮部 …………………………………………… (279)
　　四　鱼模部 …………………………………………… (282)
　　五　尤侯部 …………………………………………… (287)
　　六　萧豪部 …………………………………………… (290)
第六节　入声韵 ……………………………………………… (295)
　　一　屋烛部 …………………………………………… (297)
　　二　药觉部 …………………………………………… (300)
　　三　质物部 …………………………………………… (302)
　　四　薛月部 …………………………………………… (304)
　　五　陌职部 …………………………………………… (308)
　　六　缉入部 …………………………………………… (311)
　　七　葉帖部 …………………………………………… (312)
　　八　《通鉴音注》入声韵的演变 …………………… (315)
第七节　《通鉴音注》韵母系统的特点及其音值构拟 …… (323)
　　一　主元音问题 ……………………………………… (323)
　　二　介音问题 ………………………………………… (325)
　　三　关于阳声韵尾的问题 …………………………… (325)
　　四　唇音字的开合问题 ……………………………… (326)
　　五　《通鉴音注》韵母系统的特点 ………………… (327)
　　六　《通鉴音注》音系韵母表 ……………………… (329)

第五章　《通鉴音注》声调系统 ……………………………… (331)
第一节　《通鉴音注》声调的考察方法 …………………… (332)
　　一　胡三省的声调观念 ……………………………… (332)
　　二　研究《通鉴音注》声调系统的方法 …………… (335)
　　三　《广韵》四声系统在《通鉴音注》中的反映 … (337)
第二节　《通鉴音注》声调演变的几个问题 ……………… (337)
　　一　关于全浊上声变去声的探讨 …………………… (337)

二　关于平分阴阳的探讨 …………………………………… (344)
　　三　关于入声字的演变方向的探讨 ……………………… (345)
　第三节　《通鉴音注》的四声八调系统 ……………………… (347)
　　一　四声八调的理论依据 ………………………………… (347)
　　二　《通鉴音注》四声分阴阳的讨论 …………………… (351)

第六章　《通鉴音注》音系性质 ……………………………… (354)
　第一节　《通鉴音注》音切的性质 …………………………… (354)
　第二节　《通鉴音注》与《蒙古字韵》《中原音韵》音系的
　　　　　异同 ……………………………………………………… (356)
　　一　声母系统的比较 ……………………………………… (359)
　　二　韵母系统的比较 ……………………………………… (365)
　　三　声调系统的比较 ……………………………………… (375)
　第三节　《通鉴音注》与宋元时期其他文献语音特点的
　　　　　异同 ……………………………………………………… (377)
　　一　与南宋等韵图《皇极经世解起数诀》音系的比较 …… (377)
　　二　与同时代北方词人白朴词曲韵部的比较 ……………… (378)
　　三　与元代吴方言音系的比较 …………………………… (380)
　第四节　《通鉴音注》音系的语音基础 ……………………… (382)

第七章　《通鉴音注》同音字表 ……………………………… (385)

附　论 ……………………………………………………………… (432)
　附论1　《通鉴音注》重纽问题研究 ………………………… (432)
　附论2　《通鉴音注》特殊音切的韵母关系研究 …………… (447)

参考文献 …………………………………………………………… (462)

后　记 ……………………………………………………………… (468)

第一章 绪论

第一节 《通鉴音注》概述

《资治通鉴》，宋司马光编著、宋末元初胡三省音注，共294卷。胡三省，《宋史》《元史》无传，《宋元学案》仅有百余字的小传。据《光绪宁海县志》卷二十《艺文内编》墓碑类《胡氏家乘》载其子胡幼文所作墓志，述其生卒年月及行历甚详。元代袁桷《清容居士集》之《祭胡梅磵文》（卷四十三，刻本，清道光二十年）、《师友渊源录》（《清容集》卷三十三，刻本，清道光二十年）等文也有记载。胡三省生于南宋理宗绍定三年（1230），卒于元成宗大德六年（1302），天台人[①]，世居宁海。字身之，旧字景参，号梅磵（或作梅涧）。宝祐四年（1256）进士，与文天祥、陆秀夫、谢枋得等人同榜，曾先后做过吉州泰和县尉、庆元慈溪县尉、扬州江都丞、江陵县令、怀宁县令。宋度宗咸淳三年（1267）任寿春府府学教授，六年（1270），回杭州，应廖延平之请，"俾雠校《通鉴》以授其子弟，为著《雠校通鉴凡例》"[②]。宋恭宗德祐元年（1275）因荐入贾似道军，主管沿江制置司机宜文字。上御敌之策，言不获用；战败，归乡里。官终奉朝郎。宋恭宗德祐二年（1276），元军攻陷临安，浙东大乱，在从宁海到新昌避兵乱的途中，所撰书稿散失殆尽，多年心血毁于一旦。南宋灭亡后，隐居乡里。乱

[①] 关于胡三省的籍贯，胡克均认为是宁海县，不是今天的天台县，详参胡克均《关于胡三省的籍贯问题》（《杭州大学学报》（哲学社会科学版）1981年第2期）。

[②] （元）胡三省：《新注资治通鉴序》，载《资治通鉴》（第一册），中华书局1956年版，第26页。

定，复购他本重新作注，元世祖至元二十二年（1285）定稿，以成今日流传之注本。章钰《胡刻通鉴正文校宋记述略》注云："事略见袁桷《清容居士集·师友渊源录》，有云：释《通鉴》三十年，兵难，稿三失。乙酉岁，留袁氏塾，日钞定注，己丑寇作，以书藏窖中得免。定注今在家。全祖望《鲒埼亭集》有《胡梅磵藏书窖记》云：南湖袁学士桥即清容故居，东轩有石窖，即梅磵藏书之所。清容又有《祭胡氏文》，专举注《通鉴》一事，称为司马氏功臣。……《宋元学案》列胡氏于深宁门人，亦仅收《通鉴注》与《史炤释文辩误》两序。所著《竹素园集》一百卷，卢文弨《宋史艺文志补》、钱大昕《补元史艺文志》皆载其目。《江东十鉴》《四城赋》，全（祖望）记云不可得见，是则胡氏著述散佚者久矣。归安陆心源《宋史翼》，采《台州府志》，列胡氏于《遗献传》，无他事迹可考。"① 民国初年修订的《新元史》根据胡三省的《新注资治通鉴序》为他作了53字的介绍。1945年陈垣著《通鉴胡注表微》，全面介绍了胡三省的生平、抱负、治学、民族精神，介绍了胡三省《〈资治通鉴〉音注》的内容。

　　胡三省的著作流传至今的只有《〈资治通鉴〉音注》和《通鉴释文辩误》。胡三省一生最大的贡献就是为《资治通鉴》作了详尽的注释。

　　胡三省之前，最先给《资治通鉴》作注的是司马光的门人刘安世，有《资治通鉴音义》十卷，但很快就失传了。南宋时期，《资治通鉴》已经有三家释文：一是司马康《释文》，刻于海陵（泰州），故称海陵本。陈振孙《直斋书录解题》著录，有二十卷；《宋史·艺文志》作六卷，现已不存。二是史炤《释文》，《书录解题》及《宋史·艺文志》均作三十卷，冯时行为之序，今存。三是成都府广都县费氏进修堂本《通鉴》，正文之下亦有附注，世人谓之善本，号称"龙爪《通鉴》"，现已残缺。这些版本的注释，胡三省的父亲胡钥都不满意。胡钥曾有志于为《通鉴》作注，他对比研究过各种史书的注本，洞悉《通鉴》各注本的得失，并且认为海陵本《释文》是伪托之作，绝非出自司马康之手，但因病未能撰作，他临终前要求胡三省完成其遗志。胡三省

---

① 章钰：《胡刻通鉴正文校宋记述略》，载《资治通鉴》（第一册），中华书局1956年版，第7页。

第一章 绪论

《新注资治通鉴序》云：

> 先君笃史学，淳祐癸卯始患鼻衄，读史不暂置，洒血渍书，遗迹故在。每谓三省曰："《史》《汉》自服虔、应劭至三刘，注解多矣。章怀注范史，裴松之注陈寿史，虽间有音释，其实广异闻，补未备，以示博洽。《晋书》之杨正衡，《唐书》之窦苹、董冲，吾无取焉。徐无党注《五代史》，粗言欧公书法义例，他未之及也。《通鉴》先有刘安世《音义》十卷，而世不传。《释文》本出于蜀史炤，冯时行为之序，今海陵板本又有温公之子康《释文》，与炤本大同而小异。公休于书局为检阅官，是其得温公呴之教诏，刘、范诸公群居之讲明，不应乖剌乃尔，意海陵《释文》非公休为之。若能刊正乎？"三省捧手对曰："愿学焉。"①

家庭熏陶和父亲临终嘱咐，是胡三省《资治通鉴》撰作《音注》的一个重要原因。另一个客观原因就是当时没有一个优良的《通鉴》注本。其《通鉴释文辩误后序》云：

> 《通鉴释文》行于世，有史炤本，有公休本。史炤本，冯时行为之序；公休本刻于海陵郡斋，前无序，后无跋，直真公休官位姓名于卷首而已。又有成都府广都县费氏进修堂板行《通鉴》，于正文下附注，多本之史炤，间以己意附见，世人以其有注，遂谓之善本，号曰"龙爪《通鉴》"。要之，海陵《释文》、龙爪《注》，大同而小异，皆蹈袭史炤者也。讹谬相传，而海陵本乃讬之公休以欺世，适所以诬玷公休，此不容不辩也②。

又：

---

① （元）胡三省：《新注资治通鉴序》，载《资治通鉴》（第一册），中华书局1956年版，第25页。
② （元）胡三省：《通鉴释文辩误后序》，载《资治通鉴》（第二十册），中华书局1956年版，第187页。

> 今之时有宝应谢珏《通鉴直音》，自燕板行，而南又有庐陵郭仲山《直音》，又有闽本《直音》。直音者，最害后学，更未暇问其考据，其书更不论四声翻切，各自以土音为之音，率语转而失其正音，亦有因土音而失其本，至于大相远者，不特语转而已。
>
> 今《辩误》为公休辩诬，以公休本为海陵本，龙爪本为费氏本。先举史炤之误，二本与之同者，则分注其下曰同，然后辩其非而归于是，如直音之浅谬，皆略而不录①。

根据胡三省考证，第一、第三两书都是书贾请人做的，海陵本托之于司马康，费本间有自己的意见，皆从史炤《释文》蹈袭而来，文字大同小异。史炤《释文》较海陵本、费氏本为佳，草创之功不可泯灭，但其注粗疏简陋，舛谬颇多，于是胡三省作《通鉴释文辩误》十二卷，做了许多批谬补正的工作，诸如改讹文、补脱文、去衍文，又取其中典制事迹，诠解蒙滞，审覈蹖驳；考其事迹之实，俾年经事纬，部居州次，纪载之异同，见闻之离合，一一条析之。

第三个原因就是胡三省自己对《资治通鉴》价值的认识。其《新注资治通鉴序》云：

> 世之论者率曰："经以载道，史以记事，史与经不可同日语也。"夫道无不在，散于事为之间，因事之得失成败，可以知道之万世亡弊，史可少欤！为人君而不知《通鉴》，则欲治而不知自治之源，恶乱而不知防乱之术。为人臣而不知《通鉴》，则上无以事君，下无以治民。为人子而不知《通鉴》，则谋身必至于辱先，作事不足以垂后。乃如用兵行师，创法立制，而不知迹古人之所以得，鉴古人之所以失，则求胜而败，图利而害，此必然者也。
>
> 孔子序《书》，断自唐、虞，讫《文侯之命》而系之秦，鲁《春秋》则始于平王之四十九年；左丘明传《春秋》，止哀之二十

---

① （元）胡三省：《通鉴释文辩误后序》，载《资治通鉴》（第二十册），中华书局1956年版，第188页。

第一章 绪论

七年赵襄子惎智伯事，《通鉴》则书赵兴智灭以先事。以此见孔子定《书》而作《春秋》，《通鉴》之作实接《春秋左氏》后也①。

胡三省中进士后（1256）即奉父命刊正诸家《通鉴》注之误。其《新注资治通鉴序》云：

乙巳，先君卒，尽瘁家蛊，又从事科举业，史学不敢废也。宝祐丙辰，出身进士科，始得大肆其力于是书。游宦远外，率携以自随；有异书异人，必就而正焉。依陆德明《经典释文》，厘为《广注》九十七卷；著《论》十篇，自周讫五代，略叙兴亡大致。咸淳庚午，从淮壖归杭都，延平廖公见而韪之，礼致诸家，俾雠校《通鉴》以授其子弟，为著《雠校通鉴凡例》。廖转荐之贾相国，德祐乙亥，从军江上，言辄不用，既而军溃，间道归乡里。丙子，浙东始骚，辟地越之新昌；师从之，以挈免，失其书。乱定反室，复购得他本为之注，始以《考异》及所注者散入《通鉴》各文之下；历法、天文则随《目录》所书而附注焉。迄乙酉冬，乃克彻编。凡纪事之本末，地名之同异，州县之建置离合，制度之沿革损益，悉疏其所以然。若《释文》之舛谬，悉改而正之，著《辩误》十二卷②。

又，据《光绪宁海县志》载胡幼文所作的墓碑云：

旧注司马公《通鉴》，中经散逸，购求他本为注解，手自抄录，虽祁寒暑雨不废。诸子以年高不宜为言，则曰："吾成此书，死而无憾。"③

---

① （元）胡三省：《新注资治通鉴序》，载《资治通鉴》（第一册），中华书局1956年版，第24页。

② （元）胡三省：《新注资治通鉴序》，载《资治通鉴》（第一册），中华书局1956年版，第25—26页。

③ 周祖谟：《胡三省生卒行历考》，载《周祖谟语言文史论集》，浙江古籍出版社1988年版，第503—506页。

按照《新注资治通鉴序》，胡三省自南宋理宗宝祐四年（1256）中进士时开始，约于度宗咸淳六年（1270）到临安前，撰成《通鉴广注》97卷，自为一书，不载本文，但摘取数字或数句释之；有《论》10篇。南宋恭宗德祐二年（1276）元军攻陷临安，在避乱新昌的途中书稿散失；南宋灭亡，归隐乡里，复购《资治通鉴》重新作注。此次作注，始以司马光之《资治通鉴考异》及前所注者散入《通鉴》正文之下。我们今天看到的胡三省《〈资治通鉴〉音注》就是后者。到元世祖至元二十二年（1285），这项工作才最终完成，前后历时约30年。《资治通鉴四库总目提要》云：

> 光《进表》称精力尽于此书。其采用之书，正史之外，杂史至三百二十二种。其残稿在洛阳者尚盈两屋。既非掇拾残賸者可比。又助其事者，《史记》、前后《汉书》属刘攽，三国、南北朝属刘恕，唐、五代属范祖禹。又皆通儒硕学，非空谈性命之流。故其书网罗宏富，体大思精，为前古之所未有。而名物训诂，浩博奥衍，亦非浅学所能通。光门人刘安世尝撰《音义》十卷，世已无传。南渡后注者纷纷，而乖谬弥甚。至三省乃汇合群书，订讹补漏，以成此书。……《通鉴》文繁义博，贯串最难。三省所释于象纬推测、地形建置、制度沿革诸大端，极为赅备①。

王鸣盛《十七史商榷》更进一步说："史释②功在草创，究尚粗疏。至胡三省注始成巨观，可云青出蓝，蓝谢青，《通鉴》之功臣，史学之渊薮矣。"③ 功虽如此，然而给《资治通鉴》作注并不容易。首先，可供借鉴的材料有限。在十七史中，《史记》《汉书》《后汉书》《三国志》有注，其余十三史都没有注。从《晋书》以下至五代，都要自己去搜集整理，工程浩大而且艰巨。司马光等五人修《资治通鉴》用了

---

① （清）永瑢、纪昀：《钦定四库全书总目》卷四十七·史部三·编年类·《资治通鉴》二百九十四卷（内府藏本）。
② 按："史释"指史炤《资治通鉴释文》。
③ （清）王鸣盛著，黄曙辉点校：《十七史商榷》卷一百，世纪出版集团、上海书店出版社2005年版，第937页。

十九年，胡三省以一人之力为之做音注前后用了三十年。对于史书的注解，胡三省《资治通鉴音注》之前所著而流传于后世的，《史记》有张守节《正义》、司马贞《索隐》、裴骃《集解》，《汉书》有服虔、应劭、如淳、徐广、韦昭等人的《注》，还有颜师古的《音义》。《后汉书》有李贤、刘昭的《注》，《三国志》有裴松之的注解，《晋书》有杨正衡的《正义》等，这些都是胡三省可以借鉴到的、被经常引用甚至承袭的好材料，这些著者及其著作在《音注》中屡屡被提及。另外陆德明《经典释文》、司马光《资治通鉴考异》、贾昌朝《群经音辨》等相关著作，胡三省也都加以参考，因此撰写的难度尚小。晋以后的各史，虽有唐代何超《晋书音义》、宋代窦苹《唐书音训》、董冲《唐书释音》以及徐无党《五代史记注》等，但多限于一朝一代史，又大都失之简略，或者只注音义，或者偏重义例，鲜有可取，因而在难度上和价值上又大于其对于前四史所作的注释。最为推举者，对于《通鉴》中的不当之处，胡三省亦必明著其故。如《周显王纪》"秦大良造伐魏"条，胡注云："'大良造'下当有'卫鞅'二字。"《唐代宗纪》"严武三镇剑南"条，胡注云："武只再镇剑南，盖因杜甫诗语致误。"《唐穆宗纪》"册回鹘嗣君"条，胡注云："《通鉴》例，回鹘新可汗未尝称嗣君。"凡若此类，皆能参证明确，而不附会以求其合，深得注书之体。

在胡三省《音注》中，引用前人之说是显而易见的。经常提及的除了上述应劭、颜师古、李贤等人的注外，同时被提及的还有《左传》杜预《注》、《三礼》郑玄《注》、郭璞《水经注》、杜佑《通典》、许慎《说文解字》及后人所附的反切，还有《字书》《唐韵》《广韵》《集韵》《类篇》以及《龙龛手镜》等。

其次，《资治通鉴》规模大，纪事时间跨度很大。自周威烈王二十三年始，讫于后周显德六年，囊括16代，贯穿1362年的历史。全书294卷，约300万字，卷帙浩繁，人称难读，作注更不容易。胡三省的《音注》分散列于《资治通鉴》的294卷正文之下，字数与《资治通鉴》相近，其间训释音义、校勘补正、考订辨误、评论史实等，30年间独自担当，足见其工作的艰辛及其艰苦卓绝的精神。胡克家《重刊元本资治通鉴后序》云："宋司马温公《资治通鉴》一书，为史家绝作；元天台胡身之音注，弘通博洽，其义例详见自序中。数百年来，学者奉为宝书久矣。"①

再次，写作环境恶劣、物质条件艰苦。胡三省生当民族矛盾尖锐的时代，他出生以前，金人已占领了北部中国；还在幼年，蒙元又灭金侵宋；他是在长期的战争环境中长大的。他的创作也是在这样的环境中进行的，生活之艰苦可以想见，可供参考的图书难觅，可以请教、讨论的人难求。动荡之世，经常辗转奔波，居无定所。艰苦的条件他并不以为苦，只是遗憾自己不能知己注之失，无处从而取正。他的这种遗憾在其《新注资治通鉴序》里表露无遗：

> 呜呼！注班书者多矣：晋灼集服、应之义而辨其当否，臣瓒总诸家之说而驳以己见。至小颜新注，则又讥服、应之疏紊尚多，苏、晋之剖断盖尠，訾臣瓒以差爽，诋蔡谟以牴牾，自谓穷波讨源，构会甄释，无复遗恨；而刘氏兄弟之所以议颜者犹颜之议前人也。人苦不自觉，前注之失，吾知之，吾注之失，吾不能知也。又，古人注书，文约而义见；今吾所注，博则博矣，反之于约，有未能焉。世运推迁，文公儒师从而凋谢，吾无从而取正。或勉以北学于中国，嘻，有志焉，然吾衰矣②！

第二节 《通鉴音注》的特点及本书研究的内容

胡三省作《音注》主要是为了让人们读懂《资治通鉴》，旨在通史义、辨史实。其注释的范围极为广泛，用他自己的话说，"凡纪事之本末，地名之同异，州县之建置离合，制度之沿革损益，悉疏其所以然。"③

---

① （清）胡克家：《重刊元本资治通鉴后序》，载《资治通鉴》（第二十册），中华书局1956年版，第189页。
② （元）胡三省：《新注资治通鉴序》，载《资治通鉴》（第一册），中华书局1956年版，第26页。
③ （元）胡三省：《新注资治通鉴序》，载《资治通鉴》（第一册），中华书局1956年版，第26页。

对于《资治通鉴》所涉及的名物、制度、地理、职官、史论、字音，大至象纬推测、地形建置、制度沿革，小至草木虫鱼、膳食酒饮、文字音读等，都进行了大量的注释，诠释音义、考订异同、校勘脱讹、辨明史实、增补史料……总之，凡有利于读通《资治通鉴》的，几乎无所不包，为阅读《资治通鉴》提供了极大的便利。胡三省的《音注》不但具有极高的史学价值，在汉语史上也有极高的文献价值。

胡三省《通鉴音注》是训诂范畴的著作，他是为了人们读懂《通鉴》而著的旨在通史义、辨史实的训诂书。其注释的形式是随文释义，即按照原文的先后顺序，在需要解释的地方进行注释。黄侃说："训诂就是用语言解释语言。"[①] 胡三省既为原文作注，也为注文作注。为注文作注指的是为别人的注解作注释，先引别人的注解，然后列出自己的看法。这种注释其实有辨析的成分。

胡三省《音注》中有极为丰富的语音材料。据我们穷尽性统计，其语音材料共约 75645 条。这些材料散列于《资治通鉴》294 卷正文之下，表现形式有反切、直音、假借、如字、纽四声法、古某字等。这些材料对于我们研究宋末元初汉语的语音特点有着重要的文献价值。

一 注音材料的特点

（一）旁征博引，多方参证

1. 《通鉴音注》所涉及的书篇名大略如下。

经史子集类：《书》《左传》《礼记》《汉书》《春秋后语》《华阳国志》《晋书》《魏书》《北史》《南史》《唐史》《新唐书》《九域志》《古今人表》《地形志》《舆地纪胜》《资治通鉴考异》《资治通鉴释文》《襄阳记》《编古命氏》《东观记》《武德令》《贞观令》《世族谱》《纂文》《姓氏韵纂》《姓氏略》《姓谱》《姓林》《姓苑》《元和姓纂》《姓纂》等。

注释类：《释名》《广雅》《汉书音义》《晋书音义》《经典释文》《史记正义》《史记索隐》《周礼》郑氏注、《毛氏传》《郑氏笺》《扬子注》《西都赋注》《尔雅翼》《三苍注》《水经注》《风俗通》等。

[①] 黄侃述，黄焯编：《文字声韵训诂笔记》，上海古籍出版社 1983 年版，第 181 页。

字书类：《说文》《类篇》《字林》《字样》《字书》《龙龛手镜》等。

韵书类：《唐韵》《广韵》《集韵》《国语补音》《群经音辨》等。

2. 引述到的注释的作者有：颜师古、李贤、杨倞、杨正衡、陆德明、杜佑、杜预、韦昭、服虔、应劭、晋灼、苏林、毛晃、孔颖达、李奇、文颖、如淳、孟康、郑氏、裴松之、丁度、孙恒、杜甫、温公（司马光）、（司马）康、史炤、姚察、崔浩、刘昫、刘伯庄、刘昭、刘攽、徐广、孙盛、程大昌、颜之推、宋祁、孙愐、邓展、宋白、李涪、孟诜，等等。

3. 引别人的注音时，通常说"某某曰"或"某某音"，例如，"师古曰"或"师古音"等。对于所引用的前人注音或释义有争议的，都予以罗列，有时也发表自己的意见，例如：

①五月，平夷太守雷炤。音注：立平夷郡，即汉平夷、鳖二县之地。鳖，孟康音鳖（p.2831）。

②以按据上党民。音注：毛晃曰：按，於旰翻，抑也，止也，据也；康曰：按音遏。此义亦通，但"按"字无"遏"音（p.167）。

③狄人田儋起兵于齐。音注：服虔曰：儋，音负担之担；师古曰：儋，音丁甘翻（p.259）。

④日逐王先贤掸。音注：郑氏曰：掸，音缠束之缠；晋灼曰：音田；师古曰：晋音是也（p.859）。

⑤而李哆为校尉，制军事。音注：哆，昌也翻；《索隐》音尺奢翻（p.700）。

⑥乌江亭长檥船待。音注：徐广曰：檥，音仪，一音俄；应劭曰：檥，正也；孟康曰：檥，音蚁，附也，附船于岸也；如淳曰：南方谓整船向岸曰"檥"。《索隐》曰：诸家各以意解耳。邹诞本作"樣船"，以尚翻；刘氏亦有此音（p.353）。

⑦千载一会，思成断金。音注：陆德明曰：断，丁乱翻；王肃丁管翻（p.1276）。

⑧选爪牙之士，而以二卵弃干城之将。音注：干，《毛氏传》曰：干，扞也；音户旦翻。郑氏笺曰：干也，城也，皆所以御难也。干，读如字（p.34）。

⑨故扬子论之，以要离为蛛蟟之靡，聂政为壮士之靡。音注：靡，温公《扬子注》音如字；康美为切，谓糜烂也。余谓康音义俱非（p. 232）。

上所举例中，第②、④、⑥、⑨四例，既列前人注音，又予以适当评说。

胡三省作《通鉴音注》引了不少前人旧注之音，可以说，这都说明了胡三省的注音有承袭的成分，他心中有一个取音标准，并以此为标准去注音。其《通鉴释文辩误》一书，就是针对《通鉴释文》史炤本、公休本（即海陵本）、费氏本等所存在的问题而作，而类似的批评与补正常常见于《通鉴音注》及《通鉴释文辩误》。同时，胡三省既有对诸家音读的取舍与评价，也有"相传读作""俗音读作"的提法，说明在胡三省的心中有一个正音的标准，这个标准就是他的正音原则。而关于反切与直音的来源问题，除了取自颜师古、李贤、陆德明等前贤的音读之外，还有取自《广韵》《集韵》的反切。

（二）有注音，也有释义

《通鉴音注》的注音方式以反切为主，辅以直音，有时反切和直音同时兼用；也有词义训诂，或博该，或简约，皆为通训诂，例如：

①上使泄公持节往问之篡舆前。音注：郭璞《三苍注》云：篡，畚土器，音鞭（p. 384）。

②积尸床下而寝其上，比屋皆满。音注：比，毗至翻；《周礼》五家为比。取其相连比而居也。又毗必翻，次也（p. 4493）。

③至父遣其子，妻勉其夫，皆断鉏首而锐之。音注：据陆德明《春秋左氏传释文》：断，音丁管翻，读如短（p. 8130）。

④事同议异，狱犴不平。音注：犴，鱼旰翻。野狱曰犴（p. 2631）。

⑤吏缘为奸，天下謷謷，陷刑者众。音注：师古曰：謷謷，众口愁声，音敖（p. 1198）。

⑥夫天下无事之时，殿寄大臣偷安奉私。音注：殿，镇也，音丁练翻（p. 7889）。

有些字注音后有释义，或者先释义后注音，不拘一格。

(三) 同一义项的字注音时用字多有不同

胡三省给同一意思的词用反切法注音，反切用字多有不同，例如"颤"：①我见此物肉颤。音注：颤，之贱翻（p.9159）。②浚等惶怖且悲，不觉声颤。音注：颤，之膳翻（p.5181）。

又如"抄"：①及过淮，民多窜匿，抄掠无所得，人马饥乏。音注：抄，初交翻（p.3959）。②臣察鲜卑侵伐匈奴，正是利其抄掠。音注：抄，楚交翻（p.1516）。

又如"谌"：①卢谌《征艰赋》曰："访梁榆之虚郭，乃阕与之旧平。"音注：谌，时壬翻（p.155）。②使更始将军史谌将之。音注：谌，氏壬翻（p.1249）。③以沛郡王欣为太师，赵郡王谌为太保。音注：谌，世壬翻（p.4825）。④卢谌为中书侍郎。音注：谌，是壬翻（p.3020）。

再如"憕"：①李憕、卢奕、颜杲卿、袁履谦、许远、张巡、张介然、蒋清庞坚等皆加赠官。音注：憕，时陵翻（p.7046）。②使长史沈佚之、谘议柳憕部军众。音注：憕，署陵翻（p.4462）。③行台郎中薛憕私谓所亲曰。音注：憕，直陵翻（p.4837）。

(四) 多音多义字则通过注音予以区别

胡三省《音注》通常不给常用字注音，如"朝""高""深""近""远""背""乐""败"等常见的字都有两个以上的读音，其一是常用义，称"如字"即可；另外的音读，或区别动词和名词异读（四声别义），或区别虚词异读，或区别动词异读（如自动或他动），下面仅举几例予以说明：

①朝，表示"早晨"义时读音为"陟遥翻"，共注音3次，注为"如字"5次；表示朝鲜之"朝"时，读音为"音潮"，全书共注音6次；表示"朝那山"之"朝"读音注为"丁度《集韵》音与邾同"，全书1次；表示"朝觐"义时读音为"直遥翻"，注音次数为1650次。

②背，表示身体的部位时注音为"音辈""如字"，各1次；表示"背叛、相背"时则注为"蒲妹翻""蒲内翻""蒲昧翻"等，注音次数为56次。

③败，有动词和名词两种词性。作名词时表示"失败"，作动词时有"自败""他败"两种含义。《音注》对于名词的意义的"败"不予

注音，而对于动词意义的"败"则注音 540 次。

（五）一字而有又音的，以"又音某"或"又某某翻"为之注音

①蒙骜伐韩。音注：骜，五到翻，又五刀翻（p. 199）。

②亚父受玉斗，拔剑撞而破之，曰："唉！"音注：唉，乌开翻，又於其翻（p. 304）。

③帝乃更以骲箭射，正中其齐。音注：骲，蒲交翻，又蒲剥翻（p. 4195）。

④然身被坚执锐首事，暴露于野三年。音注：暴，《史记正义》曰：暴，蒲北翻，又如字（p. 304）。

⑤不请于天子而自立，则为悖逆之臣。音注：悖，蒲内翻，又蒲没翻（p. 6）。

⑥于是以贺玚及平原明山宾、吴兴沈峻、建平严植之补博士。音注：玚，徒杏翻，又音畅（p. 4546）。

（六）也有用"一音某"标示同字同义异读的现象

①颍阴令渤海苑康以为昔高阳氏才子有八人。音注：《左传》曰：昔高阳氏有才子八人，苍舒、隤敳、梼戭、大临、尨降、庭坚、仲容、叔达。敳，五才翻，一音五回翻，韦昭音瑰（p. 1715）。

②而一家数人竝蒙爵土，令天下觖望。音注：觖，贤曰：觖，音羌志翻。前书音义曰：觖，犹冀也，一音决，犹望之也（p. 1363）。

③罗八珍于前。音注：珍，谓淳熬、淳毋、炮豚、炮牂、捣珍、渍、熬、肝膋也。毋，莫胡翻，一音武由翻（p. 6028）。

④乞以此骨付有司，投诸水火，永绝根本，断天下之疑。音注：断，丁乱翻，一音短（p. 7759）。

（七）校勘与辨析

胡三省是史学家，其为《通鉴》作注解，其中的文字校勘非常多。用到的校勘术语有"字之误""某作某""某当作某"等。例如：

①毋丘俭走，北至慎县。音注：比，必寐翻。"北"乃"比"字之误（p. 2424）。

②裴方明等至汉中，与刘真道等分兵攻武兴、下辩、白水，皆取之。音注："下辩"，《汉书》作"下辨"，并音皮苋翻（p. 3896）。

③昔懿公刑邴鄢之父。音注：鄢，《左传》作"歜"，昌欲翻

（p. 1779）。

④丞相欢筑长城于肆州北山，西自马陵，东至土墱。音注：墱，《北史》作"隥"，音丁邓翻（p. 4920）。

⑤今已诛诸吕，新喋血京师。音注：予据《类篇》"喋"字有色甲、色洽二翻，既从"喋"字音义，当与"歃"同。若从"喋"字，则有履之义（p. 436）。

⑥乐毅闻昼邑人王蠋贤。音注：刘熙曰：画，齐西南近邑，音获；《索隐》曰：音胡卦翻。……《通鉴》以"画邑"为"昼邑"，以孟子去齐宿于昼为据也。若以《孟子》为据，则"昼"读如字（p. 129）。

⑦至是初行开元通宝钱，重二铢四参。音注：按《汉书律历志》：权轻重者不失黍絫。……参，当作"絫"，盖笔误也。絫，师古曰：絫，孟音来戈翻。此字读亦音累继之累（p. 5924）。

（八）辨古书的用字

《资治通鉴》有通假字、古今字、异体字等问题。胡三省《音注》中，对于这三个问题有时辨析得很分明，但有时又混淆了通假字和古今字的界限。

1. 辨通假

对于通假字，《音注》有时指明本字，有时则直接以本字注音。例如：

（1）指明本字例

①主上谅闇。音注：闇，读如阴（p. 3434）。

②王者以仁义为丽，道德为威，未闻其以宫室填服天下也。音注：填，读曰镇（p. 380）。

③卫官侠陛。音注：侠，与挟同，挟殿陛之两旁也。或音夹（p. 375）。

④异人以庶孽孙质于诸侯，车乘进用不饶。音注：《索隐》曰：进者，财也，宜依小颜读为"赆"，古字多假借用之。进，音才刃翻（p. 183）。

（2）直接以本字注音例

①魏王乃倍从约。音注：倍，蒲妹翻（p. 84）。按，"倍"乃"背"之借字，此处直接注以"背"之音。

②並北山，东注洛。音注：並，步浪翻（p.204）。按："並"乃"傍"之借字，此处直接注以"傍"之音。

2. 辨古今字

（1）直接指明古今字例

①四年，庶长鼂围怀公，公自杀，乃立灵公。音注：鼂，古"朝"字（p.44）。

②昭侯曰："吾闻明主爱一嚬一咲，嚬有为嚬，咲有为咲。今袴岂特嚬咲哉？吾必待有功者。"音注：咲，古"笑"字（p.56）。

③韩非者，韩之诸公子也，善刑名灋术之学。音注：灋，古"法"字（p.220）。

④故圣人莫不以晻致明。音注：晻，古"暗"字（p.553）。

⑤上足卬则下可用也，上不足卬则下不可用也。音注：卬，古"仰"字，鱼向翻（p.190）。

⑥多臧匿山中，依险阻。音注：臧，古"藏"字（p.848）。

（2）以今字之音注古字例

①郡国来者无所法则，或见侈靡而放效之。音注：师古曰：放，依也，甫往翻（p.919）。按，"放"乃"仿"之古字，此处注以"仿"之音。

②死老魅！复能损我曹员、数夺我曹禀假不？音注：不，俯九翻（p.1811）。按："不"乃"否"之古字，此处直接注以"否"之音。

3. 指明异文

①臣得蒙肺附为东藩，属又称兄。音注：附，一作"腑"（p.560）。

②汉使有骓马，急求取以祠我。音注：贤曰：《续汉》及华峤《书》并作"䮕"。《说文》：马浅黑色也，音京媚翻。余谓"䯄"，音瓜；黄马黑喙曰䯄，读如本字（p.1462）。

③有騄马生白额驹。音注：騄，音课。《晋书》作"䯄"（p.3509）。

④败其师于重邱，杀其将唐昧。音注：昧，《荀子》作"蔑"，杨倞注曰：与"昧"同，语音相近，当音"末"。《索隐》音莫葛翻（p.110）。

4.《音注》对于假借字、通用字、古今字的区分不够严格，古今字与假借字的术语混同，例如：

①臣愿王孰图之也。音注：孰，古"熟"字，通（p.104）。按："孰"乃"熟"之古字，此处既指明古今字关系，又曰"通"，言语义相通。

②时尚蚤。音注：蚤，古"早"字，通（p.113）。按："蚤"乃"早"之借字，此处既指明通假关系，又曰"通"，言文字通假。

③范睢佯为不知永巷而入其中。音注：佯，音羊，古字多作"阳"，诈也（p.158）。按："佯"，古文献中也有借用"阳"字的情况，义为"诈也"，胡注以"古字"明之，混淆了古字与古书用字的概念。

④荆轲废，乃引匕首擿王，中铜柱。音注：擿，与"掷"同，古字耳，音持益翻（p.227）。按："擿"与"掷"同义，非古今字关系。

⑤吕后与陛下攻苦食啖。音注：啖，《释文》直览翻；《疏》作"咸淡"，则知"啖""淡"古字通用（p.404）。按："啖"与"淡"因异文关系而有通用的情况，二词音义有别。

⑥诸使外国，一辈大者数百，少者百余人，人所赍操大放博望侯时。音注：放，读曰"仿"（p.658）。按："放""仿"古今字，胡注用通假术语"读曰"明之。

⑦魏段干子请割南阳予秦以和。音注：古"予""与"字通（p.148）。按："予""与"同义互训，不是通假字。

以上诸例说明，胡注中对于通假字、古今字、文献异文用字、异体字的界限不是很清晰。

（九）指明协韵

所谓协韵，指的是临时改动韵或声调以求和谐，对于文献中出现的此类情况，胡三省予以指出，并注明"协韵"：

①批亢捣虚，形格势禁。音注：《吴都赋》"巂笑而被格"。格，本音如字，协韵音"阁"（p.52）。

②先君相鲁，人诵之曰："麛裘而芾，投之无戾，芾而麛裘，投之无邮。"音注：芾，分勿翻，协韵方盖翻（p.174）。

③歌之曰："廉叔度，何来暮！不禁火，民安作。昔无襦，今无

绔。"音注："贤曰：作，协韵则护翻。"（p. 1488）

协韵是在特定韵文条件下临时改读字音以求上下文押韵和谐的一种做法。宋人不明白自古以来语音发展变化的道理，协韵改读乃时弊，不可取。

从总体上看，《音注》是训诂著作，其释义、注音、校勘、辨假借等都是为了疏通文意。从语音史的角度说，司马光等人编著的《资治通鉴》纪事时间跨越了上古前期、上古后期、中古前期、中古后期四个阶段，其纪事与历代的史书紧密关联。语言具有社会性，它随着社会的发展而发展。作为注释性的著作，其第一要务是审明音读，解释词义，以求达到通训诂的目的，正所谓训诂声音，相为表里，审音以辨义，义别而知音。胡三省的《通鉴音注》对于研究宋末元初文献语言的语音特点、对于汉语语音史都有重要的价值。

二　材料来源及研究内容

（一）　材料来源

本书是在穷尽整理胡三省《资治通鉴音注》语音材料的基础上展开研究工作的。利用上海人民出版社与迪志文化出版有限公司1999年合作出版的文渊阁《四库全书》电子版穷尽性地整理了《资治通鉴》胡三省的音注，并且参照中华书局1956年点校本《资治通鉴》（共20册）进行了校对。作为汉语语音史的文献资料来研究时，我们只选取胡三省《音注》中关乎语音的材料作为研究对象，以此考察宋末元初汉语语音的实际情况。本书所称说的"通鉴音注"的范围即限定于此。

胡三省《通鉴音注》是随文注释类训诂著作，其注音材料散见于正文之下，材料繁多，且重复出现率极高，例如"为，于伪翻"出现了1887次，"乐，音洛"出现了682次，这就需要在穷尽性整理的基础上甄选出研究材料。根据我们的统计，胡三省给汉字注音的材料大约有75645条，被注字约3805个。只计算不重复的材料共有约8406条，用各种方法注音的材料出现的次数如表1-1所示。

表1-1　　　　各类注音方式及其次数统计（不计重复）

音注分类	反切	直音	纽四声法	通假字（含古今字）	如字	小计
出现条数	6278	1353	39	580	156	8406

胡三省通常是自己注音，也有引用前人的注音。注音方法以反切为主（反切皆作"某某翻"），也有大量的直音（直音皆作"某音某"）。此外，纽四声法的材料、如字的材料以及通假字、古今字的材料等也都能够反映语音面貌。我们的研究材料主要是反切和直音，但也用"如字"和"纽四声法"等材料辅助说明一些问题（如声调的变化）。

（二）研究内容

本书主要内容包括《通鉴音注》音系特点及音值构拟、音系性质、与宋元语音的比较研究、重纽研究、方音层次研究、特殊音切研究等。研究这些问题，可以帮助我们了解宋末元初语音的实际状况。

《通鉴音注》这项材料江灏于1982年研究过，研究成果主要是其硕士学位论文。通过与江灏的结论进行比较研究，发现双方在声母的数量、韵部的归并以及声调的调类、音系性质、研究方法等问题上都存在着一些差异，这正是我们重新研究此项材料的原因。

第三节　《通鉴音注》在汉语语音史上的研究价值

近代汉语语音是汉语语音史的重要组成部分。从六朝到五代，晋代是上古到中古的过渡阶段，南宋是中古到近代的过渡阶段[1]。王力《汉语语音史》将历代音系划分为先秦音系、汉代音系、魏晋南北朝音系、隋—中唐音系、晚唐—五代音系、宋代音系、元代音系、明清音系、现代音系，一共划出了九个阶段[2]。胡三省《通鉴音注》始撰于1256年，

---

[1] 郑张尚芳：《中古音的分期与拟音问题》，载《郑张尚芳语言学论文集》，中华书局2012年版，第517—522页。

[2] 王力：《汉语语音史》，商务印书馆2010年版，第17—553页。

成书于1285年，处在宋代音系（960—1279）和元代音系（1279—1368）之间，记录和反映的是宋末元初的语音系统。从汉语语音的发展历程看，宋末元初时期的语音处于过渡阶段。研究《通鉴音注》所反映的语音特点及其演变规律，对汉语语音史的研究有着重要的意义，对近代语音的研究有很大的价值。

胡三省生于1230年，1256年进士，其时北方已经建立蒙元政权，而南方尚是临安政府，直到1279年蒙古人统一全国，他的青壮年时代是在南宋度过的。入元后他年事已高，屏居家乡，终不仕元。我们认为胡三省应当是"宋末元初"人，而不能直接就说他是"元代人"。这一界定对我们研究音系性质有一定的辅助作用。宋元之际，正是汉语语音发生剧烈变化的大变动阶段。从中古的36字母、206韵、平上去入俱全到《中原音韵》全浊音消失、入派三声、平分阴阳、韵合并成19部，如此剧烈的变化不是一朝一夕就发生的。《通鉴音注》成书于1285年，距离《广韵》成书已经277年，距《中原音韵》成书尚有39年。研究这一过渡阶段的文献资料，研究它的音系及其特点，揭示其音变现象，寻找其演变的规律，对于中古音和近代音的研究无疑具有重要的意义。

汉语自古以来就有共同语与方言的区别。《荀子·荣辱篇》云："越人安越，楚人安楚，君子安雅。"这一段文字原本是讲风俗习惯的，但从语言的社会本质来看，这种认识也符合汉语语言的实际。汉语既存在着地域方音，也存在着一种超越地域方言的"雅言"，即通行地域较广的汉语共同语。《颜氏家训·音辞篇》云："夫九州之人，言语不同，生民已来，固常然也。"[①] 又云："古今言语，时俗不同。著述之人，楚夏各异。"[②] 语言是一种社会现象，随着社会的发展而发展。有些音古代有区别，发展到现代可能已经没有区别了；而有些音可能在南方方言中有差异，而在北方方言中却没有差异。自古以来，南北方言之间、共同语与方言之间语音上有一定的差异，不同方言的文读也有差异。

[①] （北齐）颜之推撰，王利器集解：《颜氏家训集解》，上海古籍出版社1980年版，第473页。

[②] （北齐）颜之推撰，王利器集解：《颜氏家训集解》，上海古籍出版社1980年版，第487页。

胡三省是宋末元初天台人，天台属吴语区。大凡读书立说之人，欲其著述流布更广，使用当世所公认的共同语读书音来撰作才是正路。我们把《通鉴音注》圈定在特定的历史时期、特定的方言地域、特定的材料性质的范围之内进行研究。研究《通鉴音注》的反切和直音等涉及语音方面的材料，可以揭示宋末元初汉语语音的大概面貌，同时可以检验我们事先假定的共同语读书音性质的可靠性。

第四节　前人研究概况

胡三省以30年的心血作成《通鉴音注》。鸿篇巨制，疏漏难免。胡注一出，指摘者不乏其人。王应麟撰《通鉴地理通释》、清代严衍《资治通鉴补》、顾炎武《日知录》卷27、陈景云《通鉴胡注陈氏举正》、钱大昕《通鉴注辩证》、赵绍祖《通鉴注商》等，诸家之稽覈，所举皆确，然胡氏之学不以小疵掩其大美。"然以二三百卷之书，而蹉失者仅止于此，则其大体之精密，益可概见。"① 胡三省的《音注》博大精深，其本身已经成为一部学术著作，不仅为阅读、理解《资治通鉴》提供了方便，也为史学、地理学、军事学、文献学、语言学等诸多专业或门类的研究等提供了极为宝贵的参考文献。胡三省的《音注》和《史记》《汉书》《后汉书》《三国志》的《注》齐名而不朽，是我们宝贵的文化遗产。

关于胡三省《通鉴音注》的研究，近代以来最早是陈垣作于1945年的《通鉴胡注表微》。该书主要从历史学角度对胡三省的《音注》做了研究，分二十篇：前十篇为《本朝》《书法》《校勘》《解释》《避讳》《考证》《辩误》，侧重讲史法；后十篇为《治术》《臣节》《出处》等，主要是言事，阐发胡三省的政治思想和社会思想。

其后，研究者越来越多，研究的领域也在不断扩大，主要有以下三个方面的研究：一是从史学角度研究胡三省及其《通鉴音注》的，这

---

① （清）永瑢、纪昀：《钦定四库全书总目》卷四十七·史部三·编年类·《资治通鉴》二百九十四卷（内府藏本）。

方面的研究者很多，著述也很多，研究内容涉及生平、籍贯、著作、书法、治学精神、民族精神、政治主张、军事思想、史地考证等诸多方面。二是从文献学角度研究《通鉴音注》的注释、版本、校勘以及词典编纂的，这方面的研究也很多。三是从语言本体角度研究语音、语法、语用、语义等的，这部分研究相对于前两项数量较少。兹将研究者及其论著（包括硕士、博士学位论文）大致罗列于下，以便于有一个直观的印象。

关于胡三省生平、籍贯、著作、书法、治学精神、民族精神、政治主张、军事思想、史地考证等方面研究的著述大致有：陈垣《通鉴胡注表微》（上下，《辅仁学志》1945年13卷1—2期、1946年14卷1—2期）；周祖谟《胡三省生卒行历考》（《辅仁学志》1945年13卷第1—2期）；王国维《元刊本〈资治通鉴音注〉跋》（《观堂集林》4，中华书局1946年版）；聂崇岐《〈资治通鉴〉和胡注》（《宋史丛考》下，中华书局1980年版）；仓修良《胡三省和他的〈通鉴注〉：纪念胡三省逝世六百六十周年》（《文史哲》1962.04），《胡三省〈通鉴注〉简论》（《杭州大学学报》（哲学社会科学版）1982.03）；胡克均《胡三省生平事迹》（《浙江学刊》1986.Z1），《胡三省及其〈资治通鉴音注〉》（《台州师专学报》1995.01）；冯惠民《〈通鉴〉胡注略论》（《史学月刊》1983.06）；陈润叶《胡三省历史观初探》（《零陵师专学报》1983.01）；谭世保《胡三省误注"恶奴"》（《学术研究》1985.04）；冯端林《胡三省的史识与史才》（《中山大学学报》（哲学社会科学版）1987.03）；陈国本《胡三省生平与著作简况概评》（《盐城师专学报》（社会科学版）1990.03）、《〈通鉴大辞典〉自序》（《盐城师专学报》（哲学社会科学版）1993.03）、《胡三省论注书》（《盐城师专学报》（哲学社会科学版）1994.03—04）、《评胡三省论〈通鉴〉的书法》（《盐城师专学报》（哲学社会科学版）1999.03）、《再评胡三省〈通鉴〉书法》（《盐城师专学报》（哲学社会科学版）2000.03），并且编成了《通鉴胡注辞典》《通鉴胡注索引》《通鉴胡注评集》；瞿林东《元代〈通鉴〉学和〈通鉴〉胡注》（《史学月刊》1994.03）；王培华《胡三省音注〈资治通鉴〉的史学意义》（《河北学刊》1996.04；华林甫《〈通鉴〉胡注地理失误举例》（《史学史研究》1995.04），《论胡三省注〈通鉴〉地名的得与失》(《浙江学刊》1997.05);刘桂海《〈通鉴〉胡注"成都三市"考辨》(《唐史论丛》2018.01);辛德勇《兴文署本胡注〈通鉴〉的真相及其他》(《中国文化》2020.01),等等。

  从文献学角度研究《通鉴音注》的注释、版本、校勘、词典编纂的,大致有:李步嘉《〈资治通鉴〉及胡三省注订误二则》(《文史》第二十八辑,中华书局1987年版);张运鹏《通鉴胡注正误一则》(《文史》第三十一辑,中华书局1988年版);吴永江《通鉴注误一则》(《文史》第三十四辑,中华书局1992年版);张焯《〈通鉴〉及胡注勘误一则》(《史学月刊》1990.01);王锦贵《"胡注"琐议》(《图书馆工作与研究》1991.02);林嵩、安平秋《〈资治通鉴〉胡三省注研究》(《中国典籍与文化》2005.04;林嵩《南宋〈通鉴〉注考论》(《古代文明》2007.01);薛秀霞《胡三省及其〈通鉴注〉述评》(《宁波大学学报》(人文科学版)2005.04);张后武《胡三省〈资治通鉴音注〉文献学成就》(安徽大学硕士学位论文,2007年);傅骏《金元通鉴学之研究》(复旦大学博士学位论文,2007年);张常明《〈资治通鉴音注〉版本考》(《图书馆工作与研究》2009.06);欧阳楠《胡三省注〈资治通鉴〉漏标误译又一例》(《湖南人文科技学院学报》2009.03);李枫丹《胡注〈资治通鉴〉断句疑误》(《首都师范大学学报》(社会科学版)2010.02);冯青《胡三省注〈资治通鉴〉辨误二则》(《汉字文化》2011.02);杨郁《宋元史学家胡三省及其〈资治通鉴音注〉版本》(《图书与情报》2012.03);周丽丽《〈通鉴释文辩误〉版本考》(《黑龙江史志》2013.05);魏俊杰《〈资治通鉴〉胡三省注考辨》(《江海学刊》2013.06);胡恒《〈资治通鉴〉注本胡三省蹈袭史炤问题再审:以先秦、汉魏纪部分为例》(《历史文献研究》2014.01);衣抚生《〈资治通鉴〉胡三省注勘误札记》(《运城学院学报》2017.02),等等。

  从语言学角度研究《通鉴音注》的,大致有:江灏《资治通鉴音注反切研究》(湖南师范学院硕士学位论文,1982年)、《〈资治通鉴音注〉反切考》(《古汉语论集》,湖南教育出版社1985年版);孙良明《继承前人成果、修正前人失误:谈胡三省〈资治通鉴音注〉语法分析》(《烟台师范学院学报》(哲学社会科学版)2005.02);张茂华、孙良明《谈胡三省〈资治通鉴音注〉中的订误及其理据：兼述我国古代注书释义的传统理论与优良学风》(《山西大学学报》(哲学社会科学版) 2006.02)；孙良明《谈胡三省〈资治通鉴音注〉语法、语义、语用分析》(《鲁东大学学报》(哲学社会科学版) 2009.03)；周勤《论胡三省〈通鉴〉地理注之文字学价值》(《宁夏大学学报》(人文社会科学版) 2013.05)；杨敏《胡三省〈资治通鉴音注〉训诂研究》(内蒙古师范大学硕士学位论文，2019年)；廖秋华《从胡三省自注反切与征引反切的比较看他的审音标准》(《汉语史学报》2021.01)，等等。笔者自2008年以来，致力于研究胡三省《通鉴音注》的音韵问题，共发表11篇论文（含博士学位论文）、出版著作1部。

第五节　研究方法

一　穷尽性的语料整理与分析

反切和韵文是研究汉语语音史的重要文献资料。韵文仅限于研究韵类，反切则还兼及声类。早期的反切跟训诂学有着密切的关系，给一个字注音是为了更好地诠释词义。文献资料中的反切不像韵书中的反切那样分门别类，它们散列于文献正文之下，给研究工作带来了极大的不便。我们在穷尽整理语音资料的基础上，形成了《通鉴音注语音研究（资料篇）》①。在此基础上，我们着手研究胡三省《通鉴音注》的语音系统及其特点。胡三省《通鉴音注》中，约有3805个被注字，约有75645条注音材料。材料繁多，且重复出现率极高。笔者利用 Microsoft Office Access 建立了一个命名为"资治通鉴音注"的语料数据库，给所有语音材料编号并加注页码（有又音的音注，又音与其正音为同一编号，即不再为又音另外编号）。在此基础上，利用 Access 数据库管理系统提供的查询功能，定义了一个命名为"音注筛选"的查询。该查询所使用的 SQL 语句为：

---

① 该资料篇收于马君花《〈通鉴音注语音〉研究》之第三、第四册，(台北) 花木兰文化出版社 2016 年版。

Select 资治通鉴音注表.音注，First（资治通鉴音注表.序号）As 序号之第一条记录，First（资治通鉴音注表.原文）As 原文之第一条记录，From 资治通鉴音注表 Group By 资治通鉴音注表.音注 Order By 资治通鉴音注表.音注。

通过运行"音注筛选"查询，初步筛选出音注材料 10625 条。这 10625 条音注材料每一条都不是重复的，但有些内容是有些相似的，例如注音的表述有所不同，或者用字不同，或者又音的先后顺序不同等。通过人工对比筛选，我们提炼出了 8406 条有效音注，其中包括反切、直音、假借、如字、纽四声法等多种材料。

为了直观、方便地研究语音变化，我们又建立了一个命名为"统计分析表"的数据表。统计分析表囊括 8406 条音注材料，并且对这些材料进行声、韵、调的细化分析。统计分析表主要包括以下 4 项内容：(1) 被注字、被注字在《通鉴音注表》里的序号（即原文序号）、注音方式等；(2) 胡三省音注的反切上字、反切下字所对应的《广韵》声母、韵母、开合、等位、声调、韵摄；(3) 被注字所对应的《广韵》反切及其中古音韵地位[①]；(4) 胡三省音注与《广韵》《集韵》音韵地位异同比较的标识。胡三省音注的音韵地位与《广韵》音韵地位相同的被注字不再注明《集韵》反切，与《广韵》音韵地位不同的被注字则一一注明其《集韵》反切及其音韵地位。具体来说，"统计分析表"包括以下字段：编号、被注字、原文序号、处理、反切、直音、如字、假借、纽四声、异读、反切上字、反切下字、胡注声母、胡注韵母、胡注开合、胡注等位、胡注声调、胡注韵摄、《广韵》反切、《广韵》声母、《广韵》韵母、《广韵》开合、《广韵》等位、《广韵》声调、《广韵》韵摄、《集韵》反切、《集韵》反切的音韵地位、与《广韵》音韵地位的同或异、与《集韵》音韵地位的同或异、备注等，共有 29 项内容。

这里需要对各字段的功能稍作一些说明：编号字段用来储存被注字

[①] 注：在"统计分析表"中，为便于分析，我们把直音、假借类的音注视为上字、下字相同的特殊反切，如"涫音棺"，我们处理为：被注字"涫"，反切上字"棺"，反切下字"棺"。如字、纽四声法两类的被注字，我们只分析其《广韵》反切及其音韵地位。

在"统计分析表"的顺序编号;被注字字段用来储存被注字;原文序号字段储存被注字在"资治通鉴音注表"里的相应序号;处理、反切、直音、如字、假借、纽四声法6个字段采取"是"或"否"的逻辑取值,用来标识音注的不同类别。"处理"字段用来储存那些有问题的音注,如有争议的或者有错误、有疑问的音注等;"异读"字段是长整型,用来储存胡三省所标明的一字多音的情况,有几个异读,就处理为几条记录,用阿拉伯数字顺次标出。"反切上字""反切下字""胡注声母""胡注韵母""胡注开合""胡注等位""胡注声调""胡注韵摄""广韵反切""广韵声母""广韵韵母""广韵开合""广韵等位""广韵声调""广韵韵摄""集韵反切""集韵反切地位"诸字段分别储存相关信息,都是文本型,50个字符宽度。与《广韵》的同或异、与《集韵》的同或异两个字段也采取"是"或"否"的逻辑取值,分别储存胡三省反切和直音的音韵地位与《广韵》或《集韵》音韵地位相同或者不同的记录,相同记录的逻辑取值为"是",不同记录的逻辑取值为"否"。"备注"字段是文本型,用于储存一些补充说明的记录。在"统计分析表"的基础上,我们建立了一系列的查询,开始着手语音变化的研究。

将数据库技术引入音韵学的研究领域,使之为我们的研究提供更为便利的检索、分类、校勘、系联、比较、统计等诸多方面的服务。"统计分析表"数据库实际上相当于电子卡片,其内容与传统的卡片没有任何区别,只是凭借现代计算机技术手段,为研究工作提供一个快速、准确、信息含量巨大的研究平台。事实证明,将数据库引入音韵学的研究领域,大大减少了劳动量,降低了出错率,缩短了研究周期,提高了工作效率。

二 反切比较法

反切比较法是通过两种反切的比较(通常是以《广韵》为参照,将某一反切资料的反切与《广韵》的反切一个一个地加以比较),找出该反切资料的音系和《广韵》音系的主要异同点来。《通鉴音注》的音注有75645条(其中有些被注音字有又音,就以"又音"的方式标识,没有为之分别编号;有些两个音节的地名和人名胡三省没有拆开分别注音,录入数据库时我们也没有分开编号),经过筛选得出不重复的有效音注约8406条，其中反切和直音约有7631条。我们将胡三省的这7631条反切、直音一一与《广韵》反切进行对比，从声、韵、开合、等位、摄、声调6个方面进行分析、比较，以考察从《广韵》到《通鉴音注》汉语语音系统所发生的演变。在查检被注字的《广韵》反切、分析音韵地位时，我们借助于东方语言学网的《广韵查询系统》（1.2版），并以周祖谟《广韵校本》、中华书局《宋刻集韵》、郭锡良《汉字古音手册》、方孝岳《广韵韵图》等进行了校对。

（一）确定比较反切的标准

汉字有一字多音多义的特点，并不是字形相同就可以比较，只有在音、义对应的情况下才能比较。要准确分析材料的语音特点，就必须分析所比较的字所记录的是否是同一个词。如果两个字所记录的不是同一个词，甚至没有继承关系或者同源关系，那么两者就不具备比较的条件。如果两个字所记录的是同一个词，或者有继承关系或同源关系，才可以进行比较。将注释类著作中的反切、直音与《广韵》的反切作比较，邵荣芬的《五经文字的反切和直音》（1964）、陈亚川的《反切比较法例说》（1986）都明确提出了比较的标准，那就是：不但字音要相同，字义也要相同。选择比较的对象时，首要的原则是所比较的两个字在意义上相同或者相近，因为汉语里有多音多义词，意义不同有时读音也不同。在意义相同或相近的情况下，把两个最相近的反切拿来比较。遇到语音差别远近关系相等的情况，则从语音演变的趋势上来决定究竟与何者相比较[①]。

胡三省《音注》中有些被注字存在一个字就有好几个注音的情况，而且有些字在《广韵》里也有几个反切，这时需要分别找出其所对应的《广韵》的反切，《广韵》中没有的反切则查《集韵》。我们在选择被注字的《广韵》反切时所遵循的几条原则是：1. 原则上选择与胡注的音韵地位完全相同的《广韵》反切作比较，不能完全相同时，则选取与胡注接近的反切，包括：声同韵近、声近韵同；《广韵》只有一读的则照录。2. 一字多读的情况下，除了结合音韵常识来进行选择外，也结合意义来定所选取《广韵》的反切。3. 适当参考被注字的异体字

[①] 邵荣芬：《〈五经文字〉的直音和反切》，载《邵荣芬音韵学论集》，首都师范大学出版社1997年版，第246—279页。本书重点参考的是第二部分，所见文字在第248—252页。

的反切。有的被注字《广韵》注语中说"俗作某"或"或作某"等，而此"某"的读音正与胡三省的《音注》中的被注字相同，则取此读音。

如："狠"，《资治通鉴》："贪如狼，狠如羊。"胡注"何垦翻"，《广韵》"狠"，鱼巾切，啮也；二者的音和义大相径庭。但是《广韵》"很"下注云："很，戾也，俗作'狠'，胡恳切。"① 与胡三省的注音正相同，而且意义也相同。此类情况下我们则选择"胡恳切"作为比较对象。

又如："契"，胡注"息列翻"，但《广韵》"契"字无此反切；《广韵》"卨"字下云"卨，《字林》云虫名也，又殷祖也，或作'偰'，又作'契'"，正与胡注相同，我们也便采取了这个切语。

再如："上尝遣宦官诣江南取鸂鶒、鸂䳵等。"胡注："䳵，耻力翻。鸂䳵，亦水鸟也，毛有五色。陆佃《埤雅》曰：'鸂䳵五色，尾有毛如船柁，小于鸭，性食短狐，在山泽中，无复毒气。'"（p. 6716）《旧唐书》"即鸂鶒、鸂䳵曷足贵也"，有"䳵"字。《旧五代史》《尔雅翼》之"鸂䳵"、《埤雅·释鸟》之"鸂䳵"，形、音、义与《旧唐书》、文渊阁本《资治通鉴》一致。《洪武正韵》有"𪀗"，与"䳵"同音、义，可见"䳵"与"𪀗""鹈"是异体字。中华书局本《资治通鉴》正文作"鹈"，胡注亦作"鹈"，《广韵》有"鷘"，耻力切，义为"鸂鶈"。《集韵》"蓄力切"下云："鶈、鷘，水鸟毛有五色，或作鶈。"《六书故》："鷘，耻力切，水鸟匹游者。雄者五采，翘首柁尾，多在清溪中。野人或谓鸂鷘，或谓鸡鷘，亦作鶈。"可见，中华书局本之"鹈"字，是"鷘"的一字异构的写法，音、义与《广韵》的音、义相同。

（二）材料取舍说明

1. 胡三省《音注》中还采取了一些前人的读书音，比如，颜师古《汉书注》以及《经典释文》已有的读音等。对于胡三省注明所引某某的音注，我们的选择态度依胡三省的态度而定：胡三省只是引用而没有发表异议的音注，说明在他看来这些前代的音到他的时代还是那样的读

---

① 注：很戾，佷强也。《说文》："很，不听也。"

法，即也还是宋元时期的书面读法，对此类音注，我们也加以分析对比；胡三省往往引用前人的音注并发表评价或有异议的，我们只选择胡三省的注音或他认为是对的那一个注音；胡三省一字之下引用数家前贤音注而不置可否的音注，我们也存疑。这些有疑问的音注通过查询"处理"字段便可以全部显示出来，便于集中研究。

2. 表示文字上的通假关系的音注、表示不同版本的异文以及古今异文等材料，我们并不作专门研究，本书中我们所研究的材料主要是反切和直音，如字和纽四声法以及通假字的材料只作为辅助材料来使用。

3.《音注》中还有一些很特别的注音，即直音与本字在《广韵》中并非同音字，如"赤音赫""泽音铎"等，这些字在上古的文献中是同音的，到后来义有转变、字有分化、音有转变，产生了后起分化字。这种情况应当从古今分歧、经典文义上去了解，不能认为赤、赫之类在近代变为同音。

（三）比较反切的异同

本书主要研究对象是反切和直音，偶尔也用"如字"和"纽四声法"两项材料辅助说明一些问题（如声调的变化）。为方便研究，在分析材料时，我们将直音视为反切上字和反切下字相同的特殊反切。通过反切比较，得出胡注反切（或直音）的音韵地位与《广韵》完全相同的有 6391 条，不同的有 1240 条；与《广韵》音韵地位不同但与《集韵》音韵地位相同的有 672 条；与《广韵》和《集韵》的音韵地位都不相同的有 982 条；在《广韵》和《集韵》中没有收的被注字有 9 个，注音 13 条。胡注与《广韵》音韵地位完全相同的约占 83.98%，与《广韵》不同但与《集韵》同者约占 9.88%。根据这一基本情况，我们认为胡三省主要是遵从传统读书音为《通鉴》做《音注》，因而我们初步认定胡注音系的主流是传统的读书音系统。胡注与《广韵》《集韵》都不相同的 982 条音注，占总数的 12.87%，这些音切的被注字基本上是古地名、人名、部族名的用字以及通假字等，注音所反映的是文献用字的传统读书音；这些专门名称用字的读音不见于《广韵》，但《集韵》往往有此音读。

我们知道系联法是研究中古韵书反切的有效方法。胡三省的《通鉴音注》是宋末元初的注释类著作，不是专门的韵书，而且由于距离《广韵》近 300 年，其间语音发生了很大的变化，加之方言因素的影响、存古成分、一字多音等情况的存在，表现出知庄章合流，精组声母与端知庄章声母有混同现象；并且送气音与不送气音、塞音与同部位的鼻音、塞擦音与同部位的擦音都有混注的情况等，这些都会影响我们的系联的结果。我们曾经用系联法去考求声类，但因为上述因素的存在，使得我们系联的结果混乱不堪。因此，考求胡三省《通鉴音注》的语音系统，单纯使用系联之法是不可行的。或者，在使用系联法时要定出一些原则，比如，只以反切上字为系联的依据，而不把被注字考虑进来，因为同一被注字有时会用其他声母的字作反切上字，但这样就犯了理论先行的错误，即用已知的结论去排比反切，结果当然与中古音是很接近的了，如此则无法反映语音实际，看不出音变现象。我们认为还是反切比较法更为直接和科学。在比较反切时，应当剔除掉古人名、地名、部族名音译字、通假字等材料。

三　归纳法

归纳法是研究近代汉语语音的最基本的方法。最早运用此法研究近代汉语语音的学者是罗常培，其后有杨耐思、唐作藩、鲁国尧等学者。运用归纳法可以对所研究的材料予以详尽的整理、分析、归纳。

通过反切比较，我们归纳出了《通鉴音注》的声韵调系统的特点，勾画出了宋末元初汉语语音的大致轮廓。前文已经述及，我们从 75645 条语音材料中提炼出了 8406 条有效音注，借此来研究《通鉴音注》所反映的语音特点。有效音注中，反切和直音有 7631 条。我们将这些反切的音韵地位与其中古音地位进行比较，比较它们之间的相互联系。参照宋人三十六字母，分析各组声母之间反切用字上的联系，归纳出《通鉴音注》音系有 30 个声母；分析韵摄、等、呼的特点，归纳出《通鉴音注》音系有 23 个韵部，61 个韵母（支思部算 1 个）；分析了胡注的声调情况，归纳出其四声八调的特点。

四　比勘互证法

文献材料的比较互证是研究书面音系的一种重要方法。近代音韵学是由古代音韵学发展而来的，两者之间存在着千丝万缕的联系，近代韵书、韵图还受古代韵书、韵图的影响，在分析《通鉴音注》时，我们不能不考虑这一因素，很多情况下要参证古代文献材料。比勘互证这种方法最早是由陆志韦在《释〈中原音韵〉》中提出并在研究中具体运用的。所谓比勘互证法，就是将所研究的语音材料进行多方面对比研究。这种对比包含了两种情况，一是与其时代前后的其他语音材料进行历时比较，二是与同时代音系性质相同的其他语音材料进行共时比较。历时比较便于发现变化和演变的规律，共时比较则可以发现其时代的主要特点。把两种或多种此类文献材料放在一起进行对比，其相同之处可以相互印证、支援，证明其为语言中实有现象；其相异之处可以为我们的研究提供线索，从不同方向上继续探究，找到深层根源。

本书在研究胡注音切时，首先将其与代表中古音的《广韵》《集韵》进行了对比研究，初步考察它的语音变化情况。在研究过程中，注意将胡注音系相关特点与《皇极经世解起数诀》《切韵指掌图》、白朴词曲的韵部、《蒙古字韵》《中原音韵》等材料的研究结论进行比较，以此考察其音系的演变进程与特点。将《通鉴音注》音系与宋元语音材料的研究进行对比，一是为了求证其音系性质，二是为了从中发现过渡时期语音的具体表现。

五　方音参证法

《资治通鉴》纪事1300余年，受到文献的影响，胡三省的《音注》中既有反映上古音的材料，又有反映中古音、近代音、宋元方言的材料。对于吴方言语音层次的研究，则既求证于宋元乃至明清时期吴方言的资料，还借助于现代吴方言、闽方言的材料。在分析方言特征时，我们参照了李新魁、鲁国尧等对元代吴方言《辍耕录》所记录的"射字法"的研究结论，参照了鲁国尧关于白朴词曲的韵部的研究，还参照了丁锋的《〈同文备考〉音系》、耿振生的《明清等韵学通论》等研究结论。与现代方言比较时，则参照了赵元任、丁邦新、郑张尚芳、冯蒸等学者的研究，部分例字还求证于《汉字方音字汇》（2003）等资料。胡注匣以云合并、知章庄字读同精组字、精组字与端知庄章组字混同等现象，在现代汉语方言中也都有反映①。

六 又音研究法

从胡三省明确标明"又音"的材料看，他明确标识"又音"的那些字，只表示在同一语言环境下既可读此音又可读彼音，体现的是同一语义条件下一字多音的特点（有些学者称之为"同条又音""同义又音"）。但是，相同的被注字、相同的意义而有不同反切用字，甚至有不同音韵地位的注音在《音注》中也比比皆是，而胡三省却没有一一标明又音。还有，一字多义多音的情况也普遍存在。据初步统计，《通鉴音注》中约有 707 个字存在着两个以上有不同音韵地位的注音，而胡三省明确标明"又音"的字约有 490 个（切语重复的未计）。这里有几种情况需要首先交代：

1. 有些字在《广韵》里本来就有多个读音，到胡三省的《音注》里还是如此，即胡三省一字多音与《广韵》是一致的。2. 有些字在《广韵》是多音字，但在胡三省《音注》中却只有一读与《广韵》相同，另一读（或两读）与《广韵》不同。3. 有些字《广韵》只有一读，胡三省《音注》中却有两读或三读，且胡三省的注音中有一读与《广韵》相同，其余的则不同。4. 有些字在《广韵》只有一读，胡三省的《音注》中则有多读，且都不与《广韵》相同。

第 3、4 两种情况实际上是无条件的自由又读，即纯粹是语音的原因造成的多读情况，通常语音不同，但意义却相同，是由历史音变通过词汇扩散的方式造成的一字多读，它们能够反映出语音的演变。汉语语音变化中，有些音的变化是通过词汇扩散的方式进行的：有些词已经发生了变化，有些词还没有变化，还有一些词则处在共时变异阶段②。处在共时变异阶段的词就表现为相同语义条件下又读为另一个音，这是历史音变的反映。

《广韵》的又音性质与胡三省《音注》又音性质不同。赵振铎

---

① 马君花：《论〈资治通鉴音注〉声母系统反映宋末元初的几个方音特点》，《汉字文化》2009 年第 3 期，第 34—38 页。

② 王士元：《竞争性演变是残留的原因》《词汇扩散的动态描写》，载《王士元语言学论文集》，商务印书馆 2002 年版，第 88—115、116—146 页。

《〈广韵〉的又读字》①一文指出，《广韵》又音所反映的是以下四个方面的问题：第一，反映字的古今分歧，即反映上古来源的不同；第二，反映某些方俗读音；第三，反映古汉语某些构词和构形的规律，即语音变化显示词汇意义或语法意义；第四，反映特定场合的特定读音。胡三省《音注》中也有这些问题，但是也存在一字多个音读而无意义分别的情况，这样的又音表明这个字既可以读此音，又可以读彼音，反映的是彼此之间的混同：或者声母变得相同，或者韵母、声调变得相同。理由如下：

从中古到近代，汉语语音演变总体呈现简化的趋势，具体表现在：声母方面，最明显的是知庄章三组声母合流，浊音清化，影喻合流；韵母方面，主要是同摄韵部的合并、异摄韵部（江宕、果假、梗曾、止蟹）的合并，因而在反切和直音的用字上就表现为与中古不同声母、韵母的混同。这种混同反映在胡三省《音注》中，就是相同语义环境下一字而有多个注音的现象。我们根据胡三省《音注》中同一语义条件下一字多注的情况，来研究其声母、韵母以及声调等方面有别于中古音的特点。

这里需要说明的是，在研究"又音"时人们倾向于区分首音和又音，选择"又音"中前一个反切（或直音）作为确定其音韵地位的凭证。然而，胡三省《音注》中一字多音在排列顺序上是任意的（指与《广韵》系统比较而言）：《广韵》是首音的，在胡三省的《音注》中有的是首音，有的是又音；《广韵》是又音的，在胡三省的《音注》中则有的是首音，有的是又音；然而就《音注》本身来讲，同一个被注字，此时首音为 A，又音为 B，彼时首音为 B，又音为 A。例如"诇"，候伺义，胡三省《音注》有以下注音："诇，翾正翻，又火迥翻"（10次）、"诇，火迥翻，又翾正翻"（8次）、"诇，古迥翻，又翾正翻"（5次）、"诇，翾正翻，候伺也，又古迥翻"（1次）、"诇，休正翻，又古迥翻"（1次）、"诇，喧正翻，又古迥翻"（1次）。又如"悖"，悖逆，注音有"蒲内翻，又蒲没翻"（43次）、"蒲没翻，又蒲内翻"（2次）、

---

① 赵振铎：《〈广韵〉的又读字》，载中国音韵学研究会编《音韵学研究》（第一辑），中华书局1984年版，第314—329页。

"蒲没翻，又蒲妹翻"（2次）、"蒲妹翻，又蒲没翻"（16次）、"蒲妹翻"（6次）、"蒲内翻"（20次）。胡三省《音注》任意排列同义又音的情况可见一斑。对此，我们的做法是把《音注》的又音作为彼此独立的反切或直音来对待，把它们放入整个语音体系中考虑。具体做法是根据被注字注音的音韵地位的不同，各依其声、韵、调进行研究。

就传注类训诂著作中一字多读（又音）的分类来讲，我们援引黄坤尧《音义阐微》的观点来阐述。胡注又音包括以下几类：（1）读音不同，意义相同；（2）区别两字、两义或假借；（3）区别动词和名词；（4）动词异读；（5）虚词异读①。不同的研究角度和不同的研究目的可以有不同的取舍。我们在本书中所论及的是第一种，即读音不同，意义相同的"同条又音"。我们处理《音注》又音材料的这种方式，主要是为了研究汉语语音的历史演变。

七　层次分析法

胡三省所著《资治通鉴音注》，词义训诂、注音、辨析语法修辞、是正文字等工作属于语言问题，其用力更深、更多的工作是考辨纪事之本末、地名之同异、州县之建置离合、制度之沿革损益。就其注音而言，胡三省的音切保存了各个时代的语音。大而统之，有汉代文献的读音，也有魏晋南北朝隋唐宋时文献的读音，还有宋元方言文读音。

胡三省《通鉴音注》对于古地名、人名、部族名用字以及通假字等的注音，有遵从文献传统读音的特点，其中有些读音《集韵》有收录。有些特殊音读则是汉唐人的同义换读，有些是文献传抄过程中的讹误问题；还有一些是我们目前尚无法解释清楚的。文末附列了特殊音切韵母关系的研究，集中探讨了不合于《广韵》《集韵》特点的语音现象。而关于牙喉混注、舌齿音与牙喉音混注等问题，我们在第三章声母系统的研究中予以指出。

我们研究了胡三省音注音系性质，将其所反映的语音系统与其同时代的共同语读书音、同时代的北方词人以及其方言区的语音材料四个方面进行了比较研究。将方音层次、古音层次从《通鉴音注》音系中剥

---

① 黄坤尧：《音义阐微》，上海古籍出版社1997年版，第17—19页。

离开来，从而可以较为清晰地看到宋末元初汉语的语音特点及其演变规律。

附　录

附录1　胡三省墓志铭[①]

胡幼文

先父，讳三省，字身之，旧字景参，姓胡氏。世居台之宁海。曾大父讳友闻，妣汪氏。大父讳顼，妣王氏。父讳钥，赠奉议郎，妣周氏，赠安人。

公生于宋宝庆六年庚寅四月癸亥。年十六，奉议公卒，居丧尽礼，以孝闻。登宝祐丙辰第，调吉州泰和尉。以亲老不就，改庆元慈溪尉。刚直不阿，忤郡守，罢去外。会有以文学行谊荐者，遂授扬州江都丞。咸淳丁卯，差充寿春府府学教授，佐淮东幕僚；考举及格，改奉议郎，知江陵县。丁母忧，服阕，改知安庆府怀宁县[②]。甲戌，差充主管沿江制置司机宜文字，官至朝奉郎。自是隐居二十余年，屏谢人事，日著书为乐。既老，自号知安老人，扁[③]所居堂为"逸老"。晚营寿城，去舍南数十武，筑西室，扁曰"读书林"，与诸孙徜徉其中。宾至，命酒赋诗，怡怡如也。

旧注司马公《通鉴》，中经散逸，购求他本为注解，手自抄录，虽祁寒暑雨不废。诸子以年高不宜为言，则曰："吾成此书，死而无憾。"间一日，晨兴，言笑自若，忽曰："吾其止此乎？"寝至三日，奄然大故，时大德壬寅正月戊午也。享年七十有三。呜呼痛哉！

娶同里张氏安人，子男五：长文、仲文、季文、幼文、稚文；缘长

---

① 转引自陈国本《胡三省生平与著作简况概评》，《盐城师范学院学报》（社会科学版）1990年第3期，第60—63页。此墓志铭见于《光绪宁海县志》卷20《艺文内编》之《胡氏家乘》，乃段熙仲先生1986年自南京图书馆录出，并加了按语和句读。

② "怀宁"原文作"淮宁"，本书转引时据陈国本改。

③ 扁，通"匾"，下文"扁曰"之"扁"亦通"匾"。

文、仲文先公而卒，季文哭公哀毁，亦卒。女一，婉，早夭。孙男十四：世儒、世仕、世俊、世杰、世任、世传、世佐、世俨、世倩、世伲、世偕、世佺、世仁。所居狭小，涧旁多古梅，世称为梅涧先生云。注《通鉴》二百九十四卷、《通鉴释文辩误》十二卷，《通鉴小学》一卷，《竹素园稿》一百卷。

幼文等不孝，忍死于大德癸卯十二月乙酉，奉柩而窆，从先志也。葬日薄□①，未能求铭当世，姑叙岁月，纳诸圹。呜呼哀哉！孤子幼文泣血拜，谨识。里契生前进士孙钧填讳。

附录2 新注资治通鉴序

胡三省

古者国各有史以纪年书事，晋《乘》、楚《梼杌》虽不可复见，《春秋》经圣人笔削，周辙既东，二百四十二年事昭如日星。秦灭诸侯，燔天下书，以国各有史，刺讥其先，疾之尤甚。《诗》《书》所以复见者，诸儒能藏之屋壁。诸国史记各藏诸其国，国灭而史从之。至汉时，独有《秦记》。太史公因《春秋》以为《十二诸侯年表》，因《秦记》以为《六国年表》，三代则为《世表》。当其时，黄帝以来《谍记》犹存，具有年数，子长稽其历、谱谍、终始五德之传，咸与古文乖异，且谓"孔子序《书》，略无年月；虽颇有，然多阙。夫子之弗论次，盖其慎也"。子长述夫子之意，故其表三代也，以世不以年。汲冢《纪年》出于晋太康初，编年相次，起自夏、殷、周，止魏哀王之二十年，此魏国史记，脱秦火之厄而晋得之，子长不及见也。子长之史，虽为纪、表、书传、世家，自班孟坚以下不能易，虽以纪纪年，而书事略甚，盖其事分见志、传，纪宜略也。自荀悦《汉纪》以下，纪年书事，世有其人。独梁武帝《通史》至六百卷，侯景之乱，王僧辩平建业，与文德殿书七万卷俱西，江陵之陷，其书烬焉。唐四库书，编年四十一家，九百四十七卷，而王仲淹《元经》十五卷，萧颖士依《春秋》义类作传百卷，逸矣。今四十一家书，存者复无几。乙部书以迁、固等书

---

① 此处原阙一字，照录。

为正史，编年类次之，盖纪、传、表、志之书行，编年之书特以备乙库之藏耳。

宋朝英宗皇帝命司马光论次历代君臣事迹为编年一书，神宗皇帝以鉴于往事，有资于治道，赐名曰《资治通鉴》，且为序其造端立意之由。温公之意，专取关国家盛衰，系生民休戚，善可为法，恶可为戒者以为是书。治平、熙宁间，公与诸人议国事相是非之日也。萧、曹画一之辩不足以胜变法者之口，分司西京，不豫国论，专以书局为事。其忠愤感慨不能自已于言者，则智伯才德之论，樊英名实之说，唐太宗君臣之议乐，李德裕、牛僧孺争维州事之类是也。至于黄幡绰、石野猪俳谐之语，犹书与局官，欲存之以示警，此其微意，后人不能尽知也。编年岂徒哉！

世之论者率曰："经以载道，史以记事，史与经不可同日语也。"夫道无不在，散于事为之间，因事之得失成败，可以知道之万世亡弊，史可少欤！为人君而不知《通鉴》，则欲治而不知自治之源，恶乱而不知防乱之术。为人臣而不知《通鉴》，则上无以事君，下无以治民。为人子而不知《通鉴》，则谋身必至于辱先，作事不足以垂后。乃如用兵行师，创法立制，而不知迹古人之所以得，鉴古人之所以失，则求胜而败，图利而害，此必然者也。

孔子序《书》，断自唐、虞，讫《文侯之命》而系之秦，鲁《春秋》则始于平王之四十九年；左丘明传《春秋》，止哀之二十七年赵襄子恭智伯事，《通鉴》则书赵兴智灭以先事。以此见孔子定《书》而作《春秋》，《通鉴》之作实接《春秋左氏》后也。

温公徧阅旧史，旁采小说，抉摘幽隐，荟稡为书，劳矣。而修书分属，汉则刘攽，三国迄于南北朝则刘恕，唐则范祖禹，各因其所长属之，皆天下选也，历十九年而成。则合十六代一千三百六十二年行事为一书，岂一人心思耳目之力哉！

公自言："修《通鉴》成，惟王胜之借一读；他人读未尽一纸，已欠伸思睡。"是正文二百九十四卷，有未能徧观者矣。若《考异》三十卷，所以参订群书之异同，俾归于一，《目录》三十卷，年经国纬，不特使诸国事杂然并录者粲然有别而已，前代历法之更造，天文之失行，实著于《目录》上方，是可以凡书目录观邪！

先君笃史学，淳祐癸卯始患鼻衄，读史不暂置，洒血渍书，遗迹故在。每谓三省曰："《史》《汉》自服虔、应劭至三刘，注解多矣。章怀注范《史》，裴松之注陈寿《史》，虽间有音释，其实广异闻，补未备，以示博洽。《晋书》之杨正衡，《唐书》之窦苹、董冲，吾无取焉。徐无党注《五代史》，粗言欧公书法义例，他未之及也。《通鉴》先有刘安世《音义》十卷，而世不传。《释文》本出于蜀史炤，冯时行为之序，今海陵板本又有温公之子康《释文》，与炤本大同而小异。公休于书局为检阅官，是其得温公辟咡之教诏，刘、范诸公群居之讲明，不应乖剌乃尔，意海陵《释文》非公休为之。若能刊正乎？"三省捧手对曰："愿学焉。"

乙巳，先君卒，尽瘁家蛊，又从事科举业，史学不敢废也。宝祐丙辰，出身进士科，始得大肆其力于是书。游宦远外，率携以自随；有异书异人，必就而正焉。依陆德明《经典释文》，厘为《广注》九十七卷，著《论》十篇，自周讫五代，略叙兴亡大致。咸淳庚午，从淮壖归杭都，延平廖公见而题之，礼致诸家，俾雠校《通鉴》以授其子弟，为著《雠校〈通鉴〉凡例》。廖转荐之贾相国。德祐乙亥，从军江上，言辄不用，既而军溃，间道归乡里。丙子，浙东始骚，辟地越之新昌；师从之，以挈免，失其书。乱定反①室，复购得他本为之注，始以《考异》及所注者散入《通鉴》各文之下；历法、天文则随《目录》所书而附注焉。泊乙酉冬，乃克彻编。凡纪事之本末，地名之同异，州县之建置离合，制度之沿革损益，悉疏其所以然。若《释文》之舛谬，悉改而正之，著《辨误》十二卷。

呜呼！注班书者多矣：晋灼集服、应之义而辨其当否，臣瓒总诸家之说而驳以己见。至小颜新注，则又讥服、应之疏紊尚多，苏、晋之剖断盖尠，訾臣瓒以差爽，诋蔡谟以抵牾，自谓穷波讨源，构会甄释，无复遗恨；而刘氏兄弟之所以议颜者犹颜之议前人也。人苦不自觉，前注之失，吾知之，吾注之失，吾不能知也。又，古人注书，文约而义见；今吾所注，博则博矣，反之于约，有未能焉。世运推迁，文公儒师从而凋谢，吾无从而取正。或勉以北学于中国，嘻，有志焉，然吾衰矣！

---

① 反，返回，后写作"返"。

旃蒙作噩，冬，十有一月，乙酉，日长至，天台胡三省身之父书于梅磵蠖居。

附录3　通鉴释文辩误后序

胡三省

《通鉴释文》行于世，有史炤本，有公休本。史炤本，冯时行为之序；公休本刻于海陵郡斋，前无序，后无跋，直实公休官位姓名于卷首而已。又有成都府广都县费氏进修堂板行《通鉴》，于正文下附注，多本之史炤，间以己意附见，世人以其有注，遂谓之善本，号曰"龙爪《通鉴》"。要之，海陵《释文》、龙爪《注》，大同而小异，皆蹈袭史炤者也。讹谬相传，而海陵本乃讬之公休以欺世，适所以诬玷公休。此不容不辩也。

今观海陵所刊公休释，以"乌桓"为"乌元"，按宋朝钦宗讳桓，靖康之时，公休没久矣，安得豫为钦宗讳桓字邪！又谓南、北《史》无《地理志》，是其止见李延寿南、北《史》，而不知七史外《宋书》《魏书》《萧齐书》皆有《志》，而《隋书》有《五代志》也。温公修《通鉴》，公休为检阅文字官，安得不见诸书邪！海陵《释文》、费氏《注》，虽视史炤《释文》为差略，至其同处则无一字异。费氏，蜀中鬻书之家，固宜用炤释刊行；若公休，则在史炤前数十年，炤书既不言祖述公休，而公休书乃如剽窃史炤者。最是其书中多浅陋，甚至于不考《通鉴》上下本文而妄为之说，有不得其句者，有不得其字者，《辩误》悉已疏之于前，读者详之，其真伪可见矣！

又有《通鉴前例》者，浙东提举常平茶盐司板本，乃公休之孙伋所编，亦言"欲与《音释》并行于世，此吾先人所疑，今人所依以为信者"。考伋之所编，温公《与范梦得论修书》二帖，则得于三衢学官，《与刘道原》十一帖，则得于高文虎氏，伋取以编于《前例》之后，其网罗放失者仅如此！

盖温公之薨，公休以毁卒，《通鉴》之学，其家几于无传矣。汴京之破，温公之后曰朴者，金人以其世而敬之，尽徙其家而北，后莫知其音问。绍兴，两国讲和，金使来问："汝家复能用司马温公子孙否？"

朝廷始访温公之后之在江南者，得伋，乃公之从曾孙也，使奉公祀，自是擢用。伋欲昌其家学，凡言书出于司马公者，必锓梓而行之，而不审其为时人傅会也。《容斋随笔》曰："司马季思知泉州，刻《温公集》，有作中丞日弹王安石章，尤可笑。温公治平四年，解中丞还翰林，而此章乃熙宁三年者，季思为妄人所误，不能察耳！"季思，伋字也。以此证之，则伋以《音释》出于其先，编《前例》欲与之并行，亦为妄人所误也①。

今之时有宝应谢珏《通鉴直音》，自燕板行，而南又有庐陵郭仲山《直音》，又有闽本《直音》。直音者，最害后学，更未暇问其考据，其书更不论四声翻切，各自以土音为之音，率语转而失其正音，亦有因土音而失其本，至于大相远者，不特语转而已。

今《辨误》为公休辨诬，以公休本为海陵本，龙爪本为费氏本。先举史炤之误，二本与之同者，则分注其下曰同，然后辨其非而归于是，如直音之浅谬，皆略而不录。

丁亥，春，二月，辛亥，天台胡三省身之父书。

---

① 按王鸣盛"《通鉴》前例"指出胡三省此说未的当。详见（清）王鸣盛《十七史商榷》卷一百，上海书店出版社 2005 年版，第 934 页。

第二章　被注字的分布情况

在系统整理胡三省《通鉴音注》之后，我们发现其中被注音字约有3805字（不计重复），除了"瑽"（音津、音雖）、"嵖"（锄加翻）、"翃"（直质翻）、"咘"（音夜）、"咩"（莫者翻、徐嗟翻、弥嗟翻、音养）、"芨"（蒲拨翻）、"蜾"（音螺）、"褕"（与"褕"同音）、"觬"（音况）等9个字在《广韵》《集韵》中没有收录之外，其他的字在《广韵》（或《集韵》）的分布情况如下文所示。

我们依照中古十六摄通、江、止、遇、蟹、臻、山、效、果、假、宕、梗、曾、流、深、咸的顺序，将被注字放在相应的平声韵目代表字之下（举平以赅上去）。每韵之下，又依照宋人三十六字母的顺序排列。同一被注字而读音有不同时，则按照其所对应的声母或韵母重复列在相应的位置。

对照《广韵》和《集韵》的收字情况，胡三省《音注》中没有乏韵字的音切，其他各韵系的字则都有。虽然各韵系字数多寡不一，但是胡注基本上为我们提供了一份较为完备的宋末元初汉语文献语音资料。

一　通摄

东韵

帮母：琫；並母：芃；明母：梦蠓蒙朦朦；非母：风；敷母：酆；奉母：渢；端母：涷；透母：恫侗桶；定母：恸筒洞峒侗恫挏鲖潼瞳橦；知母：中衷；彻母：忡；澄母：蚛种沖；见母：虹玒赣；溪母：鞚空倥悾控；精母：总嵕峻葼镞骏鬷偬椶緵；清母：怱；从母：潨藂；心母：娀；昌母：珫充；影母：瓮螉；晓母：戆；匣母：銾銾溃；以母：肜；来母：笼砻聋癃；日母：茙。

第二章 被注字的分布情况

冬韵

透母：统；定母：佟彤；泥母：憹；精母：悰；从母：琮淙惊賨。

锺韵

非母：葑；敷母：䗬；奉母：俸缝奉；端母：湩；知母：湩冢冢；彻母：宠；澄母：蠢重；见母：珙共供栱巩；溪母：恐；群母：卭共；疑母：喁；精母：纵；清母：从枞鏦；从母：从；章母：种橦；昌母：艟；书母：意；禅母：瘇；影母：雍灉饔；晓母：匈訩恟凶恼汹汹；以母：甬埇涌廓；来母：䴏䴏；日母：冗茸。

屋韵

滂母：濮扑撲；并母：鵩朴暴曝；明母：沐缪苜；非母：複菖辐；敷母：蝮覆；奉母：復洑鳆箙伏洑；透母：秃；定母：髑韣殰讟楱；彻母：畜；澄母：舳妯筑；娘母：衄衄恧；见母：鞠縠榖鞠谷；溪母：曲；精母：蹴鏃踧蹴；清母：蹴；从母：族；心母：锈数涑嗽𩜱蓿；生母：謏缩；章母：琡柷筑；昌母：俶琡柷；书母：未儵菽；禅母：璹孰；影母：剭緎罭箖燠澳隩薁；晓母：畜䅉愲；匣母：槲榖；以母：鬻粥涌毓；来母：角谷淥𦩍簏蓼僇戮鯥；日母：肉。

沃韵

端母：督；定母：纛毒；泥母：傉耨；见母：梏告；溪母：嚳倍。

烛韵

奉母：襆幞；知母：瘃斸；澄母：躅；溪母：曲；群母：躅；疑母：玉狱；清母：趣；章母：蠋属嘱鄐；昌母：歜；禅母：属襡；晓母：勖旭顼；以母：谷；来母：逯渌籙录；日母：嗕鄏溽。

二 江摄

江韵

并母：庞棓逄逢蚌蜯棒；明母：庬駹；知母：戇；彻母：惷；澄母：幢撞橦；见母：扛釭杠虹港；溪母：羫；初母：鏦；崇母：淙；生母：泷；匣母：行硡降；来母：泷。

觉韵

帮母：驳駮剥；滂母：撲璞；并母：撲骲；明母：藐；知母：涿㤱

睥；彻母：趇；澄母：鶨；见母：穀较珏桊催；溪母：磽毃愨㘯确；疑母：鷔；庄母：捉；初母：齺婼；崇母：浞鷟；生母：稍槊数嗽；影母：偓齷偓渥；晓母：縠；来母：荦。

三 止摄

支韵

帮母：卑裨鞞波陂；滂母：庀披帔；并母：裨郫陴庳鞁被罢纰；明母：靡孊縻縻灡渳弭芈采；彻母：褫魑螭；澄母：篪豸縋肔腄；见母：奇掎诡妎皮羁；溪母：绮崎企跂頍跬觖阕；群母：技伎跂芰琦骑锜碕衹；疑母：锜齮舣檥巍蟻螘顊峞；精母：积呰訾髭訾觜；清母：刺泚玼；从母：疵玼眥呰眦此渍；心母：玺睢斝徙虒褫髓斯澌厮斯；初母：衰差揣；生母：酾洒躧縰屣；章母：忮支揸提织枳惴氏抵抵砥知腄棰捶箠；昌母：吹；船母：舐；书母：施阤弛绝翅；禅母：菙陲倕提豉；影母：倚猗委逶萎痿祎恚缢；晓母：扔堕䜱戏；云母：蓝为蔿；以母：易迤虒巨蛇歋已；来母：蠡蠃罹丽骊逦离漓篱䕻累縈罾；日母：痿媷。

脂韵

帮母：畀痹费匕比妣秕秕疵泚泌閟；滂母：頾鉟伾濞浿纰；并母：鞞鞴否坯圮巙比榌；明母：湄郿渼魅；彻母：郗絺；澄母：稚椎锤槌锤迟穉蚳泜滍；娘母：尼怩腻；见母：剀概篮頯轨氿兂㫎骩；溪母：喟凯；群母：欮洎馗耆暨悸跽馈坥黄簣；疑母：劓；精母：姊秭恣；清母：鄑佽趑次；从母：悴瘁顇；心母：死睢崇葰；邪母：禭璲燧隧咒彗；庄母：第；生母：帅榱率；章母：雉鸷挚氏衹砥泜胝寘踬质；昌母：鸱；船母：谥；书母：葘；禅母：视脽；晓母：睢；云母：蒉洧鲔；以母：肆遗夷痍㠱羡唯濰擅馈黝黟；来母：累缧累儽涖垒谏犁；日母：蕤緌。

之韵

彻母：摛笞辝；澄母：畤偫峙治植；见母：己其其；溪母：起玘屺亟；群母：期綦祺綦邔亓萁；疑母：儗嶷；精母：滋嵫孳仔；清母：蚝；从母：兹磁牸；心母：思偲罳司伺笥；邪母：汜饲姒寺嗣；庄母：淄辎锱葘茌第刬；初母：厕辎；崇母：柿茌士；生母：使；俟母：竢；章母：箠帜识阯時徵；昌母：帜炽噫；书母：帜偫；禅母：蒔；影母：

第二章　被注字的分布情况

唉噫；晓母：喜意熹；以母：台粨眙洇姬廙异食；来母：氂釐嫠髺貍娌俚；日母：耳洱珥毦衈辆轜枏。

微韵

非母：畂绯騑诽；敷母：胐騑菲；奉母：费巂厞贲；微母：亹；见母：幾矶機虮机魏蘄曁；群母：俟幾蘄崎顩旂圻；疑母：顗毅；章母：衣扆依尉蔚熨葳；晓母：饩气卉祎虺翬唏欷豨悕；云母：猬緷韪纬炜帏苇彙。

四　遇摄

鱼韵

知母：贮褚脎著箸；彻母：樗摅；澄母：箸屠躇著紵杼涂滁蒢；娘母：女挐絮；见母：车苴蒟倨锯琚；溪母：去祛陎虚嘘歔；群母：虞簴憁鐻璖遽蘧劇秬拒；疑母：籞御圄齬圉语；精母：且沮咀苴蛆；清母：䏽觑苴狙疽沮蛆疳；从母：沮怚咀；心母：胥揟谞；邪母：屿潊抒徐徐；庄母：苴沮诅俎菹；初母：溑；崇母：龃；生母：疏；章母：翥；昌母：处；船母：杼抒；书母：纾；禅母：墅曙；影母：淤阏於饫；以母：与礜旟舆玙誉舁予好仔㤥；来母：稆鑢慮胪柤膂旅；日母：茹洳如。

虞韵

非母：傅俌簠黼莆柎府跗鈇跌父；敷母：讣仆俘郭桴莩沰怸拊廍抚尃；奉母：夫扶苻鮒泭腐枹泭赙；微母：儛毋庑怃斌婺鹜；知母：拄蛛；彻母：貙；澄母：逗；见母：瞿句泃拘枸；溪母：齲甌区岖；群母：句朐臞瞿毪婆；疑母：禺遇俣瀘虞；精母：足诹娵；清母：趋趣取娶；从母：聚；心母：繻须胥頯；生母：数；章母：澍麈朱侏；昌母：姝；书母：戍输毹；禅母：竖澍铢；影母：伛妪迂扞纡；晓母：酗荂雩煦酌煦姁响昫袡诩栩翙呴盱；云母：杅迂邘吁芋寓瑀污雨；以母：俞隃瘉榆觎褕窬歈渝谕阉窳瘐；来母：屡娄偻蒌缕楼；日母：孺乳襦濡。

模韵

帮母：谱晡铺；滂母：怖铺浦诵；并母：匍酺簿捕哺蒲舫朴菩；明母：膜暮嫫橅姥荮；端母：阇赌秅敦妒；透母：吐菟；定母：度菟峹涂

塗骎；泥母：笯帑怒驽弩；见母：菰泒苽罛罟酤估蛊锢稒贾顾毂；溪母：刳袴楛苦；疑母：吾牾郚峿午仵迕作䀉玝悞；精母：组作；清母：粗厝错酢；从母：殂粗；心母：傃塑泝愬；影母：乌鸣邬坞隖鸡汙污洿圬於恶噁；晓母：呼滹謼虖怓浒；匣母：濩翃餬瓠洿旴沪扈鄠乎岵；来母：卢颅泸舻鑪橭潞璐辂卤滷旅。

五 蟹摄

齐韵

帮母：狴甓箄；滂母：批瞥睥；並母：髀鼙鞞；明母：眯麛；端母：蒂薹伍谛碲诋底柢氐鞮邸坻抵羝；透母：缇䩖梯薙剃；定母：缇踶提軑釱睇娣绨弟递鹈禘棣庨遶嚦；泥母：䵒埿泥祢；见母：炔髻蓟鸡灵繋係稽闺邦窐笄枅；溪母：䁲𤅽稽刲綮棨契；群母：褉；疑母：郳鯢倪麑儿晲䀥羿；精母：赍挤济霁跻鱭蟹䶢；清母：泚玼妻郪；从母：齐荠眦眥；心母：塮些洗洒嘶；影母：繄嫕翳縊瘞；匣母：奚傒徯鼷褉酅惠憓窐繫；来母：澧俪丽鰲隶荔蠡戾缤沴黎黧犁藜。

佳韵

滂母：派；並母：粺；澄母：豸豥；见母：枴解廨懈诖；疑母：睚；庄母：债；初母：衩差钗；生母：灑洒晒；影母：鼃䵷䝿隘佳洼娃；匣母：鼃䵷鲑绘澅䢽解蟹邂獬澥鞵膎。

皆韵

滂母：湃；並母：排俳韛憊；明母：霾；见母：诫街揩价介斋疥鸠；溪母：喈萷黉锴揩铠；疑母：聩骏；庄母：祭瘵；初母：差；崇母：豺侪；生母：杀；影母：噫；匣母：坏槐骇齚湝骱。

灰韵

帮母：𢉩背誖；滂母：妃怞；並母：琲培孛誖悖邶鄁背；明母：玫瑁媒昧；端母：磓搥硾敦碓；透母：推俀；定母：队懟憝隤穨魋；泥母：馁䐉内馁；见母：傀瑰瓌幗薈瓌愦；溪母：傀魄诙块恛；疑母：峱硙隗嵬鮠；精母：崒；清母：焠淬倅璀漼縗；心母：谇绥；影母：煨猥；晓母：沬頮贿；匣母：溃缋璝閿庬汇槐回；来母：雷礧檑酹耒颣磊僱櫑。

第二章 被注字的分布情况

哈韵

並母：備倍；透母：貸台邰；定母：给逮埭駘瑇玳；泥母：耐能；见母：陔垓峡概；溪母：铠闿；疑母：皑㝵敱阂；精母：载縡；清母：采案偲；从母：财裁载；心母：塞赛鳃；影母：唉譺暧；晓母：咍醯；匣母：孩咳劾；来母：麳赉睐来涞。

祭韵

帮母：獘；知母：酸；彻母：觯；见母：讦猘蹶劂；溪母：揭憩；精母：祭荙穄；清母：毳脆；心母：彗；邪母：彗篲；初母：毳；章母：赘；书母：说贳蜕况祝；禅母：噬澨；影母：瘗；云母：彗楋籑卫；以母：曳栧泄恞洩；来母：厉砺例；日母：汭蜹。

泰韵

帮母：贝狈沛芾；滂母：浿沛；明母：沬沫；端母：蹛祋；透母：蜕忕汰太；定母：兑软大；见母：盖匄丐浍会廥郐狯；清母：蔡；从母：蕞；影母：憎荟；晓母：濊翙鱥涣；来母：酹癞濑。

夬韵

帮母：败；並母：败；明母：劢；彻母：虿；见母：夬诖；溪母：咶瑎；崇母：砦；影母：喝。

废韵

非母：柿祓肺；奉母：吠；疑母：乂；影母：薉濊；晓母：㖡。

六 臻摄

真韵

帮母：彪滨玢份邠傧摈缤豳斌；並母：顿濒纰嫔嫔；明母：闽汶忞旼闽岷泯嵋缗愍佪渑；知母：镇填瑱；彻母：疢；澄母：纼绖陈；群母：窘瑾殣厪厪菌；疑母：訚嚚听圁；精母：进璡缙瑨；心母：信；邪母：烬荩浕赆；庄母：溱甄；初母：觇榇；章母：缜稹祯胗诊疹振赈侲甄；昌母：瞋嗔；书母：娠哂身；禅母：昚；影母：駰细諲禋堙垔；晓母：衅鬠；以母：酳纼靷引；来母：蹸蔺辚璘鳞遴骑瀓翷；日母：刃。

谆韵

知母：窀迍屯；彻母：辁；见母：钧颎袀；溪母：蜠困；精母：晙

浚畯儁；清母：竣逡皴；心母：栒眴郇洵笋唆隼浚骏；邪母：驯徇；章母：纯肫谆准；昌母：踳；船母：楯盾；书母：眴；禅母：鹑淳纯；影母：赟頵齑筠；以母：狁允匀；来母：仑愉；日母：脸。

臻韵

庄母：榛蓁溱；生母：诜侁莘。

文韵

非母：偾；敷母：汾；奉母：薠蚡分辚愤贲赍；微母：紊闻闽扠汶汶吻刎；见母：捃皸；群母：裙帬；影母：恽酝愠缊煴蕴薀；晓母：獯纁荤勋；云母：抎沄员郧渷郓餫。

欣韵

见母：谨堇斤靳；群母：近懂懃；疑母：齗听龂；影母：殷㲞㲞隐；晓母：忻昕。

魂韵

帮母：畚奔贲；滂母：欯；並母：笨体坌瓫溢盆；明母：懑扪亹惛；端母：惇敦墩顿；透母：涒暾焞；定母：盾臋臀屯独遂；泥母：麢；见母：绲悃娨鲧裈；溪母：悃阃髡壸；精母：撙僔噂浚；清母：刌；从母：踆蹲；心母：荪愻飧噀；影母：温辒瘟；晓母：惛惛；匣母：浑溷圂混；来母：仑论。

痕韵

匣母：佷狠。

质韵

帮母：髲軷趉跸珌；滂母：疋；並母：比佖泌苾邲邲；明母：宓；知母：室铚；娘母：昵眤暱；章母：瓆质礩颤骘桎晊郅蛭；昌母：叱；彻母：抶咥；澄母：袠袟秩；清母：郪；从母：疾；心母：悉卙；见母：暨；溪母：诘趌蛣；群母：佶；来母：溧栗篥；日母：馹；云母：颵；以母：泆镒溢泆佚佾軼。

术韵

知母：窋绌；彻母：怵；船母：术沭钵潏；精母：卒；生母：率；心母：铋讂怵珗戌；以母：遹潏鹬；云母：颲。

栉韵

庄母：栉；生母：虱瑟。

物韵

非母：绂绋韨黻芾；敷母：袚拂；奉母：拂怫佛；微母：芴；见母：屈厥崛；溪母：诎屈；群母：倔；娘母：呐；影母：熨郁蔚尉；晓母：欻歘。

迄韵

见母：扢讫吃；溪母：契乞；疑母：疙；晓母：钇。

没韵

滂母：咄；并母：字勃浡悖；精母：卒；清母：卒；从母：捽；心母：窣；端母：咄；透母：佚；定母：突；泥母：讷；溪母：矻窟；影母：嗢；晓母：笏智惚；匣母：齕扢纥鹘；来母：硉。

七　山摄

寒韵

端母：单瘅郸殚箪疸；透母：摊滩嘽；定母：但袒诞蜑弹掸噽潬禫；泥母：难；精母：赞鄼；清母：餐璨；从母：攒；心母：散伞繖；见母：笴簳幹乾玕汗干竿旰邗奸杆；溪母：衎；疑母：犴；生母：狦；影母：按；晓母：悍铧扞汗邗闬翰鼾嘆邯；来母：阑襕。

桓韵

帮母：绊；滂母：番；并母：般瘢磐槃伴柈畔磻繁；明母：懑蔓漫缦曼墁槾谩幔；定母：抟砖煅锻断；泥母：懦濡愞煗煖；见母：莞筦贯灌观盥裸冠棺涫馆琯悺；疑母：刓蚖；精母：穳劗；清母：爨锴；从母：菆攒欑；心母：蒜纂；影母：剜踠盌腕惋晿；匣母：澣纨洹貆瓛浣骦；来母：鸾滦。

删韵

帮母：般；滂母：襻；明母：谩；娘母：赧；初母：篡；崇母：馔栈；生母：潸讪汕狦；见母：营惯卝鰥閒擐；疑母：贗；影母：绾鹠鼌；匣母：皖侗擐镮镮澴环还郇。

山韵

帮母：彪；滂母：盼昐；并母：辨办；澄母：绽；初母：铲划铲；崇母：潺孱栈；生母：汕；见母：间闲谏；匣母：娴幻。

元韵

非母：岅坂阪蕃镭；敷母：反幡；奉母：蹯蕃燔笲饭飰；微母：蔓曼娩挽挽；见母：軒揵楗建鞬鞬犍湕；群母：寋键圈；疑母：蚖沅嫄；清母：绻；影母：嫣偃鄢堰郾匽宛怨苑；晓母：埙誼煖谖谨幰烜咺晅掀；云母：垣洹远援袁。

仙韵

帮母：箯褊；滂母：扁；并母：昪玭瞥辩辨卞汴便缠；明母：挽免俛娩忏沔恤缅湎动黾渑漫；知母：传转辗展褆邅；彻母：迍链；澄母：瀍缠沌传椽椽；娘母：辗碾；见母：狷绢鄄甄卷卷寋謇；溪母：遣缱寋詧卷；群母：件圈卷拳惓筹犍；疑母：谚唁獻讞；精母：揃煎湔戬镌溅朘朘；清母：痊诠佺悛瘗迁源诶；从母：践吮隽诎；心母：选线鲜线狝癣瑄揎；庄母：恮；崇母：谡僎襈撰孱；章母：饘餐馆颤刿垎颛旃；昌母：穿闡喘繵钏；禅母：单掸禅蝉澶褆擅铤鳝鄯；影母：嫣焉悁嬽堰阏；晓母：佥儇；匣母：琁璿璇旋还；云母：援瑗媛圜；以母：捐延铤筵莚蜒鸢掾蝝缘戬演沇羡衍；来母：孪孪脔琏媡链涟莲令；日母：然壖蠕蜹堧愞辌软。

先韵

帮母：扁徧；并母：骈骿胼扰瓿蠙辫；明母：眄麵瞑；端母：殿滇瑱颠；透母：瑱腆腆琠；定母：窴阗填佃田淀；泥母：捻；见母：蠲汧狷涓鹣胃；溪母：开汧岍俔；疑母：研；精母：湔籛鞯；清母：蒨倩芊；从母：栫荐荐；心母：洗跣铣；影母：燕醼阏烟咽；晓母：铣绚；匣母：岘铇见眩泫祛炫衔舷玹悘县缳琄；来母：楝零倳。

曷韵

端母：哒妲怛怛鞑黜；透母：獭闼挞；定母：哒；泥母：捺；见母：匄；疑母：柉；心母：萨撒；影母：阏堨颏；晓母：喝；匣母：鞨鹖；来母：剌粝。

末韵

帮母：伯般袚；滂母：泼钹；并母：跋魃钹酦；明母：昧沫袜鞨；

端母：羧掇；透母：侻脱；见母：括筈适；溪母：筈；清母：撮；来母：捋。

黠韵

澄母：哒；娘母：豽；初母：鶵；生母：煞；见母：秸戛稭；溪母：刦；影母：轧；匣母：猾黠。

鎋韵

明母：帕；初母：刹；晓母：瞎。

月韵

奉母：阀茷桅筏；微母：韤袜；见母：揭羯蹶訐；溪母：阙朅；群母：橛蹶掘碣揭；疑母：刖；影母：谒；晓母：歇蝎。

薛韵

帮母：鳖鷩别；滂母：瞥；明母：灭；知母：哲惙掇剟啜；彻母：辙彻；澄母：撤；娘母：呐；见母：孑；溪母：抉愒揭朅；群母：碣揭；疑母：讞孽孼；精母：蕝；心母：渫媟绁泄契褻；生母：刷；章母：浙晣准；昌母：啜歠掣；禅母：折；以母：拽说；来母：茢埒冽；日母：爇蛶。

屑韵

滂母：瞥；并母：苾；明母：蔑巀蠛篾；透母：餮；泥母：涅；清母：切；从母：截；定母：铁迭昳跌垤绖咥；见母：决诀觖谲潏桔絜结；溪母：阕契鍥挈；疑母：蜺啮；精母：櫼；心母：楔；影母：抉蠮；匣母：齕纥缬頡絜黦趹；来母：戾捩。

八　效摄

萧韵

端母：貂刁鸟鵰；透母：祧挑佻恌朓脁咷；定母：掉调藋芀迢髫跳挑佻；泥母：裛衰嬈；见母：浇骁䭾缴徼憿皦敫皦璬枭；溪母：鄡窍鄡；疑母：峣僥垚；精母：剿湫；心母：謏；影母：幺；匣母：皛芍；来母：盯蓼廖憀嫽缭撩镣璙寮橑料膋。

宵韵

帮母：瘭熛㶣褾贆标飙镳；滂母：瞟剽漂缥嫖僄镖標骠麃；并母：

票骠摽；明母：杪眇藐；知母：朝鵃；澄母：肈旐晁朝鼂；见母：矫；溪母：趫；群母：翘蹻趟侨轿峤；精母：焦僬醮勦剿潐釂皭；清母：陗峭悄愀；从母：憔嶕谯譙；心母：蛸绡；章母：罾钊佋炤昭招；禅母：召佋；书母：少；影母：妖祅夭訞要；晓母：嚣；以母：姚洮珧铫媱繇鷂陶轺；来母：疗缭憭璙；日母：娆桡荛。

肴韵

帮母：豹胞；滂母：礮窇；并母：咆匏皰鉋鲍髱；泥母：淖；知母：嘲獠；澄母：櫂；娘母：挠桡铙；见母：窖觉搅校鵁狡佼珓芁；溪母：骹；疑母：磽乐齩碻；庄母：笓爪；初母：钞抄；崇母：鄛勦巢；生母：稍筲弰鞘；晓母：猇虓髐哮；匣母：教校佼骹洨。

豪韵

帮母：鸨堡褓保葆緥宼；并母：袍暴；明母：耄旄耗眊瑁媢冒蓩；端母：倒岛；透母：饕缲敠慆瑫韜洮叨；定母：梼纛道咷駣洮騊绹脩帱；泥母：峱；见母：告部缟暠高稾橰皋膏藁篙峇橐；溪母：拷槁犒；疑母：鳌謷敖傲敖嗷鳌；精母：蚤躁澡糟；清母：操慅造糙慥；从母：漕艚嘈阜；心母：艘榞骚搔燥臊譟扫；影母：媪奥澳袄懊；晓母：好挠；匣母：号蚝壕浩皞镐滈；来母：劳醪嫪燈獠獠潦樛辣。

九　果摄

歌韵

透母：扡它拖他；定母：陁佗池大爹佗陀沱柁驮；泥母：那郍；见母：个笴舸砢柯菏；溪母：珂可岢；疑母：峨；精母：左作；清母：蹉瑳磋；从母：嵯酇鄼鹺；心母：些娑；影母：阿；匣母：诃荷呵；来母：逻啰襶。

戈韵

帮母：跛波皤番；滂母：颇叵；并母：繁；明母：魔磨麽麼；透母：唾妥椭；定母：堕；泥母：懦；见母：过锅涡裹迦；溪母：伽；疑母：囮；清母：脞莝刲；从母：痤坐；心母：莎梭锁琐；影母：倭倭；晓母：靴韡；匣母：和；来母：骒骡裸螺臝倮蠡。

十　假摄

麻₂韵

帮母：芭靶羓坝；滂母：㞎𢁚；並母：杷；明母：蟆蟇袹傌；知母：树挝咤吒；彻母：诧；澄母：涂秅；娘母：拏秅；见母：迦枷麚茄袈骝冎缃娲豭假葭贾家；溪母：夸骻；疑母：衙吾迓牙疋；庄母：溠柤渣齇笮；初母：差汊；崇母：槎苴查；生母：裟沙；影母：哑；晓母：哗华岈；匣母：下虾夏华铧瑕踝。

麻₃韵

明母：乜；精母：祖罝姐唶借；从母：藉；心母：写；邪母：斜邪；章母：蔗炙堵赭奢；昌母：车哆𠹛；船母：贳麝虵；禅母：阇侂佘；书母：舍库；以母：夜斜虵射椰爷邪；日母：若婼。

十一　宕摄

阳韵

非母：邡放防舫枋；奉母：坊防魴方纺；微母：罔亡邙辋忘惘；知母：长张；彻母：昶伥锿怅玚畼；澄母：仗杖长苌；见母：缰襁迋僵彊置殭繮；溪母：蜣悾筐洭；群母：强彊鱷漒繈强；疑母：卬仰；精母：将；清母：枪锵；从母：嫱；心母：骧相缃；邪母：橡洋；初母：伧创沧刱；生母：㓣；章母：障瘴漳鄣；昌母：氅倡猖闛；书母：饷向珦㦝殇；禅母：尚徜偿上；影母：鞅怏；晓母：珦悦轵乡慌；云母：王眭；以母：养瀁樣羕恙洋徉佯详炀疡颺敭；来母：量辌凉掠两裲踉；日母：瀼穣禳攘。

唐韵

帮母：榜；滂母：滂；並母：傍旁房；明母：芒釯莽蟒邙；端母：党谠裆珰筜；透母：帑荡汤；定母：荡瀁砀菪宕；见母：㧚钢恍洸桄广僙横亢斻；溪母：邟忼伉亢炕慷嶈纩；疑母：枊卬；精母：臧驵牂；清母：仓；从母：藏；心母：丧颡；影母：尪汪；晓母：荒肓；匣母：蝗篁湟兙航吭沆杭璜潢滉幌幌行桁；来母：阆崀踉浪稂莨狼琅。

药韵

彻母：逴乇臬；知母：著；澄母：著；见母：屩躩玃矍钁；溪母：

却；群母：噱醵；疑母：疟；精母：爝燋；清母：芍；庄母：斮；章母：焯勺礿；昌母：绰；书母：铄；禅母：勺汋；晓母：谑；以母：籥龠礿枦；来母：碧擽；日母：蒻。

铎韵

帮母：餺髉搏镈；滂母：泺粕；并母：薄箔亳；明母：鄚莫漠摸瘼；透母：拓柝橐跅矺托；定母：度；泥母：诺；见母：彉崞格；疑母：鄂咢锷愕崿；精母：柞；清母：错；从母：苲筰作柞苲；心母：索；影母：垩蠖；晓母：彉郝鄗藿臛；匣母：获镬涸貉；来母：乐轹骆酪洛落。

十二 梗摄

庚₂韵

滂母：亨；并母：棚棚榜篣搒澎；明母：艋盟孟；彻母：掌橕；澄母：场；见母：犷矿秔羹梗更绠鲠哽霙；初母：鎗铛；崇母：伧；生母：省眚；影母：泓；晓母：亨；匣母：行珩桁衡瑝锽横；来母：冷。

庚₃韵

帮母：昺邴昞；并母：枰；见母：憬璟冏竟獍煚璥；群母：黥；疑母：迎；影母：璟瑛；来母：倞勍。

耕韵

帮母：迸；滂母：砰怦；并母：蛑輣；明母：甿萌虻薨；澄母：浈；娘母：儜；见母：耿；溪母：铿；庄母：净筝争；初母：铮；崇母：峥；影母：罂罃婴；晓母：䡈訇；匣母：厷闳嵘翃。

清韵

帮母：屏鴘并枰併；明母：洺；知母：聂祯浈贞桢；彻母：怔侦骋；澄母：裎；见母：颈；溪母：顷轻苘；群母：憕凭；精母：鹡箐睛旌晶；清母：清倩请；从母：穽阱靓请；心母：省骍；邪母：饧；章母：正政证钲；禅母：晟盛；影母：婴紫缨瓔；晓母：䚯夐；以母：郢赢赢茔莹；来母：令领。

青韵

并母：并併鉼；明母：瞑瞑茗；端母：订钉矴；透母：厅颋䟒侹

第二章 被注字的分布情况

聽；定母：梃挺廷莛艇铤町；泥母：甯泞；见母：到肩颎焗坰；清母：蜻；心母：醒；影母：鎣；晓母：诇馨；匣母：胫陉悻婞迥砏；来母：令泠零澪轹瓴羚伶蛉囹玲苓棂酃。

陌₂韵

帮母：伯；滂母：魄；并母：舶；明母：貊袹；知母：磔舴笮窄迮；彻母：坼泽；澄母：翟；见母：格骼虢；疑母：额；崇母：咋；生母：索；影母：濩蠖。

陌₃韵

见母：戟；溪母：隙郤；群母：屐剧；疑母：逆；晓母：虩。

麦韵

帮母：擘；明母：脉；知母：谪矺；澄母：擿；见母：膈愅喊；庄母：咋责啧箦；初母：栅柵册；崇母：赜；生母：索栅；影母：轭阨搤；匣母：画划繣覈翮。

昔韵

帮母：躄辟；滂母：僻；并母：擗辟革；澄母：摘掷；精母：䗪踖借嵴踖脊；清母：刺磧；从母：堉瘠磨籍藉；心母：舄；章母：蹠跖摭摭炙；昌母：赤鶒；船母：射；书母：螫郝奭；禅母：袥；影母：嗌；以母：易蜴埸液掖腋帟怿峄。

锡韵

滂母：劈；并母：甓鹝；明母：汨羃；端母：适靮镝；透母：惕倜䔲遏剔；定母：篴籴頔荻翟；泥母：溺；见母：墼淏激；溪母：闃；精母：勣；清母：戚鏚；心母：裼蜥析皙淅；匣母：檄覡鬩鬩；来母：鬲郦枥砾栎轹泺。

十三　曾摄

蒸韵

并母：冯；彻母：庱；澄母：憕澂；见母：矜；精母：甑；从母：缯鄫；章母：证氶拯徵；昌母：称；船母：湉乘嵊䮾塍膡；禅母：丞承；书母：胜；影母：雁应；晓母：兴；以母：媵滕孕；来母：凌倰。

登韵

帮母：堋；并母：倗；端母：璒噔磴镫等；定母：橙滕；见母：䋳

亘暅；精母：矰罾；从母：曾；晓母：薨；匣母：佷恒峘；来母：棱楞倰。

职韵

帮母：偪；滂母：愊；并母：愎煏；彻母：饬；澄母：直；见母：棘殛；疑母：嶷；庄母：昃仄；初母：厕；崇母：莿崱；生母：啬；船母：食蚀；书母：拭；禅母：殖植埴湜；晓母：洫；云母：棫；以母：廙斁弋默杙；来母：仂。

德韵

并母：欂踣匐；明母：冒万；透母：慝貣；精母：则；心母：塞；匣母：劾蜮；来母：肋竻仂艻扐。

十四　流摄

尤韵

非母：不缶镁；敷母：覆；奉母：萯复枹罦掊涪稃伏；明母：缪鍪鞪蝥蟊蝥；知母：䂟䛆；彻母：畜瘳惆杻；澄母：儵紬伷籕酎繇稠裯绸梼踌；娘母：糅狃杻纽；见母：龟灸玖韭；溪母：糗；群母：抠鈂绿捄赇璆仇；精母：齌僦蝤；清母：萩鞧湫楸；从母：酋鲉逎蝤鹙鹫湫；心母：宿琇锈；邪母：囚；庄母：驺鲰菆陬掫緅；初母：篍；生母：瘦溲鳑廋；章母：祝呪賙帚；昌母：犨；书母：守首手；禅母：酬愁绥受雔；影母：䨷耰；晓母：鬏嗅貅；云母：右邮疣；以母：诱莠尤犹酉牰由蚰狖牖卣逌㳅繇斿廞；来母：浏雷瘤留骝遛僇廖嵺㮷镠；日母：糅蹂揉。

侯韵

滂母：剖；并母：裒抔培掊；明母：瞀楸贸亥鉾姆；透母：毷褕褕；定母：逗脰郖；见母：篝遘媾媾購购句泃钩雊毂緱诟；溪母：诟瓯觳釦叩；疑母：偶；精母：走陬掫諏；清母：取；心母：籔嗽；影母：殴沤区呕瓯欧讴；晓母：诟呴詾睺；匣母：後后逅餱糇瞙堠厚；来母：溇膢娄娄镂楼髅。

幽韵

明母：缪谬；见母：樛纠；群母：璆虬；影母：幼。

十五　深摄

侵韵

帮母：禀；知母：碪碪；彻母：郴琛；澄母：沈湛沉；娘母：賃；见母：禁衿；群母：噤黔；疑母：崟；精母：寖祲；清母：沁；邪母：郣鐔浔；初母：参讖；崇母：涔岑；生母：渗参梫；章母：鍼枕箴；昌母：綝；书母：深谂沈；禅母：谌忱；影母：饮阴暗愔瘖；晓母：歆廞；以母：鐔尤；来母：临菻廪懔；日母：任纴妊稔。

缉韵

知母：縶；疑母：岌；清母：葺；从母：辑檝；邪母：霫褶；庄母：戢；生母：霅涩钑；禅母：褶；影母：悒邑挹；晓母：翖噏歙阖吸。

十六　咸摄

覃韵

端母：酖耽眈湛；透母：探；定母：昙鐔谭襌覃倓；泥母：湳；见母：淦感礛赣灉弇；溪母：堪龛戡；精母：咎；清母：参傪駸憯；心母：糁；影母：諳菴谙庵；匣母：含玲浛蛹；来母：婪惏岚。

谈韵

明母：姏；端母：儋甔担纰；透母：賧毯柵；定母：憺澹噉啗噉嚵餤餤；见母：柑；溪母：瞰阚；从母：蹔；心母：三；晓母：蚶憨；匣母：酣；来母：擥褴缆蓝。

盐韵

帮母：贬窆；彻母：觇；澄母：讷；娘母：粘黏；见母：检脸；群母：拑箝钳黔芡钤鍼钻；精母：渐潛㜸；清母：㓦；从母：渐灊；心母：歼；心母：暹憸彡銛孅；邪母：燖；生母：痁；章母：占佔飐；昌母：韂襜；书母：苫陝睒；禅母：剡赡；影母：厌懕魇黡奄阉掩；晓母：獫；云母：炎；以母：剡焱檐艳阽；来母：匲帘夜敛殓；日母：染顉髯。

添韵

端母：玷店坫垫；透母：沾；定母：恬；见母：兼；溪母：歉傔

慊；匣母：嫌。

咸韵

澄母：湛；见母：鹻械减缄；崇母：馋漸；匣母：诚。

衔韵

见母：监；初母：儳忏搀；崇母：巉镶；生母：彡芟；晓母：阚；匣母：衔嗛舰；来母：滥。

严韵

奉母：氾；疑母：严曮。

凡韵

敷母：氾泛汎；奉母：泛梵。

合韵

透母：漯；定母：沓沓蹹嗒；泥母：纳衲；见母：浩合郃蛤；溪母：溘；精母：匝；从母：杂；心母：飒驳；匣母：郃；来母：拉摺。

盍韵

端母：搨；透母：猞搭鰨艣姶；定母：蹋蹋闟；见母：盖；溪母：榼磕匳；匣母：阖。

叶韵

娘母：蹑聂镊；群母：笈；精母：睫婕皵楫；从母：逮偞；生母：萐；章母：慴讋慹啜觇觟；书母：歙溼摄镊葉；影母：厌嘛擪；云母：晔；以母：楪葉；来母：鬣；日母：诺嗫。

帖韵

端母：啑；透母：咕；定母：堞谍蹀喋艓垫；泥母：摄捻；见母：梜唊；溪母：惬箧悏；精母：浹；匣母：侠挟愶。

洽韵

见母：郏裌；溪母：帢帢；庄母：眨；初母：箞锸函；生母：歃萐唶；匣母：陜洽祫。

狎韵

澄母：霅；见母：胛；生母：翣啑；影母：压。

业韵

群母：笈；疑母：邺；影母：鮸。

第二章 被注字的分布情况

乏韵

（无字）

胡三省《音注》中的被注音字包括：①普通词汇用字，②专有词汇（包括国名、地名、人物名、部落名、山名、水名等名物词）用字，③通假字、古今字、异体字、通用字等文献用字。考虑到繁体字在简化过程中有一简对多繁的情况，故凡一个繁体对应一个简体的，我们都写简化字；而凡一简对多个繁体的，我们则保留其繁体，以免形、音、义混淆。属于通假字、异体字、古今字、通用字者，我们保留文献用字原貌。基于此项材料的整理分析，我们着手开展《通鉴音注》语音系统的研究工作。

第三章 《通鉴音注》声母系统

清代陈澧发明的"反切系联法"为学者们利用反切考求声母和韵母的类别提供了便捷。系联法适用于韵书，如白涤洲《集韵声类考》(1931)、刘文锦《洪武正韵声类考》(1931)、董同龢《全本王仁煦刊谬补缺切韵的反切下字》(1948)、《全本王仁煦刊谬补缺切韵的反切上字》(1951)等，都用反切系联法考求声类或韵类。也有学者用系联法研究隋唐时期音义类著作，如周法高《玄应反切考》(1948)、王力《朱翱反切考》(1982)等。《通鉴音注》是随文注释类著作，其反切、直音等材料非常零散。我们用了很多时间加以整理，将其所有反切和直音汇总起来，并列出其所出现的语言环境，形成了《〈通鉴音注〉资料篇》[①]，在这个基础上我们开始作胡三省《通鉴音注》音切的研究工作。我们用反切比较法研究了其中约7631条不重复的反切和直音。以《广韵》声母和206韵为参照标准，每一个被注字、反切上字、反切下字都注明其中古的音韵地位，然后将相同声母的字归纳为一类。通过反切比较，我们得到了以下数据：胡注反切（或直音）的音韵地位与《广韵》完全相同的约有6391条，不同的约有1240条；与《广韵》音韵地位不同但与《集韵》音韵地位相同的约有672条；与《广韵》和《集韵》的音韵地位都不相同的约有982条；在《广韵》和《集韵》中没有收的被注字有9个，注音13条。下文从唇音、舌音、齿音、牙音、喉音等方面分别讨论中古声母在胡注中的变化。

[①] 马君花：《〈通鉴音注〉语音研究（资料篇）》（第三册、第四册），（台北）花木兰文化出版社2016年版。

第一节　唇音

《通鉴音注》的唇音分为重唇音和轻唇音。重唇音有：帮、滂、并、明，轻唇音有：非敷、奉、微。轻唇音的主要变化是非、敷合流。

一　重唇音

重唇音字注音约有800条（特指反切和直音，下同），其中：帮母字音注有183条，自注164条，与其他声母混注19条；滂母字注音有113条，自注94条，与其他声母混注19条；并母字音注有280条，自注258条，与其他声母混注22条；明母字音注有226条，自注220条，与其他声母混注6例。根据同声母自注的比例，我们认为《通鉴音注》重唇音是帮、滂、并、明四母，其音值与中古的［p］、［p‘］、［b］、［m］相一致。

（一）并母清化问题

胡注音系中，重唇音并母存在着浊音清化现象，表现在两个方面：一是中古并母字，胡三省用帮母字或滂母字作反切上字或直音；二是中古帮母字或滂母字，胡三省用并母字作反切上字或直音。对比重唇四母的自注情况可以看出，并母存在清化现象，这种浊音清化是从个别字音开始的，并母并未完全清化。我们在同韵条件下分析并母的清化问题，同时也分析不同韵但声母互为清浊关系的用例，以求揭示胡三省音注中并母演变的具体特点。

1. 同韵条件下并母和帮母、滂母的混注情况

（1）并帮混注

平平相注

①番　音婆　并　戈　合　一　平　果　‖博禾　帮　戈　合　一　平　果【蒲波*】①

按："番"，番阳，音蒲何翻7次，蒲河翻1次，蒲荷翻1次，音婆

---

① 加"【　】"的反切来自《集韵》；《集韵》反切后加"*"表示胡注的被注字和注音字是同一个小韵的字。下同。

2次；番吾，音婆又音盘2次。胡三省音与《集韵》同。

平仄相注

②般 卜满 帮 桓 合 一 上 山 ‖ 薄官 並 桓 合 一 平 山【补满】

按："般"，般县、般河，胡三省引李贤注曰：般，卜满翻（p.1926）。此音与《集韵》音义同。

仄仄相注

③被 彼义 帮 支 开 重三 去 止 ‖ 平义 並 支 开 重三 去 止【平义】

按："被"，加也，遭受也，音皮义翻482次，彼义翻1次。

④痹 毗至 並 脂 开 三 去 止 ‖ 必至 帮 脂 开 四 去 止【毗至】

按："痹"，脚冷湿病也，音必至翻7次，音必至翻又毗至翻1次（p.9496）。

⑤否 补美 帮 脂 开 重三 上 止 ‖ 符鄙 並 脂 开 重三 上 止【补美】

⑥否 音鄙 帮 脂 开 重三 上 止 ‖ 符鄙 並 脂 开 重三 上 止【补美*】

按："否"，臧否、否泰，音补美翻1次，音鄙23次，音皮鄙翻12次，音部鄙翻1次。

⑦悖 布内 帮 灰 合 一 去 蟹 ‖ 蒲昧 並 灰 合 一 去 蟹【补妹】

按："悖"，悖逆，注音共95次，其中以"蒲"作反切上字93次，以"布"作反切上字2次："年老，颇悖"，胡注："师古曰：悖，心恶惑也，音布内翻。"（p.865）又，"通人道之正，使不悖于其本性者也"，胡注："师古曰：悖，乖也，音布内翻。"（p.953）胡三省所引师古音与《集韵》音相同。

⑧辩 兵免 帮 仙 开 重三 上 山 ‖ 符蹇 並 仙 开 重三 去 山【邦免】

按："辩"，下辩（地名），注为"皮苋翻"2次；罪人与讼也，注为兵免翻1次，此音义与《集韵》相同。

⑨辫 补典 帮 先 开 四 上 山 ‖ 薄泫 並 先 开 四 上 山【婢典】

按："辫"，编辫子，《集韵》音同《广韵》。

⑩殍 彼表 帮 宵 开 三 上 效 ‖ 平表 並 宵 开 重三 上 效【被表】

按："殍"，饿殍，注音13次，以"被"作反切上字8次，以"平"作反切上字1次，用"皮"作反切上字3次，用"彼"作反切上字1次。

⑪薄 伯各 帮 铎 开 一 入 宕 ‖ 傍各 並 铎 开 一 入 宕【白各】

按："薄"，迫也，近也，注为伯各翻12次，《集韵》有此音。

⑫跋 卜末 帮 末 合 一 入 山 ‖ 蒲拨 並 末 合 一 入 山【北末】

第三章 《通鉴音注》声母系统

按："帝在藩镇，用法严，将校有战没者，所部兵悉斩之，谓之跋队斩"，胡注："跋，卜末翻，又蒲末翻。"（p. 8687）《集韵》有此音。同义又音反映了清浊交替现象。

（2）並滂混注

平平相注

⑬颇 傍禾 並 戈 合 一 平 果 ‖滂禾 滂 戈 合 一 平 果【滂禾】

按："颇"，偏颇，有滂河翻、傍禾翻各1次。《集韵》有此音。同字同义多注反映了清浊交替现象。

⑭番 音盘 並 桓 开 一 平 山 ‖普官 滂 桓 开 一 平 山【蒲官°】

按：番禾、番须、番和，皆古地名，音盘14次，《集韵》有此音。

仄仄相注

⑮僄 频妙 並 宵 开 重四 去 效 ‖匹妙 滂 宵 开 重四 去 效【毗召】

按："崇聚僄轻无义小人，以为私客"，胡注："僄，师古曰：僄，疾也，音频妙翻，又匹妙翻。"（p. 1009）同义又音反映了清浊交替现象。

⑯剽 平妙 並 宵 开 重四 去 效 ‖匹妙 滂 宵 开 重四 去 效【毗召】
⑰剽 频妙 並 宵 开 重四 去 效 ‖匹妙 滂 宵 开 重四 去 效【毗召】

按："剽"，劫也，急也，音匹妙翻109次，音平妙翻又匹妙翻1次，频妙翻1次。

⑱慓 频妙 並 宵 开 重四 去 效 ‖匹妙 滂 宵 开 重四 去 效【匹妙】

按："慓"，慓悍，注音为频妙翻又匹妙翻1次，另外3次都是匹妙翻。

⑲怖 蒲布 並 模 合 一 去 遇 ‖普故 滂 模 合 一 去 遇【普故】

按："怖"，共90次注音，用"蒲"作反切上字2次，用"普"作反切上字88次。

⑳歕 蒲闷 並 魂 合 一 去 臻 ‖普闷 滂 魂 合 一 去 臻【普闷】

按："歕"，吹气也，仅1次注音。

㉑扑 蒲卜 並 屋 合 一 入 通 ‖普木 滂 屋 合 一 入 通【普木】

按："扑"，击也，扑杀也，共32次注音，弼角翻12次，弼角翻又普卜翻、弼角翻又普木翻、蒲卜翻又弼角翻各1次，普卜翻、普木翻共17次。《广韵》"扑""撲"同音，义各不同；《集韵》"扑""撲"有互为异体字的情况，也有分用的情况。

㉒薄 普各 滂 铎 开 一 入 宕 ‖傍各 並 铎 开 一 入 宕【白各】

按："薄"，肉薄，薄近，共12次注音，其中普各翻1次，伯各翻11次。

㉓溢 普顿 滂 魂 合 一 去 臻 ‖ 蒲冈 並 魂 合 一 去 臻【普冈】

按："溢"，共8次注音，溢江、溢城，蒲奔翻6次，音盆1次；"河水溢溢"，注云："师古曰：溢，涌也，普顿翻。"（p. 997）

2. 不同韵条件下並母和帮母、滂母的混注情况

（1）帮並混注

㉔箄 步佳 並 佳 开 二 平 蟹 ‖ 府移 帮 支 开 重四 平 止【蒲街】

按："缝革为船，置于箄上以度河"，胡注："贤曰：箄，木筏也，音步佳翻。"（p. 1518）此音义与《集韵》同。

㉕番 蒲荷 並 歌 开 一 平 果 ‖ 博禾 帮 戈 合 一 平 果【蒲波】
㉖番 蒲河 並 歌 开 一 平 果 ‖ 博禾 帮 戈 合 一 平 果【蒲波】
㉗番 蒲何 並 歌 开 一 平 果 ‖ 博禾 帮 戈 合 一 平 果【蒲波】

按：此3例皆为番阳之"番"注音，胡注音蒲何翻7次，蒲河翻1次，蒲荷翻1次，《集韵》蒲波切，音义同。

㉘卑 音鼻 並 脂 开 重四 去 止 ‖ 府移 帮 支 开 重四 平 止【毗至*】

按："昔者舜之弟象，日以杀舜为事，及舜立为天子，封之于有卑"，胡注："卑音鼻。"（p. 537）《集韵》"卑""鼻"同音毗至切。有卑，古国名，象之所封。

㉙纰 必二 帮 脂 开 三 去 止 ‖ 符支 並 支 开 重四 平 止【必至】

按："帝易祭服，缟冠素纰"，胡注："纰，毗必翻，又必二翻，又扶规翻，冠饰也，缘也。"（p. 4313）此句中"纰"是名词，胡注反切上字既有帮母字也有並母字；"六月癸未，隋诏郊庙冕服必依礼经"，胡注："大带，素带，朱里，纰其缘。纰，音卑，缘也。"（p. 5442）胡注指出依礼经，冕服当"大带，素带，朱里，纰其缘"，此句子中"纰"是动词，胡注用帮母字注並母字。《集韵》："纰"，缘也，宾弥切，帮支开三平止；饰缘边也，有二读：①频弥切，並支开三平止。②必至切，帮脂开三去止。胡注"必二翻"与《集韵》必至切同，但意义不同；胡注纰音卑与《集韵》宾弥切相同，但意义不同。

㉚扁 补辨 帮 仙 开 三 上 山 ‖ 薄泫 並 先 开 四 上 山【补典】

按："扁"，扁鹊，胡注中共有2次注音，补典翻（p. 2829）、补辨翻（p. 406），前者先韵字，后者仙韵字，与《广韵》皆有清浊之异。

第三章 《通鉴音注》声母系统 63

㉛葌 音蔽 帮 祭 开 重四 去 蟹 ‖ 房益 並 昔 开 三 入 梗【必袂*】

按："从间道葌山而望赵军"，胡注："如淳曰：葌，音蔽，依山以自覆蔽也。杜佑曰：卑山，音蔽，今名抱犊山。"（p.326）《集韵》有此音。

（2）滂並混注

㉜頍 蒲回 並 灰 合 一 平 蟹 ‖ 敷悲 滂 脂 开 重三 平 止【蒲枚】
㉝頍 薄谐 並 皆 开 二 平 蟹 ‖ 敷悲 滂 脂 开 重三 平 止【攀悲】

按："頍"，人名，胡注："頍，薄谐翻，又蒲回翻。"（p.7591）此音与《集韵》清浊不同。

㉞批 白结 並 屑 开 四 入 山 ‖ 匹迷 滂 齐 开 四 平 蟹【蒲结】
㉟批 蒲结 並 屑 开 四 入 山 ‖ 匹迷 滂 齐 开 四 平 蟹【蒲结】
㊱批 白灭 並 薛 开 重四 入 山 ‖ 匹迷 滂 齐 开 四 平 蟹【蒲结】
㊲批 蒲鳖 並 薛 开 重四 入 山 ‖ 匹迷 滂 齐 开 四 平 蟹【蒲结】
㊳批 蒲列 並 薛 开 三 入 山 ‖ 匹迷 滂 齐 开 四 平 蟹【蒲结】

按："批"，手击也，蒲鳖翻又普迷翻 2 次，蒲结翻又匹迷翻 1 次，蒲列翻又匹迷翻 1 次，白结翻又偏迷翻 1 次；"批亢捣虚，形格势禁"之"批"，胡注："《索隐》曰，批，白结翻，亢，苦浪翻。按'批'者，相排批也，音白灭翻。"（p.52）

㊴扑 弼角 並 觉 开 二 入 江 ‖ 普木 滂 屋 合 一 入 通【弼角】

按："扑"，击也，扑杀也，共 32 次注音，弼角翻 12 次，弼角翻又普卜翻、弼角翻又普木翻、蒲卜翻又弼角翻各 1 次。

㊵魄 音薄 並 铎 开 一 入 宕 ‖ 普伯 滂 陌 开 二 入 梗【白各*】

按："魄"，落魄。《集韵》魄、薄同音，仅 1 次注音。

以上例证中，被注字有国名、姓名、地名、山名及名物词用字"卑""扁""番""葌""筻""纸"等，也有一般词汇"批""扑""魄"等。专门用字的读音反映的是文献用字的传统读音，一般词汇的读音可能反映了时音中韵母的变化。

从自注和混注的比例看，胡三省音注的系统中並母是独立的，但个别並母字的声母已经发生了清化现象，变成了同部位送气或不送气的清音了，因而这些字可以用来作帮母或滂母字的反切上字，也可以用帮母或滂母字来作这些字的反切上字。此现象表明，浊音清化是从一个个字的读音开始变化的，这是一个渐变的过程。

（二）同组声母混注现象

胡三省《音注》中，帮母与滂母有混注现象，明母与帮母、并母有混注现象。为方便考察，我们也区分同韵和不同韵两种情况来予以分析。

1. 帮滂混注

（1）同韵条件下，帮、旁混注者有 7 例

①疕 匹履 滂脂 开 三 上 止 ‖必至*① 帮 脂 开 重四 去 止【必至】

按："封其裨王呼毒尼等四人，皆为列侯"，胡注："呼毒尼为下摩侯，雁疕为煇渠侯，禽黎为河綮侯，大当户调虽为常乐侯。文颖曰：疕音庇荫之庇。师古曰：疕，匹履翻。"（p. 633）《广韵》没有"疕"字；其"庇"字，音必至切；《集韵》"疕""庇"同音，必至切。

②躃 匹计 滂齐 开 四 去 蟹 ‖博计 帮 齐 开 四 去 蟹【必计】

按："躃"，躃幸、躃臣，共 70 次注音，其中卑义翻又必计翻 9 次，卑义翻又博计翻 54 次，匹计翻又卑义翻 2 次，卑义翻又匹计翻 1 次。

③苞 音葩 滂麻 开 二 平 假 ‖伯加 帮 麻 开 二 平 假【披巴*】

按："巨鹿侯苞师事焉。"胡注："服虔曰：苞，音葩。"（p. 1217）《集韵》"葩""苞"同音。

④镖 甫招 帮宵 开 三 平 效 ‖抚招 滂 宵 开 重四 平 效【卑遥】

按："镖"，钱镖，人名，注音 3 次：甫招翻 2 次、匹烧翻 1 次。甫招翻与《集韵》音同；匹烧翻与《广韵》音同。

⑤麃 悲骄 帮宵 开 重三 平 效 ‖滂表 滂 宵 开 三 上 效【悲娇】

按："麃公将卒攻卷"，胡注："《索隐》曰：麃，邑名。麃公，史失其姓名。麃，悲骄翻。将，即亮翻，又音如字。卷，逵员翻，邑名。"（p. 204）胡三省音与《集韵》一致。

⑥庀 卑婢 帮 支 开 重四 上 止 ‖匹婢 滂 支 开 重四 上 止【普弭】

按："庀"，具也。胡三省的注音与《集韵》声母不同，仅 1 次注音。

⑦渒 必至 帮脂 开 三 去 止 ‖匹备 滂 脂 开 重三 去 止【必至】

---

① 《广韵》反切后加"＊"，表示《广韵》无此字而《集韵》中有此字，所用反切为《集韵》反切。下同。

第三章 《通鉴音注》声母系统　　　　　　　　65

按："溠"，溠水，在弋阳，此音采自《类篇》（p. 8510），与《集韵》音义同。仅 1 次注音。

以上 7 个例子中，被注字是人名、水名、音译用字的有 5 例，注音与《集韵》一致的有 4 例，说明这些音是文献传统读音。胡注"躄"有又音，一读帮母，一读滂母。其中一读与《广韵》或《集韵》相同。《广韵》无"疕"字，根据《集韵》疕音必至切。胡注保存文颖字本作"庇"的观点，同时采取了师古的注音。从以上分析看，帮、滂混注的情况一方面是文献专门用字的读音，另一方面是该字本身一字有两音，而其中一音与《广韵》音或《集韵》音相同。根据自注情况看，帮母独立，滂母独立，胡三省音系中并不存在帮母与滂母混同的情况。

（2）不同韵条件下，帮、滂混注有 3 例

⑧陂　普罗　滂戈开一平果‖彼为　帮支开重三平止【班靡】
⑨陂　普何　滂戈开一平果‖彼为　帮支开重三平止【班靡】

按："当阳之长坂陂"之"陂"，胡注"彼寄翻，又普罗翻"（p. 2084），彼寄翻与《广韵》音同；《集韵》班靡切，与《广韵》一致。"山陵陂池"之"陂"胡注普何翻（p. 1415），《集韵》：班靡切，陂池；滂禾切，不平也。胡注长坂陂之"陂"音与《集韵》相同而意义不同。

⑩跛　普我　滂歌开一上果‖布火　帮戈合一上果【补火】

按："跛"，足偏短，共 2 次注音：补火翻、普我翻。补火翻与《广韵》及《集韵》音义一致。

此 3 例注音中，"陂"字增加了新的读音；"跛"的声母清化，韵母混同了歌戈。

2. 明帮、明并混注

明母与帮母、明母与并母都是在同韵条件下混注的，共 5 例。

⑪邠　弥频　明真开重四平臻‖府巾　帮真开重三平臻【悲巾】

按："邠"，地名，共 27 次注音，以"卑"作反切上字 23 次，以"悲"作反切上字 2 次，以"彼"作反切上字 1 次，用明母字"弥"作反切上字 1 次。

⑫伯　莫白　明陌开二入梗‖博陌　帮陌开二入梗【博陌】

按："伯"，注音 8 次，其中：读曰霸 4 次，读如字 3 次，而"无农夫之苦，有仟伯之得"，胡注："师古曰：仟，谓千钱，伯，谓百钱

也。伯，莫白翻，今俗犹谓百钱为一伯。"（p.493）用明母字"莫"作反切上字1次。

⑬琲　蒲佩　並灰合一去蟹‖莫佩　明灰合一去蟹【莫佩】

按：璀琲、玳琲之"琲"，有3次注音：蒲佩翻1次，音妹2次。

⑭舶　莫百　明陌开二入梗‖傍陌　並陌开二入梗【薄陌】

按：市舶之"舶"，有7次注音，其中：音白3次，薄陌翻1次，旁陌翻1次。

⑮匐　莫北　明德开一入曾‖蒲北　並德开一入曾【步木】

按：匍匐之"匐"，共13次注音，其中：蒲北翻12次，莫北翻1次。

就胡三省音注这项材料注音总数看，用明母字作帮母字的切上字有2例，用明母字作並母字的切上字有2例，用並母字作明母字的切上字的有1例。胡注明母与帮、並诸母混同现象与《广韵》《集韵》都不相同。《蒙古字韵》《中原音韵》明母与帮、並二母都不混同。这几例的音变的韵母条件是：真韵、陌韵、德韵、灰韵。关于同部位塞音与鼻音混注的问题，我们在本章第七节集中讨论。

（三）存疑音注

佖　支笔　章质开三入臻‖房密　並质开重三入臻【薄必】

按："佖"，王佖，人名，共3次注音：毗必翻1次，蒲必翻1次，支笔翻又频笔翻1次。又按：此例可能是误将"皮"写作"支"造成的。若果真如此，则胡三省为"佖"所注的两个音其实是一样的："皮"和"频"皆为並母字，而胡注的又音往往有注音用字不同但读音完全相同的现象存在。谨慎起见，我们存疑。

（四）重唇音的演变特点

胡三省《通鉴音注》唇音重唇音声母有帮[p]、滂[pʻ]、並[b]、明[m]4个，其演变特点是：1.並母有清化现象。2.同韵同调条件下帮母与滂母混注，一方面是文献专门用字的读音，另一方面是该字本身一字有两音，而其中一音与《广韵》音或《集韵》音相同。不同韵条件下的帮滂混注，反映了该字新增了读音，是语音发生了变化的结果。3.明母与帮並二母有混注现象，这是方音特点。4.明母有与见母、溪母混注的现象，我们将在本章第五节"牙喉音"部分予以讨论。

二 轻唇音

胡三省《资治通鉴音注》中，唇音反切（含直音）共1047条。我们考察了胡三省唇音反切的上字和下字，发现：1. 反切下字是一、二、四等韵的，其反切上字用的是重唇音字；2. 反切下字是传统重纽三等韵以及庚₃、清、职、之韵字和幽韵明母字、麻₂韵明母字的，其反切上字也用的是重唇音字（举平以赅上去入，下同）；3. 在东₃、锺、微、虞、废、文、欣、元、阳、尤、凡作反切下字时，胡三省则选择轻唇音作反切上字。这说明胡三省的时代，其共同语的标准读书音系统中轻唇音的分化已经彻底完成了，因而他在注音时，轻唇音字的反切上字一律选用轻唇音字，而不像《广韵》那样轻重唇音不分。胡三省《通鉴音注》始作于1256年，完成于1285年，其语音系统的主要特点是：非、敷合流，奉、微独立。轻唇音声母来自重唇音帮、滂、並、明，其分化的条件是东₃、锺、微、虞、废、文、元、阳、尤、凡十韵系①。

胡注非组字注音约有244条，其中：非母字有55条音注，非母自注50条，与其他声母混注5条；敷母字注音46条，敷母自注36条，与其他声母混注10条；奉母字注音有97条，奉母自注77条，与其他声母混注20条；微母字注音有46条，微母自注40条，与其他声母混注6条。

（一）奉母清化问题

《通鉴音注》中，中古奉母字有清化的现象，具体表现为：一是用非母、敷母的字给奉母字作反切上字或直音，二是用並母字作非母或敷母字的反切上字或直音。这样的用例有16条。

1. 同韵条件下奉母与非母、敷母的混注情况

（1）奉非混注

平平相注

①簠 音扶 奉 虞 合 三 平 遇 ‖甫无 非 虞 合 三 平 遇【风无°】

按："簠"，簠簋，有2次注音：音扶1次，音甫又音扶1次。《集

---

① 马君花：《胡三省〈资治通鉴音注〉轻唇音的研究》，《宁夏大学学报》（人文社会科学版）2008年第2期，第38—42页。

韵》"箁""扶"同音。

仄仄相注

②復　音複　非屋合三入通‖房六　奉屋合三入通【方六】
③復　音腹　非屋合三入通‖房六　奉屋合三入通【方六】
④復　方目　非屋合三入通‖房六　奉屋合三入通【方六】

按："復"，注音共3145次，意义有6种：①再、又，扶又翻2931次，扶又翻又如字105次。②还也、往返也，注如字9次。③除其赋役也，方目翻66次，芳目翻1次；等等。④鱼復侯，人名，音腹2次；⑤復道之"復"与"複"同，方目翻1次。《广韵》複，重複，方六切。⑥反復，音覆1次；等等。

⑤澓　音福　非屋合三入通‖房六　奉屋合三入通【方六】

按："曾孙因依倚广汉兄弟及祖母家史氏，受诗于东海澓中翁"，胡注："澓，服虔曰音福。师古曰：姓澓，字中翁也。澓，房福翻。"（p.790）胡三省音义与《集韵》同。

⑥俸　方用　非锺合三去通‖扶用　奉锺合三去通【房用】

按："俸"，俸禄、官俸，注音共27次，其中扶用翻23次，芳用翻2次，方用翻2次。

（2）奉敷混注

平平互注

⑦鄜　音夫　奉虞合三平遇‖芳无　敷虞合三平遇【芳无】

按："鄜"，地名，共31次注音，其中音夫13次。

⑧蕃　音翻　敷元合三平山‖附袁　奉元合三平山【符袁*】

按："蕃"，凡29次注音，其中蕃城、蕃县、蕃郡、姓氏，注音有以下几种情况："音皮，又音翻"（p.4751）、"音皮，又音反，读曰翻"（p.3608），《集韵》有此二音，义并同。

⑨枹　芳无　敷虞合三平遇‖防无　奉虞合三平遇【芳无】
⑩璠　孚袁　敷元合三平山‖附袁　奉元合三平山【孚袁】
⑪璠　音翻　敷元合三平山‖附袁　奉元合三平山【孚袁*】
⑫璠　音番　敷元合三平山‖附袁　奉元合三平山【孚袁】

按："璠"，人名，凡40次注音，其中孚袁翻27次，音翻2次，音番2次。《广韵》翻、番皆孚袁切。

仄仄互注

⑬覆　扶又　奉尤开三去流‖缚救　敷尤开三去流【扶富】

第三章 《通鉴音注》声母系统

按："覆"，注音共65次，其中覆盖义注音情况是：敷救翻16次，敷又翻44次，扶又翻2次。

⑭俸　芳用　敷锺合三去通‖扶用　奉锺合三去通【房用】

按：上文已经述及，"俸"共27次注音，其中扶用翻23次，芳用翻2次，方用翻2次。"方""芳"同时用作"俸"的反切上字，除了反映浊音清化的问题之外，还反映了非、敷合流问题。

⑮复　芳目　敷屋合三入通‖房六　奉屋合三入通【方六】

⑯复　音覆　敷屋合三入通‖房六　奉屋合三入通【方六*】

按："復"，反复义，音覆又如字（p.8093）。除赋役义，方目翻66次，芳目翻1次。

2. 不同韵条件下奉母与非母、敷母的混注情况

⑰枹　音肤　非虞合三平遇‖缚谋　奉尤开三平流【风无*】

按："枹"，击鼓杖，凡54次注音，音肤53次，芳无翻1次。《集韵》枹、肤同音。

⑱桴　音肤　非虞合三平遇‖缚谋　奉尤开三平流【风无】

按："乃自桴鼓以率攻者"之"桴"，音肤（p.2060）；此"桴"通作"枹"，鼓槌义，胡注与《集韵》音义一致；《广韵》"桴""枹"同音，"枹"，鼓槌，缚谋切。

⑲捊　芳遇　敷虞合三去遇‖缚谋　奉尤开三平流【芳遇】

按："乃顾麾左右执戟者捊兵罢去"（p.438），"捊"，顿兵罢去义。胡注与《集韵》相同。

"枹"是名物词，"桴"是"枹"的通假字，"捊"是古词古义，此三个字胡注音与《集韵》同，反映的是文献用字的传统读法。

《通鉴音注》出现于宋元之交，这一时期共同语读书音中非、敷早已合流，奉母也正处在浊音清化的进程中。胡三省《通鉴音注》[f]已经产生，奉母的音值演变为[v]。

（二）同组声母混注

1. 非敷混注

《通鉴音注》中，非母字与敷母字在韵母相同的条件下混注的共有10条音注，远少于其自注的次数。但这些材料所反映的是汉语语音史上非、敷合流的信息，说明彼时[f]已经产生了。

①诽　敷尾　敷微合三上止‖方味　非微合三去止【方未】

按："诽"，诽谤，共注音4次，其中敷尾翻3次，音非又音沸1次（p.453）。《广韵》"诽"有非、沸二音。

②傅　芳遇　敷虞合三去遇‖方遇　非虞合三去遇【芳无】

按："傅"，相也，官职名。此义之"傅"注音仅1次。《集韵》平声卷有芳无切，与胡注音切相对应；去声卷有方遇切与胡注释义相同。

③昉　孚往　敷阳合三上宕‖分两　非阳开三上宕【甫两】

按："昉"，人名，共有10次注音，其中方往翻1次，分罔翻4次，分两翻1次，甫两翻3次。

④鄜　方无　非虞合三平遇‖芳无　敷虞合三平遇【芳无】
⑤鄜　音肤　非虞合三平遇‖芳无　敷虞合三平遇【芳无】

按："鄜"，地名，共31次注音，注为芳无翻2次，芳芜翻1次，方无翻2次，音夫13次，音肤11次，音敷2次。"夫""肤""芳"皆敷母字。

⑥覆　方目　非屋合三入通‖芳福　敷屋合三入通【方六】

按："覆"，盖也，反覆也，注音共65次，其中：敷救翻16次，敷又翻44次，方目翻2次，等等。

⑦桴　方无　非虞合三平遇‖芳无　敷虞合三平遇【芳无】
⑧仆　方遇　非虞合三去遇‖芳遇　敷虞合三去遇【芳遇】

按："仆"，顿也，有3次注音，音赴2次，方遇翻1次。

⑨俘　方无　非虞合三平遇‖芳芜　敷虞合三平遇【芳无】

按："俘"，俘获，共4次注音，其中方无翻3次，芳无翻1次。

⑩纺　甫罔　非阳合三上宕‖妃两　敷阳合三上宕【抚两】

按："六月癸未，隋诏郊庙冕服必依礼经"，胡注："凡绶，先合单纺为一丝。"（p.5442）《广韵》《集韵》音相同。

此外，还有1例不同韵但呈现非、敷混注的用例：

⑪泛　方勇　非锺合三上通‖孚梵　敷凡合三去咸【方勇】

按："残、贼公行，莫之或止；大命将泛，莫之振救"，胡注："孟康曰：泛，方勇翻，覆也。师古曰：字本作覂，此通用。"（p.451）泛，通"覂"。覂，《广韵》方勇切，覆也，正与孟康音义同。《集韵》覂、泛异体字，方勇切，义亦与胡注同。此例是为通假字注音。

轻唇音声母从重唇音四母中分化出来时，最初的音值是非[pf]、敷[pfʻ]、奉[bv]、微[ɱ]。非、敷最先发生合流音变：敷母失去送气成分，与非母合而为一，演变为[f]。北宋后期，以开封、洛阳

第三章 《通鉴音注》声母系统

一带语音为代表的共同语，非、敷已经没有区别。周祖谟《宋代汴洛语音考》说邵雍《皇极经世·声音唱和图》中的十二音图，"若与宋人三十六字母相较，则非敷合而为一"①。南宋大梁人赵与时的《宾退录》有"射字法"字母诗，其中也只有非［f］、肥［v］、微［ɱ］母而没有敷母，由此看宋时非、敷两母已经合并②。《通鉴音注》中非、敷的合并的例子少，其关键因素在于其书的性质。《通鉴音注》是训诂类著作，不是专门的韵书。另外，根据我们的研究，其注音字所反映的音系性质是共同语读书音③，因此，尽管《通鉴音注》非、敷合流的例子较少④，但却反映了当时共同语读书音的特点。

《通鉴音注》音系中，非、敷合流，标志着唇齿擦音［f］产生了。奉母和微母的自注比例都高于80%，因此奉母独立、微母独立的情况是可以肯定的。我们给奉母构拟的音值是［v］，给微母构拟的音值是［ʋ］。

2. 奉微混注

奉母与微母混注共4例，都是同韵条件下混注。下详。

⑫刎　扶粉　奉　文　合　三　上　臻 ‖ 武粉　微　文　合　三　上　臻【武粉】

按："刎"，刎颈、自刎之义，注音共27次，其中扶粉翻16次，武粉翻11次。

⑬芴　扶拂　奉　物　合　三　入　臻 ‖ 文弗　微　物　合　三　入　臻【文弗】

按："芴"，菜也（p.79），仅1次注音。

⑭辋　扶纺　奉　阳　合　三　上　宕 ‖ 文两　微　阳　合　三　上　宕【文纺】

按："辋"，车辌也，有2次注音，其一为音罔，与《广韵》音同。

⑮紊　扶问　奉　文　合　三　去　臻 ‖ 亡运　微　文　合　三　去　臻【文运】

按："紊"，乱也，凡21次注音，扶问翻1次，音问16次，亡运翻4次。

---

① 周祖谟：《宋代汴洛语音考》，载周祖谟《问学集》（下册），中华书局1996年版，第582—583页。

② 周祖谟：《射字法与音韵》，载周祖谟《问学集》（下册），中华书局1996年版，第663—669页。

③ 马君花：《〈资治通鉴音注〉音系性质的研究》，《图书馆理论与实践》2010年第7期，第45—49页。

④ 按：这些统计数据是基于对全部音注筛选后不计重复的注音次数，就实际来讲应该数量更多些。

宋人三十六字母中奉母的拟音是浊塞擦音 bv，后来演变成浊擦音 v，再后来演变成清擦音 f；而微母在演变进程中也有变作浊擦音 v 的阶段，在这一阶段上，奉与微混同，均为 v。

胡注中，中古微母在文韵、阳韵、物韵合口条件下变同奉母，即奉、微合流，此类现象不见于《集韵》，当是方音特点。胡注中非、敷的合并是其共同语的特点。奉微合并、明微不分是吴方言的音变现象。冯蒸认为："现代吴语的奉微合流也同样是由于文白异读所致，即与微母的文白异读有关。在吴语中，微母大致白读是 m（明母读法），文读是 v（奉母读法），所以奉微的合流只限于文读。"①

（三）轻、重唇音混注现象

1. 奉並混注

並母与奉母混注共 7 例，都是不同韵的混注。下详。

①方 音旁 並唐开一平宕 ‖符方 奉阳合三平宕【蒲光ˇ】

按："方"，共 5 次注音：①方与，地名，注为音房 4 次，与《广韵》同；②方洋天下，胡注："方，音房，又音旁。洋音羊。师古曰：方洋，犹翱翔也。"（p.518）

②伏 蒲北 並德开一入曾 ‖房六 奉屋合三入通【鼻墨】

按："伏"，蒲伏，共 4 次注音，注为蒲北翻 2 次。

③蕃 音皮 並支开重三平止 ‖附袁 奉元合三平山【蒲糜ˇ】

按："蕃"，凡 29 次注音，其中蕃城、蕃县、蕃郡、姓氏，注音为音皮又音翻（p.4751）。《集韵》有此二音，义并同。

④菩 音倍 並咍开一上蟹 ‖房久 奉尤开三上流【簿亥ˇ】

按："菩"，菩阳宫、黄菩原，皆注为"音倍"（4 次）。

⑤鲾 步各 並铎开一入宕 ‖房六 奉屋合三入通【弼角】

按："鲾"，鲾鱼，注音 1 次。

⑥朴 音浮 奉尤开三平流 ‖薄胡 並模合一平遇【披尤】

按："朴"，朴胡，巴七姓夷王也，孙盛曰"音浮"（p.2193）。《广韵》："朴"，匹角切，木素；"朴"，薄胡切，注云："朴劓，县名，在武威。"

---

① 冯蒸：《历史上的禅日合流与奉微合流两项非官话音变小考》，载《冯蒸音韵论集》，学苑出版社 2006 年版，第 457—460 页。

第三章 《通鉴音注》声母系统　　　　　　　　　　　　　73

⑦费 父位 奉 脂 合 三 去 止 ‖扶涕 並 齐 开 四 去 蟹【父沸】

按："孔仁、赵博、费兴等以敢击大臣，故见信任"，胡注："《姓苑》云：费氏，禹后，音父位翻。"（p.1201）胡三省音与《集韵》音皆奉母。

胡注用並母字作奉母字的反切上字，或用奉母字作並母字的反切上字，首先是类隔问题。以上 7 例的被注字，有地名、人名及部族名的用字，有汉代宫殿名用字等，这些音读是依照文献用字的传统读法来读的，反映的是轻唇音未产生之前的音读，是传统读书音，不是时音的特点。下文非並混注、明微混注也基本都是这种类隔情况在读书音中的反映。

2. 非並混注

⑧莆 音蒲 並 模 合 一 平 遇 ‖方矩 非 虞 合 三 上 遇【匪父】

按："莆"，草也，又地名，莆口，皆音蒲（2 次）。

3. 明微混注

⑨毋 莫胡 明 模 合 一 平 遇 ‖武夫 微 虞 合 三 平 遇【蒙晡】

按："罗八珍于前"，胡注："《周礼》膳夫，珍用八物。《注》云：珍，谓淳熬、淳毋、炮豚、炮牂、捣珍、渍、熬、肝膋也。……毋，莫胡翻，一音武由翻。"（p.6028）《集韵》"毋"，蒙晡切，其下注云："熬饵也，礼：煎醢加于黍上，沃以膏曰淳毋。"《集韵》"毋"，迷浮切，其下注云："淳毋，膳珍也。"音义皆与胡三省同。名物词"淳毋"之"毋"依从文献读音才能表达特定词义。

⑩漫 音万 微 元 合 三 去 山 ‖莫半 明 桓 合 一 去 山【莫半】

按："马牛杂畜，长数百里，弥漫在野"，胡注："漫，音万，又莫官翻。"（p.7181）

⑪免 音问 微 文 合 三 去 臻 ‖亡辨 明 仙 开 重三上 山【文运*】

按："免"，袒免，文献传统读音如此。

4. 明奉混注

⑫宓 音伏 奉 屋 合 三 入 通 ‖美笔 明 质 开 重三入 臻【莫笔】

按："宓"，秦宓、李宓，皆人名，共 2 次注音：莫必翻，通作"密"；音密又音伏。前者与《广韵》《集韵》音同。《五音集韵》"宓"，芳福切，其下注云："宓，同上，又人名，三国有秦宓，今增。""同上"指的是上字"虙"，注云："古虙牺字，《说文》云：虎貌，又姓，虙子贱是也。""宓"是人名用字，读从古音，属于上古音层次。

胡注中，轻、重唇音混注的被注字多数是文献中人名、地名、名物词等的用字，这些字在文献中有其专门的读法，胡三省遵从传统读书音予以注音；"袒免"之"免"表达的是特定词义，"蒲伏"之"伏"是连绵字的一个音节，也都保存了文献用字的传统读法。除了"朴音浮"以外，"鰒""蒲"等字轻重唇混同的音读都收录在《集韵》里。蔓草之"蔓"有二音，其一与《广韵》音相同。

(四) 轻唇音的演变特点

胡三省《通鉴音注》轻唇音声母有3个，即 [f]、[v]、[ʋ]。其演变特点是：1. 非敷合流，[f] 声母产生。奉母独立，音值变为[v]。微母独立，音值是 [ʋ]。2. 奉母有清化现象。3. 奉微有混同现象。4. 文献传统读音中轻、重唇音有混同现象。5. 微母与晓母有混同现象，此问题我们将在下文"牙喉音"部分予以讨论。

(五) 余论：轻重唇音分化的过程

任何一个音变都不是一朝一夕就能完成的，轻唇音的分化就经历了一个很长的时期。宋人三十六字母中的敷母，在元代已经与非母合流，《中原音韵》中非、敷、奉母已经合流，稍后的《洪武正韵》也不保留敷母。《通鉴音注》中非敷混注当是实际语音中非敷已经合流的反映。

中古微母在现代方言中大体有四种反映，即 m-、b-、v-及零声母 -u-（合口）。除了闽方言以 b-形式出现外，南方方言多为m-形式。如有文白异读，则白读为 m-，文读为 v-。北方方言则以 v-或零声母的形式出现，几乎没有 m-。相对来说，南方方言比北方方言更保守。微母的历史演变过程大致如下：m- > ɱ- > v- > u-（零声母）。现代南方方言中微母字读 m-的现象是中古语音在方音中的遗存。v-作为文读与北方方言一致。现代普通话中古微母读零声母 u-，而方言口语中还读 v-。

根据杨剑桥《汉语现代音韵学》，《切韵》时代不分轻唇、重唇，到八世纪末九世纪初，《慧琳一切经音义》的音切显示轻重唇音的分化已经完成，而且非敷两母也开始混同；北宋邵雍《皇极经世书天声地音图》里，奉母尚未并入非、敷，奉母与非敷清浊对立，可见奉母仍是 v；从1269年元世祖颁布的八思巴字中可以看出非敷奉已经合为一类，1324年周德清的《中原音韵》非敷奉彻底合流。明母分化出微母的时间比其他三母较为滞后。颜师古《汉书注》中，帮、滂、並、明和非、敷、奉已经分化，但明和微依旧相混。到八世纪末九世纪初，明母三等 C 类字开始演变为 ɱ，例如，"无"由 ma 变为 ɱjo，因此晚唐一些诗人开始用"么""磨"来代替语气词"无"。到《中原音韵》和《韵略易通》（1442）的"早梅诗"里，微母又变成了 v，据陆志韦《记五方元音》（1947）所论，这个 v 要到十七世纪才变成元音 u。图 3-1 是重唇音演变为轻唇音的示意图①：

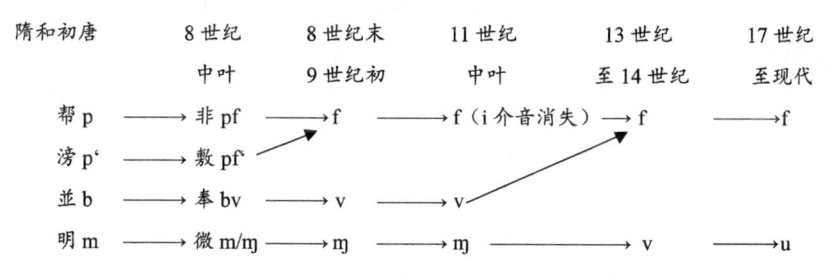

```
隋和初唐    8世纪      8世纪末      11世纪       13世纪        17世纪
           中叶       9世纪初      中叶        至14世纪       至现代
帮 p    ──→  非 pf  ──→ f    ──→ f（i介音消失）──→ f    ──→ f
滂 pʻ   ──→  敷 pfʻ
並 b    ──→  奉 bv  ──→ v    ──→ v
明 m    ──→  微 m/ɱ ──→ ɱ   ──→ ɱ          ──→ v    ──→ u
```

图 3-1 轻唇化产生、分化示意图

第二节 舌音

一 舌头音

端组字注音约有 688 条，其中：端母字有 149 条注音，自注 133 条，与其他声母混注 16 条；透母字注音有 176 条，自注 145 条，与其他声母混注 31 条；定母字注音有 303 条，自注 271 条，与其他声母混注 32 条；泥母字有 60 条音注，自注 57 条，与其他声母混注 3 条。中古端组声母字自注的比例均在 82% 以上，表现出各自独立的特点。我们给它们构拟的音值分别是 [t]、[tʻ]、[d]、[n]，与中古的音值相同。其中泥母 [n] 字中包含了中古的娘母字②。

（一）定母清化问题

《通鉴音注》中全浊音定母有清化的现象：一是用端母字和透母字

---

① 杨剑桥：《汉语音韵学讲义》，复旦大学出版社 2005 年版，第 150 页。
② 娘母字并入泥母的问题将在知组的讨论中论及。此节不赘。

作定母字的反切上字或直音，二是用定母字作端母字和透母字的反切上字或直音。我们选取韵同的用例考察定母清化问题，同时对于韵不同但声母呈现定母与端透二母混注现象的例证也予以分析说明。

1. 同韵条件下定母与端、透母的混注情况

（1）端定混注

平平混注

①绨　丁奚　端齐开四平蟹‖杜奚　定齐开四平蟹【都黎】

按："绨"，绨骑，武官名，注音有：杜兮翻又他礼翻（p.1522），他弟翻又音啼（p.1759），丁礼翻又丁奚翻（p.1578），又音区别的是平、上声调不同。绨，《广韵》有杜奚、他礼二切；《集韵》都黎切，音与胡三省音相同。

②芀　都聊　端萧开四平效‖徒聊　定萧开四平效【丁聊】

按："树芀木为栅"，胡注："史炤曰：芀，都聊切，又音调。余按：《广韵》芀，都聊切。又音调者，苇华也，其字从艹、从刀。又《类篇》有从艹、从力者，香菜也，历得切。"（p.8066）胡三省音义与《集韵》同。

③澹　丁甘　端谈开一平咸‖徒甘　定谈开一平咸【都甘】

按："澹"，澹林，地名，音丁甘翻（1次）。澹然义，反切上字皆定母字（28次）。胡三省音义与《集韵》同。

④儋　徒甘　定谈开一平咸‖都甘　端谈开一平咸【徒甘】

按："儋"，儋州、儋耳、郑儋，凡13次注音。其中丁甘翻3次，都甘翻9次，徒甘翻1次。《集韵》姓也，徒甘翻，音与胡三省一致。

⑤鞮　田黎　定齐开四平蟹‖都奚　端齐开四平蟹【都黎】

按："鞮"，外族人名用字，如"弟拔立为乌稽侯尸逐鞮单于"，共22次注音，田黎翻3次，以"丁"为反切上字者19次。

⑥敦　徒门　定魂合一平臻‖都昆　端魂合一平臻【徒浑】
⑦敦　音屯　定魂合一平臻‖都昆　端魂合一平臻【徒浑】
⑧敦　大门　定魂合一平臻‖都昆　端魂合一平臻【徒浑】
⑨敦　徒浑　定魂合一平臻‖都昆　端魂合一平臻【徒浑】

按："敦"，①敦煌，徒门翻80次，音屯6次，大门翻1次；②姓也，徒浑翻1次；③阗敦，地名，音顿又音对1次；④尽玄默困敦凡三十五年，音顿1次。

第三章 《通鉴音注》声母系统

平仄混注

⑩提 音抵 端齐开四上蟹 ‖杜奚 定齐开四平蟹【典礼*】

按："帝朝太后，太后以冒絮提帝"，胡注："提，徒计翻，《索隐》音抵，掷也。"（p.463）又，"近臣尚书以下至见提曳"，胡注："提，读如'冒絮提文帝'之提，音大计翻，掷物以击之也。一说：提，读如字。"（p.1439）按：如字音平声，提携义。《集韵》提，典礼切，其下注云："提，绝也，一曰《史记》'以冒絮提文帝'。萧该读。"

仄仄混注

⑪毒 音笃 端沃合一入通 ‖徒沃 定沃合一入通【徒沃】

按："毒"，身毒，邓展曰：毒音笃，李奇曰：一名天笃（p.628）。

（2）透、定混注

平平混注

⑫洮 徒刀 定豪开一平效 ‖土刀 透豪开一平效【徒刀】

按："洮"，洮州，土刀翻37次，徒刀翻1次。《集韵》有此音。

⑬他 徒何 定歌开一平果 ‖托何 透歌开一平果【汤河】

⑭他 唐何 定歌开一平果 ‖托何 透歌开一平果【汤河】

⑮他 徒河 定歌开一平果 ‖托何 透歌开一平果【汤河】

按："他"，徐他、费他、元他，皆人名，凡3次注音。《广韵》《集韵》音同。

⑯它 徒河 定歌开一平果 ‖托何 透歌开一平果【汤何】

按："它"，项它，人名。《广韵》《集韵》音同。

平仄混注

⑰跳 他吊 透萧开四去效 ‖徒聊 定萧开四平效【徒吊】

按："跳"，跳跃，共5次注音，其中4次注为他吊翻，1次注为大幺翻（p.2571）。

仄仄混注

⑱軑 音汰 透泰开一去蟹 ‖徒盖 定泰开一去蟹【他盖*】

按："軑"，軑县，胡注："孟康曰：軑，音汰，师古曰：軑，又音徒系翻。"（p.3985）《广韵》有二切，皆与师古音同。

⑲绐 汤亥 透咍开一上蟹 ‖徒亥 定咍开一上蟹【荡亥】

按："绐"，欺也，注为汤亥翻2次，以"荡"作反切上字10次，以"徒"作反切上字16次。

⑳宕 音宕 定唐开一去宕 ‖他浪 透唐开一去宕【大浪*】

㉑汤　徒浪　定唐开一去宕　‖他浪　透唐开一去宕【大浪*】

按："汤"，狼汤渠，共2次注音，与《集韵》音同。

㉒帑　徒朗　定唐开一上宕　‖他朗　透唐开一上宕【坦朗】

按："帑"，藏金帛之所也，凡29次注音，其中他朗翻24次，徒朗翻1次。

㉓賧　徒滥　定谈开一去咸　‖吐滥　透谈开一去咸【吐滥】

按："賧"，蛮夷赎罪货也，共4次注音，注为吐滥翻3次。

㉔啖　吐滥　透谈开一去咸　‖徒滥　定谈开一去咸【徒滥】

按："啖"，噍也，食也，又氏姓，凡14次注音，以"徒"作反切上字者13次。

㉕噉　吐滥　透谈开一上咸　‖徒敢　定谈开一上咸【徒滥】

按："噉"，食也，凡27次注音，以"徒"作反切上字者26次。

㉖珽　屯鼎　定青开四上梗　‖他鼎　透青开四上梗【他顶】
㉗珽　徒鼎　定青开四上梗　‖他鼎　透青开四上梗【他顶】
㉘珽　待鼎　定青开四上梗　‖他鼎　透青开四上梗【他顶】

按："珽"，人名，凡16次注音，以"他"作反切上字者13次。

㉙挺　他鼎　透青开四上梗　‖徒鼎　定青开四上梗【他顶】

按："挺"，挺剑、挺身，共8次注音，待鼎翻5次，大鼎翻1次，徒鼎翻1次。

㉚拓　达各　定铎开一入宕　‖他各　透铎开一入宕【闼各】

按："拓"，拓州，地名，注音有2次，皆音达各翻。《集韵》有此音。

㉛柝　达各　定铎开一入宕　‖他各　透铎开一入宕【闼各】

按："柝"，击柝，凡3次注音，他各翻2次，达各翻1次。《集韵》"柝"，闼各切，与胡三省同。

㉜籴　他历　透锡开四入梗　‖徒历　定锡开四入梗【亭历】

按："籴"，籴粟，以"徒""亭"为反切上字3次，音他历翻1次。

㉝闒　吐盍　透盍开一入咸　‖徒盍　定盍开一入咸【托盍】

按："卿不宜自同闒茸"，胡注："闒茸，不肖也，劣也，吐盍翻。"（p.4931）《集韵》与此音义同。

㉞沓　他合　透合开一入咸　‖徒合　定合开一入咸【托合】

按："切皆铜沓，黄金塗"，胡注："师古曰：切，门限也，音千结

第三章 《通鉴音注》声母系统

翻。沓，冒其头也。塗以金，塗铜上也。沓，音他合翻。"（p. 1002）《集韵》与此音义同。

定母字的注音总数是 303 次，定母自注 271 次；同韵条件下端母与定母、透母与定母互作反切上字的情况，表明定母有清化的现象存在。

2. 不同韵条件下定母与端母、透母的混注情况

㉟甏 徒盖 定泰 开 一 去 蟹 ‖ 都计 端齐 开 四 去 蟹 【徒盖】

按："王邑、王林、王巡、甏恽等分将兵，距击北阙下"，胡注："师古曰：甏，音带，又音徒盖翻。"（p. 1249）"甏"，姓氏，师古所注二音皆见于《集韵》，胡注从之，是文献用字的传统读音。

㊱蓨 音条 定萧 开 四 平 效 ‖ 他历 透锡 开 四 入 梗 【田聊*】

按："蓨"，蓨县，凡 6 次注音，皆音条。《集韵》"蓨""条"同音。

仄仄混注（19 例）：

㊲贷 敌德 定德 开 一 入 曾 ‖ 他代 透咍 开 一 去 蟹 【敌德】
㊳贷 惕德 定德 开 一 入 曾 ‖ 他代 透咍 开 一 入 曾 【敌德】

按："贷"，假借也。胡注与《集韵》音义同。

这几个例子中被注字声母有清浊之异、韵母不同："甏"是姓氏用字，"蓨"是地名用字，都遵从文献传统读音；"贷"是一般词汇用字，读音由舒声变为入声。这三个字的注音与《集韵》相同。

（二）同组声母混注现象

1. 端透混注

（1）同韵条件下端透混注用例

①缇 丁礼 端齐 开 四 上 蟹 ‖ 他礼 透齐 开 四 上 蟹 【都黎】

按："缇"，缇骑，武官名，注音共 3 次，有两个音，上文已述及，此处不赘。此音见于《集韵》，但声调有所不同。

②帑 底朗 端唐 开 一 上 宕 ‖ 他朗 透唐 开 一 上 宕 【坦朗】

按："帑"，藏金帛之所也，凡 26 次注音，其中他朗翻 24 次，徒朗翻 1 次，底朗翻 1 次。《广韵》《集韵》音同。从胡注"帑"字的注音总数看，读透母无疑；底朗翻可能是其方音。

③党 他朗 透唐 开 一 上 宕 ‖ 多朗 端唐 开 一 上 宕 【底朗】

按："党"，凡 32 次注音，党项、党仁弘（人名），音底朗翻 30 次，他朗翻 1 次，抵朗翻 1 次。《广韵》《集韵》音同。从胡注"党"

字的注音总数看，读端母无疑，读他朗翻可能是其方音。

④担 他甘 透谈开一平咸 ‖甘端 谈开一平咸【都甘】

按："担"，担负、担粮；又，黑水羌酋丘担、西突厥十姓酋长都担之"担"，都甘翻10次，他甘翻1次。

⑤搭 多腊 端盍开一入咸 ‖吐盍 透盍开一入咸【德合】

按："搭"，搭钩，仅1次注音。胡注与《集韵》音声母相同。

⑥搨 吐盍 透盍开一入咸 ‖都榼 端盍开一入咸【托合】

按："搨"，打也，仅1次注音。胡注与《集韵》音声母相同。

⑦搨 德盍 端盍开一入咸 ‖托盍 透盍开一入咸【托盍】

按："契丹设伏横击之，飞索以搨玄遇、仁节，生获之"，胡注云："搨，今读与搨同，德盍翻，或曰吐合翻。"（p.6507）"搨"字《广韵》《集韵》无收，最早见于毛晃《增修互注礼部韵略》，托盍切，与"榻"同音，义为以索罥物。毛晃以为是俗字，曰："俗作搨，增入。"毛晃义与胡注义同，但二者声母有别。

我们在同韵同调的条件下观察端、透互作反切上字的情况，并参照这些字在《集韵》里的注音和释义情况，我们认为，胡注中端、透混注，有的是一字两音问题，有的是方音问题。

（2）不同韵条件下端透混注用例

⑧统 吐感 透覃开一上咸 ‖都敢 端谈开一上咸【都感】

按："统"，冯统，人名，6次注音，反切下字都是"感"，反切上字为"都"的有4次、为"丁"的有1次。《集韵》都感切，与胡三省的其他5个注音一致。此例一方面反映的"吐"字声母清化的问题，另一方面反映出覃谈韵的合流问题。

2. 透泥混注

⑨暾 乃昆 泥魂合一平臻 ‖他昆 透魂合一平臻【他昆】

按："暾"，凡8次注音，其中刘暾，他昆翻，7次；暾欲谷，乃昆翻（p.6720），1次。

⑩聃 乃甘 泥谈开一平咸 ‖他酣 透谈开一平咸【乃甘】

按："聃"，凡8次注音，皆人名，其中7次反切上字是"他"；"周公、康叔、聃季，皆人为三公"之"聃"，音乃甘翻（p.2583）。

胡三省《音注》中，透母在魂韵、谈韵前变为泥母的现象，属于泥母的音变现象。与上文帮母、并母变作明母一样，都是塞音鼻化的问题。胡注为古人名用字的注音反映出塞音与鼻音混注的现象,这种现象与《广韵》《集韵》都不同。关于同部位塞音与鼻音混注的问题,我们在本章第七节集中讨论。

(三) 泥母的演变

胡三省《音注》中,泥母自注95%,泥母独立。另外泥母与日母混注例有3例。胡三省用泥母字给中古娘母字作反切上字的情况我们在考察娘母时予以讨论,泥母与日母的混注例证我们在考察日母时予以讨论。此处不赘。

(四) 舌头音的演变特点

胡三省《通鉴音注》舌头音有4个声母,即端 [t]、透 [tʻ]、定 [d]、泥 [n]。舌头音的演变特点是:1. 定母有清化现象。2. 同韵同调条件下端、透混注,有的是一字两音问题,有的是方音个别字音混同的问题。3. 泥母独立。4. 端组与知、章、庄、精诸组声母有不同程度的混注,我们将在下文"舌音与齿音混注问题"一节予以讨论。

二 舌上音

知组字注音约有480条(包括娘母字),其中:知母字注音有152条,自注109条,与其他声母混注43条;彻母字注音有85条,自注68条,与其他声母混注27条;澄母字注音有183条,自注157条,与其他声母混注26条;娘母字注音有60条,自注52条,与其他声母混注8条。从统计数据看,知组字的自注都远远高于与其他声母的混注,但知组声母与庄组、章组声母的混注较为明显,知组与精组也有混注的情况等,表现出舌齿音混注的复杂现象。此节我们只讨论浊音清化、同组声母混注等问题,知组与照组等混注现象我们将在第四节"舌音与齿音混注问题"一节讨论。

(一) 澄母清化问题

《通鉴音注》中澄母有清化的现象:一是用知母字和彻母字作澄母字的反切上字或直音,二是用澄母字作知母字和彻母字的反切上字或直音。我们选取韵同的用例考察澄母清化问题,同时对于韵不同但声母呈现澄母与知彻二母混注现象的例证予以分析说明。

1. 同韵条件下澄母与知母、彻母混注情况

（1）知澄混注

平平混注

①徵 音惩 澄蒸开三平曾 ‖陟陵 知蒸开三平曾【持陵*】

按："自北屈进屯杏城"，胡注："魏收《地形志》：澄城县有杏城。师古曰：澄城，汉冯翊之徵城。徵，音惩。"（p. 3161）根据胡注，"徵"与"澄"是古城名用字的不同，二字清浊不同。"徵"作为地名注音仅1次，《集韵》有此音。

仄仄混注

②贮 直吕 澄鱼合三上遇 ‖丁吕 知鱼合三上遇【展吕】

按："贮"，藏也，蓄也，音丁吕翻54次，音直吕翻4次。

③紵 竹吕 知鱼合三上遇 ‖直吕 澄鱼合三上遇【展吕】

按："紵"，紵麻，凡6次注音，其中注为直吕翻4次，音伫1次。竹吕翻与《集韵》音同。

④中 直众 澄东合三去通 ‖陟仲 知东合三去通【直众】

按："吾鬓发中白"，胡注："毛晃曰：中，直众翻，半也。"（p. 3174）

⑤戆 直降 澄江开二去江 ‖陟降 知江开二去江【陟降】

按："戆"，愚也，注为陟降翻4次，竹巷翻2次，直降翻1次。胡注音与《广韵》《集韵》皆异。《集韵》卷七："意戆赣，丑用切，愚也。或作戆，亦省。"《集韵》卷七："戆赣意，陟降切，《说文》愚也。或省，亦作意。""戆"即"意"的异体字。

（2）彻澄混注

平仄混注

⑥畼 音场 澄阳开三平宕 ‖丑亮 彻阳开三去宕【仲良*】

按："畼"，古地名，胡注音与《集韵》同。

仄仄混注

⑦畼 直亮 澄阳开三去宕 ‖丑亮 彻阳开三去宕【直谅】

按："畼"，古地名，此音来自《类篇》，与《集韵》音相同。

⑧鷟 敕角 彻觉开二入江 ‖直角 澄觉开二入江【敕角】

按："鷟"，鷟衣，皇后服。胡注与《集韵》音同。

澄母字注音总数是183次，与知母字、彻母字在同韵条件下混注的

第三章 《通鉴音注》声母系统

总数是 7 次，有迹象表明，澄母的个别字已经清化。

2. 不同韵条件下澄母与知母、彻母混注情况

⑨畅 仲郎 澄 唐 开 一 平 宕 ‖ 丑亮 彻 阳 开 三 去 宕【仲良】

按："春，蒙骜伐魏，取畅、有诡"，胡注："畅，徐广音场，《索隐》音畅，《类篇》又直亮翻、仲郎翻。"（p.209）"畅"，古地名，《集韵》亦有此音。

⑩炀 雉杏 澄 庚 开 二 上 梗 ‖ 音畅 彻 阳 开 三 去 宕【丈梗】
⑪炀 杖梗 澄 庚 开 二 上 梗 ‖ 音畅 彻 阳 开 三 去 宕【丈梗】

按："炀"，人名，注音 21 次，其中雉杏翻又音畅 15 次，杖梗翻又音畅 1 次，胡三省音皆与《集韵》音同。

⑫砥 音宅 澄 陌 开 二 入 梗 ‖ 陟革 知 麦 开 二 入 梗【闼各*】

按："十公主砥死于杜"，胡注："《索隐》曰：砥，贮格翻。《史记正义》音宅，与磔同，谓磔裂支体而杀之；温公《类篇》音竹格翻，硪也。"（p.252）胡三省采张守节音，与《集韵》同。依上下文义，此"砥"当是"磔"的本字，二字声母清浊不同。

⑬摘 丁力 知 职 开 三 入 曾 ‖ 直炙 澄 昔 开 三 入 梗【直炙】

按："或置鼙鼓殿下，天子自临轩槛上，陨铜丸以摘鼓"，胡注："摘，投也，持益翻；一曰：摘，硪也，丁力翻。"（p.950）胡注之持益翻与《广韵》《集韵》音义同；其"一曰"之音义不合于上下文。

韵异声混的几例中，被注字有古地名、人名、假借字，也有一般词汇用字（"摘"）。

（二）同组声母混注现象

1. 知彻混注

①昶 知两 知 阳 开 三 上 宕 ‖ 丑两 彻 阳 开 三 上 宕【丑两】

按："昶"，人名，共 25 次注音，其中 24 次注为丑两翻，仅 1 次被注为知两翻（p.4374）。

②浈 痴贞 彻 清 开 三 平 梗 ‖ 陟盈 知 清 开 三 平 梗【痴贞】
③浈 音桯 彻 清 开 三 平 梗 ‖ 陟盈 知 清 开 三 平 梗【痴贞*】

按："浈"，水名，注音共有 2 次："郑氏曰：浈，音桯。孟康曰：浈，音贞。师古曰：浈，丈庚翻。"（p.668）"浈，痴贞翻"（p.8521）。《广韵》"浈""桯"声母不同，在《集韵》里，"浈"与"桯"同一音组，彻母；"浈"与"贞"同一音组，知母；义与《音

注》同。

④绌　丑律　彻　术　合　三　入　臻　‖竹律　知　术　合　三　入　臻　【敕律】
⑤绌　敕律　彻　术　合　三　入　臻　‖竹律　知　术　合　三　入　臻　【敕律】

按："绌"，凡8见，皆贬下、黜退义。其中敕律翻5次，丑律翻1次，读曰黜2次。《集韵》"黜"敕律切，贬下也。"绌"，缝也，无贬下义。胡三省音与《集韵》音相同。

以上5例中知母与彻母在同韵同调情况下有混注现象，胡三省的注音往往与《集韵》音相同，可见这几个字音是文献读书音，不是方音①。同时也存在韵异声混的用例，详下。

⑥逴　丁角　知　觉　开　二　入　江　‖敕角　彻　觉　开　二　入　江　【竹角】

按："逴"，人名，胡三省的注音有两种："贤曰：逴，音丁角翻，又音卓。"（p.1596）；敕角翻又敕略翻（p.2511）。《广韵》"逴"有两个注音：敕角切、丑略切。《集韵》"逴"有三个注音：竹角切、敕角切、敕略切，胡三省的注音与《集韵》相同。

⑦㥄　丑例　彻　祭　开　三　去　蟹　‖陟劣　知　薛　合　三　入　山　【丑芮】
⑧㥄　丑掠　彻　屑　开　四　入　山　‖陟劣　知　薛　合　三　入　山　【株劣】

按："㥄"，凡3次注音，义皆为"气息㥄然"："㥄，陟劣翻，《类篇》丑例翻，困劣也；言其气息㥄然，仅相属也"（p.3082）；"㥄，积雪翻，疲乏也"（p.4253）；"㥄，丑掠翻"（p.5178）。《广韵》"㥄"，陟劣切；《集韵》"㥄"，丑芮、株劣二切，义与胡三省《音注》同。胡三省所引的《类篇》的音"丑例翻"与《广韵》有送气与不送气的区别，但与《集韵》音相同；"丑掠翻"与《广韵》《集韵》皆不相同。

2. 娘知混注

⑨淖　音卓　知　觉　开　二　入　江　‖奴教　娘　肴　开　二　去　效　【竹角】

按："与其父易王所幸淖姬等及女弟徵"，胡注："淖，郑氏音卓。师古音奴教翻。淖，姓也；战国时楚有淖齿。"（p.632）胡注与《集

---

① 按：胡三省音注中"慂"字的注音亦有知彻混同的迹象："隐性慂直"，胡三省音注为："慂，书容翻，愚也，又陟降翻。"（p.8648）"策年十一，素慂弱"，胡三省音注为："慂，与戆同，陟降翻，愚也。"（p.3430）戆，《广韵》陟降切，愚也。胡三省音注指明"慂"与"戆"同，而二者皆有愚义，则此条音注是属于同义换读。又：《广韵》"慂"，愚也，有书容切、丑江切、抽用切三个读音，陟降翻与抽用切相对应反映出知彻混同的情况，《集韵》"慂"有陟降切一读。

第三章 《通鉴音注》声母系统

韵》音同，师古音与《广韵》音同。

⑩淖 竹角 知 觉 开 二 入 江 ‖奴教 娘 肴 开 二 去 效【竹角】

按："淖齿欲与燕分齐地"，胡注："《索隐》曰：淖，奴教翻，康曰：竹角切，姓也。"（p.126）司马康之音与《集韵》音同，裴骃音与《广韵》音同。"淖"是春秋时人姓氏，与《广韵》音不同，《集韵》收有此音。

与此情况相同的还有"辗"字的注音。"辗转"之"辗"，胡三省注为"音展"；"会云梯辗地道，一轮偏陷，不能前却"句中之"辗"，胡注："辗，猪辇翻，又尼展翻。"（p.7375）《广韵》"辗"字有知演、女箭二切，基本可以和胡三省的注音相对应。娘母字被读作知母，我们在第七节集中讨论。

（三）娘母的演变

《通鉴音注》中娘母并入泥母，还有娘母和日母混注、娘母和疑母混注的情况存在。下面我们分别来说。

1. 泥娘混注

《通鉴音注》娘母的注音有60条，其中，用泥母字作娘母字的反切上字者有3例，其中韵同声混者1例，韵异声混者2例，详下。

①桡 奴高 泥 豪 开 一 平 效 ‖奴教 娘 肴 开 二 去 效【如招】

按："桡"字注音共39次，曲也、屈也，其中奴教翻29次，奴高翻1次。胡注与《广韵》《集韵》都不同。

②挐 音奴 泥 模 合 一 平 遇 ‖如加 娘 麻 开 二 平 假【女居】

按："听自死别府，免其挐戮"，胡注："《书·甘誓》：予则挐戮汝。孔安国注曰：挐，子也。……挐，音奴。"（p.4409）中华书局标点本章校："十二行本'挐'作'孥'；乙十一行本同，孔本同；熊校同。"可知"挐"是"孥"之形误字。孥，《广韵》乃都切，与"奴"同音。

③蹑 泥辄 泥 叶 开 三 入 咸 ‖尼辄 娘 叶 开 三 入 咸【昵辄】

按："蹑"，共18次注音，其中注为尼辄翻16次，泥辄翻1次。胡注与《广韵》《集韵》音皆异。

等韵区分泥母和娘母，泥母排在韵图一、四等的位置，娘母排在二、三等的位置。从《广韵》的反切系统看，泥、娘二母是有分别的。系联反切上字可以得出端知、透彻、定澄各是两类的结论，同样也可以得出泥、娘分为两类。由于在现代方言中泥、娘的区别无迹可寻，有些学者不承认二者的区别。李荣《切韵音系》指出：知、彻、澄没有相应的鼻音，故而《切韵》舌上音只有知、彻、澄三母，没有娘母[①]。邵荣芬《切韵研究》对此持反对意见，认为："在我们看，韵图区分泥、娘（不管娘母是谁造出来的），以及拿娘配泥是正确地反映了《切韵》反切的实际情况。"[②] 中古泥母与一、四等韵相拼切，娘母与二、三等韵相拼切。胡三省《通鉴音注》中，以娘母作反切上字时，选用二、三等韵的下字与之相拼切，以泥母作反切上字时则基本上选用一、四等韵的下字与之相拼切（仅1个例外，详见下文），胡三省《通鉴音注》的反切上字与下字搭配关系原则与《切韵》（《广韵》）相同。

娘母字的注音有60条，用泥母字作反切上字或直音的只有3例，被注字都是普通词汇用字。其中有2个例子是胡三省用泥母字与一等韵字构成反切上下字的关系，去拼切《广韵》娘母字，显示出除了声母有相混的情况外，韵母的等位也发生了变化：《广韵》看韵到胡三省《通鉴音注》变同豪韵，鱼韵变同模韵；而"蹑"是《广韵》娘母字，胡三省《通鉴音注》音泥辄翻，其"辄"是叶韵字，胡三省《通鉴音注》用泥母作反切上字，不合《广韵》反切原则，这说明，胡三省《通鉴音注》中，泥母和娘母已经混并了，娘母并入了泥母，所以才有用泥母字作三等韵字的反切上字的情况。

对比《集韵》反切，我们看到除了"桡"字，其他被注字的《集韵》的声母与《广韵》相同。《蒙古字韵》泥娘分立，《中原音韵》娘母并入泥母。《通鉴音注》中泥、娘混注，则说明泥娘合流了。泥娘合并后的音值是 [n]。

2. 娘日混注

④呐　如悦　日　薛　合　三　入　山 ‖ 女劣　娘　薛　合　三　入　山 【如劣】

按："呐"，共4次注音，义为呐呐者，注音3次：如悦翻又奴劣翻2次，女劣翻1次；呐龙，人名，注音为女劣翻又女郁翻1次。《广韵》"呐"，女劣切，又内骨切。但是《广韵》内骨切下无"呐"字，其"讷"字注云："塞讷。"又，"㕮"，言迟声，如劣切。《集韵》：

[①] 李荣著，黄笑山校订：《切韵音系》，商务印书馆2020年版，第126页。

[②] 邵荣芬：《切韵研究》（校订本），中华书局2008年版，第43页。

"呐""讷",奴骨切,《说文》言难也;又"呐",言缓也,或书作"呐",如悦切。可见,《通鉴》中的"呐"被胡三省当作其异体字"呐"来注音的,胡三省的音与《集韵》相同。

⑤絮 人余 日 鱼 合 三 平 遇 ‖ 尼据 娘 鱼 合 三 去 遇【人余】

按:"絮",絮舜,人名,胡注:"李奇曰:絮,音挐。师古曰:絮,姓也,音女居翻,又音人余翻。"(p.879)《集韵》有人余切与胡注的音义相同。

3. 娘疑混注

⑥碾 鱼蹇 疑 仙 开 三 上 山 ‖ 女箭 娘 仙 开 三 去 山【尼展】

按:"碾",碾磴,共5次注音:鱼蹇翻2次,尼展翻1次,女箭翻1次,纽善翻1次。胡三省音注用疑母字作娘母字的反切上字,而胡三省《通鉴音注》中的娘母已经并入泥母,所以此处的娘母与疑母的混注是疑母细音变同泥母的原因造成的。

《广韵》泥母 [n]、娘母 [ɳ]、日母 [ɳʑ],在胡三省的《音注》里,泥娘混并;同样,日母的部分字在失去其浊擦音成分后变得像娘母,随后又失去其鼻音音色而变得像泥母。胡三省《通鉴音注》系统中的部分日母字就这样变成了泥母,因而在注音时就表现为泥日互注。泥娘疑合流的部分,读同泥母,其音值是 [n]。娘日、泥日混同的字也读同泥母。

(四)舌上音的演变特点

1. 澄母有清化现象。2. 娘母并入泥母。娘母与日母、疑母都有混注。娘母与知母有混同现象。3. 同韵同调条件下知母与彻母的混注现象,与《集韵》一致。4. 知组(不含娘母)与章、庄、精诸组声母都有混注现象,我们在本章第四节具体来谈。

第三节 齿音

中古齿音发展到《通鉴音注》,齿头音的主要特点是有精、清、从、心、邪五母,正齿音的主要特点是发生了与知组声母合流的音变。

一 齿头音

精组字注音约有 986 条，其中：精母字注音有 245 条，自注 220 条，精母与其他声母混注 25 条；清母字注音有 181 条，自注 158 条，清母与其他声母混注 23 条；从母字注音有 210 条，自注 166 条，与其他声母混注 44 条；心母字注音有 281 条，自注 261 条，与其他声母混注 20 条；邪母字的注音有 69 条，自注 54 条，与其他声母混注 15 条。从中古精组声母字的自注比例可以看出，精组声母在《通鉴音注》中还是表现出各自独立的特点。我们给它们构拟的音值分别是 [ts]、[tsʻ]、[dz]、[s]、[z]。

（一）从母清化的问题

《通鉴音注》中全浊音从母有清化的现象：一是用精母字和清母字作从母字的反切上字或直音，二是用从母字作精母字和清母字的反切上字或直音。

1. 同韵条件下从母与精母、清母的混注情况

（1）精从混注

平平混注

① 倧 祖冬 从 冬 合 一 平 通 ‖ 作冬 精 冬 合 一 平 通【祖賨】

按："倧"，人名，共 3 次注音，注为"祖冬翻" 2 次，注为"作冬翻" 1 次。

② 琮 祖宗 精 冬 合 一 平 通 ‖ 藏宗 从 冬 合 一 平 通【徂宗】

按："琮"，人名，共 13 次注音，其中以"藏""徂"为反切上字的共 10 次，以"祖"为反切上字的 3 次。

③ 賨 臧宗 精 冬 合 一 平 通 ‖ 藏宗 从 冬 合 一 平 通【徂宗】

按："賨"，南蛮赋也，也作人名，共 9 次注音，其中以"藏""徂"为反切上字的有 8 次，以"臧"为反切上字的有 1 次。

④ 糟 音曹 从 豪 开 一 平 效 ‖ 作曹 精 豪 开 一 平 效【臧曹】

按："糟"，糟粕，胡三省取陆德明音（p. 2914）。

⑤ 鰌 即由 精 尤 开 三 平 流 ‖ 自秋 从 尤 开 三 平 流【雌由】

按："鰌"，共 2 次注音：音秋，藉也；即由翻，鱼名，《集韵》有字秋切、雌由切，皆与之对应。

⑥ 鄑 兹陵 精 蒸 开 三 平 曾 ‖ 疾陵 从 蒸 开 三 平 曾【慈陵】

第三章 《通鉴音注》声母系统

按："鄑"，古国名，注音仅1次。

平仄混注

⑦槛　作管　精　桓　合　一　上　山 ‖ 在丸　从　桓　合　一　平　山【祖管】

按："横江水起浮桥、关楼，立槛柱以绝水道"，胡注："槛，徂官翻。丛木为柱曰槛柱。又作管翻。"（p.1361）作管翻与《集韵》音相同；徂官翻与《广韵》音相同。

仄仄混注

⑧从　子用　精　锺　合　三　去　通 ‖ 疾用　从　锺　合　三　去　通【足用】

按："王不可以不强，不强则宰牧从横"，胡注："从，子用翻，又子容翻。"（p.1532）又，从横、合从，注为子容翻62次。胡三省音与《广韵》"纵"字的音相同。《集韵》"纵""从"异体字，音足用切，与胡三省的子用翻音相同。

⑨蕞　祖外　精　泰　合　一　去　蟹 ‖ 才外　从　泰　合　一　去　蟹【祖外】

按："蕞"，蕞尔，小貌，用"徂"作反切上字8次，用"祖"作反切上字2次，用"兹"作反切上字1次。祖、兹皆古精母字。

⑩载　徂亥　从　咍　开　一　上　蟹 ‖ 作亥　精　咍　开　一　上　蟹【子亥】

按："载"，人名，注为祖亥翻又音如字18次，注为徂亥翻又音如字1次。

⑪霁　才诣　从　齐　开　四　去　蟹 ‖ 子计　精　齐　开　四　去　蟹【才诣】

按：胡三省引师古曰："霁，雨止曰霁，音子诣翻，又才诣翻。"（p.964）又音显示声母清浊不同。注音仅1次。

⑫琎　祖闷　从　魂　合　一　去　臻 ‖ 祖闷　精　魂　合　一　去　臻【徂闷】

按："琎"，人名，胡注："徂闷翻，又在甸翻，祖闷翻。"（p.2314）《广韵》有在甸、祖闷二读。

⑬雋　子兖　精　仙　合　三　上　山 ‖ 徂兖　从　仙　合　三　上　山【粗兖】

按："雋"，有4次注音，其"下雋县"注音为子兖翻、辞兖翻；姓氏则注音为徂兖翻又辞兖翻。

⑭撙　慈损　从　魂　合　一　上　臻 ‖ 兹损　精　魂　合　一　上　臻【祖本】

按："撙"，撙节，又人名，有5次注音，其中慈损翻3次，子本翻1次，祖本翻1次。

⑮进　才刃　从　真　开　三　去　臻 ‖ 即刃　精　真　开　三　去　臻【即刃】

按："车乘进用不饶"，胡注："《索隐》曰：进者，财也，宜依小颜读为赆，古字多假借用之。进，音才刃翻。"（p.183）"进"为

"賮"的借字。賮，从谆合三去臻，与"进"字声同，韵稍异。

⑯坐　左卧　精　戈　合　一　去　果　‖徂卧　从　戈　合　一　去　果　【徂卧】
⑰坐　祖卧　精　戈　合　一　去　果　‖徂卧　从　戈　合　一　去　果　【徂卧】

按："坐"，在坐、就坐、神坐等义，读曰座，注音有：才卧翻3次，徂卧翻81次，左卧翻1次。八坐，一种官职，音徂卧翻4次、祖卧翻1次。

⑱莋　音作　精　铎　开　一　入　宕　‖在各　从　铎　开　一　入　宕　【疾各】

按："莋"，古地名，有3次注音：音昨又音作1次，才各翻2次。

⑲藏　祖浪　精　唐　开　一　去　宕　‖徂浪　从　唐　开　一　去　宕　【才浪】

按："藏"，府藏，帑藏，音徂浪翻101次，祖浪翻1次，才浪翻3次。

⑳倢　音接　精　叶　开　三　入　咸　‖疾叶　从　叶　开　三　入　咸　【即涉*】

按："倢"，倢伃，婕好也，共7次注音，皆音接。《集韵》"倢""接"同音。

（2）清从混注
平平混注
㉑鹙　音秋　清　尤　开　三　平　流　‖自秋　从　尤　开　三　平　流　【雌由*】

按："鹙"，鸟也，仅1次注音。胡三省音与《集韵》鹙、秋同音。

㉒鰌　音秋　清　尤　开　三　平　流　‖自秋　从　尤　开　三　平　流　【雌由*】

按："鰌"，鱼名，《集韵》有字秋切、雌由切，皆与之对应。

㉓请　音清　清　清　开　三　平　梗　‖疾盈　从　清　开　三　平　梗　【亲盈*】

按："盘水加剑，造请室而请罪耳"，胡注："应劭曰：请室，请罪之室。苏林曰，音洁清之清。"（p.479）

仄仄混注（1例）
㉔峭　才笑　从　宵　开　三　去　效　‖七肖　清　宵　开　三　去　效　【七肖】

《通鉴音注》中，从母字的注音210条，在同韵条件下从母字与精母字和清母字混注的用例有24例，从母的个别字已经清化。

2. 异韵条件下从母与精清二母混注情况

㉕齐　津夷　精　脂　开　三　平　止　‖徂奚　从　齐　开　四　平　蟹　【津私】

按："齐"，齐缞，此义音咨7次，津夷翻1次，二者皆与《集韵》音相同。

㉖族　音奏　精　侯　开　一　去　流　‖昨木　从　屋　合　一　入　通　【千候】

按："车马、衣裘、宫室，皆竞修饰，调五声使有节族。"胡注：

第三章 《通鉴音注》声母系统

"苏林曰:族,音奏。师古曰:节止也,奏准也。"(p.601)《广韵》"蔟"有千木、仓奏二切,注曰:"太蔟,律名"。《集韵》:"蔟、族,太蔟,律名。蔟,凑也,万物始大凑地而出也。一曰蚕蓐。或作族。"可见此处之"族"当是"蔟"字。

㉗竣 字兖 从 仙 合 三 上 山 ‖ 子峻 精 谆 合 三 去 臻【祖峻】

按:"竣",竣山,胡注:"长沙下竣县之山也。师古曰:竣,字兖翻,又辞兖翻。"(p.2684)《广韵》《集韵》"竣"皆谆韵字。《集韵》"隽",粗兖切,注云:长沙有下隽县,亦姓。胡注与《广韵》《集韵》都不同。

㉘怚 音麤 清 模 合 一 上 遇 ‖ 慈吕 从 鱼 合 三 上 遇【聪徂*】

按:"王怚中而不信人",胡注:"《史记注》:怚,音麤。徐广曰:一作'粗'。"(p.230)怚,《说文》骄也;此处通"粗",义为粗疏,鲁莽。"粗",《广韵》从母模韵上声,与"麤"同音。《集韵》"怚""麤"同音聪徂切。

(二) 邪母与心母混注问题

《通鉴音注》没有用心母字作邪母字的反切上字或直音的用例,但有1例用邪母字作心母字反切上字的用例,反映了个别邪母字清化的现象。

㉙昫 音旬 邪 谆 合 三 平 臻 ‖ 相伦 心 谆 合 三 平 臻【松伦】

按:"昫",昫卷县,胡注:"应邵曰:昫,音旬日之旬。卷,音箘簬之箘。"(p.1599)

心、邪混注是浊音清化的问题,胡三省用邪母字为心母字注音,则说明邪母有清化的现象。

(三) 同组声母混注的现象

除了从母与精清二母混注、邪母与心母混注所呈现出的浊音清化问题外,《通鉴音注》还有精清混注、精心混注、清心混注、精邪混注、清邪混注、从心混注、从邪混注等同组声母混注的现象,我们选取韵同声混的例证分析这类混注问题,同时将韵异声混的用例所呈现的特点也进行分析。

1. 同韵条件下声母混同情况

(1) 精清混注

①积 七赐 清 支 开 三 去 止 ‖ 子智 精 支 开 三 去 止【子智】

按："积"，七赐翻，仅1见；子赐翻12见；子智翻4见；皆委积义。

②次 音咨 精脂开三平止 ‖七四 清脂开三去止【津私*】

按："乃潜由且次出武威"，胡注："武威有揟次县。孟康曰：揟，音子如翻。次，音咨。即且次也。"（p. 2194—2195）"且次"之"次"，胡注与《集韵》同。

③次 音恣 精脂开三去止 ‖七四 清脂开三去止【千咨*】

按：揟次县，胡三省曰："孟康曰：揟，音子如翻。次，音恣。"（p. 3359）《集韵》有此音。

④疽 子与 精鱼合三去遇 ‖七余 清鱼合三平遇【子与】

按："疽"，《广韵》七余切，《集韵》有千余、子与二切。"殷病风疽"，胡注："史炤曰：疽，千余切，又子与切，痒病，一本从'疒'从'旦'，音多但翻，又音旦，释云疮也。"（p. 8265）史炤的两个音切与《集韵》相同。

⑤挤 七细 清齐开四去蟹 ‖子计 精齐开四去蟹【子计】

按："挤颜真卿于死地，激李怀光使叛"，胡注："挤，七细翻，又牋西翻。"（p. 7511）

⑥妻 子细 精齐开四去蟹 ‖七计 清齐开四去蟹【七计】

按："妻"，胡注有千细、七细、子细三种音切，皆以女妻之之义。其中千细翻有7次注音，七细翻有117次注音，子细翻有4次注音。

⑦愀 子小 精宵开三上效 ‖亲小 清宵开三上效【子小】

按："愀"，胡注有七小、子小两种音切，其中子小翻3次，七小翻6次。

同韵同调条件下精母字与清母字混注例共7例，其中与《集韵》一致的有4例。胡注"妻""愀"的反切上字既有精母字又有清母字。胡注中精母字和清母字的混注，一方面反映了文献读书音，另一方面反映了方言文读中个别齿头音字送气音与不送气音有混淆的情况。

(2) 精心混注

我们选取同韵同调条件下精母与心母混注的用例，来考察二者的混同情况。具体例证如下：

⑧齋 相稽 心齐开四平蟹 ‖祖稽 精齐开四平蟹【牋西】

按："齋"，持付义，《广韵》有祖稽、子兮二切，胡三省《音注》

第三章 《通鉴音注》声母系统 93

中，"齌"为持付义的注音是子兮翻、则兮翻，其中则兮翻 6 次，子兮翻 1 次，賤西翻 1 次，相稽翻只 1 次。

⑨檇　相稽　心齐开四平蟹‖祖稽　精齐开四平蟹【賤西】

按："车毂须用夹榆"，胡注："吕俛曰：檇榆宜作车毂。《尔雅》云，此白枣也。檇，相稽翻。"（p. 8644）

⑩揩　子如　精鱼合三平遇‖相居　心鱼合三平遇【子余】

按："揩"在《音注》中出现了 3 次，皆指揩次县，胡三省引孟康注曰："揩，音子如翻。"（p. 3359）《集韵》有此音。

⑪譟　则竈　精豪开一去效‖苏到　心豪开一去效【先到】

按："譟"在胡注中有三种切语：则竈翻 7 次，苏到翻 3 次，先到翻 1 次。

⑫将　息亮　心阳开三去宕‖子亮　精阳开三去宕【即亮】

按："将"的将领、将兵义，《广韵》子亮切，《集韵》即亮切；胡三省《音注》音即亮翻约有 1900 余次，息亮翻 6 次，息浪翻 1 次。

⑬朘　音揎　心仙合三平山‖子泉　精仙合三平山【荀缘*】
⑭朘　息缘　心仙合三平山‖子泉　精仙合三平山【荀缘】

按："民日削月朘"，胡注："孟康曰：朘音揎，谓转蹴也。苏林曰：朘，音镌石，俗语谓'胴'为'朘缩'。师古曰：孟说是也。"（p. 555）《广韵》"朘"，缩肭，子泉切。《集韵》"朘，缩也"，与"宣""揎"同音荀缘切。

⑮歼　息廉　心盐开三平咸‖子廉　精盐开三平咸【思廉】

按："歼"，息廉翻 7 次，子廉 1 次。胡三省的音义与《集韵》相同。

胡注用心母字作精母字的反切上字（或直音），有 3 例与《集韵》音相一致；用精母字作心母字的反切上字，有 1 例与《集韵》一致。这一现象说明精母字与心母字的混注一方面是文献读书音使然，另一方面也有方音的成分。

（3）清心混注

⑯迁　音仙　心仙开三平山‖七然　清仙开三平山【亲然】

按："其立安为新迁王"，胡注："服虔曰：安，莽第三子也。迁，音仙。莽改汝南新蔡曰新迁。师古曰：迁，犹仙耳，不劳假借音。"（p. 1222）

⑰脞　音锁　心戈合一上果‖仓果　清戈合一上果【损果*】

按："夫人君听纳之失，在于丛脞"，胡注："孔安国曰：丛脞，细碎无大略。马融曰：丛，总也。脞，小也。陆德明曰：脞，仓果翻，徐音锁。"（p.4934）《集韵》有此音。

⑱逡 音峻 心 谆 合 三 去 臻 ‖七伦 清 谆 合 三 平 臻【须闰*】

按："聪遂寇逡遒、阜陵"，胡注："师古曰：逡，音峻；遒，音才由翻。"（p.2943）《集韵》："逡，逡遒县名，在淮南"；"逡"与"峻"同一音组，须闰切。《广韵》峻，私闰切。

以上3例清、心混注字，有2例音与《集韵》音同。与精、心混注一样，清、心混注一方面是文献读书音的情况，另一方面也有方音的成分。

（4）精邪混注

⑲邪 即斜 精 麻 开 三 平 假 ‖似嗟 邪 麻 开 三 平 假【徐嗟】

按："邪"字约有142次注音，其表示疑辞、若邪、琅邪等义注为音耶129次，读曰耶10次，余遮翻1次，以奢翻1次；其表示不正之义的注音为即斜翻1次，士嗟翻1次。

（5）从心混注

⑳践 息浅 心 仙 开 三 上 山 ‖慈演 从 仙 开 三 上 山【才线】
㉑践 息演 心 仙 开 三 上 山 ‖慈演 从 仙 开 三 上 山【才线】

按："践"，共有32次注音，其中慈演翻22次，慈浅翻1次，慈衍翻1次，息浅翻6次，息演翻1次，悉跣翻1次，皆蹂践义。

㉒杂 先合 心 合 开 一 入 咸 ‖徂合 从 合 开 一 入 咸【昨合】

按："三难异科，杂焉同会"，胡注："师古曰：杂，谓相参也。一曰，音先合翻。杂焉，总萃。"（p.1027）

胡注精母与邪母、从母与心母混注的字音与《集韵》不同，大概是方音特点。南北朝时期吴方言就已经从邪不分，从母读如邪母是吴语的特色，《颜氏家训》所谓南人以"钱"为"涎"、以"贱"为"羡"说的就是当时吴音的读法。中古精母与从母、心母与邪母依中古音是清浊对立，依吴方言则精母与邪母、从母与心母都有可能属于这种对立。

（6）从邪混注

㉓磁 祥之 邪 之 开 三 平 止 ‖疾之 从 之 开 三 平 止【墙之】
㉔瘁 似醉 邪 脂 合 三 去 止 ‖秦醉 从 脂 合 三 去 止【秦醉】
㉕吮 徐兖 邪 仙 合 三 上 山 ‖徂充 从 仙 合 三 上 山【竖尹】

第三章 《通鉴音注》声母系统

按："吮"，共有9次注音：徐兖翻2次，徂兖翻4次，如兖翻2次，士兖翻1次，皆为吮吸义。《广韵》有二切：食尹切，义为吸舐也，船谆合三上臻；徂兖切，义为欶也，其下曰"又徐兖切"，邪仙合三上山，也与胡三省音相同；如此则此例不是变例。《集韵》吮吸义的"吮"，竖尹切；《集韵》"吮"有"粗兖切"，义则为欶也，与胡三省的音是从与邪的关系。

㉖巂 辞兖 邪仙合三上山 ‖徂兖 从仙合三上山【粗兖】

按："巂"字注音4次，作为姓氏的"巂"，采纳了师古的音：音徂兖翻又辞兖翻。作为下巂县的"巂"，有子兖翻、辞兖翻两种注音。

㉗璇 从宣 从仙合三平山 ‖似宣 邪仙合三平山【旬宣】

按："璇"，人名，《音注》为"璇"字注音14次，其中从宣翻3次，似宣翻6次，旬缘翻2次，音旋2次，如宣翻1次。

㉘琁 从宣 从仙合三平山 ‖似宣 邪仙合三平山【旬宣】
㉙还 从宣 从仙合三平山 ‖似宣 邪仙合三平山【旬宣】

按："还"的注音有631次，皆为回返义，其中从宣翻又音如字490次。《广韵》："还，仄也，退也，顾也，复也，户关切，又音旋。"《广韵》还音旋音义与《通鉴音注》的音义相同。

2. 韵异声混例分析

㉚苴 音酢 清模合一去遇 ‖子与 精鱼合三去遇【徐嗟】

按："异牟寻惧，筑苴咩城"，胡注："咩，莫者翻，又徐婢翻。史炤曰：苴，音酢，又徐嗟切。咩，音养，又弥嗟切。"（p.7271）《集韵》"苴"下云："苴咩城，在云南。……徐嗟切。"《集韵》音与史炤之又音同。

㉛篝 仓甸 清先开四去山 ‖子盈 精清开三平梗【仓甸】

按："伏兵千人于野桥篝以邀官军"，胡注："蜀人谓篁竹之间为篝。李心传曰：'篝，林篝也，音咨盈切。'又薛能工律诗，有《边城作》二联云：'管排蛮户远，出篝鸟巢孤。'自注云：'蜀人谓税户为排户，谓林为丛篝。'史炤曰：'篝，仓甸切，盖从去声，亦通。'"（p.8279）《广韵》篝，子盈切，胡三省所引李心传音与此相同；"仓甸切"与《集韵》音同。

㉜戚 将毒 精沃合一入通 ‖仓历 清锡开四入梗【昨木】

按："泗川守壮兵败于薛，走至戚"，胡注："戚，如字；如淳将毒翻。"（p.265）《集韵》"感"下云"县名，在东海"，昨木切，从屋合一入通，与如淳音义近。

㉝将 息浪 心 唐 开 一 去 宕 ‖子亮 精 阳 开 三 去 宕【即亮】

按："将"，将领、将兵义，此条音注见于"婆罗门乃遣大臣丘升头将兵二千随具仁迎阿那瓌"（p.4666）。《广韵》子亮切，《集韵》即亮切；胡三省《音注》即亮翻约有1900次，息亮翻6次，息浪翻1次。

㉞竣 辞兖 邪 仙 合 三 上 山 ‖子峻 精 谆 合 三 去 臻【祖峻】

按："昌逃于下竣山，其众悉降"，胡注："师古曰：竣，字兖翻，又辞兖翻。"（p.2684）

㉟谖 徐园 邪 元 合 三 平 山 ‖此缘 清 仙 合 三 平 山【逡缘】

按："谖"，人名。《广韵》《集韵》音同。

"苴""箐""感""竣""谖"都是专门名称用字，当依从文献用字的传统读音来读，这几个字与其注音字之间声母有同组混切、韵母有音变的关系。将领之"将"的读成心母，当是方音特点。

《广韵》从、邪分立，《通鉴音注》中从母与邪母互注，表明从、邪不分。现代吴方言中，从邪相混，不是合为[dz]，就是合为[z]，有浊塞擦音与浊擦音两种发音方法，可见吴方言从邪混同的情况由来已久。《颜氏家训·音辞篇》指出南方人从、邪不分，周祖谟据《万象名义》推求原本《玉篇》音系从、邪不分，而这个音系正是六朝时南方之音。但是宋人三十六字母及宋代韵图《四声等子》《切韵指掌图》以及金代韵书《五音集韵》对从、邪的分列都是比较清楚的。胡三省《音注》中从母字的注音有210条，邪母的注音有69条，从邪混注7条。这7条从邪混注的例子，与《集韵》皆不同。

关于从、邪二母字的注音问题，胡注与《广韵》和《集韵》的注音都不同，《蒙古字韵》从、邪分得很清楚，《中原音韵》的从母和邪母已经清化，并入到相应的清音里去了。《广韵》从母是[dz]，邪母是[z]，从母的先塞后擦的发音方法在方言里很容易忽略塞音的音色而发成擦音，由此看胡三省《音注》的从、邪不分体现了作者胡三省的方音特点。我们认为胡三省《音注》中从、邪也应当分成两个层次：共同语标准音层次从、邪不混，胡三省方音层次从、邪不分，这个假设可以帮助我们解释胡三省《通鉴音注》中的心母与从母以及与精、清的互切现象：胡三省《音注》从、邪不分，因而从母与邪母的清音——心母连带发生了清浊的对立，因而有从母、心母的混注现象；精母、清母与从母也由于清浊的对立关系而连带地与心母发生互切的关系。这是吴方言的特点。

（四）齿头音的演变特点

胡三省《通鉴音注》中齿头音声母有5个，即精［ts］、清［ts·］、从［dz］、心［s］、邪［z］。齿头音的演变特点是：1. 浊音从母、邪母有清化现象。2. 从、邪不分，这一现象属于方言特点。3. 精、清、从与心、邪等有混注现象，其中有的是文献读书音，有的是方音。4. 精组声母与正齿音庄组声母有混注现象。精组声母与端组、知组、章组等有混注情况。我们将在下文"舌音与齿音混注问题"一节予以讨论。

二 正齿音

（一）庄组

庄组字约有357条音注，其中：庄母字注音有79条，自注61条，发生音变的注音有18条；初母字注音有75条，自注52条，发生音变23条；崇母字注音有78条，自注61条，发生音变17条；生母字注音有124条，自注115条，发生音变9条。胡三省《通鉴音注》中俟母字的注音只有1例，且与邪母混注。胡三省《通鉴音注》中，知庄章合流，我们此节仅讨论浊音清化、同组声母混注等情况。知庄章合流、精组与庄组混注等问题我们在本章第四节"舌音与齿音混注问题"里探讨。

1. 浊音清化情况

《通鉴音注》中，中古崇母字有清化的现象，具体表现是：一是用庄母字、初母字作崇母字的反切上字，二是用初母字作崇母字的反切上字。这样的用例有8条。《通鉴音注》中没有俟母字的注音。

（1）崇母的清化情况

庄崇混注

平平混注

①查 庄加 庄麻开二平假 ‖鉏加 崇麻开二平假 【庄加】

按："查"，查浦，地名，注音 1 次。

仄仄混注

②馔　皱恋　庄仙合三去山‖士恋　崇仙合三去山【雏恋】

③馔　皱皖　庄删合二上山‖雏皖　崇删合二上山【雏绾】

按："馔"，酒馔，共 41 次注音，其中以"雏"为反切上字者 36 次。皱恋翻又皱皖翻（p. 6199）仅注音 1 次。

④襈　皱恋　庄仙合三去山‖士恋　崇仙合三去山【雏变】

按："襈"，衣缘也，共 5 次注音，其中以"雏"为反切上字者 4 次。

⑤龃　壮所　庄鱼合三上遇‖床吕　崇鱼合三上遇【壮所】

按："龃"，龃龉不和，仅 1 次注音，《集韵》有此音。

初崇混注

平平混注

⑥勦　初交　初肴开二平效‖鉏交　崇肴开二平效【初交】

按："勦"，绝也，共 3 次注音，皆为子小翻；"上骋辩必勦说而折人以言"，胡注："勦，初交翻，又初教翻。"（p. 7383）其音义与《集韵》同。

平仄混注

⑦勦　初教　初肴开二去效‖鉏交　崇肴开二平效【楚教】

按："上驰辩必勦说而折人以言"，胡注："勦，初交翻，又初教翻。此所谓勦说者，人言未竟，勦绝其说而申己之说也。"（p. 7383）"勦"，截断、截取之义。

《通鉴音注》中崇母字有 78 条音注，考察同韵同调条件下用庄母字、初母字作反切上字共有 7 例，说明崇母字有清化现象。另外还有 1 例，声母有崇初混注的情形但韵有不同，具体分析如下：

⑧衰　士回　崇灰合一平蟹‖楚危　初支合三平止【仓回】

按："衰"，缞服，共 42 次注音，以"仓"为反切上字者 30 次，以"七"为反切上字者 6 次，士回翻仅 1 次。此字今作"缞"，《广韵》仓回切，清母灰韵平声；二者是古今字的关系。《广韵》《集韵》"缞"音相同，与胡注声母不同（有清母和崇母的差异）。

（2）俟母的清化问题

《通鉴音注》中，俟母字的注音只有 1 条，是用邪母字作俟母字的

第三章 《通鉴音注》声母系统

反切上字。俟母字是否存在清化现象尚无例证。

2. 同组声母混注现象

《通鉴音注》中，除了个别崇母字有浊音清化现象存在外，也存在着庄母与初母混注、初母与生母混注的情况，这种混注都发生在同韵条件下。

（1）庄初混注

①簀 测革 初 麦 开 二 入 梗 ‖侧革 庄 麦 开 二 入 梗【侧革】

按："簀"，竹簀，共2次注音，另一音为"竹革翻"。

②栅 侧革 庄 麦 开 二 入 梗 ‖测革 初 麦 开 二 入 梗【测革】

按："高皇帝：肉胔，苴羹；昭皇后：茗，栅，炙鱼"，胡注："《类篇》云：色责翻，糁也；又侧革翻，粽也。"（p.4305）"栅"，粽也，凡1见，《广韵》无"栅"字，《集韵》"糁也"，色责切，"粽也"测革切。胡三省采用《类篇》的音读与意义，与《集韵》声母不同。

③栅 侧革 庄 麦 开 二 入 梗 ‖楚革 初 麦 开 二 入 梗【测革】

按："戊子，义武奏破莫州清源等三栅，斩获千余人"，胡注："栅，侧革翻。"（p.7804）"栅"，凡8见，测革翻6次，直革翻1次，侧革翻1次，义并为栅竖木立栅、军栅等。

④锸 侧洽 庄 洽 开 二 入 咸 ‖楚洽 初 洽 开 二 入 咸【测洽】

按："锸"，鍫也，所以鍫土，凡6见，则洽翻2次，侧洽翻2次，测洽翻1次，楚洽翻1次。

从被注字的注音总体情况看，庄、初不混。胡注中庄初混注的字音与《集韵》不同，可能是方音混同了送气音与不送气音。

（2）初生混注

⑤刹 所辖 生 鎋 开 二 入 山 ‖初鎋 初 鎋 开 二 入 山【初辖】

按："刹"，凡4见，皆罗刹义，注音为初辖翻2次，所辖翻1次，初鎋翻1次。所辖翻与《广韵》《集韵》不同，可能是方音问题。

⑥索 音册 初 麦 开 二 入 梗 ‖山责 生 麦 开 二 入 梗【色窄】

按："楚起于彭城，常乘胜逐北，与汉战荥阳南京、索间"，胡注："晋灼曰：索，音册。师古音求索之索。"（p.320—321）求索之索，胡三省注为山客翻者148次、西客翻1次、下客翻1次。"索间"，地名，晋灼音"册"，可能是文献用字的专门读法。

以上所分析的庄初混注、初生混注的几个字音，都与《集韵》不同；其所反映的可能是方音现象，也可能另有来源。

3. 庄组声母的演变特点

①崇母有清化现象，俟母的清化现象尚不明确。②同组声母的混注现象，与《广韵》《集韵》都不相同，大概是方音的读法，也可能另有来源。③中古庄组声母与端组、精组、知组、章组混注，也有与牙喉音混注的现象。详见下文。

（二）章组

章组字的注音约有550条，其中：章母字注音有196条，自注166条，与其他声母混注30条；昌母字注音有89条，自注79条，与其他声母混注10条；禅母字注音有113条，自注88条，与其他声母混注25条；书母字注音有106条，自注90条，与其他声母混注20条；船母字注音有43条，自注19条，与其他声母混注24条。胡三省《通鉴音注》中，章组与庄组、知组发生了合流音变。此节我们仅探讨浊音清化及同组声母混注问题。知照合流问题我们在本章第四节"舌音与齿音混注问题"里讨论。

1. 浊音清化问题

《通鉴音注》中，中古船母字、禅母字有清化的现象，具体表现为：一是用禅母字作章母字的反切上字，用章母字、昌母字作禅母字的反切上字；这样的用例约有15条，其中韵同声混的有14条，韵异声混的有1条。二是用书母字作船母字的反切上字，这样的例证只有1条。三是用书母字作禅母字的反切上字，用禅母字作书母字的反切上字等，共有4条例证。

（1）禅母清化问题

章禅混注

平平混注

①偍 是支 禅 支 开 三 平 止 ‖ 章移 章 支 开 三 平 止 【常支】

按："偍"，人名，胡注："是支翻，又是兮翻。"（p.8646）仅1次注音。

②昭 时招 禅 宵 开 三 平 效 ‖ 止遥 章 宵 开 三 平 效 【时饶】
③昭 上招 禅 宵 开 三 平 效 ‖ 止遥 章 宵 开 三 平 效 【时饶】
④昭 音韶 禅 宵 开 三 平 效 ‖ 止遥 章 宵 开 三 平 效 【时饶*】
⑤昭 市招 禅 宵 开 三 平 效 ‖ 止遥 章 宵 开 三 平 效 【时饶】

⑥昭　时遥　禅宵开三平效　‖止遥　章宵开三平效【时饶】

按："昭"，昭穆，共 18 次注音。胡注："本如字，为汉讳昭，改音韶，或云晋文帝名昭，改音韶。"（p. 3556）又注读为"佋"，音韶（p. 1393）。

⑦朱　音殊　禅虞合三平遇　‖章俱　章虞合三平遇【慵朱*】
⑧朱　音铢　禅虞合三平遇　‖章俱　章虞合三平遇【慵朱*】

按："朱"，朱提，地名，音"铢时"6 次（苏林音）；音殊 1 次（师古音），《集韵》收有此音。

⑨淳之纯　章谆合三平臻　‖常伦　禅谆合三平臻【朱伦】

按："淳"即前文述及之"淳熬""淳母"等，是专门名词的读音，《集韵》收有此音。

⑩承　音烝　章蒸开三平曾　‖署陵　禅蒸开三平曾【诸仍*】

按："承"，承阳，地名，共 2 次注音，皆音烝，《集韵》有此音。

仄仄混注

⑪蠋　音蜀　禅烛合三入通　‖之欲　章烛合三入通【殊玉*】

按："乐毅闻昼邑人王蠋贤"，胡注："班固《古今人表》作'歜'，音触，据'蠋'字则当音蜀，或音之欲翻；康珠玉切。"（p. 129）据胡三省音注，作为人姓名的"蠋"音蜀，或音之欲翻；另有例证可证："蠋曰：'忠臣不事二君，烈女不更二夫。'"胡注："蠋，音蜀。"（p. 129）《集韵》收有此音。

⑫裪　朱欲　章烛合三入通　‖市玉　禅烛合三入通【朱欲】

按："遣内参诣晋阳取皇后服御袆翟等"，胡注："梁制：皇后谒庙，服袿裪大衣，盖嫁服也。"（p. 5359）裪，名物词，胡注与《集韵》音同。

⑬瘇　止勇　章锺合三上通　‖时冗　禅锺合三上通【竖勇】

按："瘇"字未见于《广韵》，《集韵》："瘇""尰"为异体字。《广韵》："尰，足肿病，亦作'瘇'，时冗切。"此处即用异体字之反切。

禅昌混注

⑭赡　昌艳　昌盐开三去咸　‖时艳　禅盐开三去咸【时艳】

按："赡"，接济、赒济义，共 22 次注音，注为昌艳翻 4 次，音而艳翻 12 次，音时艳翻 5 次，音力艳翻 1 次。胡注音与《集韵》不同。

禅母字的注音总数是115次，在同韵同调条件下与章母字、昌母字混注总数为14次，禅母存在清化现象。韵异声混的例证有1例，下详。

⑮禔 是兮 禅齐开四平蟹 ‖ 章移 章支开三平止【常支】

按："禔"是人名用字，胡注："是支翻，又是兮翻。"（p.8646）

（2）船母清化问题

船书混注

⑯谥 申至 书脂开三去止 ‖ 神至 船脂开三去止【神至】

按："谥"，谥号，共25次注音，以"申"为反切上字者1次，以"神"为反切上字者23次，以"时"（禅母）为反切上字者1次。船母字注音总数43次，与书母字混注1次。

这里需要说明的是，胡三省音注中，没有章母、昌母与船母混注的例证，却有章母、昌母与禅母混注的例证。我们赞同邵荣芬将禅母与船母换位的观点，禅母是塞擦音，船母是擦音①。船母与书母混注的例证，反映出船母字有清化现象存在。《通鉴音注》中禅母字与书母字有混注现象，有4例，注音次数有9次。

（3）禅书混注

平平混注

⑰谌 世壬 书侵开三平深 ‖ 氏壬 禅侵开三平深【时任】

按："谌"，人名，共38次注音，注为世壬翻2次，其他反切上字为"时"（6次）、"氏"（27次）、"是"（3次）。

仄仄混注

⑱剡 式冉 书盐开三上咸 ‖ 时染 禅盐开三上咸【时染】

按："剡"，削也，音以冉翻2次；利也，音式冉翻1次。《广韵》有以冉切、时染切二读。

⑲少 时照 禅宵开三去效 ‖ 失照 书宵开三去效【失照】

按："少"，共注音1033次，其中年少义，音失照翻2次，诗照翻450次，时照翻5次。

另有韵异声混的例证1例：

⑳腄 音谁 禅脂合三平止 ‖ 驰伪 书支合三去止【视佳】

按："起于东腄、琅琊负海之郡"，胡注："'东腄'，《汉书》作

---

① 邵荣芬：《切韵研究》（校订本），中华书局2008年版，第117—129页。

'黄腄'。师古曰：黄、腄二县并在东莱。……杜佑曰：东腄，即今文登县。腄。直睡翻，又音谁。"（p.600）《广韵》此义的"腄"有两个注音，一是羽求切，二是驰伪切。《广韵》此字还有竹垂切，瘢胝义。胡注"腄"的注音与竹垂切相近，但意义不相合。

《通鉴音注》中禅母字与船母字都有清化现象，禅母与书母字混注可能是受方言船禅混同的影响。

2. 同组声母混注问题

此节我们讨论《通鉴音注》中出现的船禅混注、章书混注等问题。

（1）禅船混注

①沔 实若 船药 开 三 入 宕 ‖ 市若 禅药 开 三 入 宕【实若】

按："沔"，沔水，"显达之北伐，军入沔均口"，胡注："沔，实若翻。"（p.4438）

②墅 神与 船鱼 合 三 上 遇 ‖ 承与 禅鱼 合 三 上 遇【上与】

按："墅"，园庐也，"将兵万人于胡墅，度米万石、马千匹，入石头"，胡注："胡墅，在大江北岸，对石头城。"（p.5136）"墅"字注音共10次，其中承与翻8次，丞与翻1次。

③璹 神六 船屋 合 三 入 通 ‖ 殊六 禅屋 合 三 入 通【神六】

按："璹"作为人名用字，注音次数16次，其中14次音殊玉翻，1次音殊六翻。

④鉈 音蛇 船麻 开 三 平 假 ‖ 视遮 禅麻 开 三 平 假【时遮】

按："兵法，步兵、车骑、弓弩、长戟、矛铤①、剑楯，各宜其地"，胡注："师古曰：铤，铁把短矛也。孔颖达曰：《方言》曰：矛，吴、扬、江淮南、楚、五湖之间谓之鉈，或谓之铤，或谓之鏦，其柄谓之矜。鉈，音蛇。晋陈安执丈八蛇矛，盖即《方言》所谓鉈也。"（p.485）

⑤折 食列 船薛 开 三 入 山 ‖ 常列 禅薛 开 三 入 山【食列】

按："折"，折损义，音食列翻2次。胡注与《集韵》音同。

⑥抒 常恕 禅鱼 合 三 去 遇 ‖ 神与 船鱼 合 三 上 遇【上与】

⑦抒 音墅 禅鱼 合 三 上 遇 ‖ 神与 船鱼 合 三 上 遇【上与】

按："抒意通指，明其所谓，使人与知焉，不务相迷也"，胡注：

---

① 按：《通鉴》"铤"字，师古与孔颖达皆作"铤"，胡三省音注"铤，上延翻"。《通鉴》刊刻有误。

"《索隐》曰：抒，音墅，抒者舒也；又常恕翻。康曰：亦音舒。"（p. 115）

⑧渑　时陵禅蒸开三平曾 ‖ 食陵船蒸开三平曾【神陵】

按："渑池"之"渑"，音弥兖翻；"渑水"之"渑"，音神陵翻、时陵翻。

⑨贳　时夜禅麻开三去假 ‖ 神夜船麻开三去假【神夜】
⑩贳　市夜禅麻开三去假 ‖ 神夜船麻开三去假【式夜】

按："又击贳县，降之"，胡注："贤曰：贳县，属距鹿，音时夜翻；师古音式制翻。"（p. 1262）"贳"，《广韵》有二音，其神夜切与《通鉴》"贳"之赦也、赊也、贷也等音义相同。师古之"式制翻"与《广韵》"舒制切"相同。

⑪鉥　十律禅术合三入臻 ‖ 食律*船术合三入臻
⑫鉥　时橘禅术合三入臻 ‖ 食律*船术合三入臻

按："鉥"，人名用字，《广韵》无此字；《集韵》食律切。

⑬乘　音承禅蒸开三平曾 ‖ 食陵船蒸开三平曾【神陵】

按："至榆次，场责其迟，胡人曰：'我乘马，乃汉卒不行耳。'"胡注："乘，音承。"（p. 7162）乘，骑马之义，动词，读平声，胡三省为之作注 2 次，另一次注为如字。

⑭乘　石证禅蒸开三去曾 ‖ 实证船蒸开三去曾【石证】

按："魏桓子御，韩康子参乘"，胡注："乘，石证翻。"（p. 12）《通鉴》参乘、乘舆、船乘、万乘等，皆名词义，读去声，注音 272 次，其中绳证翻 257 次，绳正翻 7 次，成正翻 2 次，承正翻 3 次，食证翻 2 次，石证翻 1 次。

⑮嵊　石证禅蒸开三去曾 ‖ 实证船蒸开三去曾【石证】

按："嵊"，人名用字，注音仅 1 次。

⑯谥　时利禅脂开三去止 ‖ 神至船脂开三去止【神至】

按："谥"，谥号、谥法，注音 25 次，注为神至翻 22 次，注为神志翻、申至翻、时利翻各 1 次。

⑰塍　石陵禅蒸开三平曾 ‖ 食陵船蒸开三平曾【神陵】

按："塍"，沟塍，注音仅 1 次。

以上 17 例是韵同条件下船禅混注的例证，还有 3 个韵异声混的用例：

⑱鉥　时迄禅迄开三入臻 ‖ 食律*船术合三入臻

⑲乘　成正禅清开三去梗 ‖ 实证　船蒸开三去曾【石证】
⑳乘　承正禅清开三去梗 ‖ 实证　船蒸开三去曾【石证】

此3例韵虽不同，但声母呈现出船禅混注的情形，既反映了韵的变化，又反映了船禅混注的特点。

从以上分析看，船禅混注的次数少于船母、禅母字各自的自注次数，但其所反映出来的信息是胡三省的方音中有此混同现象。胡三省秉承传统读书音给汉字注音，所以绝大多数情况下他的注音都可以在《广韵》或《集韵》中找到依据，但是他也于不经意间流露出方音的信息。

船、禅不分由来已久，非《通鉴音注》独有。中古时期的船、禅二母就不易分辨。李方桂认为船禅有同一上古来源①。中古时代《切韵》系的韵书虽有船、禅之分，但是从它分配的情形来看，除去少数例外，大都有船母字的韵就没有禅母字，有禅母字的韵就没有船母字。从近代方言的演变来看，船、禅也不易分辨。《守温韵学残卷》也只有禅母而无船母，也可以说是禅、船不分。其他如《经典释文》《原本玉篇》②也不分船禅。因此《切韵》系统的分船、禅两母似乎有收集方音材料而定为雅言的嫌疑。我们把《切韵》系统的分船禅认为是方音的混杂现象③。李新魁《论〈切韵〉系统中床禅的分合》④ 认为，唐宋时代某些韵摄所维持的船、禅分立的格局，纯粹是书面上的东西，口语的实际读法已经合并为一类。胡三省《通鉴音注》中的船、禅混注是其明显的特点。

胡三省《通鉴音注》中船母的注音有43条，禅母的注音有115条。胡三省用禅母字给船母字注音15条，用船母字给禅母字注音5条；其中韵同声混的有17条，韵异声混的有3条。同从、邪不分一样，《切韵》的禅母 [dʑ] 是浊塞擦音，而船母 [ʑ] 是浊擦音，由于发音方法

---

① 李方桂：《上古音研究》，商务印书馆1980年版，第16页。
② 周祖谟：《万象名义中之原本玉篇音系》，载周祖谟《问学集》（上册），中华书局1966年版，第315—316页。
③ 周祖谟：《万象名义中之原本玉篇音系》，载周祖谟《问学集》（上册），中华书局1966年版，第315—316页。
④ 李新魁：《论〈切韵〉系统中床禅的分合》，载《李新魁音韵学论集》，汕头大学出版社1997年版，第60—68页。

的关系很容易把禅母的浊塞音成分丢掉而只发出浊擦音的音色，因而禅母总与船母混。

（2）章书混注

㉑葉 之涉 章葉开三入咸 ‖书涉 书葉开三入咸【失涉】

按："葉"，凡19见，古地名，注音为式涉翻17次，七涉翻1次，另有"旧音摄，后音木葉之'葉'"1次。《广韵》《集韵》摄、葉同音。

3. 章组声母演变的特点

①浊音禅母、船母有清化现象，清化程度各自不同。②船、禅不分，这是方音特点。③禅母与章母、昌母的混注例多于船母。章母、禅母、船母都与书母有混注现象。④章组与庄组、知组、端组、精组都有混注现象。章组与牙喉音、半齿、半舌音也有混注现象。详见下文。

第四节 舌音与齿音混注问题

《广韵》知、庄、章三组声母各自独立，到《蒙古字韵》和《中原音韵》里合并为一组①。《通鉴音注》中，知、庄、章三组声母也已经合流；在方音层面，知、庄、章三组合流后又并入精组，变成[ʦ]组。

一 知照合流

中古知彻澄、庄初崇生俟、章昌禅书船三组声母在《通鉴音注》中已经合流为一个声母组。关于这三组声母的演变过程，王力《汉语史稿》认为："首先是章昌船书禅并入了庄初崇山，后来知彻澄由破裂音变为破裂摩擦之后，也并入庄初崇。庄初崇山的原音是 tʃ、tʃʻ、dʒ、ʃ，最后失去了浊音，同时舌尖移向硬颚，成为 tʂ、tʂʻ、ʂ。"② "这一

---

① 郑张尚芳：《从〈切韵〉音系到〈蒙古字韵〉音系的演变对应规则》，（香港）《中国语文研究》2002年第1期；杨耐思：《中原音韵音系》，中国社会科学出版社1981年版；宁继福：《中原音韵表稿》，吉林文史出版社1985年版。

② 王力：《汉语史稿》，中华书局1980年版，第136页。

个最后的发展阶段大约在十五世纪以后才算全部完成，因为在《中原音韵》里，这一类字还有大部分没有变成卷舌音。"①

胡三省《通鉴音注》中庄、章、知三组声母字都有混注的现象。我们选取同韵同调的例证考察这三组声母相混情况，同时参照韵异声混的用例辅助予以证明，认为胡三省《通鉴音注》中知₂庄（tʂ）、知₃章（tʃ）已经各自合流，而且知₃章在某些韵里②与庄₃混同，都变作[tʃ]了，也就是说，知、庄、章三组声母已经合流为一组声母，这一结论与胡三省时代共同语的语音演变一致。知、庄、章三组声母合并后又在方言里合并入精组。

（一）知₃组与章组合并

胡三省《通鉴音注》中知组字反切和直音有478条。知₃组的音注有347条（除娘母外），自注297条；章组的音注有554条，自注407条。知组三等字与章组字混注44例。

知₃章混注

①冢 之陇 章 锺 合 三 上 通 ‖知陇 知 锺 合 三 上 通 【展勇】

按："冢"，冢宰、冢墓，共10次注音，其中知陇翻8次，之陇翻1次，而陇翻1次。

②质 音至 章 脂 开 三 去 止 ‖陟利 知 脂 开 三 去 止 【脂利*】
③质 脂利 章 脂 开 三 去 止 ‖陟利 知 脂 开 三 去 止 【脂利】
④质 音挚 章 脂 开 三 去 止 ‖陟利 知 脂 开 三 去 止 【脂利*】

按：此处三个"质"的音注，胡三省的注音与《集韵》的注音完全相同。"质"凡186见，有三个意义：一是委质、屈膝义，音如字9次，胡三省引《经典释文》注为职日翻4次，之日翻1次，又音挚1次；二是人质、做人质义，音致169次，音至1次，脂利翻1次；三是假借为"锧"，铁椹也，职日翻1次。人质之"质"是知母字，注音字中有章母的"至""挚""脂"，表现出知章混同；《广韵》"质"与"致"皆陟利切，胡注"质音致"与《广韵》音一致。

⑤箠 止垂 章 支 合 三 平 止 ‖竹垂 知 支 合 三 平 止 【株垂】

按："箠"，箠楚、箠挞之义，共20次注音，其中止蕊翻3次，止

---

① 王力：《汉语史稿》，中华书局1980年版，第137页。
② 按：这里指鱼、祭合、真开、宵、尤、阳、药等韵。

燊翻16次，止垂翻1次。《广韵》"箠"有二音，一音竹垂切，一音之累切；后者章母支韵上声，与胡注"止蕊翻""止燊翻"音同。

⑥䵷 音朱 章 虞 合 三 平 遇 ‖陟输 知 虞 合 三 平 遇【追输】

按："䵷"，䵷蟊，仅1次注音。

⑦鳌 音舟 章 尤 开 三 平 流 ‖张流 知 尤 开 三 平 流【张流】

按：鳌屋，共注音15次，其中音舟12次，音辀2次，张流翻1次。

⑧辀 音舟 章 尤 开 三 平 流 ‖张流 知 尤 开 三 平 流【张流】

按："汝今辀张，怙汝兄邪"，胡注："贤曰：辀张，犹强梁也。"（p.1895）注音仅1次。

⑨镇 之人 章 真 开 三 平 臻 ‖陟邻 知 真 开 三 平 臻【知邻】

按："镇"字注音2次，表"镇压""镇石"之义。另一读为侧人翻，庄母真韵平声，从"镇"的注音也可以看出，《通鉴音注》知、庄、章三母已经混而不分。

⑩长 之两 章 阳 开 三 上 宕 ‖知丈 知 阳 开 三 上 宕【展两】

按："长"，凡977见，官长、长幼、助长、涨水义，音知两翻848次，知丈翻40次，陟丈翻2次，竹丈翻1次，竹两翻3次，之两翻1次，反映了知章字混用反切上字的现象。长短、多而有余等义，音直亮翻51次，知亮翻2次，真亮翻1次，尺亮翻1次，也反映了知、庄、章字混用反切上字的现象。

⑪絷 音执 章 缉 开 三 入 深 ‖陟立 知 缉 开 三 入 深【陟立】

按："絷"，凡5见，皆执絷义，音陟立翻3次，涉立翻1次，音执1次，反映的是知、章组字的混注。

⑫著 职略 章 药 开 三 入 宕 ‖张略 知 药 开 三 入 宕【陟略】

按："著"，凡137见，有多个义项。附着、土著义，音直略翻43次，职略翻1次；穿戴义，音陟略翻61次，侧略翻6次，则略翻18次；著任义，音竹助翻2次；书籍义，读如字，音丁略翻1次，竹筯翻1次。

⑬挝 职瓜 章 麻 合 二 平 假 ‖张瓜* 知 麻 合 二 平 假

按："挝"，击也，凡14见，反切下字用麻之"瓜""加"，上字分别用"侧"5次、"则"6次、"职"1次、"陟"1次，反映了知、庄、章母字混注的情况，也反映了与精母字混同的情况。

第三章 《通鉴音注》声母系统

⑭ 肫 株伦 知 谆 合 三 平 臻 ‖ 章伦 章 谆 合 三 平 臻 【朱伦】

按："肫"，凡3见，共4种注音：徒昆翻1次，豕子义，亦作人名；株伦翻又音豚1次，人名；作鸟藏①义的音为之春翻1次。

⑮ 轵 知氏 知 支 开 三 上 止 ‖ 诸氏 章 支 开 三 上 止 【掌氏】

按："轵"，凡7见，轵城，地名。其中音只4次，音纸1次，音止1次，皆章母字。

⑯ 鸷 竹二 知 脂 开 三 去 止 ‖ 脂利 章 脂 开 三 去 止 【陟利】

按："鸷"仅1见。此例胡三省采取了颜师古的注音，且与《集韵》的注音音韵地位相同。

⑰ 属 陟玉 知 烛 合 三 入 通 ‖ 之欲 章 烛 合 三 入 通 【朱欲】

按："属"，凡341见，其付也、足也、会也、官众也、侪等也等义，音之欲翻333次，朱欲翻1次，陟玉翻2次，音蜀1次，殊玉翻2次，读如本字2次②。《广韵》"属"有两读：之欲切，义为付也、足也、会也、官众也、侪等也；市玉切，义为附也、类也。从这些材料可以看出，同为付也、会也等义，"属"的反切上字用到了知母字和章母字。

以上17例是同韵条件知₂与章的混注，还有1例韵异声混的例证，具体分析如下：

⑱ 侏 张流 知 尤 开 三 平 流 ‖ 章俱 章 虞 合 三 平 遇 【张流】

按：《广韵》侏，章俱切，章虞合三平遇。"侏"，《集韵》有锺输、追输、张流三切，其中读"张流切"是作为"侴"的异体字："侴、侏，菙也，太玄物咸侴倡，或作侏。"《通鉴》"吴贼侏张，遂至于此"，胡注："侏，旧音张流翻，盖因《书》'诪张为幻'，《尔雅》'诪'作'侜'，遂有此音。按《类篇》：侏，音张流切，其义华也。《书》所谓侜张，其义诞也。以文理求之，皆于此不近，姑阙之以待知者。"（p.5318）

知₂禅混注

⑲ 屯 涉伦 禅 谆 合 三 平 臻 ‖ 陟伦 知 谆 合 三 平 臻 【殊伦】

按："自文明草昧，天地屯象"，胡注："屯，涉伦翻。"（p.6485）

---

① 藏，通"臟"，内脏。
② 读如本字指"属"读如"嘱"。

胡三省的反切与《集韵》反切的音韵地位相同。

㉔屯 音纯 禅 谆 合 三 平 臻 ‖陟伦 知 谆 合 三 平 臻【殊伦*】

按："渊遣刘曜寇太原，取泫氏、屯留、长子、中都"，胡注："师古曰：屯，音纯。"（p.2706）被注字与注音字在《集韵》中是同音字。

㉑咤 涉驾 禅 麻 开 二 去 假 ‖陟驾 知 麻 开 二 去 假【陟嫁】

按：叱咤之"咤"共3次注音，另外的注音为卓嫁翻、亦"吒"字也，竹驾翻，音皆与《广韵》同。

㉒尚 张羊 知 阳 开 三 平 宕 ‖市羊 禅 阳 开 三 平 宕【辰羊】

按：尚书（官职）之"尚"，注音54次，其中音辰羊翻53次，音张羊翻1次。《尚书》（书名）之"尚"，而亮翻，注音1次。辰羊翻之音与《广韵》同。

㉓椹 音甚 禅 侵 开 三 上 深 ‖知林 知 侵 开 三 平 深【食荏*】

按：桑椹之"椹"，注音仅1次；被注字与注音字在《集韵》中是同音字。

㉔絷 涉立 禅 缉 开 三 入 深 ‖陟立 知 缉 开 三 入 深【陟立】

按："絷"，羁縻、缚住等义，注音共5次，其中音陟立翻3次，音执1次；后者属章母缉韵字。

㉕传 殊恋 禅 仙 合 三 去 山 ‖知恋 知 仙 合 三 去 山【株恋】

按："传"，驿传。胡三省注音中给"传"注音163次，其驿传、乘传、节传、传记、书传、传递等词义的注音情况是：张恋翻34次，知恋翻32次，株恋翻29次，直恋翻55次，柱恋翻8次等。《广韵》驿传之"传"，知恋切；传记、训传之"传"，直恋切；传递之"传"，直挛切。胡注对于这三个义项的注音有混同。单就其中驿传、传车等义，其反切上字中既有禅母字，又有知母字、澄母字等。

彻₌章混注

㉖疹 丑刃 彻 真 开 三 去 臻 ‖章忍 章 真 开 三 上 臻【丑刃】

按："是皆不胜其忿怒而有增于疾疹也"（p.3891），其中"疹"乃疾也。此例胡三省的反切与《集韵》反切相同。

㉗辵 音绰 章 药 开 三 入 宕 ‖丑略 彻 药 开 三 入 宕【敕略】

按："大宗伯赵煚奉皇帝玺绂禅位于隋"，胡注："隋主本袭封随公，故号曰'隋'。以周、齐不遑宁处，故去'辵'作'隋'，以'辵'训'走'故也。"（p.5433）仅1次注音。

彻≒昌混注

㉘嗤 丑之彻之开三平止 ‖赤之昌之开三平止【充之】

按：嗤笑之"嗤"，注音 12 次，其中丑之翻 11 次，充之翻 1 次；后者与《广韵》《集韵》音同。

㉙怵 尺律昌术合三入臻 ‖丑律彻术合三入臻【敕律】

按：怵惕之"怵"，共 3 次注音，另外 2 次注音情况是：敕律翻、先律翻又音䘏。除了先律翻，其他注音与《广韵》《集韵》相同。

㉚咥 昌栗昌质开三入臻 ‖昌栗彻质开三入臻【敕栗】

按："咥"，外族人名"薛延陁俟斤字也咥""护军薛万彻屈咥""咥运"等的译音用字，共 8 次注音，其中徒结翻 3 次，徒结翻又丑栗翻 4 次，昌栗翻又徒结翻 1 次。

㉛称 敕陵彻蒸开三平曾 ‖处陵昌蒸开三平曾【蚩承】

按："称"，注音 189 次，其中称轻重之义，仅 1 次注音。

㉜坼 斥格昌陌开二入梗 ‖耻格*彻陌开二入梗

按："坼"，裂也，仅 1 次注音。《广韵》无此字，此处依《集韵》音义予以比较。

㉝觇 昌占昌盐开三平咸 ‖丑廉彻盐开三平咸【痴廉】

按："觇"，窥伺，共注音 78 次，其中丑廉翻、丑廉翻又丑艳翻共 75 次，丑廉翻又丑堑翻 1 次；痴廉翻又丑艳翻 1 次，昌占翻又丑艳翻 1 次。后者与《广韵》《集韵》的声母都不同。

还有 2 例韵异声混的例证，具体分析如下：

㉞䲡 丑之彻之开三平止 ‖处脂昌脂开三平止【称脂】

按："䲡"，䲡鸟，共 3 次注音，皆音丑之翻。

㉟絺 充知昌支开三平止 ‖丑饥彻脂开三平止【抽迟】

按："絺"，共 3 次注音，作为一种丝织品，丑之翻、充知翻；作为姓氏，其音注为抽迟翻。

此二例显示不但昌彻有混同情况，支脂之也有混同情况。

澄≒章混注

㊱螐 音锺章锺合三平通 ‖直容澄锺合三平通【诸容*】

按："螐"，簸螐，一种吃庄稼苗的虫子，仅 1 次注音。

㊲长 真亮章阳开三去宕 ‖直亮澄阳开三去宕【直谅】

按："长"，凡 977 见，其长短、多而有余等义，音直亮翻 51 次，亦音知亮翻 2 次，真亮翻 1 次，尺亮翻 1 次，这些注音也反映了知组与章组字混用反切上字的现象。

澄₂昌混注

㊳处 直吕 澄鱼合三上遇 ‖ 昌与 昌鱼合三上遇【敞吕】

按："处"，居处、处于、自处等义，共注音724次。其中昌吕翻721次，昌汝翻1次，昌据翻1次，直吕翻1次。

㊴长 尺亮 昌阳开三去宕 ‖ 直亮 澄阳开三去宕【直谅】

按："长"，长短，分析见上文。

澄₂船混注

㊵舐 池尔 澄支开三上止 ‖ 神帋 船支开三上止【甚尔】

㊶舐 直氏 澄支开三上止 ‖ 神帋 船支开三上止【甚尔】

按："舐"，舔舐，共注音6次，其中直氏翻5次，池尔翻1次，胡注与《广韵》《集韵》都不同。

㊷抒 直吕 澄鱼合三上遇 ‖ 神与 船鱼合三上遇【丈吕】

按："抒"共3次注音，其中为"疏通"义注音两次，分别音直吕翻、叙吕翻。胡注直吕翻与《集韵》同。

澄₂禅混注

㊸挥 音缠 澄仙开三平山 ‖ 市连 禅仙开三平山【澄延*】

㊹挥 音廛 澄仙开三平山 ‖ 市连 禅仙开三平山【澄延*】

按："挥"，先贤挥，人名，凡3次注音："师古曰：挥，音廛"（p.722）、"郑氏曰：挥，音缠束之缠。晋灼曰：音田。师古曰：晋音是也。"（p.859）

㊺憕 署陵 禅蒸开三平曾 ‖ 直陵 澄蒸开三平曾【持陵】

㊻憕 时陵 禅蒸开三平曾 ‖ 直陵 澄蒸开三平曾【持陵】

按："憕"，人名用字，共注音5次，另外3次注音皆直陵翻，与《广韵》同。

㊼沈 时林 禅侵开三平深 ‖ 直深 澄侵开三平深【持林】

按："沈"，人名用字，注音为时林翻仅1次。"沈"字注音共189次，其中持林翻者184次，义为沉溺、沉入、沉痛、沉毅（包括人名用字）等共184次。

知组三等字组与章组字混注44条，相混的情况出现在锺（烛）、支脂之、鱼虞、尤、真谆（质术）、仙、阳（药）、蒸、昔、陌₂、侵（缉）、盐诸韵里。

(二) 知₂组与庄组合并

知₂组字的音注有 73 条，自注 55 条；庄组字的音注有 350 条，自注 302 条（庄₂组音注 179 条，自注 161 条；庄₃组音注 171 条，自注 138 条）。

知₂庄₂混注

①挝 侧瓜 庄 麻 合 二 平 假 ‖ 张瓜° 知 麻 合 二 平 假

按："挝"，击也，有鞭挝、挝鼓、挝杀等义，共 14 次注音，其中注音为侧挝翻 4 次。其他注音情况是：则瓜翻 6 次，职瓜翻、陟加翻、其瓜翻各 1 次。《广韵》无"挝"字，此处以《集韵》音切与之比较。

②柷 侧加 庄 麻 开 二 平 假 ‖ 陟瓜 知 麻 合 二 平 假【庄华】
③柷 侧瓜 庄 麻 合 二 平 假 ‖ 陟瓜 知 麻 合 二 平 假【庄华】

按："柷"，筆也，有铁柷、银柷等；亦有活用作动词的用法，义为以柷击人。共注音 14 次，其中侧加翻 1 次，侧瓜翻 5 次。其他注音情况是：则瓜翻 5 次，陟瓜翻 3 次，陟加翻 1 次。

④簀 竹革 知 麦 开 二 入 梗 ‖ 侧革 庄 麦 开 二 入 梗【侧革】

按："簀"，竹簀，共 2 次注音，另一注音为测革翻。

知₂初₂混注

⑤吒 初加 初 麻 开 二 平 假 ‖ 陟驾 知 麻 开 二 去 假【陟加】

按："吒"，共 10 次注音，作为人名"沙吒忠义""沙吒相如"译音用字注音共 7 次，其中初加翻 5 次，陟加翻 2 次。表示叹吒之义注音有 3 次：陟驾翻 2 次，吒稼翻 1 次。后者音义与《广韵》同。作为人名用字的读音《集韵》有收录。

彻₂初₂混注

⑥龊 敕角 彻 觉 开 二 入 江 ‖ 测角 初 觉 开 二 入 江【测角】

按：龌龊，气量狭隘、拘于小节之义。龌龊之"龊"，注音 2 次。另一音初角翻与《广韵》音同。

知₂组与庄₂组混注 6 例，相混的情况出现在麻₂韵和觉韵、麦韵里。《通鉴音注》中没有知₃组与庄₃组混注的例子。前文已经说过，胡三省的《音注》是注释性质的注释书，不是专门的韵书，他只是随文去注音、释义、注史、评说，而不会去考虑语音系统上是否完整。某类例子多或者少，取决于文献用字本身，我们不能说例子多的就足以证明音变的发生，而例子少的则不能证明。因此胡三省的《音注》中没有知₂组与庄₂组混注的例子是很正常的，而且这并不影响我们的结论。

知₂章、知₂庄的这种混同，与其后出现的《中原音韵》里的知照组声母的合并大体一致。《中原音韵》中常见的合流情况是知₂章和知₂庄两组，庄章合流只限于止摄开口，知庄章三组合流只限于通摄，且总体合流的比例不到三分之一。根据蒋冀骋（1997：p.187）的统计，《中原音韵》中庄、章、知三组的小韵共275个，其中知₃、章合流的55例，知₂、庄合流的12例，庄、章合流的5例，庄、章、知₃合流的1例，知₃、庄合流的1例，章、知₂、知₃合流的1例，三组有关联的共75例，分用的共200例。三组声母合流的比例为27.27%，不到三分之一。有迹象表明，在《通鉴音注》语音系统中，这两个声母组已经合并了，即知庄章合流为一组了，都变为 [ʧ] 了。

（三）知庄章合流

胡三省《通鉴音注》中已经有知庄章合流的迹象，这可以通过知₂章、知₂庄两组声母字的混注情况来考察。

1. 章组与知₂庄组混注

（1）胡三省用章组字作知组二等韵字的反切上字

知₂"章₃"混注

①挝 职瓜 章 麻 合 二 平 假 ‖张瓜*知 麻 合 二 平 假

知₂"昌₃"混注

②吒 叱稼 昌 麻 开 二 去 假 ‖陟驾 知 麻 开 二 去 假【陟嫁】

知₂"禅₃"混注

③咤 涉驾 禅 麻 开 二 去 假 ‖陟驾 知 麻 开 二 去 假【陟嫁】

彻₂"昌₃"混注

④坼 斥格 昌 陌 开 二 入 梗 ‖耻格*彻 陌 开 二 入 梗

知₂、"章₃"混注还有1例韵异声混的例证：

⑤泽 音释 书 昔 开 三 入 梗 ‖场伯 澄 陌 开 二 入 梗【施只*】

按："使张黡、陈泽往让陈余"，胡注："《史记正义》曰：泽，音释。"（p.285）此例是人名用字，当从文献用字传统读音，不是语音演变的问题，《集韵》收录了此音。

胡三省《通鉴音注》中章组字被用来作知组二等字的反切上字，这种情况发生在江、麻₂及陌₂韵里，这也说明胡三省《通鉴音注》中，章组声母的性质已经有所改变。

第三章 《通鉴音注》声母系统　　115

（2）章组与庄组混注

禅崇₌混注

⑥鄛 上交 禅 肴 开 二 平 效 ‖鉏交 崇 肴 开 二 平 效【锄交】

按：此例胡三省《通鉴音注》用禅母与二等韵拼切中古崇母二等字，说明禅母的性质已经发生了改变，不再是三等专有声母了。

庄₌章混注

⑦沮 音诸 章 鱼 合 三 平 遇 ‖侧鱼 庄 鱼 合 三 平 遇【臻鱼】

按："沮"，共 197 次注音，其中作为"沮授""沮鹄""沮竣""皇后沮氏"等姓氏的"沮"注音为：千余翻又音诸，姓也（p. 1924）1 次；裴松之曰音菹（p. 2053）1 次；子余翻 6 次。《广韵》"沮"有 5 个读音，其中作为姓氏的音读为侧鱼切。

初₌昌混注

⑧毳 充芮 昌 祭 合 三 去 蟹 ‖楚税 初 祭 合 三 去 蟹【充芮】

按："毳"，注音共 2 次，音充芮翻者，义为细毛，毳幕，用细毛织成的幕帐、毡帐（p. 8814）；音此芮翻者，与"脆"同音，软物易断之义（p. 190）。

生₌书混注

⑨纾 山於 生 鱼 合 三 平 遇 ‖伤鱼 书 鱼 合 三 平 遇【商居】

按："纾"，共 7 次注音，作为人名用字，注音为山於翻、式居翻；作为纾难、纾缓，音为商居翻、音舒。式居翻、商居翻、音舒，皆与《广韵》伤鱼切同音。

⑩首 所救 生 尤 开 三 去 流 ‖舒救 书 尤 开 三 去 流【舒救】

按："首"，共 67 次注音，归首、首罪、降首、首服、自首、出首等义，音式救翻 23 次，式又翻 22 次，手又翻 10 次；东首、北首等"首"，向也，音所救翻 1 次，音守又翻 1 次，式救翻音 4 次，式又翻 5 次；义为脑袋，注音为式救翻或曰如字 1 次。《广韵》"首"有 2 音：自首前罪之"首"，音舒救切；脑袋义之"首"，音书九切。胡注所救翻与《广韵》《集韵》声母不同。

⑪少 所沼 生 宵 开 三 上 效 ‖书沼 书 宵 开 三 上 效【始绍】

按：《通鉴音注》"少"注音共 1033 次，其中多少之"少"，注音为诗沼翻约 195 次，始绍翻 13 次，唯所沼翻 1 次。

还有 2 例韵异声混的例证：

⑫属　音鹜　崇　觉　开　二　入　江　‖之欲　章　烛　合　三　入　通　【朱欲】

按：属玉观，胡注："李奇曰：属玉，音鹜鹜，其上有此鸟，因以为名。晋灼曰：属玉，水鸟，似鹚鹅，以名观也。师古曰：晋说是也。属，之欲翻。观，工玩翻。"（p. 885）

⑬差　叱驾　昌　麻　开　二　去　假　‖楚懈　初　佳　开　二　去　蟹　【楚嫁】

按：《通鉴》中"差"字有多音多义。其病差、病情减弱等义，注音为叱驾翻1次，楚懈翻5次；其选择义，注音为初皆翻4次，初佳翻3次；夫差、差别，音初加翻2次，参差义，音楚宜翻1次。

章组在中古是三等专有声母，胡三省《通鉴音注》中用章组字与二等韵相拼切，说明胡三省《通鉴音注》，章组声母的性质已经有所改变。庄₃与章混注出现在遇、蟹、臻、效、流诸摄。

2. 知₃与庄组混注

知₃庄₃混注

⑭镇　侧人　庄　真　开　三　平　臻　‖陟邻　知　真　开　三　平　臻　【知邻】

按：镇压、镇石之"镇"，共注音2次，另一音为"之人翻"，皆平声。《广韵》陟邻切与之音近，词义引申而通。

⑮著　侧略　庄　药　开　三　入　宕　‖张略　知　药　开　三　入　宕　【陟略】

按：著衣之"著"，音侧略翻5次，则略翻18次，陟略翻约48次。《广韵》张略切音义与之相应。

知₃初₃混注

⑯怆　丑亮　彻　阳　开　三　去　宕　‖初亮　初　阳　开　三　去　宕　【楚亮】

按：凄怆、怆然之"怆"，共5次注音，另外3个注音为楚亮翻、七亮翻各1次，初亮翻2次。《广韵》去声有"初亮切"，音与义与之相应。

知₃组反切和直音约有347条，知₃发生音变的有50条；知₃与庄₃混注3例，相混的情况出现在臻摄和宕摄的开口韵。知₃与庄₂没有混注的例子。理由和没有知₂组与庄₃组混注的例子一样，与文献材料的性质有关。从知₃章与知₃庄的混注情况看，《通鉴音注》中，中古的知照组在某些韵里存在着合并的现象，这些韵是支、脂、江、佳、祭、鱼、真、肴、宵、尤、麻₃、阳诸韵以及入声韵药、陌₃诸韵。两个声母组混同后的音值是[tʃ]。

（四）小结

研究表明，中古知照组在后期合流的具体过程是：首先是知、彻、澄三母的二等字与庄、初、崇三母合流，知、彻、澄三母的三等字与章、昌、船合流，然后才是庄、初、崇、生（包括知$_二$、彻$_二$、澄$_二$）同章、昌、船、书、禅（包括知$_三$、彻$_三$、澄$_三$）合流①。《通鉴音注》中知$_三$章、知$_二$庄已经各自合流，而且知$_二$章组字在支、脂、江、佳、祭、鱼、真、肴、宵、尤、麻$_二$、阳诸韵以及入声韵药、陌$_二$诸韵里与知$_二$庄组字的混并，说明中古知、庄、章三组声母在《通鉴音注》中已经合并为一组声母。《通鉴音注》中，中古的知照组声母已经合并为一组，这一特点与当时北方共同语读书音的韵书《蒙古字韵》的声母系统相一致，也与反映明代读书音系统《四声通解》（［朝鲜］崔世珍，1517）的声母系统相一致。

《四声通解》将齿音分为两类：齿头音精组和正齿音照组，因为朝鲜语音本身的齿音只有齿头与正齿之间的ㅈ［ʧ］、ㅊ［ʧʻ］、ㅅ［ʃ］一类。为了表示这两类齿音，以左腿长的ᅎ、ᅔ、ᄼ注为齿头音［ts］、［tsʻ］、［s］，以右腿长的ᅐ、ᅕ、ᄾ注为正齿音［tʂ］、［tʂ］、［ʂ］②。从《蒙古字韵》到《四声通解》都是反映同一个体系的共同语读书音，二者的知庄章合流为一组，可见《通鉴音注》作为反映共同语读书音体系的著作，其知庄章三组声母合流为一组是肯定的。然而关于《中原音韵》知庄章三组声母的分合与音值问题一直存在争论。罗常培、赵荫棠、杨耐思、李新魁主张合并为一组，陆志韦、宁继福认为，知$_二$庄组声母不跟韵母［i］及带［i］介音的韵母相拼，而知$_三$章组声母则相反，二者呈互补关系，可以合并为一个音位，包括两个变体。合并为一组的观点认为知$_二$庄、知$_三$章的对立主要是韵母的不同，前者不带［i］介音，后者带［i］介音，支思部中因为韵母是［ɤ（ɿ/ʅ）］，没有介音，所以在支思部里章组和庄组也就没有对立。持二分观点的学者主要是把韵母的不同扩大到声母音值的不同。由于对卷舌声母［tʂ］等能否带［i］介音存在原则上的分歧，学术界对《中原音韵》知庄章三组

---

① 冯蒸：《汉语音韵学》，载《语言文字词典》，学苑出版社1999年版，第394页。
② 张晓曼：《〈四声通解〉研究》，齐鲁书社2005年版，第59页。

声母的音值构拟有两种意见：一种意见认为卷舌声母不能和［i］介音或主元音［i］相拼，陆志韦（1988：p.1—34）主张把知照组分成知₂庄组与知₃章组两套声母，分别拟作［tʂ］、［tɕ］等。宁继福《中原音韵表稿》（1985：p.213—215）认为［tʂ］和［tʃ］是互补的关系，拟作［tʂ］，［tʂ］与介音［i］或主元音［i］相拼时读作［tʃ］。罗常培《中原音韵声类考》（1932/2004：p.85—110）、董同龢《汉语音韵学》（2004：p.61）、杨耐思《中原音韵音系》（1981：p.24）三位先生主张知庄章三组合流，拟作舌叶音［tʃ］等。另一种意见认为［tʂ］等声母能与［i］相拼，李新魁（1983：p.63）主张知、庄、章三组合流，拟作［tʂ］等。我们倾向于知庄章三组声母合流为一组，音值构拟为［tʃ］的观点。《通鉴音注》中知庄章三组声母合并成了一个声母组，不仅如此，这个声母组又进一步演变，发生了与精组声母合并为一组的音变。我们认为发生这一音变的前提首先是知庄章合并为一组，否则我们就无法解释南方某些方言中只有平舌音而没有卷舌音的现象了。知庄章合流后又与精组合并，这一特点在《蒙古字韵》和《中原音韵》中没有，说明这是吴方言的特点。根据耿振生（1992：p.155—156）的研究，吴方言中的确存在着知庄章三组声母变同精组声母的语音现象。

《通鉴音注》中，中古的知庄章三组声母合流，其音值的构拟如下：

［tʃ］（知庄章，部分澄崇禅）

［tʃ·］（彻初昌，部分澄崇禅）

［ʤ］（澄崇禅船）

［ʃ］（生书）

［ʒ］（船禅俟）

二　知照归精

《通鉴音注》中，中古的知庄章三组声母与精组声母发生了合并现象：先是共同语中知庄章合流为一组［tʃ］，后是［tʃ］组在吴语中并入精组［ts］。中古的知庄章三组声母并入精组的现象是吴语的特征。胡三省《通鉴音注》精组与知庄章混并的特点与其他材料研究得出的结论基本相同。李新魁《〈射字法〉声类考》（1985：p.82—83）考定

第三章 《通鉴音注》声母系统

《射字法》的语音系统是元代的吴方言系统，知组在元代以前并入照系，而照系在吴方言中又与精系合流。根据耿振生《明清等韵学通论》（1998：p.156）的研究，吴方言的知照系声母的演变历程有以下三种情况：与精组完全合流、部分知照字归入精组、与精系区别分明。胡三省的《通鉴音注》中知照组归入精组的情况即属其中之一。我们认为宋末元初知庄章三组声母在吴语中并入了精组。

（一）庄组与精组混注的现象

1. 精组三等字与庄组三等字混注

精₃庄₃混注

①駠 则尤 精 尤 开 三 平 流 ‖侧鸠 庄 尤 开 三 平 流【甾尤】

按："駠"，凡12见，駠官义，其中音侧尤翻6次，侧鸠翻3次，则尤翻2次，仄尤翻1次。

②簉 则尤 精 尤 开 三 去 流 ‖侧救 庄 尤 开 三 去 流【侧救】
③簉 则救 精 尤 开 三 平 流 ‖侧救 庄 尤 开 三 去 流【侧救】

按："簉"，凡4见，甏也，其中侧救翻1次，则救翻2次，则尤翻1次，义皆同。

④溱 兹诜 精 臻 开 三 平 臻 ‖侧诜 庄 臻 开 三 平 臻【缁诜】

按："溱"，地名，凡6见，其中缁诜翻2次，侧诜翻2次，兹诜翻1次，仄诜翻又音秦1次。

⑤斮 则略 精 药 开 三 入 宕 ‖侧略 庄 药 开 三 入 宕【侧略】

按："斮"，斩也，凡5见，音侧略翻4次，则略翻1次。

⑥戢 则立 精 缉 开 三 入 深 ‖阻立 庄 缉 开 三 入 深【侧立】

按："戢"，凡15见，音则立翻6次，阻立翻3次，疾立翻3次，侧立翻1次，阻立翻又疾立翻1次，则立翻又疾立翻1次。

精₃初₃混注

⑦凔 则亮 精 阳 开 三 去 宕 ‖初亮 初 阳 开 三 去 宕【楚亮】

按："凔"，凡1见：胡注："《前书》枚乘谏吴王曰：'欲汤之凔，一人炊之，百人扬之，无益也，不如绝薪止火而已。'凔，音则亮翻，寒也。"（p.1898—1899）《广韵》"凔"有二切：七冈切，寒貌；初亮切，寒也。后者与胡三省的音相近、义相同。

清₃庄₃混注

⑧甄 七人 清 真 开 三 平 臻 ‖侧邻 庄 真 开 三 平 臻【之人】

按：“甄”作为姓氏，有之人翻25次，七人翻1次，侧邻翻2次。

清₃初₃混注

⑨怆 七亮 清阳开三去宕‖初亮 初阳开三去宕【楚亮】

按：凄怆、怆然之"怆"，共5次注音，注为七亮翻1次，楚亮翻1次，初亮翻2次。

⑩谶 七潛 清侵开三去深‖楚潛 初侵开三去深【楚譖】

按："谶"，凡37见，图谶义，其中楚潛翻35次，七潛翻1次，楚赞翻1次。

从₃庄₃混注

⑪俎 在吕 从鱼合三上遇‖侧吕 庄鱼合三上遇【壮所】

按："俎"仅1见，俎豆义。

⑫咀 庄助 庄鱼合三去遇‖慈吕 从鱼合三上遇【在吕】

按："咀"，凡4见，嚼也，音在吕翻2次，材汝翻1次，庄助翻1次。

⑬戢 疾立 从缉开三入深‖阻立 庄缉开三入深【侧立】

按："戢"字的注音情况上文已作说明。疾立翻出现了3次，阻立翻又疾立翻1次。

从₃崇₃混注

⑭吮 士兖 崇仙合三上山‖徂兖 从仙合三上山【竖兖】

按：上文已介绍到《通鉴音注》中，"吮"共有9次注音，徐兖翻2次，徂兖翻4次，如兖翻2次，士兖翻1次，皆为吮吸义。《广韵》有二切，其"食尹切"，义为吸舐也，船谆合三上臻；其"徂兖切"，义为歃也，其下曰"又徐兖切"，邪仙合三上山，也不与胡三省音相同。

邪俟混注

⑮漦 似甾 邪之开三平止‖俟甾 俟之开三平止【俟甾】

按："漦"，龙涎，仅1见。《广韵》："漦，涎沫也。又顺流也。俟甾切。"《集韵》："漦，栈山切，鱼龙身濡滑者，或说蛟将啮人，先以漦被之。啮死者漦着身厚尺许，以铁刮之乃散。夏后所藏龙漦是也。"《广韵》《集韵》义与《通鉴音注》同，音不同。《集韵》"漦"另有超之切，其下曰："《博雅》溢也，一曰龙吐沫"；升基切，沫也；充之切，流涎也。皆与胡三省的音不同。

第三章 《通鉴音注》声母系统

邪崇₃混注

⑯邪 士嗟 崇 麻 开 三 平 假 ‖似嗟 邪 麻 开 三 平 假【徐嗟】

按："邪"，士嗟翻，仅1见，不正义，另有"即斜翻"1次，亦不正义。

⑰斜 士嗟 崇 麻 开 三 平 假 ‖似嗟 邪 麻 开 三 平 假【时遮】

按：左谷蠡王伊稚斜，匈奴单于名，译音。

精组三等字与庄组三等字混注出现在之、鱼、尤、真、臻、仙、麻₃、阳（药）、侵（缉）诸韵里。

关于精组三等字与庄组三等字混注，还有韵异声混的2例，具体分析如下：

⑱溱 音秦 从 真 开 三 平 臻 ‖侧诜 庄 臻 开 三 平 臻【缁诜】

按："溱"字的注音情况上文已作说明。此切语与"仄诜翻"是又音关系。

⑲屖 音践 从 仙 开 三 上 山 ‖士限 崇 山 开 二 上 山【仕限/士免】

按："屖"，屖陵，地名，凡10见，胡注："应劭音践，师古士连翻。"（p.2136）《广韵》屖陵之"屖"，士限切，《集韵》相应的意义有二音，其士免切与"践"韵同。

2. 精组三等字与庄组二等字混注

此项混注大都是韵异声混的情况，具体情况如下：

精₃崇₂混注

⑳漅 音巢 崇 肴 开 二 去 效 ‖子小 精 宵 开 三 上 效【锄交°】

按："漅"，仅1见，漅湖之漅。胡注："漅，音巢，又子小翻。"（p.5194）

邪崇₂混注

㉑苴 徐嗟 邪 麻 开 三 平 假 ‖鉏加 崇 麻 开 二 平 假【徐嗟】

按："崔佐时至云南所都羊苴咩城"，胡注："苴，蜀《注》：苴，徐嗟翻。"（p.7552）

清₃生₂混注

㉒数 七欲 清 烛 合 三 入 通 ‖所角 生 觉 开 二 入 江【趋玉】

㉓数 趋玉 清 烛 合 三 入 通 ‖所角 生 觉 开 二 入 江【趋玉】

按："数"，凡1045见，其中多次义，音所角翻884次；密也，音七欲翻1次，趋玉翻2次，另有数落义，音所具翻117次。

3. 精组一等字与庄组二等字混注

此项混注也有韵异声混的情况，具体情况如下：

精_崇_混注

㉔籑 音撰 崇 删 合 二 上 山 ‖苏管 精 桓 合 一 上 山【雏绾*】

按："置孝元庙故殿以为文母籑食堂"，胡注："孟康曰：籑，音撰。晋灼曰：籑，具也。"（p. 1199）《广韵》"籑"，筭属，无具义，其"籑"下注云："说文曰具食也，七恋切。"《集韵》："籑、馔，具食也，或作'馔'。"音与"撰""籑"同，鶵免切、雏绾切。可见"籑"是假借字，本字当为"籑"。

心_生_混注

㉕狦 先安 心 寒 开 一 平 山 ‖所姦 生 删 开 二 平 山【所晏】

按："狦"是呼韩邪单于稽侯狦之译音用字，共2次注音，胡三省引师古曰"音先安翻，又音所姦翻。杜佑山谏翻"（p. 858）。

4. 精组一等字与庄组三等字混注

此项混注用例也是韵异声混，具体情况如下：

精_庄₃混注（1例）

㉖掫 音邹 庄 尤 开 三 平 流 ‖子于 精 虞 合 三 平 遇【甾尤*】

按："关东民无故惊走，持稾或掫一枚"，胡注："如淳曰：掫，麻幹也。师古曰：稾，禾稈也，音工老翻。掫音邹，又侧九翻。"（p. 1094—1095）"掫"，持也。依照文义，此处"掫"是假借字，本字是"葰"，麻秆。"葰"《广韵》侧鸠切，与"邹"同音。此例中被注字与注音字在《集韵》中是同音字。

心_生₃混注

㉗艘 疏留 生 尤 开 三 平 流 ‖苏遭 心 豪 开 一 平 效【苏遭】

按："艘"，表示船的数量单位，凡71见，音苏遭翻61次，音苏刀翻7次，音苏曹翻、疏刀翻、疏留翻各1次。

5. 胡三省用庄组字与一等韵字拼切精组一等字

心_"生_"混注

㉘艘 疏刀 生 豪 开 一 平 效 ‖苏遭 心 豪 开 一 平 效【苏遭】
㉙扫 所报 生 豪 开 一 去 效 ‖苏到 心 豪 开 一 去 效【先到】

按："扫"，洒扫，注音共18次，音素报翻10次，音所报翻3次，音悉报翻2次，音素早翻、苏报翻、苏老翻各1次。

胡三省《资治通鉴音注》用庄组字与一等韵字拼切《广韵》精组一等字，这类反切的存在说明此处庄组字已经不再是中古时代的庄组字了，具体来说就是心母与生母混同了。

6. 胡三省用精组字与二等韵拼切庄组二等字

"精₋"庄₋混注

㉚瘵　则界　精皆开二去蟹 ‖ 侧界　庄皆开二去蟹【侧界】

按："瘵"，凡3见，病也，胡三省注为侧界翻（p.8190）、仄界翻（p.7437）、则界翻（p.6170）。

㉛争　则迸　精耕开二去梗 ‖ 侧迸　庄耕开二去梗【侧迸】

按："争"，凡44见，胡注为谏争义注音43次："读曰诤"或"读与诤同"，共39次；则迸翻2次，侧迸翻2次，如字1次。《广韵》诤，谏诤也，止也，亦作"争"，侧迸切。《集韵》"争""诤"同音组，侧迸切；诤，《说文》止也，通作"争"。

㉜娖　则角　精觉开二入江 ‖ 侧角　庄觉开二入江【测角】

按："娖"，凡4见，娖队义，音侧角翻3次，音则角翻1次。

㉝查　祖加　精麻开二平假 ‖ 鉏加　崇麻开二平假【庄加】

按："查"，共9次注音，查渎，地名，胡注："裴松之曰：查，音祖加翻。"（p.1986）注音1次。还有"查浦"，地名，庄加翻，注音1次。

"精₋"初₋混注

㉞锸　则洽　精洽开二入咸 ‖ 楚洽　初洽开二入咸【测洽】

按："锸"，锹也，注音6次，其中侧洽翻、则洽翻各2次，测洽翻、楚洽翻各1次。

㉟㔻①　测洽　精洽开二入咸 ‖ 楚洽　初洽开二入咸【测洽】

"清₋"崇₋混注

㊱䜅　七咸　清咸开二平咸 ‖ 士咸　崇咸开二平咸【锄咸】

---

① 㔻，《通鉴》："其梓柱生枝叶，扶疏上出屋，根㔻地中。"（p.987）胡三省音注："康曰：㔻，测洽切。余按字书，测洽之'㔻'，从干、从曰，与今'㔻'字不同。汉书作'根垂地中'，意'㔻'即'垂'字也。"按：康音与《集韵》同。《广韵》"㔻"与"插"同音，楚洽切，舂去皮也。《集韵》："㔻锸函，䃅歃切，舂谷去皮也。或从金，亦作函。"《广韵》《集韵》之"㔻"义与《通鉴》无涉。《通鉴》之"㔻"当为"插"。"插"，《广韵》楚洽切，刺入；《集韵》测洽切，刺肉。又䃅歃切，刺也。《汉书》宋祁曰："垂作㔻，一作㔻。"《前汉书卷三十六考证》："胡三省曰：孟康云㔻则洽切，按字书测洽之㔻与函字不同意，《汉书》'㔻'字即'垂'字也。"

按:"馋",贪食,仅1次注音。

"从₃"崇₂混注

㊲豺 徂斋 从 皆 开 二 平 蟹 ‖ 士皆 崇 皆 开 二 平 蟹【床皆】

按:"豺",仅1见,豺狼。

㊳馔 徂皖 从 删 合 二 上 山 ‖ 雏皖 崇 删 合 二 上 山【雏免】

按:"馔",酒馔,共注音41次,胡三省以"雏"作反切上字者38次,以"徂""士""皱"为反切上字者各1次。胡注"馔,徂皖翻,又音雏恋翻",显示了"馔"字的两种读音混同了从母与崇母。

心₂生₂混注

㊴索 昔客 心 陌 开 二 入 梗 ‖ 山戟 生 陌 开 二 入 梗【色窄】

按:求索、搜索义,注音为山客翻148次,西客翻1次,下客翻1次。《广韵》《集韵》音同。

胡三省《音注》用精组字与二等韵拼切庄组二等字的现象发生在皆、耕、麻₂、删、咸以及觉、陌₂、洽等二等韵里。对照被注字的《集韵》反切,可以看到这一现象在《集韵》中有所体现。

从以上分析我们可以看出,精组与庄组的混并因"等"而异:精₃与庄₃、"精₂"与庄₂相混的次数比精₃与庄₂、精₂与庄₃相混的次数要高。由此我们说胡三省《通鉴音注》中精组与庄组的混并主要发生在三等韵和二等韵里。精组与庄组发生音变的条件是之、鱼、皆、臻、仙、删、尤、豪、麻、庚(陌)、阳(药)、侵(缉)、咸(洽)等韵。精组四等字没有与庄组声母混注的例子。

(二)章组与精组混注的现象

1. 精组三等字与章组字混注

精₃章混注

①赈 即忍 精 真 开 三 上 臻 ‖ 章忍 章 真 开 三 上 臻【止忍】
②赈 津忍 精 真 开 三 上 臻 ‖ 章忍 章 真 开 三 上 臻【止忍】

按:"赈",凡36次注音,即忍翻1次,津忍翻27次,止忍翻1次,之忍翻7次。

③枕 即任 精 侵 开 三 去 深 ‖ 之任 章 侵 开 三 去 深【职任】

按:"枕",凡62见,即任翻1次,之任翻9次,之鸩翻7次,职任翻41次,职鸩翻3次,如字1次。

第三章 《通鉴音注》声母系统

④聾 即涉 精 叶 开 三 入 咸 ‖ 之涉 章 叶 开 三 入 咸【质涉】

按："聾"，凡7见，之涉翻5次，质涉翻1次，即涉翻1次，并失气义。

清₌昌混注

⑤趋 尺玉 昌 烛 合 三 入 通 ‖ 亲足 清 烛 合 三 入 通【趋玉】

按："趋"通"趣"。"趋"读曰"趣"，表走向、趋向等义，音七喻翻，注音121次；《广韵》有七句切、七玉切与之对应；"趋"读曰"趣"，与"促"同者，表示催促义者注音3次，其中尺玉翻1次。

⑥趣 春遇 昌 虞 合 三 去 遇 ‖ 七句 清 虞 合 三 去 遇【逡遇】

按："趣"，凡495见，有两种意义和音读：义为趋向者，音七喻翻325次，音春遇翻1次；义为催促者，读曰促，135次。

⑦姝 逡须 清 虞 合 三 平 遇 ‖ 昌朱 昌 虞 合 三 平 遇【春朱】

按："姝"，凡2见，逡须翻1次，春朱翻1次，义美也。

⑧𠷡① 尺艳 昌 盐 开 三 去 咸 ‖ 七艳 清 盐 开 三 去 咸【七艳】

⑨瞋 七人 清 真 开 三 平 臻 ‖ 昌真 昌 真 开 三 平 臻【称人】

按："瞋"，凡37见，其中七人翻15次，昌真翻22次，皆瞋目义。

心₌昌混注

⑩倡 先向 心 阳 开 三 去 宕 ‖ 尺亮 昌 阳 开 三 去 宕【尺亮】

按："倡"，凡27见，倡优义，注音为音昌21次，齿良翻2次，齿羊翻又音唱1次，音昌又尺亮翻1次，尺良翻1次，"师古曰：倡，音先向翻"1次。《广韵》"倡"有尺良、尺亮二切。

心₌书混注

⑪儴 西志 心 之 开 三 去 止 ‖ 式吏 书 之 开 三 去 止【相吏】

按"儴"，仅1见："文之敝小人以儴，故救儴莫若以忠。"(p.1558)胡三省音与《集韵》同。

⑫少 音小 心 宵 开 三 上 效 ‖ 书沼 书 宵 开 三 上 效【始绍】

按："最少，不肖，而臣怜爱之"，胡注："少，失照翻，又音小。"(p.164)少帝、少府、少卿、年少等"少"，胡三省音诗照翻449次，始照翻82次，失照翻1次，诗诏翻5次，时照翻5次。最少，亦最小，

---

① 胡三省注云："𠷡，即埕字。"

同义换读。

⑬饟　息亮　心　阳　开　三　去　宕　‖式亮　书　阳　开　三　去　宕　【式亮】

按："饟"，凡3见，注明"古'餉'字"1次，注音为息亮翻2次。《广韵》"餉""饟"同音，式亮切。

⑭深　悉禁　心　侵　开　三　去　深　‖式禁　书　侵　开　三　去　深　【式禁】

按："深"，凡28见，度深曰深，注音为式禁翻16次，式浸翻9次，式鸩翻2次，悉禁翻1次。

⑮苫　息廉　心　盐　开　三　平　咸　‖失廉　书　盐　开　三　平　咸　【诗廉】

按："苫"，凡3见，注音为诗廉翻2次，息廉翻1次。

⑯骧　始将　书　阳　开　三　平　宕　‖息良　心　阳　开　三　平　宕　【思将】

按："骧"，凡82见，龙骧，注音为思将翻80次，斯将翻1次，始将翻1次。

邪书混注

⑰抒　音舒　书　鱼　合　三　平　遇　‖徐与　邪　鱼　合　三　上　遇　【上与】

按："抒"，凡3见，注音为直吕翻1次，叙吕翻1次。"抒意通指"，胡注："《索隐》曰：抒，音墅。抒者舒也，又常恕翻；康曰：亦音舒。"（p.115）

⑱徐　音舒　书　鱼　合　三　平　遇　‖似鱼　邪　鱼　合　三　平　遇　【商居】

按："徐"，凡3见，皆注为"音舒"。"吾吏有黔夫者，使守徐州"，胡注："徐，音舒。丁度《集韵》'徐'作'俆'，音同。"（p.50）《集韵》："俆，徐州，地名，在齐，通作舒。""徐"，详余切，"俆"与之同一音组；"俆"下注释云："《说文》缓也，亦姓。或作'邪'。通作'徐'。"

⑲羨　式面　书　仙　开　三　去　山　‖似面　邪　仙　开　三　去　山　【似面】

按："羨"，羨馀、羨利义，有21次注音，注为延面翻4次，弋线翻10次，弋战翻4次，于线翻2次，式面翻1次。

邪禅混注

⑳寺　音侍　禅　之　开　三　去　止　‖祥吏　邪　之　开　三　去　止　【时吏*】

按："寺"，凡3见，寺人之官，注为"如字，又音侍"。

精组三等字与章组字混注的情况出现在之、鱼、虞、宵、麻₃、真、仙、阳、侵、盐（葉）、烛诸韵里。另外有韵异声混的3例，分别是从₃禅混注、邪船混注，详下。

㉑单 慈浅 从 先 开 四 上 山 ‖常演 禅 仙 开 三 上 山 【上演】

按:"单",凡 116 次注音,其中作为汉人姓氏的"单",音善 20 次,慈浅翻 5 次,常演翻 1 次,上演翻 3 次。

㉒食 音嗣 邪 之 开 三 去 止 ‖乘力 船 职 开 三 入 曾 【祥吏*】

按:"食",凡 62 见。"杨端和伐魏",胡注:"又晋大夫杨食我食采于杨氏,子孙以邑为氏。杨食,音嗣。"(p. 212)杨食之"食",义当为给食,是"飤"的假借字。《广韵》"嗣""飤"同一音组,祥吏切。《集韵》"食"与"嗣"同音,祥吏切。

㉓食 祥吏 邪 之 开 三 去 止 ‖乘力 船 职 开 三 入 曾 【祥吏】

按:"食",作为供给食物义,读曰"飤",出现了 22 次;音祥吏翻,出现了 29 次,后者与《广韵》的"飤,祥吏切"相对应。

2. 精组一等字与章组字混注

㉔漴 之戎 章 东 合 三 平 通 ‖徂聪* 从 东 合 一 平 通

按:"漴",仅 1 见,皇子名,胡注:"漴,徂聪翻,又徂宗翻,又将容翻,又之戎翻。"(p. 6802)《广韵》无"漴"字,《集韵》《五音集韵》"漴"是"潨"的异体字,徂聪切。"潨",《广韵》有职戎、徂红、在冬三切,小水入大水义。胡三省的音除了"将容翻",其他的都与《广韵》音相同。

3. 胡三省用章组字与一、四等韵字拼切精组一、四等韵字

清₁"昌₁"混注

㉕蹉 昌何 昌 歌 开 一 平 果 ‖七歌 清 歌 开 一 平 果 【仓何】

按:"蹉",凡 15 见,蹉跌义,音仓何翻 5 次,七何翻 9 次,昌何翻 1 次。

㉖傪 昌含 昌 覃 开 一 平 咸 ‖仓含 清 覃 开 一 平 咸 【仓含】

按:"傪",凡 3 见,人名。注音有:七感翻又仓含翻,昌含翻又七感翻,七感翻又仓含翻。《广韵》有仓含、七感二切。

心₁"书₄"混注

㉗先 式荐 书 先 开 四 去 山 ‖苏佃 心 先 开 四 去 山 【先见】

按:"先",凡 504 见,先后之先义,注明"去声"的有 6 次,注明"如字"的有 1 次;注音为悉荐翻 479 次,昔荐翻 10 次,息荐翻 4 次,心荐翻 1 次,式荐翻 1 次,悉见翻 1 次。

精组与章组混注主要发生在三等韵里。另外,精组一等字,胡注用

章组字作反切上字、用一等或四等韵字作反切下字进行拼切；精组声母的一、三等韵字都与章组声母字互注，这种情况与精组和庄组混同的情形相同，这表明胡三省《通鉴音注》精组字也与章组字发生了混并，而且胡三省《通鉴音注》用章组声母字和一等韵相拼切精组一等韵字，说明胡三省《通鉴音注》中，中古的章组声母的性质已经不同于《切韵》(《广韵》)了。

(三) 知组与精组混注的现象

1. 精组三等字与知组三等字混注

精₃知₃混注

①将　知亮　知阳开三去宕‖子亮　精阳开三去宕【即亮】

按："崔曰用将兵诛诸韦于杜曲"，胡注："将，知亮翻，又音如字。"(p.6647) "将"在《通鉴音注》中注音约有2105次，其中即亮翻约有1900余次，即亮翻又音如字11次。

②鯜　音接　精葉开三入梗‖陟叶　知葉开三入咸【陟涉】

③惙　积雪　精薛合三入山‖陟劣　知薛合三入山【株劣】

清₃彻₃混注

④瘳　且留　清尤开三平流‖丑鸠　彻尤开三平流【丑鸠】

按："瘳"，凡9见，病愈义。注音作丑留翻8次，且留翻1次。此处疑"且"是"丑"的误写。

⑤佺　丑缘　彻仙合三平山‖此缘　清仙合三平山【庄缘】

按："佺"，凡4见，人名。注音为且缘翻2次，此缘翻1次，丑缘翻1次。

⑥诠　丑缘　彻仙合三平山‖此缘　清仙合三平山【逡缘】

按："诠"，凡13见，作为人名，音且缘翻10次，丑缘翻2次；注作"此缘翻，《说文》具也"1次(p.5694)。

⑦悛　丑缘　彻仙合三平山‖此缘　清仙合三平山【逡缘】

按："悛"，凡37见，改也，音丑缘翻28次，丑缘翻又七伦翻5次。

精₃澄₃混注

⑧将　直亮　澄阳开三去宕‖子亮　精阳开三去宕【即亮】

按："将"，将领义，"直亮翻"仅1见。上文已举出"将"有知亮翻。

第三章 《通鉴音注》声母系统

心₃彻₃混注

⑨銛 丑廉 彻盐 开 三 平 咸 ‖ 息廉 心盐 开 三 平 咸【思廉】

按："銛"，利也，也作人名，凡8见。其中思廉翻4次，息廉翻3次，丑廉翻1次。

邪澄₃混注

⑩斜 直牙 澄麻 开 三 平 假 ‖ 似嗟 邪麻 开 三 平 假【直加】

按："其弟左谷蠡王伊稚斜自立为单于"，胡注："《索隐》曰：士嗟翻，邹诞生音直牙翻。盖'稚斜'胡人语，近得其实。"（p.609）

精组三等字与知组三等字混注的情况出现在麻₃、尤、谆、仙（薛）、阳（药）、盐（葉）诸韵里。此外还有2例韵异声混的例证，都是对人名用字的注音，详下。

⑪竣 丑缘 彻仙 合 三 平 山 ‖ 七伦 清谆 合 三 平 臻【逡缘】

按："竣"，凡7见，皆人名。音七伦翻6次，七伦翻又丑缘翻1次。

⑫疌 竹二 知脂 开 三 去 止 ‖ 疾葉 从葉 开 三 入 咸【陟利】

按："疌"，人名，胡注："疌，师古曰：疌，音竹二翻。"与《集韵》音相同。

2. 胡三省用精组字作二等韵字的反切上字

⑬柤 则瓜 精麻 合 二 平 假 ‖ 陟瓜 知麻 合 二 平 假【庄华】

按："柤"，篡也，箠击也，凡14见，反切下字用麻₂韵之"瓜""加"，上字则用"侧"6次、"则"5次、"陟"3次。一字而用庄、精、知三个声母字作反切上字，其混同的情况可见一斑。

⑭挝 则瓜 精麻 合 二 平 假 ‖ 张瓜° 知麻 合 二 平 假

按："挝"，击也，凡14见，反切下字用麻₂之"瓜""加"，上字分别用"侧"5次、"则"6次、"职"1次、"陟"1次，反映的是知庄章精诸声母的混同。还有1例是"其瓜翻"，疑误。

⑮謫 则革 精麦 开 二 入 梗 ‖ 陟革 知麦 开 二 入 梗【陟革】

按："謫"，贬谪义，凡2见，则革翻、陟革翻各1次。

精组无二等字，此处以精组字作上字和二等的麻韵、麦韵字相拼，说明其语音性质发生了变化。

（四）知照归精的问题分析

从表3-1看，精组字与知、庄、章混注主要集中在三等韵里。精组四等没有与知、庄、章组字混注的例子，大概是韵母的原因。《通鉴音注》中知庄章三组声母已经合流，精组与知、庄、章组合并的音变发生在止、遇（精₃知的混注不出现在此摄）、流、假、臻、山、宕、咸、深、曾（只有精₃章在此摄的职韵里混注）诸摄的三等韵。知庄章三组声母合流后又都归并到精组里去了，即知照归精。

　　胡三省的《通鉴音注》音系中知照组合流后归入精组。这一特点，在元代吴方言也有呈现。元人陶宗仪的《南村辍耕录》记有《射字法》，这是一种语音游戏，对研究汉语语音史和方言史有重要的参考价值。李新魁（1985：p.84）认为其时吴方言中知照组已经完全与精组合并了，所以他拟定的声母中齿音只有 [ts] 组。

表3-1　　　　　精组与知、庄、章三组声母混注情况统计表

	庄₂	庄₃	章	知₂	知₃
精₂	3	2	4	0	0
"精₂"	10	0	0	3	0
精₃	4	19	22	3	12
精₄	0	0	0	0	0
音变条件	精₃庄₃：之、鱼、尤、真臻、仙麻₃、阳（药）、侵（缉）； 精₃庄₂：宵、麻₂觉； 精₃庄₂：虞、豪； 精₂庄₂：桓、删； "精₂"庄₂：皆、删、耕、麻₂、咸（洽）、觉、陌₂。	精₃章：之、鱼虞、宵、麻₃、真、仙、阳、侵、盐（葉）、职、烛； 精₂章：东、歌、覃、先。	精₃知₃：之、麻₃、尤、谆、仙（薛）、阳（药）、盐（葉）； "精₂"知₂：麻₂、麦韵。

　　李新魁根据《射字法》中引录的字母诗每一个字后所附的两个字是双声字这一特点，认为："撰作这字母诗的人，对于双声字的选择是很谨慎的，而且更换双声字也是有意识的。'切字要法'及'切韵六十八字诀'所反映的读音，基本上是当时流行于中原地区的共同语语音，即当时一般通用的读书音系统，射字法据以改定字母诗，以适应吴方言

的音读。"① "征征煎，征在《广韵》中属照₃纽字，《韵略》作诸成切，按一般拟音，照₃组该为［tʂ］（元代照₃组已与照₂组合流同作［tʂ］等）；而煎在《广韵》中属精母，《韵略》作将仙切，该是［ts］。依例字之通例，征煎当为双声。现一属照，一属精，究竟它们代表什么音值呢？这个问题，字母诗本身提供了一条线索，它在精母之下也附精煎二字，精煎俱为［ts］母，是没有问题的。征与精既同附以煎，则可见征与精通。精煎既为［ts］，则征也必为［ts］。我们证诸现代吴语，古照纽字俱并入精系，这种情况与射字法的列字是一致的。由此可知，吴语照组字与精组之合并，已早在宋元之世。"②

三 端组与知章庄精组诸声母混注的问题

中古端组声母在《通鉴音注》中有与知、庄、章、精四组声母混注的现象，端组与知组混注表现在胡三省用知组字作端组字的反切上字和直音，也用端组字作知组字的反切上字和直音。端组与章组、庄组、精组的混注现象也与此类同。

（一）端组与知组的混注现象

1. 端组一等与知组三等混注

①搥 传追 澄脂合三平止 ‖ 都回 端灰合一平蟹【都回】

按："搥车壁叹曰：'车前无八驺，何得称丈夫！'"（p.4332）《集韵》："椎、桙，传追切，《说文》击也，齐谓之终葵，或作桙，通作槌。"此处"搥"，《集韵》都回切，摘也，与"槌"音义皆不同。

②酖 直禁 澄侵开三平深 ‖ 丁含 端覃开一平咸【都含】

按："酖"，仅1次注音。《通鉴》中"酖"字的出现情况皆如"文侯饮酖死"（p.219）、"齐主遣使酖杀之"（p.5323）之类。可见文献中常以"酖"为"鸩"。"赵王年少，不能蚤起，太后使人持酖饮之"，胡注："《广志》：鸩鸟大如鸮，毛紫绿色，有毒；颈长七八寸，食蝮蛇。雄名运日，雌名阴谐。以其毛历饮食则杀人。范成大曰：鸩，

---

① 李新魁：《〈射字法〉声类考》，载《古汉语论集》，湖南教育出版社1985年版，第75页。

② 李新魁：《〈射字法〉声类考》，载《古汉语论集》，湖南教育出版社1985年版，第77—78页。

闻邕州朝天铺及山深处有之，形如鸦差大，黑身，赤目，音如羯鼓；唯食毒蛇，遇蛇则鸣声邦邦然。蛇入石穴，则于穴外禹步作法，有顷石碎，啄蛇吞之。山有鸩，草木不生。秋冬之间脱羽。往时人以银作爪拾取，著银瓶中，否则手烂堕。鸩矢著人立死；集于石，石亦裂。此禽至凶极毒。所谓酖，即鸩酒也。陆佃《埤雅》曰：鸩，似鹰而紫黑，喙长七八寸，作铜色，食蛇，蛇入口辄烂；屎溺著石，石亦为之烂。羽翮有毒，以栎酒，饮杀人。惟犀角可以解，故有鸩处必有犀。"(p.409) 据胡三省的注解，可知"酖"即鸩酒，与《说文》"乐酒"、《广韵》的"嗜酒"义皆不同。《广韵》《集韵》"酖"与"鸩"音义皆异。"酖"与"鸩"是古音通假关系。

③玚 音荡 透唐开一去宕 ‖丑亮 彻阳开三去宕【待朗*】

按："玚"，《广韵》除了丑亮切外，还有徒杏切与胡三省的音相对应：庚开二上梗，与胡注"音荡"的差别主要在清浊不同、庚韵字与唐韵字混同。此处用"丑亮切"和"徒杏切"都可以。《集韵》"玚"与"荡"同一小韵，待朗切。

④魋 音椎 澄脂合三平止 ‖杜回 定灰合一平蟹【传追*】

按："陆生至，尉佗魋结"，胡注："服虔曰：今士兵椎头髻也。师古曰：椎髻者，一撮之髻，其形如椎。魋，音椎。结，读曰髻。"(p.395)《广韵》椎，直追切，注云："椎，椎钝不曲桡，亦棒椎也，又椎髻。"可见此处"魋音椎"是明假借。《广韵》魋，杜回切，注云："魋，兽似熊而小，又人名。""司马牛受桓魋之罚"，胡注"魋，徒回切"(p.4404)，正与《广韵》同。

⑤洮 音兆 澄宵开三上效 ‖土刀 定豪开一平效【直绍*】

按："洮"，洮水，胡注："苏林曰：洮，音兆。徐广曰：洮，音道，在江、淮间。余据布军既败走江南，则洮水当在江南。罗含《湘中记》：零陵有洮水。《水经注》：洮水出洮阳县西南，东流注于湘水。如淳注：洮阳之洮，音韬。"(p.402)《广韵》洮，土刀切，水名，出西羌，与此处洮水非一。《集韵》洮，直绍切，注云："洮，水名，在淮南。"胡三省取苏林音义，此注亦见于《集韵》。

⑥肇 大可 定歌开一上果 ‖治小 澄宵开三上效【直绍】

按："孝和皇帝上"，胡注："讳肇，肃宗第四子也。……伏侯《古今注》曰：肇之字曰'始'，音兆。贤曰：案许慎《说文》肇，音大可翻；上讳也。但伏侯、许慎并汉时人，而帝讳音不同，盖别有所据。"（p. 1518）胡三省依李贤注大可翻，其"可"字疑是"丂"字之笔误。

2. 端组一等与知组二等混注

⑦泽 音铎 定 铎 开 一 入 宕 ‖ 场伯 澄 陌 开 二 入 梗【达各*】

按："汉三都尉居塞上"，胡注："张掖两都尉，一治日勒泽索谷，一治居延；又有农都尉，治番和。是为三都尉。"（p. 1043）此处为音译字注音。"泽""铎"古声母相同，古韵近旁转。

3. 端组四等与知组三等混注

⑧泜 丁计 端 齐 开 四 去 蟹 ‖ 直尼 澄 脂 开 三 平 止【丁计】
⑨泜 丁礼 端 齐 开 四 上 蟹 ‖ 直尼 澄 脂 开 三 平 止【丁计】

按："于是汉兵夹击，大破赵军，斩成安君泜水上。"胡注："师古曰：泜，音祗，又丁计翻，又丁礼翻。"（p. 327）胡三省采师古音。"泜"的同义又音，声调自不相同，但《集韵》有读去声的情况。

⑩擿 他狄 透 锡 开 四 入 梗 ‖ 直炙 澄 昔 开 三 入 梗【他历】
⑪擿 他历 透 锡 开 四 入 梗 ‖ 直炙 澄 昔 开 三 入 梗【他历】

按："擿"，发动也，挑刺也，注为"他狄翻"11次，注为"他历翻"4次。胡注音与《集韵》相同。

4. 端组四等与知组二等混注

⑫蒂 丑介 彻 皆 开 二 去 蟹 ‖ 都计 端 齐 开 四 去 蟹【丑迈】

按："若能委信君子，使各尽怀，散蒂芥之嫌"，胡注："张晏曰：蒂芥，刺鲠也。师古曰：蒂，音丑介翻。"（p. 2715）《集韵》蒂芥义音丑迈切，彻夬开二去蟹，与胡三省相近。

5. 端组一等与知组"一等"混注

⑬恫 敕动 彻 东 合 一 上 通 ‖ 徒弄 定 东 合 一 去 通【吐孔】

按："僵尸万计，搜罗枝蔓，中外恫疑"，胡注："恫，音通，痛也，又敕动翻。"（p. 7923）恫，还有"他红翻"2次注音，义同。《集韵》音与胡三省音声韵相同，声调有上、去之别。

⑭沓 长荅 澄 合 开 一 入 咸 ‖ 徒合 定 合 开 一 入 咸【达合】

按："且沓渚去渊，道里尚远"，胡注："辽东郡有沓氏县，西南临海渚。应劭曰：沓，长荅翻。"（p. 2288）

⑮啖 直览 澄 谈 开 一 上 咸 ‖ 徒敢 定 谈 开 一 上 咸【杜览】

按："今太子仁孝天下皆闻之，吕后与陛下攻苦食啖"，胡注："余按《周礼·卝人注》：物地占其形色，知咸啖也。《释文》：啖，直览

翻;《疏》作'咸淡',则知啖、淡古字通用。"（p.403—404）

6. 端组"三等"与知组三等混注

⑯偫 大理 定 之 开 三 上 止 ‖ 直里 澄 之 开 三 上 止【丈里】

按："偫",储偫义,胡注用"直"作反切上字13次,用"丈"作反切上字3次。

⑰缒 他伪 透 支 合 三 去 止 ‖ 驰伪 澄 支 合 三 去 止【驰伪】

按："缒",悬绳,凡24次注音,音"驰伪翻"22次,"直伪翻"1次。

上述第5至第6两种情形共5例,是同韵条件下端组声母与知组声母混注的例证,具体表现为舌头与舌上类隔;第1至第4种情形共12例,都是不同韵但都是端组字与知组字互作反切上字的用例。胡三省《通鉴音注》端知混注的语音现象,用知组声母与一等韵字相拼,或者以端组声母与三等韵相拼,说明胡三省语音系统中的确存在着端知不分的情况,是方音特点。根据现代方言,这种端知不分的情况应当是将知母读同端母。

端知不分,知读如端,在现代吴方言中也偶有此语音现象。丁邦新指出:"吴语的底层具有闽语的成分,可能南北朝时的吴方言就是现在闽语的前身,而当时的北语则是现在的吴语的祖先。"① 知读同端在现代方言中属于白读层,在宋末元初是否也是白读层呢？一般的方言里文白夹杂,使用方言的人并不一定知道何者是文读,何者是白读。研究者要加以分析并不容易,因为常有大部分的字是文白读音相同的。大体上,文读与共同语接近,白读则是方音的底层。白读比文读更为古老。从端知不分的几个例子与《集韵》反切或音韵地位相同或基本相同这一点上看,《通鉴音注》中端知不分应当是白读层面的语音特点,因为《集韵》里收录了一些古音,而方言中也保留了一些古音。现代吴方言中端知不分的情况反映的也是白读层面,此白读音是古音的遗存。因此我们认为知读如端是胡三省方言中的白读层,其文读音则端知分明。

《通鉴音注》中,知读同端是存古的语音现象,只在白读中存在。

---

① 丁邦新:《吴语中的闽语成分》,载《丁邦新语言学论文集》,商务印书馆1998年版,第254页。

另外书中也还有一些端章、端庄、端精诸组声母混注的现象存在。下面我们就这个问题继续讨论。

(二) 端组与章组混注的现象

同韵条件下，端组与章组的混注有 5 例；不同韵条件下，端组与章组的混注有 8 例，下详。

1. 胡三省用章组字拼切端组四等字

①铤　时廷 禅 青 开 四 上 梗 ‖ 徒鼎 定 青 开 四 上 梗【待鼎】

按："铤"，作为人名，胡三省读时廷翻；作为银子的计量单位，读徒鼎翻。

2. 胡三省用章组字拼切端组一等字

②咄　常没 禅 没 合 一 入 臻 ‖ 当没 端 没 合 一 入 臻【当没】

按："咄"，凡 42 次注音，其中 41 次注为当没翻。《广韵》《集韵》皆当没切。

③黈　主苟 章 侯 开 一 上 流 ‖ 天口 透 侯 开 一 上 流【他口】

按："先王黈纩塞耳，前旒蔽明"，胡注："如淳注曰：黈，音主苟翻。"（p. 4338）此例胡注采用如淳音，当是文献传统读法。《集韵》与《广韵》音同。

胡三省用章组字与一、四等字拼切端组字，这种注音不同于《广韵》和《集韵》。这种现象可能是胡三省的方言特点。

3. 胡三省用端组字作章组字的反切上字

④单　特连 定 仙 开 三 平 山 ‖ 市连 禅 仙 开 三 平 山【时连】

按："在卯曰单阏"，胡注："单，音丹，又音特连翻。"（p. 1）

⑤单　达演 定 仙 开 三 上 山 ‖ 常演 禅 仙 开 三 上 山【上演】

按："与柱国纥单贵王珊等直指京师"，胡注："单，多寒翻，又音达演翻。"（p. 6508）

"单"字作姓氏时，胡注用定母字作反切上字，而《广韵》《集韵》则用禅母字。

4. 端组一等与章组混注

⑥襜　都甘 端 谈 开 一 平 咸 ‖ 处占 昌 盐 开 三 平 咸【都甘】

按："襜"，襜褴，胡名，在代地。胡三省音义皆与《集韵》同。

⑦橐　章夜 章 麻 开 三 去 假 ‖ 他各 透 铎 开 一 入 宕【之夜】

按："橐"，橐皋，地名，胡三省引陆德明曰："橐，章夜翻，又音托。"（p. 2211）。

⑧猰 食尔 船 支 开 三 上 止 ‖吐盍 透 盍 开 一 入 咸【甚尔】

按："语有之曰：'猰穅及米。'"胡注："师古曰：猰，古'齛'字，食尔翻。"（p. 518）此例胡三省的声母与《集韵》的声母是船与禅的不同。

5. 端组四等字与章组字混注

⑨呫 叱涉 昌 叶 开 三 入 咸 ‖他协 透 帖 开 四 入 咸【尺涉】

按："呫"，呫嗫，细语也，凡3次注音，注为叱涉翻2次。胡三省音与《集韵》同。

⑩佔 昌占 昌 盐 开 三 平 咸 ‖丁兼 定 添 开 四 平 咸【处占】

按："顾无多辞，喋喋佔佔"，胡注："师古曰：顾，思念也。喋喋，利口也；佔佔，衣裳貌也；言汉人且当思念，无为喋喋佔佔。佔，昌占翻。"（p. 469）此音义皆与《集韵》同。

⑪豘 徒浑 定 魂 合 一 平 臻 ‖章伦 章 谆 合 三 平 臻【徒浑】
⑫豘 徒昆 定 魂 合 一 平 臻 ‖章伦 章 谆 合 三 平 臻【徒浑】
⑬豘 音豚 定 魂 合 一 平 臻 ‖章伦 章 谆 合 三 平 臻【徒浑*】

按：此三例皆是"豘"字的注音。《资治通鉴》："妃索煮豘"，胡注："豘，之春翻，鸟藏曰豘。又徒浑翻，豕也。"（p. 4446）又："曹子丹佳人，生汝兄弟，独犊耳！"胡注："独，与豚同。小豕曰独，小牛曰犊。"（p. 2378）《广韵》"豘"，有章伦切，其义为"鸟藏"，与胡三省的"之春翻"相对应。《广韵》屯，徒浑切，其下有"豚"，义为"豕子"。《集韵》屯，徒浑切，下列"豚独豘"，释云："《说文》：小豕也……或作'豚''独''豘'通作'豘'。"可见"独""豘""豘"是异体字，通假字作"豚"。这里"徒浑""徒昆"切的是"豚"，豕子也。根据《广韵》《集韵》，则此3例"豘"本当为"独"，其《广韵》音切为"徒浑切"。胡三省的注音与《广韵》《集韵》的注音一致，不当作为音变的例子来看待。

以上第1至第3类情形中，被注字与注音字韵同声异；第4至第5类情形中，被注字与注音字韵异声异——声母混同了端组与章组。从后者的分析中可以看出，被注字中有部族名、地名用字，有假借字与古今字，也有重言词、连绵词的用字。这些字的读音一般都遵从文献用字的传统读音。

（三）端组与庄组的混注现象

透初混注

⑭佻 初彫 初 萧 开 四 平 效 ‖吐彫 透 萧 开 四 平 效【他彫】

按："佻"，轻佻，反切上字为"他"者6次，为"土"者4次，为"初"者1次。胡注音与《广韵》《集韵》都不同。

透崇混注

⑮咋 吐格 透 陌 开 二 入 梗 ‖锄陌 崇 陌 开 二 入 梗【实窄】

按："咋"，啮也，共3次注音，另外两个音是"侧革翻""鉏陌翻"。《广韵》：齚，锄陌切，啮也；咋，呎咋多声。《集韵》：齰、齚，实窄切，啮也。或从乍，通作咋；咋，呎咋多声。可见此处"咋"是个通假字，其本字为"齚"，啮也。

端组与庄组的混注例中还有1例韵异的例证：

⑯衰 吐回 透 灰 合 一 平 蟹 ‖楚危 初 支 合 三 平 止【仓回】

按："衰"，衰绖，反切上字为"仓"者31次，为"叱"者3次，为"七"者6次，为"士"者1次，为"吐"者1次（p.4309）。衰，缞绖，此义今用"缞"字记录。缞，《广韵》仓回切，清母灰韵平声。此例反映的是古今字读音的问题。

中古端组不和二、三等韵拼切，庄组不和一、四等韵拼切。这里两个例子恰恰与这一原则相违背。《通鉴音注》这种不合于中古反切原则的反切，恰恰说明了实际音变的特点：庄组字已经与章组、知组合并为一组，在胡三省的口中或许知庄章三组字已经分辨不清，所以方言文读中端知、端章、端庄等组声母字偶尔不分。

（四）端组与精组混注现象

端组与精组混注，韵同例证有1例，韵异例证有2例。

⑰峒 嵷董 精 东 合 一 上 通 ‖徒弄 定 东 合 一 去 通【杜孔】

按：峒峿镇（p.9407），胡注："峒，达贡翻，又嵷董翻。"胡注与《集韵》不同音。

⑱禓 徒计 定 齐 开 四 去 蟹 ‖先击 心 锡 开 四 入 梗【他计】
⑲禓 他计 透 齐 开 四 去 梗 ‖先击 心 锡 开 四 入 梗【他计】

按："禓"，张禓，人名，有2次注音：他计翻又先击翻（p.8163）、先击翻又徒计翻（p.8201），《集韵》有他计切与胡三省音相对应。

"峒"是地名用字,"裼"是人名用字。后者的胡注音与《集韵》同。端组与精组混注的情况,既有方音问题,又有当时读书音的问题。

《通鉴音注》中端组字与知、庄、章、精诸组混注的现象,说明胡三省除了把知读同端外,还存在着把章、庄、精也读同端的现象,其中既有方音问题,又有文献用字传统读音的问题。就整体而言,在其时共同语读书音中端与知庄章精并不相混。

我们这个结论,与李红《〈九经直音〉中所反映的知、章、庄、精组声母读如/t/现象》一文的结论一致。李红认为是赣方言保留了古读的特点并作了阐释:

> 在赣方言的发展历史中,上古时期,见组发生颚化变成 t、tʻ,在见母字向 t、tʻ颚化的过程中,可能经历了 *tɕ、*ts 的过程,这个过程中的一部分字演变为精庄母字,另一部分字继续颚化与来自端组音 t、tʻ的字合流。然而在进一步的语音演变中,它们中的一部分又一起经历了喉化的过程,读如 [h],另一部分经过颚化合流,读音上便读如 t、tʻ。变化到喉音 [h] 这个过程很快就消失了,只在端组中还有所保留。而精、庄、知、章组受共同语的影响很快又从喉音中分立出来,一部分与原来颚化后读如 t、tʻ的部分合流,一部分发展到 ts、tʂ,与共同语的精、庄、知、章同音。所以在现今的赣方言中,这几组声母虽然大部分与共同语语音一致,但还保留着部分古读①。

对此首先应该补充的一点是在吴方言中也存在着精知庄章组声母读同端组声母的现象。我们认为是方言保存了古读。

四 舌上音、正齿音的演变特点

《通鉴音注》音系中,知庄章三组声母各自的自注次数远高于混注次数,尽管如此,其混注所反映出来的是语音发生了合流音变的信息。

---

① 李红:《〈九经直音〉中所反映的知、章、庄、精组声母读如/t/现象》,《延边大学学报》(社会科学版)2005 年第 4 期。

知庄章三组声母合并，同时又存在着与端组、精组声母混注的现象。我们认为，中古知庄章精四组声母在《通鉴音注》音系中应当有两套声母，即在共同语层面，知照合流，与精组不混；在吴方言层面，知照归精。

《通鉴音注》知庄章声母合流为一组声母，其音值的构拟如下：

[tʃ]（知庄章，部分清化了的浊声母字）

[tʃ·]（彻初昌，部分清化了的浊声母字）

[dʒ]（澄崇禅）

[ʃ]（生书，部分清化了的浊声母字）

[ʒ]（禅船俟）

在吴方言层面，知庄章合并后并入精组，即吴方言只有平舌音，其音值的构拟如下：

[ts]（精知庄章，部分清化了的浊声母字）

[ts·]（清澈初昌，部分清化了的浊声母字）

[dz]（从邪澄崇船禅）

[s]（心生书，部分清化了的浊声母字）

[z]（邪从俟船禅）

第五节　牙喉音

牙音通常指的是舌根音见、溪、群、疑，喉音指的是影、晓、匣、云、以。中古牙音声母与喉音声母各自独立不混，但在胡三省《通鉴音注》里，牙音和喉音除了发生浊音清化、影云以合流、匣云以合流等之外，还发生了牙音与喉音混注、牙喉音与舌齿唇音混注等情况，因此我们把它们放在一节里集中讨论。这里需要说明的是，牙音和喉音的混注中有些是反映了胡三省音系中喉音声母以及零声母的演变问题，而牙喉音与唇、舌、齿音的混注反映的是上古音的情况。这种情况的存在是由于胡三省的《音注》的性质使然：《资治通鉴》记录了共计一千三百六十二年的历史，《音注》为注释《通鉴》服务，保存了很多文献用字的古读。这些文献古读是文献用字的传统读音。

一 牙音

见组字的注音约有 1443 条，其中：见母字注音有 726 条，自注 661 条，与其他声母混注 65 条；溪母字注音有 295 条，自注 254 条，与其他声母混注 41 条；群母字注音有 226 条，自注 207 条，与其他声母混注 19 条；疑母字注音有 196 条，自注 183 条，与其他声母混注 13 条。

（一）群母清化问题

《通鉴音注》音系中群母字存在着浊音清化现象，表现在两个方面：一是中古群母字，胡三省用见母字或溪母字作反切上字或直音；二是中古见母字或溪母字，胡三省用群母字作反切上字或直音。具体分析如下：

1. 见群混注

平平互注

①茄　求加　群麻开二平假 ‖ 古牙　见麻开二平假【求迦】

按："茄"，茄子浦，地名，《类篇》求加翻，仅1见。

②迦　求加　群麻开二平假 ‖ 古牙　见麻开二平假【居牙】
③迦　求伽　群戈合三平果 ‖ 居伽　见戈合三平果【居伽】

按："迦"，胡人名译音用字。

④鞬　其言　群元开三平山 ‖ 居言　见元开三平山【居言】

按："鞬"，凡36见，其中音居言翻32次，九言翻3次，其言翻1次。

平仄互注

⑤纠　渠幽　群幽开三平流 ‖ 居黝　见幽开三上流【吉酉】

按："纠"，纠合，仅1次注音。

仄仄互注

⑥共　居用　见锺合三去通 ‖ 渠用　群锺合三去通【居用】

按："共"，供养义，共7次注音，皆音居用翻；《集韵》有此音义。

⑦禨　其既　群微开三去止 ‖ 居家　见微开三去止【其既】

按：禨祥，胡三省的音居希翻又其既翻，分别对应《广韵》居依切与居家切。

⑧枸　求羽　群虞合三上遇 ‖ 俱雨　见虞合三上遇【果羽】

第三章 《通鉴音注》声母系统

按:"使番阳令唐蒙风晓南越,南越食蒙以蜀枸酱",胡注:"晋灼曰:枸音矩。《索隐》从徐广音求羽翻。"(p.587—588)

⑨揵 巨偃 群 元 开 三 上 山 ‖居偃 见 元 开 三 上 山【巨偃】

按:"揵",接也,仅1次注音,与《集韵》同。

⑩峤 居庙 见 宵 开 重三 去 效 ‖渠庙 群 宵 开 重三 去 效【渠庙】

按:"峤",地名,仅1次注音。

⑪屈 渠勿 群 物 合 三 入 臻 ‖九勿 见 物 合 三 入 臻【九勿】
⑫屈 其勿 群 物 合 三 入 臻 ‖九勿 见 物 合 三 入 臻【九勿】

按:"屈",共48次注音,其中作为地名、姓氏的注音为居勿翻18次,九勿翻10次,区勿翻4次,丘勿翻1次,这三个注音义皆与《广韵》相同。作为倔强义的"屈"、崛起义的"屈"、物力必屈之"屈",注音为其勿翻10次,求勿翻2次,渠勿翻1次。《广韵》《集韵》皆无此义。《广韵》"倔""崛",同音衢勿切,《集韵》有渠勿切与之对应。

2. 溪群混注

平平互注

⑬卷 丘权 溪 仙 合 重三 平 山 ‖巨员 群 仙 合 重三 平 山【驱圆】

按:卷津之"卷",音丘权翻。胡三省音与《集韵》同。

⑭卷 起权 溪 仙 合 重三 平 山 ‖巨员 群 仙 合 重三 平 山【驱圆】

按:"十日一还学监试诸生,巾卷在庭,剑卫、令史,仪容甚盛",胡注曰:"卷,巨员翻,冠武也。郑注《礼记》云:武冠,卷也,音起权翻。"(p.4267)

平仄互注(1例)

⑮圈 丘员 溪 仙 合 三 平 臻 ‖渠篆 群 仙 合 重三 上 山【驱圆】

仄仄互注(5例)

⑯褉 睽桂 溪 齐 合 四 去 蟹 ‖朕桂 群 齐 合 四 去 蟹【朕桂】

按:《广韵》无"褉"字,《集韵》朕桂切。

⑰揭 其迲 群 祭 开 三 去 蟹 ‖去例 溪 祭 开 重三 去 蟹【其例】

按:"揭阳",胡注:"韦昭曰:揭,其迲翻;苏林音揭;师古音竭。"

⑱诘 其吉 群 质 开 重四 入 臻 ‖去吉 溪 质 开 重四 入 臻【喫吉】
⑲诘 极吉 群 质 开 重四 入 臻 ‖去吉 溪 质 开 重四 入 臻【喫吉】

按:"诘",共160次注音,其中为"诘责"义注音130次:其中极吉翻1次,其吉翻4次,余者皆以"去"(126次)、"起"(3次)、

"区"(1次)作反切上字;为"诘朝""诘旦"义注音30次:去吉翻16次,起吉翻2次,其吉翻1次。

⑳阙 其月 群 月 合 三 入 山 ‖ 去月 溪 月 合 三 入 山【其月】

按:"阙",阙地通路之"阙",仅1次注音,通"掘"。掘,《广韵》其月切。

《通鉴音注》中群母字注音227条,在同韵条件下与见母字、溪母字混注者20条。群母与见母、溪母还有韵异声混的用例5条,其例如下:

㉑鉤 音劬 群 虞 合 三 平 遇 ‖ 古侯 见 侯 开 一 平 流【权俱*】

按:"鉤町",西南夷国,音劬梃。

㉒軒 巨连 群 仙 开 三 平 山 ‖ 古闲 见 山 开 二 平 山【渠焉】

按:黎軒,西域国名,《广韵》"軒"音古闲切。胡三省注有两读:軒,音轩,又音巨连翻。

㉓拒 俱甫 见 虞 合 三 上 遇 ‖ 其吕 群 鱼 合 三 上 遇【果羽】

按:"拒",左拒、右拒,指方阵,仅1次注音。

㉔蹇 九件 见 仙 开 重三 上 山 ‖ 其偃 群 元 开 三 上 山【九件】

按:"蹇",姓也,共3次注音:音件1次,与"蹇"同1次。

㉕卷 音箘 溪 谆 合 重三 平 臻 ‖ 巨员 群 仙 合 重三 平 山【巨陨*】

按:晌卷县,应劭曰:"晌,音旬日之旬。卷,音箘簬之箘。"(p.1599)《集韵》卷、箘同音巨陨切。

这5例中,被注字是古国名、地名、姓氏用字,"拒"表示名物词的特殊含义。

(二) 同组声母混注情况

1. 见溪混注

①頯 匡轨 溪 脂 合 重三 上 止 ‖ 居洧 见 脂 合 重三 上 止【苦轨】

按:《广韵》"頯"有渠追、居洧二切,义皆同。胡注与《集韵》同。

②刲 涓畦 见 齐 合 四 平 蟹 ‖ 苦圭 溪 齐 合 四 平 蟹【倾畦】

按:"刲",凡2见,注音相同,义为"割也"。《广韵》《集韵》注音相同。

③稽 音计 见 齐 开 四 去 蟹 ‖ 康礼 溪 齐 开 四 上 蟹【遣礼】

按:"稽",凡72见,滑稽义,音计;稽首义,音启。山名、匈奴

第三章 《通鉴音注》声母系统

人名用字则音鸡。《广韵》"稽"无"计"音。《集韵》有"坚奚切",留止也,无滑稽义。

④睽 工携 见 齐 合 四 平 蟹 ‖苦圭 溪 齐 合 四 平 蟹【倾畦】

按:"睽",凡1见,"小者淫荒越法,大者睽孤横逆,以害身丧国",胡三省引颜师古注曰:"睽孤,乖剌之意。睽,音工携翻。"(p.1180)《广韵》《集韵》音同。

⑤哙 古夬 见 夬 合 二 去 蟹 ‖苦夬 溪 夬 合 二 去 蟹【古迈】

按:"哙",凡6见,皆苦夬翻,人名。《集韵》注曰"人名,燕王哙",古迈切。胡三省音与《集韵》音相同。

⑥詼 古回 见 灰 合 一 平 蟹 ‖苦回 溪 灰 合 一 平 蟹【枯回】

按:"詼",凡1见,诙谐义。《集韵》枯回切,与胡三省音不同。

⑦龟 音丘 溪 尤 开 三 平 流 ‖居求 见 尤 开 三 平 流【祛尤°】

按:龟兹,凡38见。有三种注音方式:①"攻杀龟兹王"(p.1402),胡三省注:"龟兹,《前书》音丘慈。贤曰:今龟,音丘勿翻;兹,音沮惟翻;盖急言耳。"②"犹可作一龟兹国"(p.5329),胡三省注曰:"龟兹,音丘慈,唐人又读为屈佳。"③"龟兹,音丘慈,又音屈佳"(p.6456),从胡注看,从汉至唐,"龟兹"的读音发生了变化。《广韵》没有对应于"龟"的音和义,"慈"小韵有"兹"字,其下注云:"龟兹,国名,龟音丘。"《集韵》"龟"与"丘"同一小韵,祛尤切,"龟"下注云:"龟兹,西域国名。"

⑧鷇 居候 见 候 开 一 去 流 ‖苦候 溪 侯 开 一 去 流【居候】

按:"鷇",凡3见,有居候、苦候、苦角三种注音,皆雀鷇义。《集韵》有居候、苦候、克角三切分别与之对应。

⑨槁 古老 见 豪 开 一 上 效 ‖苦浩 溪 豪 开 一 上 效【古老】

按:"槁",凡2见,水枯也;胡三省音与《集韵》音同。

⑩鄡 古幺 见 萧 开 四 平 效 ‖苦幺 溪 萧 开 四 平 效【坚尧】

按:"鄡",凡3见,除古幺翻外,还有苦尧翻、羌尧翻,鄡阳县。《广韵》苦幺切,鄡阳县;《集韵》坚尧切,县名;牵幺切,《说文》巨鹿县,一曰鄡阳县名。或从県,亦姓。胡三省音与《集韵》音同。

⑪旰 苦汗 溪 寒 开 一 去 山 ‖古按 见 寒 开 一 去 山【居案】

按:"旰",日晚也,音古按翻8次,音古案翻6次,古旦翻2次,古汗翻1次,苦汗翻1次。《集韵》居案切与此音近。

⑫搴　起虔　溪仙开重三平山　‖九辇　见仙开重三上山【丘虔】
⑬搴　音蹇　溪仙开重三平山　‖九辇　见仙开重三上山【丘虔*】

按："搴"，拔取也，凡2见。《集韵》有丘虔切与胡三省音相对应。

⑭广　苦旷　溪唐合一去宕　‖古晃　见唐合一上宕【古旷】

按："广"，凡25见，度深曰广，古旷翻24次，苦旷翻1次。《广韵》广，大也，古晃切；《集韵》古旷切，注曰："度广曰广"，与胡三省义同。

⑮亢　苦郎　溪唐开一平宕　‖古郎　见唐开一平宕【口浪】

按："镇星行至角、亢，角、亢兖州之分"，胡注："亢，苦郎翻。"（p.9477）相同意义的音注还有"亢，居郎翻"（p.3193）、"亢，音刚"（p.213、p.5848）《广韵》曰：星名，与"刚"同音，皆古郎切。《集韵》：居郎切，星名，与"刚"同音；又音口浪切，亦星名。

⑯伉　音刚　见唐开一平宕　‖苦浪　溪唐开一去宕【居郎*】
⑰伉　工郎　见唐开一平宕　‖苦浪　溪唐开一去宕【居郎】

按："封青三子伉、不疑、登，皆为列侯"，胡注："师古曰：伉，音杭，又工郎翻。"（p.616）"诸邑公主、阳石公主及皇后弟子长平侯伉皆坐巫蛊，诛。"胡注："伉，音抗，又音刚。"（p.726）《集韵》卷三"刚""伉"同音居郎切；卷八"伉""抗"同音口浪切。胡三省的注音皆可与《集韵》对应。

⑱绠　苦杏　溪庚开二上梗　‖古杏　见庚开二上梗【古杏】

按："绠"，凡3见，古杏翻2次，苦杏翻1次，井索。《集韵》相同意义的注音是古杏翻，与《广韵》一致。

⑲瞰　古滥　见谈开一去咸　‖苦滥　溪谈开一去咸【苦滥】

按："瞰"，凡3见，苦鉴翻1次，苦滥翻1次，古滥翻1次，视也。《广韵》《集韵》同音苦滥切。

⑳偌　括沃　见沃合一入通　‖苦沃　溪沃合一入通【枯沃】

按：胡三省《音注》曰："《谱记》普①云：蜀之先，肇自人皇之际。黄帝子昌意娶蜀山氏女，生帝偌。……偌，通作'喾'，音括沃翻。"（p.28）《广韵》无"偌"字，"喾"下云："帝喾，高辛氏。

---

① 章按：疑衍。

第三章 《通鉴音注》声母系统

《说文》：急告之甚也。"苦沃切。《集韵》："嚳，说文急告之甚也。"又："俈，䎛。帝高辛之号，亦通作'嚳'。"并䎛沃切。《五音集韵》："嚳，帝嚳，高辛氏也。说文曰：急告之甚也。"又："俈，䎛。帝高辛之号，亦通作'嚳'。"并苦沃切。可见"俈"是"嚳"的异体字。今取《广韵》"嚳"字的反切苦沃切。胡三省的注音与《集韵》相同。

㉑梏　苦沃　溪沃合一入通 ‖ 古沃　见沃合一入通【姑沃】

按："梏"，凡9见，注音为工沃翻5次，古沃翻2次，姑沃翻1次，苦沃翻1次，皆桎梏义。苦沃翻与《广韵》《集韵》都不同。

㉒埆　音觉　见觉开二入江 ‖ 苦角　溪觉开二入江【讫岳*】

按："埆"，注音2次，音觉又音确（p.1739）、克角翻（p.2287）。

㉓䦆　古穴　见屑合四入山 ‖ 苦穴　溪屑合四入山【古穴】

按："䦆"，终也，尽也，共5次注音，其中音苦穴翻2次，音古穴翻、空穴翻、口穴翻各1次。

㉔帢　古洽　见洽开二入咸 ‖ 苦洽　溪洽开二入咸【乞洽】

按："帢"，凡3见，其中音苦洽翻2次，音古洽翻1次。帢，《广韵》《集韵》音同。

㉕㪉　古盍　见盍开一入咸 ‖ 苦盍　溪盍开一入咸【克盍】

按："㪉"，《广韵》《集韵》注音相同，与胡注不同。

㉖箧　古颊　见帖开四入咸 ‖ 苦协　溪帖开四入咸【诘叶】

按："箧"，凡2见，竹笥也，除了古颊翻外，还有诘协翻。后者声母与《广韵》《集韵》相同。

以上26个例子都是韵同声混的情况，其中有15例胡三省音与《集韵》相同。还有11例《广韵》与《集韵》注音相同，而与胡三省的注音不同。

见、溪混注还有韵异声混的情况，其例如下：

㉗觖　音冀　见脂开重三去止 ‖ 窥瑞　溪支合重四去止【窥睡】

按："群臣往往有觖望自危之心"，胡注："觖，古穴翻。师古曰：音决，觖谓相觖也。望，怨望也。韦昭曰：觖，犹冀也，音冀。《索隐》音企。"（p.370）此例是韦昭的注音。"觖"有二音二义：①觖，怨望也，胡三省认为此义读当为入声，音古穴翻，师古和李贤皆音决；②觖，冀也，望也，音窥瑞翻，韦昭所注是同义换读。

㉘屵 音归 见 微 合 三 平 止 ‖丘追 溪 脂 合 重三 平 止 【丘追】

按："屵"是人名。凡两见：音归又区胃翻，区韦翻又苦鬼翻又丘愧翻。

㉙龟 丘勿 溪 物 合 三 入 臻 ‖居求 见 尤 开 三 平 流 【袪尤】
㉚龟 丘勾 溪 侯 开 一 平 流 ‖居求 见 尤 开 三 平 流 【袪尤】

按：龟兹，西域国名，音译词。

2. 见疑混注

㉛幾 鱼岂 疑 微 开 三 上 止 ‖居狶 见 微 开 三 上 止 【举岂】

按："幾"，未幾，有115次注音，其中居岂翻113次，居启翻1次，鱼岂翻1次（p.2897）。胡三省的注音与《广韵》《集韵》都不同。

㉜騃 古骇 见 皆 开 二 上 蟹 ‖五骇 疑 皆 开 二 上 蟹 【五骇】

按："騃"，痴也，凡9见，音五骇翻5次，语骇翻3次，古骇翻1次（p.4565）。古骇翻音与《广韵》《集韵》都不相同。

㉝僥 坚尧 见 萧 开 四 平 效 ‖五聊 疑 萧 开 四 平 效 【坚尧】
㉞僥 工尧 见 萧 开 四 平 效 ‖五聊 疑 萧 开 四 平 效 【坚尧】

按："僥"，凡12见，僥幸义，音坚尧翻10次，工尧翻1次；僬僥国之"僥"，音倪幺翻1次（p.1569）。《广韵》僥，五聊切，与胡三省此音义皆不合；又"憿"下云"憿幸，或作'傲'，又作'僥幸'"，古尧切；与胡三省所注之音义同。"僥"通"憿"，幸也。胡三省注音与《集韵》相同。

以上4例是同韵条件下见母与疑母混注的用例。《通鉴音注》中还有韵异声混的此类用例4例，具体用例如下：

㉟掎 鱼岂 疑 微 开 三 上 止 ‖居绮 见 支 开 重三上 止 【隐绮】

按："掎"，后牵曰掎、偏引曰掎，凡30见；有居绮（5次）、居蚁（21次）、举绮（2次）、居岂（1次）、鱼岂（1次）诸切语。《集韵》"掎"影支开重三上止，与胡三省音的声韵关系较近：声母反映了疑母三等变零声母的音变，韵母反映了支微开口字的合并现象。

㊱騩 五贿 疑 灰 合 一 上 蟹 ‖举韦 见 微 合 重三 平 止 【语韦】

按："乃帅百骑至大騩山"，胡注："班志：河南郡密县有大騩山。""騩""隗"同五贿翻，又音归。"（p.4892）《广韵》大騩山之"騩"，举韦切，与"归"同音，胡三省音与《集韵》音近：五贿翻与语韦切声母相同，韵母是灰韵与合口微韵的关系，在胡三省的音系中，这两韵合并了。

㊲隗 音归 见 微 合 三 平 止 ‖五罪 疑 灰 合 一 上 蟹 【俱为】

按："隗"，凡16见，人名，音五罪翻14次，五猥翻1次，大隗山之"隗"，音归1次，例句及出处与例㊱同。胡三省音与《集韵》音声母相同，韵母相近，反映了支韵合口与微韵合流的音变现象。

㊳敳 音瑰 见 灰 合 一 平 蟹 ‖五来 疑 咍 开 一 平 蟹 【姑回*】

按："颍阴令渤海苑康以为昔高阳氏才子有八人"，胡注："《左传》曰：昔高阳氏有才子八人，苍舒、隤敳、梼戭、大临、尨降、庭坚、仲容、叔达。……敳，五才翻，一音五回翻，韦昭音瑰。"（p. 1715）"敳""瑰"在《集韵》是同一音组。

3. 溪疑混注

㊴齮 去倚 溪 支 开 重三上 止 ‖鱼倚 疑 支 开 重三上 止 【去倚】

㊵齮 丘奇 溪 支 开 重三平 止 ‖鱼倚 疑 支 开 重三上 止 【丘奇】

按："齮"，人名，其中桓齮，音丘奇翻又去倚翻3次；音鱼倚翻1次，鱼岂翻1次。胡三省注音与《集韵》音相同。关于同部位塞音与鼻音混注的问题，我们在本章第七节集中讨论。

以上同部位塞音见母、溪母与同部位鼻音疑母混注的10个例证中，只有2例注音不与《集韵》相同，其他读音《集韵》都有收录。见、溪二母与疑母混注反映的是同部位塞音与鼻音混注的现象。

（三）牙音字的演变特点

胡三省《通鉴音注》中牙音声母有4个，即见［k］、溪［k‘］、群［g］、疑［ŋ］。其演变特点是：1. 全浊音声母群母有清化现象。2. 疑母独立。3. 同组声母有混注现象。4. 牙音声母与喉音声母有混注现象，牙音声母与唇音和舌齿音声母都有混注现象（下文详论）。

二 喉音

喉音字约有1446条反切和直音，其中：影母字注音有403条，自注393条，与其他声母混注10条；晓母字注音有263条，自注245条，与其他声母混注18条；匣母字注音有411条，自注383条，与其他声母混注28条；云母字注音有74条，自注64条，与其他声母混注10条；以母字注音有292条，自注266条，与其他声母混注26条。

（一）匣母清化问题

《通鉴音注》音系中匣母存在着浊音清化现象，表现在两个方面：一是中古匣母字，胡三省用晓母字作反切上字或直音；二是中古晓母字，胡三省用匣母字作反切上字或直音。我们选取同韵条件下匣母与晓母混注的用例考察匣母清化问题，同时参照韵异声混的用例予以分析。

晓匣混注

平平混注

①诃 虎何 晓 歌 开 一 平 果 ‖ 虎何 匣 歌 开 一 平 果 【虎何】

仄仄混注

②眩 呼县 晓 先 合 四 去 山 ‖ 黄练 匣 先 合 四 去 山 【翾县】

按："若药弗瞑眩，厥疾弗瘳"，胡注："陆德明音'瞑'，莫遍翻；眩，玄遍翻，徐：又呼县翻。瞑眩，困极也。"（p.1385）"眩"，《广韵》黄练切，与"县"同音。胡三省的音与《集韵》相同。

③怳 呼广 晓 唐 合 一 上 宕 ‖ 户广* 匣 唐 合 一 上 宕

按："怳"，《广韵》未录，《集韵》音与胡三省音是清浊的不同。

④滉 呼广 晓 唐 合 一 上 宕 ‖ 胡广 匣 唐 合 一 上 宕 【户广】

按："滉"，凡16次注音，韩滉之滉，呼广翻15次。滉瀁之滉，户广翻1次。

⑤㲄 呼广 晓 唐 合 一 上 宕 ‖ 胡广 匣 唐 合 一 上 宕 【户广】

按："㲄"，人名，凡9次注音，呼广翻8次，户广翻1次。

⑥幌 呼广 晓 唐 合 一 上 宕 ‖ 胡广 匣 唐 合 一 上 宕 【户广】

⑦诟 户遘 匣 侯 开 一 去 流 ‖ 呼漏 晓 侯 开 一 去 流 【下遘】

按："诟"，詈骂，《广韵》此义字形作"詢"，音胡遘切；作"诟"则音苦候切；《集韵》此义作"诟""詢"二形，下遘切。胡三省音与《集韵》相同。

⑧阚 户监 匣 衔 开 二 去 咸 ‖ 许鉴 晓 衔 开 二 去 咸 【许鉴】

按："阚"，阚止，人名，注音1次。"阚"作人姓名，注音还有苦滥翻2次，苦鉴翻1次，《广韵》苦滥切；《广韵》阚，犬声，许鉴切；虎声，火斩切。《集韵》许鉴切与胡三省音对应，但义为兽怒声；作人姓名的"阚"，苦滥切。

⑨鑊 音获 匣 麦 合 二 入 梗 ‖ 呼麦 晓 麦 开 二 入 梗 【胡麦】

《通鉴音注》匣母字的注音总数是409条，其中有6条以晓母字为之注音，说明这些匣母字已经清化了。韵异声混的用例有 1 例：

⑩戆 下绀 匣 覃 开 一 去 咸 ‖呼贡 晓 东 合 一 去 通【呼绀】

按："王陵可，然少戆"，胡注曰："师古曰：戆，愚也；古者下绀翻，今则竹巷翻。"（p.406）胡三省注"戆"共 9 次，其中陟降翻、竹巷翻、直降翻、都降翻与《广韵》陟降切的音义相应。胡注与《集韵》音义相同。

（二）同组声母混注现象

1. 云以合流

王力《汉语史稿》（2005：153）指出，云、以合流至少在十世纪就已经完成了，疑母则在十四世纪《中原音韵》时代的普通话里已经消失，和喻母（云以）也完全相混了；同时影母和喻母在北方话里也只在平声一类有声调上的差别，上去两声就完全相混了。至于微母，它经过了和喻疑不同的发展过程，也终于和喻疑合流，而成为 u 类的零声母了。胡三省《通鉴音注》中喻母字的注音有 366 条，其中喻$_三$（云）74 条，喻$_四$（以）292 条。喻$_三$、喻$_四$在胡三省《通鉴音注》中呈现合流的趋势。我们选取同韵声混的用例来考察云以合流问题，同时也将韵异声混的例证予以分析。云、以混注有 17 例，下详。

①遗 于季 云 脂 合 三 去 止 ‖以醉 以 脂 合 三 去 止【以醉】

按："遗"，凡 388 次注音，其中唯季翻 123 次，惟季翻 11 次，于季翻 250 次，于贵翻 1 次，于伪翻 1 次，弋季翻 1 次，如字 1 次，义皆为赠送、送给。"唯""惟""弋"皆以母字，"于"为云母字，云、以的合流由此可见一端。

②唯 于癸 云 脂 合 三 上 止 ‖以水 以 脂 合 三 上 止【愈水】

按："唯"，凡 21 次注音，义皆为诺也，其中于癸翻 19 次，弋癸翻 1 次，以水翻 1 次。

③彗 延芮 以 祭 合 三 去 蟹 ‖于岁 云 祭 合 三 去 蟹【以醉】

按："穷困百姓，是以日食且十彗星四起"，胡注："彗，祥岁翻，延芮翻，又徐醉翻。"（p.1100）胡注彗星之"彗"有三种读法，《广韵》"彗，日中必彗"，于岁切，与胡三省音相同，但意义有所不同。《集韵》以醉切与胡三省此音基本一致。

④杆 与俱 以 虞 合 三 平 遇 ‖羽俱 云 虞 合 三 平 遇【云俱】

按："杆"，因杆，匈奴地名。

⑤芋　羊遇　以　虞　合　三　去　遇　‖王遇　云　虞　合　三　去　遇　【王遇】

按:"芋","掘野芋而食之"(p.2691),《广韵》有二切,此义注音为羽俱切;另有王遇切,曰:"一名蹲鸱。"《集韵》此义有两切:"芔盛貌",云俱切;"芌,王遇切,芔名,《说文》大叶实根骇人,故谓之芌也。"后者将"芋"写作"芌",意义皆与胡三省同。

⑥匀　于伦　云　谆　合　三　平　臻　‖羊伦　以　谆　合　三　平　臻　【俞伦】

按:"存将逃走,先匀足力也"(p.8488)之"匀",《广韵》《集韵》皆无此义。

⑦筠　俞轮　以　谆　合　三　平　臻　‖为赟　云　谆　合　三　平　臻　【于伦】

按:"筠",人名。《广韵》音与《集韵》一致。

⑧掾　于绢　云　仙　合　三　去　山　‖以绢　以　仙　合　三　去　山　【俞绢】
⑨掾　于眷　云　仙　合　三　去　山　‖以绢　以　仙　合　三　去　山　【俞绢】

按:"掾",凡88次注音,掌市官属也。其中音俞绢翻53次,以绢翻12次,余绢翻1次,于绢翻21次,于眷翻1次。"俞""余""以""掾"皆以母字;"于",云母字。《广韵》音与《集韵》一致。

⑩捐　于专　云　仙　合　三　平　山　‖与专　以　仙　合　三　去　山　【与专】

按:"捐",弃也,凡4次注音,其中余专翻3次,于专翻1次。

⑪羨　于线　云　仙　开　三　去　山　‖予线　以　仙　开　三　去　山　【延面】

按:"羨",羨馀、羨利义,有21次注音,延面翻4次,弋线翻10次,弋战翻4次,于线翻2次,式面翻1次。

云、以混注也有韵异之例3例,下详:

⑫遗　于贵　云　微　合　三　去　止　‖以醉　以　脂　合　三　去　止　【以醉】
⑬遗　于伪　云　支　合　三　去　止　‖以醉　以　脂　合　三　去　止　【以醉】

按:遗,赠也。中古支、脂、微合口韵在《通鉴音注》中合流;此例亦云以混注。

⑭舁　音于　云　虞　合　三　平　遇　‖以诸　以　鱼　合　三　平　遇　【羊诸】

按:"舁",车舆,此义还有羊茹翻(p.5525),则又用以母字作反切上字。《广韵》与《集韵》音一致。中古鱼虞在《通鉴音注》中合流,此例亦云以混注。

云、以混注的字基本上是合口三等韵字(除了第⑪例),出现在脂、祭、虞、谆、仙诸韵系。云以合流变成了零声母[∅]。

2. 影喻合流

影喻合流也是吴方言的特征。王力指出,"影母和喻母在北方话里也只在平声一类有声调上的差别，上去两声就完全相混了"（1980：p. 155—156）。耿振生《明清等韵学通论》认为《声韵会通》所反映的吴方言影喻合流主要是喻母的上声字归入影母，变成了［∅］（1992：p. 155—156）。胡注中，影喻相混的只有 6 个例子，其中平声相混 2 例，上声相混 1 例，去声相混 1 例，入声相混 2 例。

（1）影云混注

⑮雍 于用 云 锺 合 三 去 通 ‖於用 影 锺 合 三 去 通【於用】

按："雍"，雍州、雍城及姓氏，注音凡 368 次，其中于用翻 360 次，于用翻 1 次，于容翻 7 次。

⑯委 于伪 云 支 合 重三 去 止 ‖於诡 影 支 合 重三 上 止【於伪】

按："委"，委输、委积之意，注音 14 次；反切下字用"伪"，上字有用"於"的 11 次，用"于"的 2 次，还有标明"去声"的 1 次。

⑰煴 于云 云 文 合 三 平 臻 ‖於云 影 文 合 三 平 臻【於云】

按："凿地为坎，置煴火"，胡注："师古曰：煴，谓聚火无焰者也。煴，于云翻。"（p. 710）

（2）影以混注

⑱说 於悦 影 薛 合 三 入 山 ‖弋雪 以 薛 合 三 入 山【欲雪】

按："说"，傅说（p. 4038），人名。

影喻混注也有韵异声混的情况，详下。

⑲郁 音聿 以 术 合 三 入 臻 ‖纡物 影 物 合 三 入 臻【纡勿】

按："郁"，郁洲（p. 3954），音聿。《广韵》音与《集韵》相同。

⑳扜 音乌 影 模 合 一 平 遇 ‖羽俱 云 虞 合 三 平 遇【云俱】

按："扜"，因扜，匈奴地名，"扜"是音译用字。

3. 匣以混注

匣以混注

㉑缘 荧绢 匣 仙 合 三 去 山 ‖以绢 以 仙 合 三 去 山【俞绢】

按："缘"，共注音 8 次，以绢翻 3 次，俞绢翻 3 次，注明"去声"1 次，衣缘义。《广韵》音与《集韵》音同。

㉒飑① 户章 匣 阳 开 三 平 宕 ‖与章 以 阳 开 三 平 宕【余章】

按："飑"，风所飞飑、扬言，也作人名。注音共 13 次，余章翻 6

---

① "会猎者鹰皆飞飑，众骑散去"，中华书局 1956 年版胡三省音注"降，户章翻"（p. 3222）。文渊阁本胡三省音注："飑，户章翻。"今从文渊阁本。

次，音扬2次，余章翻又余亮翻3次，与章翻又余亮翻1次，"余""与""扬"皆以母字；"户"，匣母字。

匣以韵异混注例：

㉓曳 奚结 匣 屑 开 四 入 山 ‖徐制 以 祭 开 三 去 蟹 【以制】

按："曳"，共4次注音，是"拽"的假借字，注音有羊列翻2次，以列翻1次①，奚结翻1次。羊列翻、以列翻与《集韵》音同，奚结翻与羊列翻的区别在于声母是匣与以的不同，韵母是屑与薛的不同。

㉔拽 户结 匣 屑 开 四 入 山 ‖羊列 以 薛 开 重三 入 山 【羊列】

按：《广韵》：扡，亦作"拽"，拕也，羊列切，又余世切。此处用异体字"扡"的反切。

4. 匣云混注

匣云混注都是韵异声混的情况，详下：

㉕炫 荣绢 云 仙 合 三 去 山 ‖黄练 匣 先 合 四 去 山 【荧绢】

按："炫"，光彩炫耀之义，音荧绢翻6次，胡练翻1次，荣绢翻1次。《广韵》音与《集韵》相同。

㉖缏 于善 云 仙 开 三 上 山 ‖胡畎 匣 先 合 四 上 山 【下兖】

按："缏"，维也，络也，《广韵》音与《集韵》声母相同，韵母是先、仙韵的不同。仅1次注音。

㉗胜 乎旷 匣 唐 合 一 去 宕 ‖于放 云 阳 合 三 去 宕 【于放】

按："胜"，人名，凡4次注音，注为于放翻3次；于放翻，又乎旷翻1次。

㉘蒴 胡悔 匣 灰 合 一 上 蟹 ‖荣美 云 脂 开 重三 上 止 【户贿】

按："蒴"，人名，仅1次注音：胡悔翻又于鄙翻。胡悔翻与《集韵》注音相同，于鄙翻与《广韵》注音相同。

5. 影晓混注

㉙怏 许两 晓 阳 开 三 上 宕 ‖於两 影 阳 开 三 上 宕 【倚两】

按："怏"，不平、不满、不悦之意，凡43次注音，其中许两翻1次（p.4371），于两翻42次。

㉚鹹 许六 晓 屋 合 三 入 通 ‖於六 影 屋 合 三 入 通 【乙六】

按："鹹"，人名，有乙六翻、于六翻、许六翻各1次。

---

① "上命曳倒碑楼"，胡注："曳，读作拽，音以列翻；史炤音以制切，非。"（p.7661）

影母与晓母混注也有韵异声混的例证3例，详下。

㉛祎 许韦 晓微合三平止 ‖於离 影支开重三平止【於宜】
㉜祎 吁韦 晓微合三平止 ‖於离 影支开重三平止【於宜】

按："祎"，人名，注音共21次，许韦翻5次，吁韦翻16次。《集韵》有於宜、於希二切，前者支韵，后者微韵。

㉝呕 音吁 晓虞合三平遇 ‖乌侯 影侯开一平流【匈于˚】

按："项王见人恭敬慈爱，言语呕呕"，胡注："《索隐》曰：呕呕，犹姁姁，同音吁。"（p.311）《广韵》：呕，呕呃，小儿语也，乌侯切。《集韵》：呕、响，悦言也。《史记》"项羽言语呕呕"，或作"响"，匈于切。《集韵》"呕""吁"同音匈于切。

6. 影匣混注

㉞阏 音曷 匣曷开一入山 ‖乌葛 影曷开一入山【阿葛】

按："秦伐赵，围阏与"，胡注："阏，阿葛翻，又於达翻。康音曷，又音嫣。《史记正义》曰：阏，於连翻。"（p.155）此例是胡三省将司马康的音给列出来了，且不论是与非。二者的音在于声母不同。胡三省的音与《广韵》《集韵》都相同，而司马康的音与《广韵》《集韵》都不相同。

（三）喉音声母的演变特点

中古喉音声母影、晓、匣、以在《通鉴音注》中变为3个，即[∅]（影、云部分、以部分），[h]（晓、匣部分），[ɦ]（匣、云部分、以部分、疑个别字）。其主要演变特点是：1. 全浊音匣母有清化现象。2. 云、以合流。影喻合流，影母收字范围扩大。3. 匣喻、影晓、影匣等都有混注现象，这是吴方言的特征。4. 喉音声母与牙音、唇音、舌齿音等声母有混注现象（下文详论）。

（四）余论：关于晓匣影喻演变的讨论

李建强《关于晓匣影喻演变的研究》（2004）按照演变特点，选取先秦、两汉、魏晋、南北朝和隋、初唐—中唐、晚唐五代、宋金、元明清等几个阶段的相关研究予以讨论，文章指出，宋金时期通语里晓匣合流、匣母清化已经没有争议，周祖谟《宋代汴洛语音考》（1942）关于《皇极经世书·声音唱和图》的研究，王力《汉语语音史·宋代音系》（1982）关于朱熹《诗集传》《楚辞集注》叶音的研究都认为晓匣合流、匣母清化、影喻合流为 [ʔ]。李新魁研究南宋祝泌《皇极经世解起数诀》发现除了影喻合流之外，匣母也与影母混同，认为这是方言现象。李建强（2004）对照宋初施护译音的研究（储泰松，1996）、天息灾译音的研究（张福平，1996），指出从对音材料看，宋初影喻还是有区别的；从《中原音韵》（1324）和《等韵图经》（1606）看，元明清时期，影喻已经合流。

从宋末元初胡三省的《通鉴音注》音切看，云以合流，影喻合流，匣云以合流：部分云母以母与匣母合流，变为 [ɦ]；部分云母以母与影母合流，变为 [ʔ]，匣母个别字存在清化现象但匣母基本独立。我们的这项结论与李建强（2004）有所不同。

三　牙喉音混注的问题

《通鉴音注》的音切中有牙音和喉音声母相混的情况，也有牙喉音与舌音、齿音、唇音相混的情况。此节我们先讨论牙音与喉音的混注情况。

（一）见母与影、晓、匣、云、以诸母混注

1. 见影混注

①徼　於尧　影　萧　开　四　平　效 ‖ 古尧　见　萧　开　四　平　效【伊消】

按："徼"，遮也、求也、塞外、读曰邀，共 80 次注音，其中一遥翻 21 次，於尧翻 2 次，坚尧翻 15 次，吉吊翻 22 次，等等。

②悁　吉掾　见　仙　合　三　去　山 ‖ 於缘　影　仙　合　重四　平　山【规掾】

按："悁"，恚也、忧也，共 3 次注音：萦年翻又吉掾翻、吉县翻、萦年翻。吉县翻与萦玄切音相同，吉掾翻与规掾切音相同。

③觖　於决　影　屑　合　四　入　山 ‖ 古穴　见　屑　合　四　入　山【古穴】

按：胡三省曰："觖，有二音，音窥瑞翻者，望也，言有所觊望也；音古穴翻者，怨望也，此当从入声。"（p.2145）"自以为功，颇有觖望之色"，胡注："觖，窥瑞翻，又於决翻，怨望也。"（p.6054）"觖"，胡三省注为古穴翻 5 次，注为於决翻 1 次。

见母与影母韵异声混的用例有 3 例，详下。

④愦　乌外　影　泰　合　一　去　蟹 ‖ 古对　见　灰　合　一　去　蟹【古对】

按："愦"，愦愦，闷也，有 4 次注音，其他 3 次反切上字为"工"和"古"。

第三章 《通鉴音注》声母系统

⑤邀 一遥 影 宵 开 三 平 效 ‖古尧 见 萧 开 四 平 效【伊消】
⑥悁 吉县 见 先 合 四 去 山 ‖於缘 影 仙 合 重四 平 山【萦玄】

按：例①、②、⑤中胡注的声母与《集韵》反切的声母相同，即《资治通鉴音注》将中古的见母与影母混或者将影母和见母混的现象与《集韵》的反切是一致的。

见、影混注的现象发生在灰、泰、萧、宵、仙、屑韵里，涉及蟹、效、山三摄。除了灰、泰是一等韵外，其他见、影混注的情况都发生在中古三、四等韵里。

2. 见晓混注

⑦呴 音钩 见 侯 开 一 平 流 ‖呼后 晓 侯 开 一 上 流【居侯*】

按："匈奴儿单于死，子年少，匈奴立其季父右贤王呴犁湖为单于"，胡注："呴，《汉书》作'句'。师古曰：音钩。《史记》作'呴'，音同，又音吁。"（p.703）此处是关于音译外族人名的，《集韵》有收录。

⑧恍 呼广 晓 唐 合 一 上 宕 ‖古黄 见 唐 合 一 平 宕【虎晃】
⑨恍 许昉 晓 唐 合 一 上 宕 ‖古黄 见 唐 合 一 平 宕【虎晃】

按："恍"，恍惚，凡4次注音，呼广翻3次，许昉翻1次。《广韵》《集韵》"恍"，武也。《重修玉篇》："恍，火广切，恍惚。"与胡三省音、义皆同。胡三省音与《集韵》音相同。

⑩诇 古迥 见 青 合 四 上 梗 ‖火迥 晓 青 合 四 上 梗【火迥】

按："诇"，候伺，共44次注音，其中古迥翻又翾正翻5次，古永翻又翾正翻11次，古永翻又休正翻1次，翾正翻又火迥翻10次，火迥翻又翾正翻8次，等等。

⑪敻 火迥 晓 青 合 四 上 梗 ‖古迥 见 青 合 四 上 梗【俱永】

按："敻"，人名，凡18次注音，其中火迥翻8次，古迥翻4次，古迥翻又古惠翻5次。《广韵》音与《集韵》声母相同，韵母相近：前者为青韵，后者为庚$_三$韵。

见母与晓母也有韵异混注的例子，详下。

⑫轩 音轩 晓 元 开 三 平 山 ‖古闲 见 山 开 二 平 山【居闲】

按："轩"，黎轩，亦曰黎靬，国名，有善眩人，胡三省注音为"音轩，又巨连翻"，共2次；《广韵》："靬，古闲切，黎靬，国名，在西域，其人善炫幻，又犍、看二音。巨连翻与古闲切音相同。

⑬诇　古永　见　庚　合　三　上　梗　‖火迥　晓　青　合　四　上　梗　【火迥】

见、晓混注现象中有发生在中古一等侯韵开口、唐韵合口，也有发生在中古二等开口、三等元韵开口、三等庚韵合口、四等青韵合口里的情况。

3. 见匣混注

⑭焜　胡昆　匣　魂　合　一　平　臻　‖古浑　见　魂　合　一　平　臻　【胡昆】

按："使其兄弟七人及族人乙旃氏、车焜氏"，胡注："焜，胡昆翻，又公浑翻，又古本翻。"（p.2459）公浑翻、古本翻与《广韵》音相同；胡昆翻与《集韵》音相同。

⑮干　户旦　匣　寒　开　一　去　山　‖居案　见　寒　开　一　去　山　【居案】

按："选爪牙之士，而以二卵弃干城之将"，胡注："《诗》'赳赳武夫，公侯干城'，《毛氏传》曰：干，扞也；音户旦翻；郑氏笺曰：干也，城也，皆所以御难也。干，读如字。"（p.34）《广韵》无"干"字；《集韵》居案切，注云："干，扞也。《诗》公侯干城。沈重读。"从胡三省的音注和《集韵》的注解看，此"干"当读为"扞"，捍卫义，与户旦翻音义相同。

⑯榦　音寒　匣　寒　开　一　平　山　‖古按　见　寒　开　一　去　山　【河干】

按："乃伐树为井榦"，胡注："榦，《扬子注》及《西都赋注》音寒，《庄子》音如字。"（p.4615）《集韵》"榦"与"寒"同音河干切，《说文》井垣也。

⑰吭　古郎　见　唐　开　一　平　宕　‖胡郎　匣　唐　开　一　平　宕　【寒刚】

⑱吭　居郎　见　唐　开　一　平　宕　‖胡郎　匣　唐　开　一　平　宕　【寒刚】

⑲吭　音刚　见　唐　开　一　平　宕　‖胡郎　匣　唐　开　一　平　宕　【寒刚】

按："吭"，喉咙，《广韵》《集韵》音同。

⑳亢　下郎　匣　唐　开　一　平　宕　‖古郎　见　唐　开　一　平　宕　【寒刚】

按："亢"，喉咙，音冈又下郎翻，共2次，《集韵》"亢""吭"异体字，寒刚切，胡三省音义与此同。

㉑僙　户刚　匣　唐　开　一　平　宕　‖古黄　见　唐　合　一　平　宕　【胡光】

㉒僙　户光　匣　唐　合　一　平　宕　‖古黄　见　唐　合　一　平　宕　【胡光】

按："僙"，人名，胡三省音与《集韵》音基本一致。

㉓絚　户登　匣　登　开　一　平　曾　‖古恒　见　登　开　一　平　曾　【居曾】

按："絚"，绳索，凡15次注音，其中音居登翻7次，古登翻1次，居登翻又居邓翻1次，居曾翻又居邓翻1次，古恒翻4次，户登翻1

第三章 《通鉴音注》声母系统

次。《集韵》有居曾、居邓二切与胡三省音、义相同。

㉔䁲　户登匣登开一平曾‖居邓见登开一去曾【居邓】

按："䁲"，人名，注音8次，古邓翻4次，居邓翻2次，古邓翻又况晚翻1次，户登翻1次。《广韵》䁲，况晚切，又古邓切；《集韵》有火远、居邓二切。

㉕感　胡闇匣覃开一去咸‖古禫见覃开一上咸【胡绀】

按："感"，感恨、憾恨，今字当为"憾"，《集韵》感、憾异体字，户感、胡绀二切。胡三省音与《集韵》音相同。

㉖絓　音挂见佳合二去蟹‖胡挂匣佳合二去蟹【古卖°】
㉗絓　古卖见佳开二去蟹‖胡挂匣佳合二去蟹【古卖°】

按："絓"，罥也，挂也，碍也。《广韵》絓，胡挂切，丝结；音义与胡三省皆不同。《集韵》"絓、罫，罥也，或从网"，古卖切。《广韵》："罫，罫碍，音古卖切，又胡卦切。"可见，此处"絓"应当取"罫"字的音义。

㉘夏　工雅见麻开二上假‖胡雅匣麻开二上假【举下】

按："夏"，阳夏，音工雅翻1次，音贾7次。《集韵》有此音。胡三省音与《集韵》音同。

㉙系　户计匣齐开四去蟹‖古诣见齐开四去蟹【胡计】

按："系"，连累，胡三省音与《集韵》相同。

㉚泫　工玄见先合四平山‖胡畎匣先合四上山【胡干】

按："泫"，上党泫氏县，胡注引师古音工玄翻3次；另有泫然之"泫"，音胡畎翻3次、户畎翻3次。杨正衡认为泫氏之"泫"音胡犬翻（p.3458）。胡三省音与《集韵》胡千切同；《集韵》胡犬切，义亦为玄氏，与杨正衡音同。

㉛悎　音坚见先开四平山‖户盲匣先开四平山【胡千】

按："悎"，地名。《集韵》胡千切，音义皆与胡三省不合。何超《晋书音义》"悎令，《汉书》悎，音坚"，与胡三省音义同。

见母与匣母韵异声混的例证有2例，详下。

㉜浩　音诰见豪开一去效‖古沓见合开一入咸【葛合】
㉝浩　音告见豪开一去效‖古沓见合开一入咸【葛合】

按："浩"，浩亹，地名，胡三省采纳师古音注为"告门"5次、"诰门"4次；采纳孟康注为"合门"1次、"阁门"1次。《广韵》古沓切，《集韵》葛合切，二者音同，义皆为"浩亹"。

见、匣混注的例子中没有三等字，一等韵字14例，二等韵字3例，四等韵字3例。发生音变的条件是豪、魂、寒、唐、登、覃、皆、佳、麻₂、齐、先诸韵系。

见母与匣母之间的混注相对其他牙喉音声母次数最多，在反映其上古小舌音来源的同时，也反映清浊交替的性质。

4. 见云以混注

㉞枭 于骄 云 宵 开 三 平 效 ‖ 古尧 见 萧 开 四 平 效 【坚尧】

按："枭"，凡81次注音，枭首义，亦姓、不孝鸟。注音为古尧翻8次、工尧翻4次、坚尧翻68次；于骄翻1次，此音与《广韵》《集韵》皆不同。

㉟袀 弋旬 以 谆 合 三 平 臻 ‖ 居匀 见 谆 合 重四 平 臻 【规伦】

按："袀"，"莽绀袀服"。胡注："袀，音均，又弋旬翻。"（p.1250）袀，《广韵》《集韵》皆只一读，与其"音均"一致。

㊱绢 与掾 以 仙 合 三 去 山 ‖ 吉掾 见 仙 合 重四 去 山 【规掾】

按："绢"，丝属，有吉掾、与掾二切。与掾切与《广韵》《集韵》音皆不同。

（二）溪母与影、晓、匣、以混注

1. 溪影混注

㊲㕎 安盍 影 盍 开 一 入 咸 ‖ 苦盍 溪 盍 开 一 入 咸 【乙盍】

按："可汗兵败自杀，国人立㕎駆特勒为可汗"，胡注："㕎，安盍翻。"（p.7942）

㊳欧 音驱 溪 虞 合 三 平 遇 ‖ 乌侯 影 侯 开 一 平 流 【区遇*】

按："以太中大夫周仁为郎中令，张殴为廷尉"，胡注："欧，孟康曰音驱；《索隐》曰：於后翻。"（p.511）胡三省列出两家注音但未置可否，可见两家的注音皆见于时下读书音。这两个被注字一个是人名，一个是域外译音，是保存了特定的音读的，读书音中一般不会轻易随便改动。溪、影混注出现在一等韵里。

2. 溪晓混注

㊴猲 许葛 晓 曷 开 一 入 山 ‖ 丘竭 溪 薛 开 重三 入 山 【许葛】

㊵猲 呼葛 晓 曷 开 一 入 山 ‖ 丘竭 溪 薛 开 重三 入 山 【许葛】

㊶猲 呼葛 晓 曷 开 一 入 山 ‖ 丘竭 溪 薛 开 重三 入 山 【许葛】

㊷猲 音喝 晓 曷 开 一 入 山 ‖ 丘竭 溪 薛 开 重三 入 山 【许葛】

第三章 《通鉴音注》声母系统

�43 愒 许葛 晓 曷 开 一 入 山 ‖ 丘竭 溪 薛 开 重三入 山【许葛】

按："愒"，恐愒义，胡三省曰："愒，今人读如喝，呼葛翻。"（p. 6001）又"是以衡人日夜务以秦权恐愒诸侯"，胡注："《索隐》曰：恐，起拱翻。愒，许曷翻，又呼曷翻，谓相恐胁也。邹氏愒音'憩'，义疏。"（p. 67）胡三省所引邹氏音与《广韵》音同：愒，与憩同音，去例切，义为贪也、息也。《集韵》"愒、曷，相恐怯也。或作曷，通作猲"，许葛切，音、义与胡注同。

㊹ 荂 枯花 溪 麻 合 二 平 假 ‖ 况于 晓 虞 合 三 平 遇【枯瓜】

按："荂"，凡3次注音，人名，注音皆为"枯花翻，杨正衡音孚"。《广韵》"訏"小韵，音况于切，其下收"荂"，草木华也，又音敷，义并通。《集韵》音、义与胡三省相同。

㊺ 呴 苦候 溪 侯 开 一 去 流 ‖ 胡遘 晓 侯 开 一 去 流【下遘】

按："呴"，骂也，《广韵》《集韵》音相同。

3. 溪匣混注

㊻ 苦 音户 匣 模 合 一 上 遇 ‖ 康杜 溪 模 合 一 上 遇【孔五】
㊼ 苦 音怙 匣 模 合 一 上 遇 ‖ 康杜 溪 模 合 一 上 遇【孔五】

按："苦"，苦县，古地名。《广韵》《集韵》无此义项。

㊽ 伉 胡朗 匣 唐 开 一 上 宕 ‖ 苦浪 溪 唐 开 一 去 宕【户朗】
㊾ 伉 音杭 匣 唐 开 一 平 宕 ‖ 苦浪 溪 唐 开 一 去 宕【户朗】

按：胡伉，人名，"胡朗翻，又去浪翻"（p. 2321）；卫青子伉，"师古曰：伉，音杭，又工郎翻"（p. 616）。胡朗翻、音杭，与《集韵》音基本相同。

㊿ 吭 苦郎 溪 唐 开 一 平 宕 ‖ 胡郎 匣 唐 开 一 平 宕【寒刚】

按："吭"，咽也，有5种注音：古郎翻1次，户朗翻又户浪翻1次，居郎翻1次，苦郎翻1次，音刚1次。上文见匣混的例子中也有"吭"字。

(51) 榼 户盍 匣 盍 开 一 入 咸 ‖ 苦盍 溪 盍 开 一 入 咸【克盍】

按："榼"，酒器，亦作人名。有4次注音：克合翻1次，苦合翻1次，苦盍翻1次，户盍翻1次。《广韵》音与《集韵》音相同。

(52) 璯 黄外 匣 泰 合 一 去 蟹 ‖ 苦夬 溪 夬 合 二 去 蟹【黄外】

按：此例是韵异声混例。"璯"，人名，胡三省注音与《集韵》相同。

4. 溪以混注

(53)起 音怡 以 之 开 三 平 止 ‖墟里 溪 之 开 三 上 止 【口巳】

(54)玘 音怡 以 之 开 三 平 止 ‖墟里 溪 之 开 三 上 止 【口巳】

按："其欲无穷，劫陛下之威，信其志若韩玘为韩安相也"，胡注："玘，一作起，并音怡。"（p. 277）"玘"作为人名，音注还有区里翻、墟里翻、口纪翻、起里翻几个反切，皆溪母之韵上声。

（三）群母与晓匣混注

(55)朐 香于 晓 虞 合 三 平 遇 ‖其俱 群 虞 合 三 平 遇 【匈于】

(56)朐 音煦 晓 虞 合 三 去 遇 ‖其俱 群 虞 合 三 平 遇 【匈句*】

按："岐、梁、泾、漆之北有义渠、大荔、乌氏、朐衍之戎"，胡注："应劭曰：朐，音煦。师古音香于翻，康求于翻，非。"（p. 208）康音与《集韵》权俱切一致。应劭音、师古音皆与《集韵》同。

(57)键 户偃 匣 元 开 三 上 山 ‖其偃 群 元 开 三 上 山 【纪偃】

按："键"，城门管钥。《广韵》《集韵》注音一致。胡三省用匣母字"户"作三等元韵字的反切上字，与中古音不合。中古音匣母与一、二、四等韵相拼，喻母与三等韵相拼。此例也反映了匣喻相混的现象。

(58)衔 其缄 群 咸 开 二 平 咸 ‖户监 匣 衔 开 二 平 咸 【乎监】

按："衔"，怨也，《广韵》《集韵》无此义。中古群母是三等声母，胡三省用群母字"其"作二等咸韵"缄"之反切上字，说明其时二等韵的"衔"字的性质发生了变化。这个变化就是二等开口韵的牙喉音字已经产生了［i］介音，并与三等韵合并了。宋末元初《通鉴音注》语音系统中，不但二等开口韵的牙喉音字已经产生了［i］介音，而且二等开口牙喉音与三等韵合并了。群母与匣母混注的这个"特例"，正是这个原因造成的。

（四）疑母与晓匣云混注

1. 疑云混注

(59)俣 宇矩 云 虞 合 三 上 遇 ‖虞矩 疑 虞 合 三 上 遇 【五矩】

按："俣"是人名。仅1次注音。

2. 疑晓混注

(60)嚣 音敖 疑 豪 开 一 平 效 ‖许娇 晓 宵 开 重三平 效 【牛刀*】

(61)嚣 五高 疑 豪 开 一 平 效 ‖许娇 晓 宵 开 重三平 效 【牛刀】

(62)嚣 五刀 疑 豪 开 一 平 效 ‖许娇 晓 宵 开 重三平 效 【牛刀】

第三章 《通鉴音注》声母系统

㉖囂　五羔　疑　豪　开　一　平　效 ‖ 许娇　晓　宵　开　重三　平　效【牛刀】

按："囂"，喧嚣义，众口愁貌义，也作人名。"是以四海之内，嚣然丧其乐生之心"，胡注："师古曰：嚣然，众口愁貌，音五高翻。"（p.1251）"长安嚣然，如被寇盗"，胡三省音值："囂，五羔翻，又许骄翻。"（p.7326）胡三省所注音与《集韵》的注音完全相同。类似"囂音敖"等反映中古晓母与疑母的混注，在谐声字与同源字中都有反映，例如"午许浒""厂岸"等。

3. 疑匣混注

此处疑、匣混的两个例子不是音变现象，而是校勘方面的问题。

㉔佷　音银　疑　真　开　重三　平　臻 ‖ 胡登*　匣　登　开　一　平　曾

按："汉人自佷山通武陵"，胡注："孟康曰：佷，音桓。唐峡州辰阳县有佷山。佷，音银。"（p.2201）《广韵》没有"佷"字的注音。《玉篇》"佷"户恳切，匣痕开一上臻；《集韵》"佷、恒、姮、㮄"同一音组，胡登切。大概在文献传抄过程中出现错误，将"恒"或"姮""㮄"误作"桓"。正确的注音当为"佷，音恒"。孟康与胡三省的注音都错了。

㉕圁　音银　疑　真　开　重三　平　臻 ‖ 户关　匣　删　合　二　平　山【于权】

按："白土人曼丘臣、王黄等立赵苗裔赵利为王"，胡注："余据《班志》圁水出白土县西，东入河。师古曰：圁音银，今银州银水是。则白土县在唐银州东。按'圁'字乃'圁'字之误。《通典》：圁水在银州儒林县东北，今谓之无定河。"（p.377）《广韵》《集韵》"圁"音"银"，与胡三省校注合。

中古疑母在现代汉语中有以下几种情况：（1）以 ŋ 的形式存在，（2）以 n 的形式存在，（3）以零声母的形式存在，此种情况又分以 a、o、e、i、u、y 六种元音起头的字，（4）以 r 的形式存在，只有一个"阮"字。近代汉语语音史上疑母有消变为零声母的音变现象，具体来说就是，舌根鼻音 ŋ 在 i、y 的前面容易消失或者发生音变。《通鉴音注》中疑母自注 183 条，发生音变 13 条。除了和晓、匣、云混注（6 例）变 [ɦ] 外，还有与娘母混注（1 例）变 [n]，与来、透、心、章、清诸母混注（5 例）以及与以母构成又音关系（1 例）的情况。

这里需要说明的是疑与晓、匣、云混注的情况是吴语的特征。疑、匣、云混注发生在三等合口，这一条件符合疑母与喻母合流的条件，说明《通鉴音注》中出现了疑母与喻母合流变作了［ɦ］的迹象。疑母与晓母的混注也应当是此类现象。我们在此列出来，以便就教于大方之家。疑母与娘母混，实际上就是疑母和泥母混，因为《通鉴音注》中泥、娘已经合流，娘母并入了泥母。疑母与泥母混，反映的是疑母的又一项音变：中古疑母三等字在近代有变成泥母的现象。另外疑母与来、透、心、章、清、邪诸母混注的情况，我们将在下文论及。

（五）牙喉音混注的原因

胡三省音注中牙音和喉音混注66例（不计重复），其中有2例属于校勘方面的问题。从牙喉音混注的64例看，为外族地名、人名音译用字注音的有8例，为古地名、人名用字注音的有15例，为假借字注音的有2例，为专门名称用字注音的有3例，为保留古音的字注音的有6例。《通鉴音注》牙音字与喉音字混注的韵母条件及混注次数见表3-2所示。

表3-2　　牙喉音混注的韵母条件及其混注次数统计表

	开口				合口			
	一	二	三	四	一	二	三	四
见	寒2、唐1、登2、覃1	—	元1	萧4、齐1	灰2、唐2、魂1、唐1	—	谆$_A$1、仙$_A$1	屑1、青1
溪	盍2、唐3	—	薛$_B$5、之2	—	—	夬1	模3	—
群		—	元1				虞3	
疑		衔1	—				虞1	
影	侯1	—	—				仙$_A$2	—
晓	侯2	—	药1、宵$_B$4	—	灰1		虞1	青2
匣	豪2、唐3、咍1、登1	麻1、黠1	—	先1	—	皆2、佳2	—	先1
云	—	—	—	—	—	—	仙1	—
以	—	—	—	—	—	—	—	—
合计（次）	21		23		7		23	

我们看到，牙音和喉音混注的情况在开口韵和合口韵里出现的次数是开口多于合口。而发生在开口二、三、四等韵里的混注的总数与发生在开口一等韵里的次数几乎相等。这说明我们不能拿牙喉音的腭化理论来解释《通鉴音注》中牙音和喉音之间的混注现象。腭化理论说的是现代［tɕ］、［tɕ'］、［ɕ］的产生。［tɕ］、［tɕ'］、［ɕ］的产生首先应当在牙喉音声母里发生当无异议，但其产生的条件和时代以及地域上的分布不允许我们往这方面联想。根据耿振生《明清等韵学通论》，古牙喉音在现代吴语中以介音洪细为条件分化成舌面前音和舌根音两套，十九世纪以前的吴方言等韵学著作都没有反映出这种分化（1992：p.156）。李新魁和鲁国尧元代吴语研究的结论中也没有提及此项音变。即便能够用腭化理论解释开口二、三、四等韵的牙喉音混注，也只能是腭介音的问题。我们知道《通鉴音注》中二等开口牙喉音已经产生了［i］介音，四等韵也已经分裂出了［i］介音，并且由于二者与三等韵有相同的介音，因主元音相近而与同摄三等韵合流了。更何况这里混注的除了见、溪、晓、匣四母之外，还有群、疑、影、云、以五母，用腭化理论显然不足以解释所有现象。我们认为，应当从牙喉声转本身说起。

"牙喉声转"指的是喉音影、晓、匣与舌根音见、溪、群、疑之间的互转。李新魁《上古音"晓匣"归"见溪群"说》认为："在汉语的谐声系统中，今音念晓系的字，大部分从见系的声旁得声。反之，今音念见系的字，也多从晓系的声旁得声。"[1] 朱声琦《从古代注音及一字两读等看喉牙声转》从谐声偏旁与反切上字的关系、反切又音、反切异文、喉牙二读、直音等古代注音材料、古注、一字两读等方面论证喉牙声转这一古音规律[2]，《从古今字、通假字等看喉牙声转》从古今字、通假字、异体字等方面论证了牙喉声转的规律[3]，并于《从汉字的谐声系统看喉牙声转：兼评"上古音晓匣归见溪群"说》一文中反驳

---

[1] 李新魁：《上古音"晓匣"归"见溪群"说》，《学术研究》1963年第2期。
[2] 朱声琦：《从古代注音及一字两读等看喉牙声转》，《聊城师范学院学报》（哲学社会科学版）1997年第4期，第50—55页。
[3] 朱声琦：《从古今字、通假字等看喉牙音转》，《徐州师范大学学报》（哲学社会科学版）1998年第3期，第49—52页。

了李新魁上古无喉音、喉音是魏晋以后从牙音里分化而来的观点，认为上古喉音和牙音都独立存在①。

影、晓、匣和见、溪、群、疑之间的互转，这是牙喉音中最常见、最重要并贯通古今的语音现象。郑张尚芳《上古音系》（2019）指出："上古音见组与影组可以谐声、转注、异读、通假，如'工'作'红'声符，'景'转注派生'影'，'公'与'翁'同根，'关弓'之'关'读'弯'，'鬼'通'畏'。虽舌根、小舌部位相近，但不同部位声母可相通谐者，还是一种特殊情形。"② 潘悟云《喉音考》（1997）在蒲立本（1962）、白保罗（1972）等学者的研究基础上通过比较民族语材料、古代译音材料、古代文献以及汉语的谐声系统和假借关系，指出上古汉语存在小舌音 $^*q$-、$^*qh$-、$^*G$-，它们到中古变成了影、晓、匣、云。影母在上古经常与舌根塞音互相借用的现象，是因为影母在上古是 $^*q$-，自然与 $^*k$- 类音接近。例如，"弯""關"（关）通假，"公""翁"谐声，"景""影"是古今字关系，"门无畏"异文作"门无鬼"，"郁林郡"乃故秦"桂林郡"，等等，皆是其证。古代文献中所反映的晓母与溪母之间的关系，实际上就是 $^*qh$- 与 $^*kh$- 之间的关系。匣母字在上古有两个来源，一为 $^*g$，一为 $^*G$，它们与群、云之间有以下关系③：

上古	中古
$^*g$-（三等）	gj-（群母）
$^*g$-（一、二、四等）	ɣ-（匣母）
$^*G$-（一、二、四等）	ɣ-（匣母）
$^*G$-（三等）	ɦj-（云母）

中古的群母和云母都只有三等，匣母则只有一、二、四等。匣母分为两类分别与群母、云母互补，这就能比较圆满地解释匣母与见组字大量谐声、通假的历史关系。

---

① 朱声琦：《从汉字的谐声系统看喉牙声转：兼评"上古音晓匣归见溪群"说》，《南京师大学报》（社会科学版）1998 年第 2 期，第 137—142 页。
② 郑张尚芳：《上古音系》（第二版），上海教育出版社 2019 年版，第 92 页。
③ 潘悟云：《喉音考》，《民族语文》1997 年第 5 期，第 21 页。

邵荣芬《匣母字上古一分为二试析》、《匣母字一分为二再证》，根据形声字、读若、通假字、异文、梵文对音以及现代方言等诸多资料，认为匣母字上古一分为二：凡与 k 类有谐声关系的归为匣$_1$类，读同群母，读浊塞音；凡与 k 类没有谐声关系的归为匣$_2$类，读同云母，读浊擦音。此说先为李方桂提出，由罗常培表出并予以认可。匣母中跟 k-类相谐的是 *g-，不跟 k-类相谐的则与云母同，是 *G。对于邵荣芬"匣母与舌根塞音的关系较为密切，因此表现出匣与见、溪、群的混注比匣与晓、云、以的混注的例证要多"的观点，潘悟云指出："如果从云、匣两母与见组谐声的百分比考虑，云母与见组谐声的例子虽然还是比较少，但很难说是'极少'，有些谐声系列的关系甚至还相当密切。"①

云母是 *G-的构拟，能够解释云母字与舌根塞音的谐声、互读现象以及云母字大多是合口的缘由。云母的上古音是 *G，云母大多是合口字，前元音往往不圆唇，后元音往往圆唇，这是一个语言的普遍现象。辅音也是如此，后舌位的辅音有圆唇化的趋势。潘悟云所构拟的上古小舌音，得到了郑张尚芳等学者的支持和赞赏。

四　牙喉音与唇舌齿音混注现象

我们知道，牙喉音是人类最原始、最基本的声音。朱声琦《百音之极，必归喉牙》（2000）认为远古先人最初只会发牙喉音，随着人类不断进化，发音的生理机制不断完善，发音和辨音能力不断提高，人类的发音逐渐由易趋难，由简单到复杂，会发其他音了。随着牙喉音，产生了唇音，其后有舌音，其后有齿音。在汉语传统的喉、牙、唇、舌、齿五音中，齿音出现最晚。魏晋以降，在五音之后，又产生了舌上音知系、正齿音照系。到清代，又产生了舌面音，即现代汉语拼音 j、q、x。j、q、x 是汉语语音中最年轻的声母。许多后来的声母，尤其是不少舌音和齿音的声母，都是从牙喉音分化而来的②。《通鉴音注》中除了存在牙喉音混注的现象外，还存在牙喉音与舌、齿、唇音混注现象。

---

① 潘悟云：《喉音考》，《民族语文》1997 年第 5 期，第 18 页。
② 朱声琦：《百音之极，必归喉牙》，《江苏教育学院学报》（社会科学版）2000 年第 4 期，第 83—90 页。

上文我们探讨了喉音与牙音声母混注的情况，本节我们探讨牙喉音与舌音、齿音、唇音声母混注的情况。

（一）牙喉音与齿音相混现象

1. 见晓组与精组、庄组声母混注例

①懈　七隘　清佳开二去蟹‖古隘　见佳开二去蟹【居隘】

按："懈"，共32次注音，懈怠义，注音为古隘翻22次，居隘翻8次，俱卖翻1次，七隘翻1次（p.4779）。七隘翻与《广韵》《集韵》音皆不同。

②兹　音佳　见佳开二平蟹‖疾之　从之开三平止【墙之】

按：前文已经提及，龟兹，胡三省注"龟兹，音丘慈，唐人又读为屈佳"（p.5329）、"龟兹，音丘慈，又音屈佳"（p.6456），从胡三省音注看，从汉至唐，"龟兹"的读音发生了变化。此处"兹音佳"即此音。

③亟　巳力　邪职开三入曾‖纪力　见职开三入曾【讫亿】
④亟　汜力　邪职开三入曾‖纪力　见职开三入曾【讫亿】

按："公当挺身力战，早定关中，迺亟欲自尊，何示人不广也"，胡注："亟，巳力翻。"（p.5680）"杨朝晟疾亟"，胡注："亟，汜力翻。"（p.7595）这两条音注可能是注错了或者是刻写的错误。"亟"在胡三省的《音注》中，还有欺冀翻、居力翻、纪力翻、区记翻等反切，意思都是"急也"；还有去吏翻，意思是"频也，数也"，而且这几个注音重复出现了好几次，我们只选择了其中一个作为分析对象。巳力翻、汜力翻各自在文中只出现了一次。《集韵》"亟"是群母，也与胡三省的音不同。

⑤堉　及尺　群昔开三入梗‖秦昔　从昔开三入咸【秦昔】

按："堉"，凡4次注音，秦昔翻3次，土薄也；及尺翻1次，地名，见于"景遣任约帅锐卒五千据白堉以待之"（p.5067）。

⑥沁　午鸩　疑侵开三去深‖七鸩　清侵开三去深【七鸩】

按："沁"，沁州、沁水，凡19次注音：七鸩翻12次，七浸翻1次，千浸翻1次，千鸩翻1次，牛鸩翻1次，午鸩翻2次。用"牛""午"作反切上字者共3次。

⑦袷　疾夹　从洽开二入咸‖侯夹　匣洽开二入咸【辖夹】

按："袷"，袷祭。凡5次注音，其他音注是：音合1次，胡夹翻2

第三章 《通鉴音注》声母系统

次，户夹翻1次。《集韵》"合""袷"同音曷阁切。

⑧曾 户增 匣 登 开 一 平 曾 ‖昨棱 从 登 开 一 平 曾【徂棱】

按："曾"，曾不料、曾不能之"曾"，共6次注音，其中5次为才登翻。

⑨栉 去瑟 溪 栉 开 三 入 臻 ‖阻瑟 庄 栉 开 三 入 臻【侧瑟】

按："栉"，梳也，共6次注音，注为侧瑟翻5次，去瑟翻1次（p.8860）。

⑩䦆 所及 生 缉 开 三 入 深 ‖许及 晓 缉 开 重三入 深【迄及】

按："持矛而操䦆戟者旁车而趋"，胡注："《唐韵》：戟名曰䦆，音所及翻。"（p.63）

⑪索 下客 匣 陌 开 二 入 梗 ‖山戟 生 陌 开 二 入 梗【色窄】

按："士良等分兵闭宫门，索诸司，捕贼党"，胡注："索，下客翻。下同。""下同"指的是下文"又遣兵大索城中"（p.7913）。求索、搜索义，注音为山客翻者148次，西客翻1次。《广韵》《集韵》音同。

⑫身 音乾 见 寒 开 一 平 山 ‖失人 书 真 开 三 平 臻【失人】

按："大夏国人曰：吾贾人往市之身毒"，（p.628）胡注："身毒，孟康曰：身毒即天竺也，所谓浮屠胡也。邓展曰：毒音笃。李奇曰：一名天笃。师古曰：亦曰捐毒。《索隐》曰：身音乾。"按：天竺，《山海经·海内经》作"天毒"，《后汉书·西域传》作"天竺"，或又作"身毒"，皆是伊朗语 Hinduka 的音译。《艺文类聚》引《白虎通》"天者身也"，与孟康说同。"乾""身"音同，胡注保留了古音。

⑬伽 戍迦 书 戈 合 三 平 果 ‖求迦 群 戈 合 三 平 果【求迦】

按："伽"，共27次注音，求加翻8次，求迦翻18次，戍迦翻1次（p.5298），突厥人名音译用字，汉人也有以"伽"为名的。

2. 见晓组与章组声母混注例

⑭键 之然 章 仙 开 三 平 山 ‖居言 见 元 开 三 平 山【诸延】

按："《易》曰'鼎折足，覆公𫗧'，喻三公非其人也"，胡注："𫗧，音送鹿翻。虞云：八珍之具也。马云：键也。键，音之然翻，郑云：菜也。"（p.1122）《集韵》"𫗧""键"互为异体字，有居言、诸延二切。

⑮支 其兒 群 支 开 三 平 止 ‖章移 章 支 开 三 平 止【翘移】

⑯支　音祁　群　脂　开　重三　平　止　‖章移　章　支　开　三　平　止　【翘移*】

按："支"，令支县，在辽西。《广韵》令，郎定切，其下注曰："令支县，在辽西郡。"《集韵》"支"与"祁"同音翘移切，其下注曰："令支，县名，在辽西。"

⑰招　音翘　群　宵　开　重四　平　效　‖止遥　章　宵　开　三　平　效　【祁尧*】

按："招"，师古曰"读与翘同，举也"（p.298、p.1058、p.1717、p.1975）。《集韵》"招"与"翘"同音，举也。

⑱刓　音专　章　仙　合　三　平　山　‖五丸　疑　桓　合　一　平　山　【吾官】

按："刓"有2次注音，圆削义："至使人，有功当封爵者，印刓敝，忍不能予。"胡注："苏林曰：手弄角讹，不忍授也。余谓角讹者，刓之义；敝，旧敝也。师古曰：刓，五丸翻；苏林：太官翻，又音专。"（p.311—312）"冻馁交逼，兵械刓弊。"胡注："刓，吾官翻，钝也。"（p.8236）

按：圆削义、钝义之"刓"，同"园"，或作"抁"。《广韵》桓韵五丸切：刓，圆削也；抁，挫也；园，同"刓"。《集韵》桓韵吾官切："刓冠，说文：剸也，一曰齐也。或作冠。"又："园抁，圆削也，《庄子》'园而几向方'，或作'抁'。"苏林之"太官翻，又音专"，字当作"团"，《集韵》卷二二十六桓："团专园塼，徒官切，《说文》圜也，《周礼》作'专'，《庄子》作'园'，《太玄》作'塼'，通作'敦'。"此则"团"与"园"异文，圜也；与苏林音义同。苏林音乃同义换读。

⑲赤　音赫　晓　陌　开　二　入　梗　‖昌石　昌　昔　开　三　入　梗　【昌石】

按："赤"，"成侯董赤"，《史记正义》音赫（p.498）。"赤"是人名用字，此音为文献专称之古读。

3. 以母与齿音混注例

⑳虒　音夷　以　脂　开　三　平　止　‖息移　心　支　开　三　平　止　【相支】

按："而置云中、雁门、代郡"，胡注："五台则汉太原之虑虒县也。师古曰：虑虒，音虏夷。"（p.209）《广韵》："儩"，息移切，注云："儩，祁地名，在绛西，临汾水，本亦作虒。"

㉑洩　息列　心　薛　开　三　入　山　‖余制　以　祭　开　重四　去　蟹　【私列】

按："洩"，洩露，《广韵》"泄"私列切，注云："漏泄也，歇也，亦作洩，又姓，又余制切。"

第三章 《通鉴音注》声母系统

㉒屿 音余 以 鱼 合 三 平 遇 ‖徐吕 邪 鱼 合 三 上 遇 【象吕】
㉓屿 以与 以 鱼 合 三 上 遇 ‖徐吕 邪 鱼 合 三 上 遇 【象吕】

按："屿"，人名，凡 3 次注音，除此二切语外，还有徐与翻，后者与《广韵》相同。屿，《广韵》《集韵》所注音相同，与胡三省音异。

㉔蜉 音由 以 尤 开 三 平 流 ‖自秋 从 尤 开 三 平 流 【夷周*】

按："蟋蟀竢秋唫，蜉蝣出以阴。"（p.841）《广韵》"蝣"下注云"蜉蝣，朝生夕死"，以周切；《集韵》"蜉""蝣"同音由，夷周切；义亦相同。"蜉蝣"是个连绵词，词的写法虽不一致，但语音相近（叠韵）。

㉕施 弋智 以 支 开 三 去 止 ‖施智 书 支 开 三 去 止 【以豉】
㉖施 以豉 以 支 开 三 去 止 ‖施智 书 支 开 三 去 止 【以豉】

按："施"，胡三省的音注有两种音和义：布施义，音式智翻 45 次，式豉翻 22 次等；施及义，音弋智翻 2 次，以豉翻 1 次，后者与《集韵》反切的音相同。

㉗身 音捐 以 仙 合 三 平 山 ‖失人 书 真 开 三 平 臻 【失人】

按：前文已述及，身毒，国名（p.628），胡注："身毒，孟康曰：身毒即天竺也，所谓浮屠胡也。邓展曰：毒音笃。李奇曰：一名天笃。师古曰：亦曰捐毒。《索隐》曰：身音乾。"从汉至唐音译用字不同，反映了语音的变化与发展。

㉘镒 戍质 书 质 开 三 入 臻 ‖夷质 以 质 开 三 入 臻 【弋质】

按："先白张镒，镒以告卢杞"，胡注："镒，戍质翻。"（p.7310）此注文渊阁电子版"戍"作"戊"。"镒"，人名，亦计量单位，在胡注中共 9 次注音，其他音为弋质翻 6 次，夷质翻 1 次，音逸 1 次。此处怀疑"戍"和"戊"为传抄之误。

㉙酳 士觐 崇 真 开 三 去 臻 ‖羊晋 以 真 开 三 去 臻 【士刃】

按："酳"，凡 2 次注音，以酒漱口义。一为音胤又士觐翻，一为羊晋翻。胡三省音与《集韵》音相同。

㉚斜 昌遮 昌 麻 开 三 平 假 ‖以遮 以 麻 开 三 平 假 【余遮】

按"斜"，凡 16 见，其中斜谷之"斜"有以下注音：余遮翻 10 次，昌遮翻 3 次，音邪又似嗟翻 1 次。《集韵》：斜，伊雅斜，匈奴单于名，音时遮切。而对于"伊雅斜"的音读，胡注："《索隐》曰：斜，士嗟翻，邹诞生音直牙翻。盖'稚斜'胡人语，近得其实。"（p.609）

㉛鄯 以战 以 仙 开 三 去 山 ‖时战 禅 仙 开 三 去 山【时战】

按："鄯"，鄯州，注音凡50次，其中上扇翻23次，时战翻16次，时战翻又音善6次，以战翻又音善1次。《广韵》有常演、时战二切，义同。《集韵》有上演、时战二切。胡三省音与《广韵》《集韵》皆不同。

牙喉音声母与齿音声母混注的情况主要发生在三等韵里，注音字中除了一般词汇用字外，还包括地名、人名、名物词、音译词、古今字、通假字等的用字现象。《通鉴音注》保留了很多自唐宋以来文献用字的传统读法，这些字的注音反映了上古声母的特点。

郑张尚芳《上古韵母系统和四等、介音、声调的关系》（1987）指出：章系有些字跟见系相通，如"车"又音"居"，"甄"又音居延切，"臣肾"与"臤贤"谐声，"支"与"技芰"谐声，"旨"与"诣耆稽"谐声，"示"与"祁"谐声，"出"与"屈"谐声，"甚"与"堪"谐声，"针（鍼）"与"咸"谐声又读巨淹切，"郅"（姓）通"姞"，"善"谐"撢"读九辇切，"钊"又音祁尧切等。与牙喉音相谐的章系字上古音是*klj-，即章*klj、昌*khlj、禅*glj、书*hlj、船*filj、日*ŋlj，这样就可以解释以下这些字的关系："赤"khljag谐"郝"hlag、"赫"hlag，"奭"诗亦切hljag，读若"郝"hlag；"䍃"leu谐"䍃"火招切hleǔ，读若"烧"hljeu；"粥"kljug又通"育"lug，又读居六切klǔg。

《通鉴音注》中牙喉音与齿音相混注的注音，保存了文献中特殊名称的古读。这些古读有些见于《集韵》，也有些不见于《集韵》。

(二) 牙喉音与舌音相混现象①

1. 见晓组与舌音声母混注例

①盍 徒盍 定盍 开 一 入 咸 ‖古盍 见盍 开 一 入 咸【谷盍】

按："盍"，凡36次注音，皆姓氏。注为古盍翻33次，古合翻2次，徒盍翻1次。

②坩 徒感 定覃 开 一 上 咸 ‖苦感 溪覃 开 一 上 咸【苦感】

按："坩"，坎也（p.8185），仅1次注音；与《广韵》《集韵》注

---

① 牙喉音与来母混注的例子放在来母一节集中讨论，此节略。

第三章 《通鉴音注》声母系统

音皆不同。

③僭 丁念 端添开四去咸 ‖ 苦念 溪添开四去咸 【诘念】

按："僭"，僭人，侍从。注音9次，苦念翻8次，丁念翻1次（p.7107）。

④貙 去于 溪虞合三平遇 ‖ 敕俱 彻虞合三平遇 【敕居】

按："貙"，貙䝞（p.1280），仅1次注音。胡三省音与《广韵》《集韵》皆不同。

⑤刓 太官 透桓合一平山 ‖ 五丸 疑桓合一平山 【吾官】

按：上文已经述及，"刓"有2次注音，圆削义，苏林、师古皆有太官翻、音专等注音。

⑥觍 他典 透先开四上山 ‖ 胡典 匣先开四上山

按："觍"，铣觍，小凿也，《广韵》无此字，《集韵》义与胡注同。

⑦搴 知辇 知仙开三上山 ‖ 九辇 见仙开重三上山 【九件】

按："搴"，人名，有5次注音，九辇翻4次，知辇翻1次（p.7683）。

⑧猘 征例 知祭开三去蟹 ‖ 居例 见祭开重三去蟹 【征例】

按："猘"，"譬如猘狗，或能噬人"，胡注："《汉书音义》：猘，征例翻，又居例翻，狂犬也。"（p.4885）又："猘，征例翻。犬强为猘。"（p.9031）《集韵》有居例、征例等切语，义同。

⑨憁 丑六 彻屋合三入通 ‖ 许竹 晓屋合三入通 【许六】

按："憁"，谓动而痛也，《广韵》《集韵》音同。《五音集韵》憁、蓄、畜，同音丑六切。

⑩噤 直禁 澄侵开三去臻 ‖ 渠饮 群侵开重三去深 【渠饮】

按："噤"，凡3次注音，注为其禁翻1次，巨禁翻1次，直禁翻亦作䫴（p.4915）1次。"举刃将下者三，噤龄良久"，噤龄，切齿怒也。"䫴"字义与原文义合。《广韵》《集韵》"噤""䫴"音同，义不同：噤，闭口也；䫴，切齿怒也。

2. 云母与舌音声母混注例

⑪餤 于廉 云盐开三平咸 ‖ 徒甘 定谈开一平咸 【余廉】

按："餤"，上文已经述及，读平声时义为饼餤、菜餤之类。胡三省音与《广韵》不同，但与《集韵》音相近。

⑫髫 于聊 云萧开四平效 ‖ 徒聊 定萧开四平效 【田聊】

按："髫"，小儿垂髮也，仅1次注音。此音不见于《集韵》。

⑬玚　雄杏　云　庚　开　二　上　梗　‖徒杏　澄　庚　开　二　上　梗　【丈梗】

按："玚",人名,注音21次,其中雄杏翻又音畅15次,雄杏翻又音畅1次,徒杏翻又音畅2次,丈梗翻又音畅1次,音荡1次。《广韵》玉名,与章切;《集韵》玉名,余章切;皆平声。胡三省音荡、音畅、丈梗翻等音,皆与《集韵》音同;徒杏翻又音畅与《广韵》切语相同;雄杏翻与《广韵》徒杏翻一致,属于类隔切。这里怀疑"雄"是"雉"字之误。存疑。

3. 以母与舌音诸母混注例

⑭阽　丁念　端　添　开　四　去　咸　‖余廉　以　盐　开　三　平　咸　【都念】

按："且朝廷当阽危之时",胡注："余廉翻,又丁念翻。"(p.8409)《集韵》有此音,义亦同。

⑮馅　弋廉　以　盐　开　三　平　咸　‖徒甘　定　谈　开　一　平　咸　【余廉】

按："馅",胡注中有动词和名词两种词性和意义,名词义是饼馅、菜馅之类,读弋廉翻又徒甘翻2次,于廉翻又徒甘翻1次;动词意义是食也、啗也,读徒滥翻1次。《广韵》"馅"有平、去二读,一为徒甘切,进也;一为徒滥切,食也,啗也。《集韵》有余廉切、于盐切与此例注音相应。

⑯治　弋之　以　之　开　三　平　止　‖直之　澄　之　开　三　平　止　【盈之】

按："又作新平于灅水之阳",胡注："又考班固《地理志》,雁门阴馆县楼烦乡累头山,治水所出,东至泉州入海。师古曰:治,弋之翻。"(p.2807)《集韵》盈之切,与师古音义相同。

⑰涂　音邪　以　麻　开　三　平　假　‖宅加　澄　麻　开　二　平　假　【余遮*】

按："强弩都尉路博德会涿涂山",胡注："徐广曰:涂,音邪。索隐曰:涿,音卓。邪,以奢翻。《汉书》作涿邪山。在高阙塞北千里。"(p.713)《集韵》:"涿涂,山名,在匈奴中。""涂"与"邪"同音,余遮切。徐广音与《集韵》同。

牙喉音与舌音混注例主要发生在三等开口,以母与舌音混注字音亦见于《集韵》。

(三) 牙喉音与唇音相混现象

牙喉音与唇音混注主要表现在明(微)母与见母、晓母的混注。具体分析如下:

第三章 《通鉴音注》声母系统

1. 明（微）晓混注例

①帗 音谟 明 模 合 一 平 遇 ‖荒乌 晓 模 合 一 平 遇【微夫】

按："故嫫母辅佐黄帝"，胡注："《汉书·古今人表》：帗母，黄帝妃，生仓林。师古曰：帗，音谟，即嫫母也。"（p. 6290）《汉书》"帗"即"嫫"之异文。

②忓 音呼 晓 模 合 一 平 遇 ‖武夫 微 虞 合 三 平 遇【荒胡ˇ】

按："琦作《外戚箴》《白鹄赋》以风"，胡注引《后汉书·文苑列传·崔琦传》："诗人是刺，德用不忓。李贤注曰：忓，大也，音呼。"（p. 1744）此音义皆与《集韵》同。

按：胡注与《集韵》所收文献古读相同，这一古读反映的是古明母与晓母相谐的问题。

2. 明母与见组声母混注例

③妉 姑三 见 谈 开 一 平 咸 ‖武酣 明 谈 开 一 平 咸【沽三】

按："妉"，老女称（p. 3390）。胡三省音义与《集韵》同。

④沫 音刿 见 祭 合 重三去 蟹 ‖莫拨 明 末 合 一 入 山【呼内】

按："沫"，凡3次注音：涎也，音莫曷翻；曹沫，"音末，又读曰刿"（p. 225）；"《索隐》曰：沫，亡葛翻。《左传》《穀梁》并作'曹刿'。然则'沫'宜音'刿'，'沫''刿'声相近而字异耳"（p. 49）。《左传》曹刿，《史记》作"曹沫"，司马贞《索引》可证。

⑤媒 音欺 溪 之 开 三 平 止 ‖莫杯 明 灰 合 一 平 蟹【谟杯】

按："今举事一不幸，全躯保妻子之臣随而媒蘖其短"，胡注："服虔曰：媒，音欺，谓诋欺也。孟康曰：媒，酒教；蘖，曲也；谓酿成其罪也。师古曰：孟说是也。齐人名'曲饼'曰'媒'。贾公彦曰：齐人名曲饼曰媒者，曲麸和合得成酒醴，名之为媒。"（p. 716）考察胡三省所引用的师古注，服虔的"媒音欺"，属于同义换读，是释义而非注音。

3. 云以母与帮母混注例

⑥镍 彼列 帮 薛 开 三 入 山 ‖与涉 以 叶 开 三 入 咸【达协】

按："太子法服设乐以待之"，胡注："革带，金钩镍。……镍，丑例翻，又彼列翻。"（p. 5573）《集韵》有弋涉、实楫、虚涉、达协四切，声母都不与胡三省音同，存疑。

⑦汨 越笔 云 质 开 三 入 臻 ‖莫狄 明 锡 开 四 入 梗【越笔】

按："汨"为人名音译用字："三月，辛酉，遣司门郎中于人文册回鹘曷萨特勒为爱登里囉汩没密于合毗伽昭礼可汗。"（p.7843）此例胡三省的反切与《集韵》反切相同。

上古明母［m-］具有鼻唇音两种"音质"，明母的唇"音质"弱化后变为喉音。谐声字中，明母与晓、匣常常交叉。如每悔、亡荒、毛耗等。这些字在谐声时代都读明母［m-］，后来读晓母的，是由明母［m-］变为晓母［h-］的。这是因为明母［m-］这个音素其音值可以一分为二：一是唇音"音质"，二是从鼻孔送气的鼻音"音质"。在历史音变中，这种由两个音质构成的音素，容易消失掉其中的一个音质。原因是，一个音素发音整个过程中某个发音部位动作弱化。明母就是这种情况。如果明母的唇音质消弱，剩下的从鼻孔出去的送气音质，就近于从喉送气的晓匣；如果明母的鼻音质消失，就成了帮滂並。即：m = pŋ/bŋ-> ŋ-> ɦ/h-（唇音质弱化消失而变为喉音）；m = pŋ/bŋ-> p/b-（鼻音质弱化消失而变为唇塞音塞擦音）（按：［p/b］代表［m］所包含的唇音质，［ŋ］代表［m］所包含的鼻音质）。

（四）同义又音反映牙喉声转及其与舌齿唇音混注的情况

胡三省《通鉴音注》音切中，同义又音字能够更为清晰地反映牙喉音声母混注、牙喉音与唇舌齿音声母的混注情况。其例分类如下：

1. 牙喉音声母同义又音关系的音注

见影混注：悁，工唤翻，又音绾；徼，古尧翻，又一遥翻；璟，於景翻，又古永翻；頯，居筠翻，又纤纶翻。

见晓混注：诟，音遘，又呼候翻；诟，许遘翻，又古候翻；彉，音郭，又音霍；彉，虚郭翻，又古郭翻；泂，古永翻，又休正翻；泂，翾正翻，又古迥翻；晖，古邓翻，又况晚翻。

见匣混注：扢，古屹翻，乂胡骨翻；诖，古卖翻，又户卦翻；窐，古携翻，又音携；瓌，姑回翻，又胡隈翻；悃，胡昆翻，又公浑翻，又音古本翻；邗，音寒，又古寒翻；郃，古合翻，又曷阁翻；佼，古巧翻，又音効；湝，音皆，又户皆翻；亢，音冈，又下郎翻；衔，音县，又工县翻。

见以混注：谷，音縠，又音浴；昀，弋旬翻，又音均。

见云混注：枭，坚尧翻，又于骄翻。

第三章 《通鉴音注》声母系统

溪影混注：觖，窥瑞翻，又於决翻。
溪匣混注：伉，胡朗翻，又去浪翻。
群晓混注：轩，音轩，又巨连翻。
疑晓混注：嚣，虚骄翻，又牛刀翻。
疑以混注：囮，余周翻，又五戈翻。

2. 牙喉音与舌齿音之间同义又音关系的音注

见知混注：狣，征例翻，又居例翻。
见船、以船混注：潏，音决，又食聿翻，又音聿。
溪彻混注：绌，敕律翻，又音屈。
群初混注：笈，其劫翻，又楚洽翻。
匣知混注：戆，下绀翻，又竹巷翻。
匣心混注：郇，音荀，又胡顽翻。
以定混注：餤，徒滥翻，又弋廉翻，又徒甘翻。
以端混注：阽，音阎，又丁念翻。
以禅混注：鄯，以战翻，又音善。
以邪混注：彗，祥岁翻，又延芮翻，又徐醉翻；斜，音邪，又似嗟翻；洋，音羊，又音祥。
以船、以透混注：虵，以者翻，又食遮翻，又音他；塍，以证翻，又食证翻。

3. 唇音字与牙喉音又音关系的音注

滂溪混注：荂，音孚，又枯花翻。
明见混注：沫，音末，又音刿。

以上牙喉音与舌齿音、唇音构成同义又音的现象与上文的分析相印证，可见《通鉴音注》中的确存在着牙喉音之间、牙喉音与舌齿唇音之间的这种通转关系，这种关系可以追溯到上古音，反映的是读书音的存古形式。《通鉴音注》反切及直音中出现的牙喉音与唇舌齿诸音相混的现象，多出现为古地名、人名等用字的注音上，有存古成分，《集韵》尚保留了这些字音及其用法；也有些是通假字的读音，有些是汉唐人的同义换读，有些是文献传抄过程中的讹误问题。

第六节 半舌音与半齿音

一 半舌音

来母字的注音约有450条，自注439条，混注11条，混注发生在与牙喉音、舌头音以及舌上音、齿音等声母条件下。来日也有混注现象。中古来母自注比率高达97.6%，与其他组声母混注的音切反映了上古语音特点，值得研究。

（一）来母与舌音混注现象

来母与定母、透母、心母有混注现象，共7例。

①乐 徒各 定铎开一入宕‖卢各 来铎开一入宕【历各】

按："乐"，凡693次注音，有三种注音：其一，音洛682次，卢各翻1次，来各翻1次；其二，五教翻2次，鱼教翻2次，五孝翻1次；其三，徒各翻1次，其原文出处是："发东土诸郡免奴为客者，号曰乐属。"（p.3497）"乐属"义胡三省都注为音洛，仅1例注为徒各翻。《广韵》《集韵》无此音。

②调 力钓 来萧开四去效‖徒吊 定萧开四去效【徒吊】
③调 力吊 来萧开四去效‖徒吊 定萧开四去效【徒吊】

按："调"，凡155次注音，有调发、调赋、征选义者，音徒钓翻64次，徒吊翻80次，力钓翻1次，力吊翻2次。反切上字是"力"的注音字出自以下语境："又令民十八受田输租调，二十充兵，六十免力役，六十六还田，免租调。"胡注："调，力吊翻。下夫调、牛调同。"（p.5239）"牛调二尺，垦租一斗，义租五升"，胡注："调，力吊翻。"（p.5240）"凡全忠所调发，无不立至"，胡注："调，力钓翻。"（p.8324）这三个例子中的"调"很显然是赋调、调发的意思。《广韵》《集韵》无此音。

④𥻳 音胎 透咍开一平蟹‖落哀 来咍开一平蟹【汤来*】

按："攻烧官寺，杀右辅都尉及𥻳令"，胡注："师古曰：𥻳，与邰同，音胎。"（p.1162）《集韵》"邰、𥻳、厘、𥻆"互为异体字，与"胎"同音，汤来切，义亦与胡注同。

⑤贷 来戴 来咍开一去蟹‖他代 透咍开一去蟹【他代】

第三章 《通鉴音注》声母系统　　　　　　　　　177

按："贷"，义为假借，共注音10次：吐戴翻2次，他代翻2次，土戴翻1次，土带翻1次，他代翻又土得翻1次，与貣同吐得翻1次，惕得翻又敌德翻又他代翻1次，来戴翻1次。"叙朔方将士忠顺功名，犹以怀光旧勋曲加容贷"，胡注："贷，来戴翻。"（p.7421）。《广韵》《集韵》无此音。

⑥宠　力董　来　东　合　一　上　通　‖丑陇　彻　锺　合　三　上　通　【卢东】

按："元琰奔宠洲"，胡注："杨正衡《晋书音义》曰：宠，力董翻。"（p.4214）。宠洲，地名。《集韵》有卢东、力锺二切，所注释的都是宠县名。胡注中仅1次注音。

⑦郦　直益　澄　昔　开　三　入　梗　‖郎击　来　锡　开　四　入　梗　【直炙】

按："与偕攻析、郦，皆降"，胡注："师古曰：析，今内乡县；郦，今菊潭县。……郦，直益翻，又郎益翻。"（p.290）胡三省采取师古的读法，其上音与《集韵》同。

以上用例中，第④例是通假字，第①、⑥、⑦例是地名用字，胡注音与《集韵》音基本相同。

中古来母与舌音声母混注的现象，也见于谐声字，例如"獭"谐"赖"、"體"谐"豊"等。

（二）来母与齿音混注现象

①飒　音立　来　缉　开　三　入　深　‖苏合　心　合　开　一　入　咸　【力入】

按："飒"，人名，凡5次注音，皆注为"音立"，与《集韵》音相同。

②例　时诣　禅　齐　开　四　去　蟹　‖力制　来　祭　开　三　去　蟹　【力制】

按："帝欲兼称帝，群臣乃引德明、玄元、兴圣皇帝例，皆立庙京师"，胡注："例，时诣翻。"（p.9012）胡注中"例"仅1次注音，此音与《广韵》《集韵》皆不合。

③赡　力艳　来　盐　开　三　去　咸　‖时艳　禅　盐　开　三　去　咸　【时艳】

按："赡"，赐也，振赡也，凡22次注音，其中昌艳翻4次，而艳翻12次，时艳翻4次，时敛翻1次；力艳翻1次（p.9499），此音不见于《广韵》《集韵》。

④蚀　音力　来　职　开　三　入　曾　‖乘力　船　职　开　三　入　曾　【六直*】

按："楚与诸侯之慕从者数万人，从杜南入蚀中"，胡注："李奇曰：蚀，音力。"（p.308）《集韵》"蚀"与"力"同音六直切，谷名，在杜南。

⑤率 音律 来 术 合 三 入 臻 ‖所律 生 术 合 三 入 臻 【劣戍*】
⑥率 列恤 来 术 合 三 入 臻 ‖所律 生 术 合 三 入 臻 【劣戍】

按："率"，《音注》中有三种意义和注音，其中约数义，被注音2次，见上⑤⑥二例。另外：左卫率、右卫率之义，所律翻，共注33次；率领、将帅义，所类翻，共注19次。表约数义时胡三省音与《集韵》同。

飒、蚀，分别是古人名、地名用字，胡三省依从文献读书音予以注音；"率"表示约数义时读从来母字。这三个字的读法皆见于《集韵》。但"例""赡"的注音不见于《集韵》。

(三) 来母与牙喉音声母混注现象

1. 见来混注

①鸾 音蕫 见 桓 合 一 去 山 ‖落官 来 桓 合 一 平 山 【卢丸】
②鸾 沽丸 见 桓 合 一 平 山 ‖落官 来 桓 合 一 平 山 【卢丸】

按："贤追到鸾鸟"，胡注："鸾鸟县，属武威郡。鸟，音雀。……鸾，音蕫，沽丸翻。"（p.1617）又："段颎击之于鸾鸟。"胡注："鸾，音蕫。鸟，读曰雀。"（p.1797）《广韵》《集韵》"鸾"只有来母一种读法。

③嫪 居虬 见 幽 开 三 平 流 ‖鲁刀 来 豪 开 一 平 效 【郎刀】

按："乃诈以舍人嫪毒为宦者，进于太后"，胡注："师古曰：嫪，居虬翻，许慎郎到翻，康卢道切。"（p.213）《广韵》与《集韵》"嫪"字有平、去两读，皆读来母豪韵。

④羹 音郎 来 唐 开 一 平 宕 ‖古行 见 庚 开 二 平 梗 【卢当*】

按："齐渠丘实杀无知，而陈、蔡不羹亦杀楚灵王，此皆大都危国也"，胡注："陆德明曰：羹，音郎。"（p.161）又：不羹，地名，胡注："陆德明曰：不羹，旧音郎；《汉书·地理志》作'更'字。"（p.110）《集韵》羹、郎同音。

以上4例中，"羹""嫪"皆有来母和见母两读，胡三省依文献旧注予以注音；"鸾"只有来母一读，其读作见母是地名用字的传统读音。

2. 群来混注

⑤懔 巨禁 群 侵 开 三 去 深 ‖力稔 来 侵 开 三 上 深 【巨禁】

第三章 《通鉴音注》声母系统

按："懍"，宗懍，人名，胡注："力荏翻，又巨禁翻"（p.5104）；"力荏翻，又力禁翻"（p.5119）；人心懍懍，胡注："懍，力锦翻。"（p.9317）《集韵》懍音巨禁切，心怯也，与胡三省音相同。

⑥翷　求仁群真开三平臻 ‖ 力珍来真开三平臻【离珍】

按："与右仆射兼西御院使王翷谋出弘度、镇邕州"，胡注："翷，求仁翻。"（p.9236）《集韵》《广韵》皆无此音。

⑦倞　音谅来阳开三去宕 ‖ 渠敬群庚开三去梗【力让*】

按："倞"，杨倞，人名。此音与《集韵》相同。

"懍""倞"皆有又音，其又音的声母分别是来母和群母，二字的注音与《集韵》相同；"翷"字注音不见于《集韵》，其读作群母或许是人名用字的传统读音，存疑。

3. 疑来混注

⑧额　音洛来铎开一入宕 ‖ 五陌疑陌开二入梗【鄂格】

按："额"，龙额侯、额头，胡三省注有两种音：音洛3次，鄂格翻1次。《广韵》《集韵》"额""额"异体字，皆无"洛"音。《史记》卷九十三："拜为龙额侯，续说后。"裴骃集解："《索隐》：额，五格反，又作雒，音洛。"《汉书》卷七："遣执金吾马适建、龙额侯韩增。"颜师古注："师古曰：姓马适，名建也。龙额，汉书本或作'雒'字。《功臣侯表》云：弓高壮侯韩颓当子譊封龙雒侯。元鼎五年坐酎金免，后元元年，譊弟子增绍封龙雒侯，而荀悦《汉纪》'龙雒'皆为'额'字。崔浩曰：雒，音洛。今河间龙雒村与弓高相近。然此既地名，无别指义，各依书字而读之，斯则通矣。"由此可知，"额"为"雒"之异文，音洛。《集韵》未收此音。

4. 匣来混注

⑨铬　胡格匣陌开二入梗 ‖ 洛故来模合一去遇【辖格】
⑩铬　音洛匣铎开一入宕 ‖ 洛故来模合一去遇【辖格】

按："过洛阳，脱挽铬"，胡注："铬，苏林曰音冻洛之洛。……师古曰：铬，胡格翻，洛音同。"（p.361）仅1次注音。苏林、师古音皆与《集韵》音同。

中古来母与见晓组声母混注的现象，反映的是上古声母的特点。

（四）来母与舌齿牙喉诸音混注的原因

胡三省《通鉴音注》中，半舌音来母独立，其音值是 [l]。《音注》存在着来母与牙喉音、舌齿音诸母混注的现象，这种现象主要出现于古地名、人名用字、通假字、特殊名称、异文用字的注音，这些音在《集韵》中有所收录，其所反映的是文献用字的传统读音，其中包含了上古声母的一些特点。胡注中来母与舌齿牙喉注音混注而不见于《集韵》的音，有些是文献读书音，有些是方音。

上古来母*r-，以母*l-。中古以后来母变作 l-，以母（喻四）变作 j-，这是语音演变的结果。薛思勒（1974）、包拟古（1980）、梅祖麟（1981）、郑张尚芳（1984）等考察了对音、亲属语言同源词、异读及转注等材料，证明了这一问题。

雅洪托夫（1960）曾经指出，二等字与来母关系密切，李方桂《上古音研究》（1980）依四等分析中古声母系统，以一、四等声母作为上古基本声母，而以二、三等出现的声母作为受介音卷舌化和腭化的影响而分化产生的声母；并分别以-r-作为二等介音，以-j-作为三等介音，-i-作为重纽三等和四等介音。郑张尚芳《上古音构拟小议》（1984）、《上古韵母系统和四等、介音、声调的发源问题》（1987）指出，李方桂将雅洪托夫的二等介音 l 改为 r，这是其高明之处。二等有 r 介音是对的，因为：（1）二等介音能使声母卷舌化，使元音央化；（2）异读、通假、谐声、读若等都可以证明二等字和来母 r 有关，二等字脱落声首后即变来母一、三等字（纯四等上古同于一等）。下面是援引郑张尚芳的例证。

异读：羹_{菜羹}krang/羹_{不羹}rang，角 krog/角_{角里}rog，纶_{纶巾}kron/纶_{经纶}rǔn，拣_{古限切}kren/拣_{郎甸切}ren。

通转：麦 mɯrg/来 rɯ，葭 kra/芦 ra，蕑 kren《诗·泽陂》"有蒲与蕑"，郑笺："当作莲"/莲 ren，湅_{古限切}kren/湅_{郎甸切}，《说文》训为上声"湅也" ren，鉴 kram/滥_{《庄子·则阳》："同滥而浴"}ram；革 krɯg_{《尔雅·释器》"鞶首为之革"}/勒 rɯg_{《汉书·匈奴传下》"案勒一具"注："勒，马辔也"}，蜗_{古蛙切}kroi/螺 roi，驳 praug/荦 raug。

谐声：监 kram/蓝 ram，蛮（蠻）mron/孪（孿）sron/孌 ron，庞 broŋ/泷 sroŋ/龙 rǒŋ，隔 kreg/鬲 reg，降 kruŋ/隆 rǔŋ，晒洒（曬灑）srei/丽 rei。

读若：瀧 mroŋ_{（"龙"声）}/陇 rǒŋ，楏_{所绠切}sreŋ/骊_{骊駕}rei，绺 ron/卵 ron。

《通鉴音注》保留了来母与牙喉音混注、来母与舌齿音混注的现象，反映了文献读书音中所保存的文献古读的情况。

二 半齿音

半齿音日母字注音约有 115 条，其中自注 103 条，混注 12 条，混注的情况主要集中在禅日、泥/娘日、从/邪日等方面；来日也有混注现象。中古日母自注比率高达 89.6%，与舌齿音声母混注的现象也值得研究。

（一）日母与舌音混注现象①

1. 日泥混注

①洱 乃吏 泥 之开 三 去 止 ‖ 仍吏 日 之开 三 去 止【仍吏】

按："洱"，凡 6 次注音，皆指西洱河，地名。注音为乃吏翻 3 次。胡三省音与《广韵》《集韵》音皆不相同。

②毦 乃吏 泥 之开 三 去 止 ‖ 仍吏 日 之开 三 去 止【仍吏】

按："毦"，凡 4 次注音，注为乃吏翻 2 次，羽毛饰也。胡三省音与《广韵》《集韵》音皆不相同。

③憹 如冬 日 冬合 一 平 通 ‖ 奴冬 泥 冬合 一 平 通【奴冬】

按："仲雄于御前鼓琴作《懊憹歌》"，胡注："憹，如冬翻。"（p.4425）胡三省音与《广韵》《集韵》都不相同。

④嶿 奴独 泥 屋合 一 入 通 ‖ 而蜀 日 烛合 三 入 通【奴沃】

按："匈奴前所得西嶿居左地者"，胡注："孟康曰：嶿，音辱，匈奴种。师古曰：嶿，音奴独翻。余谓西嶿自是一种，为匈奴所得，使居左地耳，非匈奴种也。"（p.807）孟康音与《广韵》音相同，胡三省采用颜师古的注音，《集韵》亦收此音。

⑤偄 乃乱 泥 桓合 一 去 山 ‖ 而兖 日 仙合 三 上 山【奴乱】

按："偄"，柔也，弱也。凡 3 次注音，注音为而兖翻 1 次，人兖翻 1 次，注为"师古曰：偄，乃乱翻，又乳兖翻" 1 次。胡三省音与《集韵》音相同。

⑥懦 而掾 日 仙合 三 去 山 ‖ 乃乱 泥 桓合 一 去 山【乳兖】

⑦懦 人兖 日 仙开 三 上 山 ‖ 乃乱 泥 桓合 一 去 山【乳兖】

按："懦"，懦弱、怯懦。注音凡 21 次，其中注音为乃卧翻又乃乱

---

① 注：前文"泥娘合流"一节已用此例。此处为讨论方便又列举此类用例。

翻3次，乃卧翻又奴乱翻9次，其他以"乃""奴"作反切上字的注音有7次。以"人""而"作反切上字的各1次。胡三省音与《集韵》音相同。

以上7例中注音中，前3例是韵同混注，后4例是韵异混注。其中与《集韵》注音相同的是"嗕"和"懦"。前者是译音用字，可能反映了古音；后者可能是汉唐人的同义换读造成的："懦"与"软"同义，故而换读为"软"之音。

2. 日娘混注

⑧呐　如悦　日薛合三入山‖女劣　娘薛合三入山【如劣】

按："呐"，呐呐，言缓也，音如悦翻又奴劣翻2次。又"言语涩呐"，音注："女劣翻，声不出也。"（p.5339）胡三省音与《集韵》音相同。

⑨絮　人余　日鱼合三平遇‖尼据　娘鱼合三去遇【人余】

按："絮"，絮舜，人名。"敞使掾絮舜有所案验"，胡注："李奇曰：絮，音挐。师古曰：絮，姓也，音女居翻，又音人余翻。"（p.879）师古音与《集韵》音相一致。《集韵》"挐、絮"同音乃加切。

此二字的注音皆与《集韵》相同，当是文献传统读书音。《切韵》泥母[n]、娘母[ɳ]、日母[ɳʑ]，在胡三省的方言里，泥娘合流，日母的部分字在失去其浊擦音成分后变得像娘母，随后又失去其鼻音音色而变得像泥母。胡三省《通鉴音注》系统中的部分泥母字就这样被读成了日母，因而在音切上就表现为泥日互切。

3. 日母与其他舌音声母混注例

⑩冢　而陇　日锺合三上通‖知陇　知锺合三上通【展勇】

按："冢"，墓冢，凡9次注音，用"知"作反切上字7次，用"之"作反切上字1次。胡注用"而"作反切上字1次，此音不同于《广韵》《集韵》。

⑪牚　人庚　日庚开二平梗‖他孟　彻庚开二去梗【耻孟】

按："遵与相牚拒"，胡注："师古曰：牚，谓支拄也，音人庚翻，又丑庚翻。"（p.1271）《广韵》《集韵》音同。"牚"有两读，一读与《广韵》《集韵》一致，另一读与《广韵》《集韵》皆不同。

⑫洳　吕庶　来鱼合三去遇‖人恕　日鱼合三去遇【如倨】

第三章 《通鉴音注》声母系统

按："沮洳"，胡三省《音注》中只有 2 次注音："辛酉，魏主嗣如沮洳城"，胡注"沮，将豫翻。洳，吕庶翻"（p.3683）；"士卒久屯沮洳之地"，胡注"洳，人恕翻"（p.7588）。对于地名"沮洳"之"洳"的注音，胡注"吕庶翻"与《广韵》《集韵》不同。上文述及胡注中有泥日、娘日混同的方音现象，来母与日母的混同也同样是方音特点。

（二）日母与齿音混注现象

1. 日禅混注

① 任　市林禅侵开三平深 ‖ 如林日侵开三平深【如林】

按："任"，凡 239 次注音，音壬 225 次。另有人林翻 1 次，汝鸩翻 1 次，如林翻 3 次，市林翻 1 次。

② 鄀　市灼禅药开三入宕 ‖ 而灼日药开三入宕【敕略】

按："鄀"，鄀州，凡 3 次注音，音若 2 次，市灼翻 1 次。

③ 珥　市志禅之开三去止 ‖ 仍吏日之开三去止【仍吏】

按："珥"，耳珰，凡 5 次注音，注为仍吏翻 3 次，忍止翻 1 次。

④ 竖　而主日虞合三上遇 ‖ 臣庾禅虞合三上遇【上主】
⑤ 竖　而庾日虞合三上遇 ‖ 臣庾禅虞合三上遇【上主】

按："竖"有四义：竖子、阉竖、竖起、竖眼（人名）。竖起、竖眼义音而庾翻 9 次，而主翻 4 次，而涪翻 1 次。《广韵》《集韵》无此类音切。

⑥ 鹑　如伦日谆合三平臻 ‖ 常伦禅谆合三平臻【殊伦】

按："鹑"，鹑觚，地名，有 2 次注音，一为如伦翻，一为殊论翻。

⑦ 折　而设日薛开三入山 ‖ 常列禅薛开三入山【食列】
⑧ 折　而列日薛开三入山 ‖ 常列禅薛开三入山【食列】

按："折"，有摧折、折断、折节、夭折、姓氏等义，凡 166 次注音。注音为而设翻 99 次，注音为而列翻 1 次。其他注音的反切上字有"之、常、上、食"等，其中之舌翻 54 次。

⑨ 尚　而亮日阳开三去宕 ‖ 时亮禅阳开三去宕【时亮】

按："尚"，尚书，有二义，其一为书名，而亮翻，注音 1 次；其二为职务名，辰羊翻，注音 53 次。《广韵》尚，市羊切，尚书，官名；时亮切，加也、高尚等义。《广韵》与《集韵》音义一致。

⑩ 赡　而艳日盐开三去咸 ‖ 时艳禅盐开三去咸【时艳】

按："赡"，凡 22 次注音，而艳翻 12 次。其他注音用的反切上字有"时""昌",共9次。

⑪堅 而涪 日 尤 開 三 平 流 ‖臣庚 禪 虞 合 三 上 遇【上主】
⑫如 音时 禪 之 開 三 平 止 ‖人諸 日 魚 合 三 平 遇【人余】

按:"乐毅闻画邑人王蠋贤",胡注:"京相璠曰:今临淄有漘水,西北入沛,即班《志》所谓如水;如、时声相似,然则漘水实时水也。"(p.129)"如、时"音近之说,不见于《广韵》《集韵》。

胡三省音系禅、日的混同是方音的特点。关于禅日的混同,冯蒸《历史上的禅日合流与奉微合流两项非官话音变小考》认为是吴语特点。根据目前音韵学界的一般意见,日母的中古音是鼻音加摩擦音,即[ȵʑ]。吴语文读取其摩擦成分,拿它当船禅看待;白读取其鼻音成分,拿它当泥、娘母看待。但船母、禅母的吴语读音本有塞擦和纯摩擦的两种发音方法,所以日母也是有浊塞擦和浊擦两种读音,即[dʑ][ʑ]或[dz][z]①。胡三省《通鉴音注》中存在禅、日混注现象,说明宋元时期吴方言的文读中存在禅、日混同的情况。

2. 日母与从母、邪母混注

⑬籍 而亦 日 昔 開 三 入 梗 ‖秦昔 從 昔 開 三 入 梗【秦昔】

按:"籍",狼籍,仅1次注音。

⑭瘠 而尺 日 昔 開 三 入 梗 ‖秦昔 從 昔 開 三 入 梗【秦昔】

按:"瘠",赢瘠,注音凡5次,反切上字用"秦、在、渍"者共4次。

⑮吮 如兖 日 仙 合 三 上 山 ‖徂兖 從 仙 合 三 上 山【豎兖】

按:"吮",吮吸,反切上字为"士、徂"者共5次,上字为"而"者2次,为"徐"者2次。

⑯藉 而亦 日 昔 開 三 入 梗 ‖秦昔 從 昔 開 三 入 梗【秦昔】

按:"藉",借也,蹈也,荐也。凡52次注音,慈夜翻30次,秦昔翻12次,在亦翻7次,而亦翻2次。

日母与从母混注的情况,与《广韵》《集韵》都不同。应该是方音特点。

⑰蹂 徐又 邪 尤 開 三 去 流 ‖人又 日 尤 開 三 去 流【如又】

按:"蹂",蹂践,凡26次注音,人九翻22次,忍久翻2次。徐又

---

① 冯蒸:《历史上的禅日合流与奉微合流两项非官话音变小考》,载《冯蒸音韵论集》,学苑出版社2006年版,第457—460页。

第三章 《通鉴音注》声母系统

翻是作为人九翻的又音出现的，仅1次。如又翻作为人九翻、忍久翻的又音，出现了2次。

⑱璇 如缘 日仙合三平山 ‖似宣 邪仙合三平山【旬宣】

按："璇"，人名，凡14次注音，注为似宣翻6次，从宣翻3次，旬缘翻2次，音旋2次，如缘翻1次。

⑲镡 如心 日侵开三平深 ‖徐林 邪侵开三平深【徐心】

按："镡"，胡注："《类篇》曰：镡，如心翻，姓也。贤曰：镡，音徒南翻。《唐韵》又音寻。"（p.1604）另一处注音为"徐林翻"。作为姓氏，注音为徒含翻、音覃又音寻；作为州名，注音为徐林翻又读如覃；作为剑口的旁出部分的名称，注为"音淫"。

⑳肉 疾僦 从尤开三去流 ‖如六 日屋合三入通【如又】

按："肉"，凡2次注音，一为疾就翻，二为而就翻。"上乃铸五铢钱，肉好周郭皆备"，胡注："韦昭曰：肉，钱形也。好，孔也。杜佑曰：内郭为肉，外郭为好。孟康曰：周郭，周匝为郭也。"（p.4676）

日母与邪母、从母的混注都反映了方音特点。《切韵》从母是[dz]，邪母是[z]，而日母是[nʑ]。胡三省《通鉴音注》从母字与邪母字相混，而日母在失去其鼻音音色与浊擦音色后也变得像邪母了。现代吴语多数地区澄、崇、船、禅、日、从、邪七母全部合流，有的在发音方法上有浊塞擦音和浊擦音之别，有的则全读作[z]。赵元任认为："日母在古音是鼻音加摩擦音，吴语文言取它的摩擦成分，拿它当床禅看待，白话取它的鼻音成分，拿它当泥娘看待，但床禅母在吴语本有破裂摩擦跟纯摩擦的两种发音方法，所以日母也是的。"① 《通鉴音注》禅、日混同，同时还有知照系的其他字也与日母混注，反映了日母与舌音、齿音的关系。

3. 日母与其他齿音声母的混注现象

《通鉴音注》中日母除了与禅母、从母、邪母混注外，还有与章、船、崇、书、清、心诸声母发生混注现象，其例如下（10例）：

㉑㲺 之涉 章叶开三入咸 ‖而涉 日叶开三入咸【质涉】

按："㲺"，狐㲺县，地名。仅1次注音。

㉒昭 如遥 日宵开三平效 ‖止遥 章宵开三平效【时饶】

---

① 赵元任：《现代吴语的研究》（附调查表格），科学出版社1956年版，第29页。

按:"昭",昭穆之昭。凡18次注音,如遥翻1次,时遥翻1次,时招翻5次,市招翻3次,上招翻1次,等等。

㉓射 而亦 日 昔 开 三 入 梗 ‖ 食亦 船 昔 开 三 如 梗【食亦】

按:"射",凡258次注音。其射箭义,注为食亦翻6次,注为而亦翻221次,后者不同于《广韵》《集韵》。

㉔渉 日涉 日 叶 开 三 入 咸 ‖ 书涉 书 叶 开 三 入 咸【日涉】

按:"渉",地名,凡7次注音,其中6次注为书涉翻。

㉕撰 如免 日 仙 开 三 上 山 ‖ 士免 崇 仙 合 三 上 山【鶵免】

按:"撰",凡25次注音,撰写、撰述之义,用"雏""士"作反切上字者24次,如免翻仅出现1次。后者与《广韵》《集韵》皆不相同。

㉖伙 日四 日 脂 开 三 去 止 ‖ 七四 清 脂 开 三 去 止【七四】

按:"伙",人名,又助也,注音共4次,音次2次,七四翻1次。

㉗娀 音戎 日 东 合 三 平 通 ‖ 息弓 心 东 合 三 平 通【思融】

按:"娀",娀娥,人名,仅1见。

㉘霫 而立 日 缉 开 三 入 深 ‖ 先立 心 缉 开 三 入 深【息入】

按:"霫",唐时北方的少数民族部落,凡15次注音:注为而立翻10次,注为似入翻2次,注为先立翻1次,音习1次。

(三) 日母的复杂性及其原因

胡三省《通鉴胡注》音系中,半齿音日母独立,其音值是[ʎʒ]。日母与泥娘混注、日母与禅母混注、日母与从邪混注,日母与来母混注,以及日母与其他舌齿音声母都有混注现象,表现出日母的复杂性。日母的这种复杂的音变现象,与中古日母的性质有关。

高本汉《中国音韵学研究》列举了45个日母字在26种方言中的读法:"这个古声母普通用 ŋ, dʑ, ɳ, ʐ, j̊, dz, z, n, l, v 这些音来读它,或者失落(○),或者完全生出一个新音;ɛr, œr, ər, ar, ɣœr。"① 高本汉指出《切韵》时代的日母是[ńʑ](即[ŋʑ]),中古日母的演变过程是:ŋʑ > ɳdʑ > dʑ(1994:p. 342—344)。蒲立本(1984)将中古汉语分为早期和晚期两个阶段,在早期阶段,腭化的舌面中鼻音日母的音值是[ɲ](其根据是越南汉字音)。后来鼻音成分

---

① [瑞典]高本汉:《中国音韵学研究》,商务印书馆1994年版,第335页。

第三章 《通鉴音注》声母系统　　　　　　　　　　　　　　　　　　　　187

消失（denasalize），变为卷舌的可持续音，即晚期阶段日母的音值是
[ʐ]。王力《汉语语音史》将隋唐时期音系分为隋：中唐音系、晚唐五
代音系两个阶段，将前一阶段日母的音值构拟为舌面前鼻音 [ȵ]，后
一阶段构拟为闪音 [ɾ]，并指出闪音 [ɾ] 是从舌面前鼻音 [ȵ] 演变
而来的①。李荣《切韵音系》说："高本汉认为切韵日母是 [ńź]，
Maspero 认为七世纪时，日母是 [ñ]（= [ń]）。从梵文字母对音看
起来，Maspero 的修正比较好些。"② 施向东《玄奘译著中的梵汉对音
研究》《鸠摩罗什译经与后秦长安音》《十六国时代译经中的梵汉对音》
《北朝译经反映的北方共同汉语音系》、刘广和《不空译咒梵汉对音研
究》《〈大孔雀明王经〉咒语义净跟不空译音的比较研究》《东晋译经
对音的晋语声母系统》《西晋译经对音的晋语声母系统》《南朝宋齐译
经对音的汉语音系初探》等梵汉对音研究认为，至少从初唐开始，北
方方音中就分为中原音和西北音两大方言区，中原日母对梵文舌面鼻音
[ȵ]，这种对音形式由来已久，可上溯到后汉三国，而不空西北音日母
字对 j [ʥ] 同时也对 [ȵ]。一般把日母西北音构拟为 [ȵʑ]，严格
一点的话可构拟为 [ⁿʑ]。日母 [ȵ] 和 [ⁿʑ] 是方言的差异。林焘
《日母音值考论》（1995）主要着眼于不空日母字梵文对音中的 ja 的形
式，主张至少在中唐时期，日母在通语里已经读成 [ʐ] 一类的音了。
不空之后不久，[ʐ] 就大约开始向通音 [ɾ] 转化。而日母构拟成
[ȵ] 是代表当时的吴音，以吴语为核心的东南地区，日母一直以读鼻
音为主。项梦冰《客家话古日母字的今读——兼论切韵日母字的音值
及北方方言日母的音变历程》（2006）认为北方汉语日母的演变遵循的
也是鼻音弱化为零声母的音变，即 [ȵ] — [∅] 音变。读浊口音 [ʐ]
是晚期的变化，是 [i] 介音擦化的结果。陈以信 A Reconstruction of Late
Middle Chinese（2006）接受蒲立本中古音分期的观点，不过拿不空对
音作为"晚期中古汉语"声母拟音的重要依据，日母拟为 [ⁿʑ]，他
认为不空音系中的 [ȵʑ] 是从早期中古汉语的鼻音 [ɲ] 演变而来
的，演变的规律是鼻音后加上同部位的塞音，由于音系中没有出现和

---

① 王力：《汉语语音史》，商务印书馆 2010 年版，第 186、264 页。
② 李荣著，黄笑山校订：《切韵音系》，商务印书馆 2020 年版，第 126 页。

[ɲ] 同部位的 [ɟ]，故而用舌面前浊塞擦音 [dʑ] 代替。从梵汉对音材料研究情况看，人们对中古日母的音值及其演变途径均有分歧。

中古日母在现代汉语方言中的演变非常复杂，这与日母字的鼻擦音性质有关。金有景《论日母：兼论五音、七音及娘母等》列出了中古日母字在现代汉语方言里的大约20种读法①，亢婷《中古日母字在现代汉语方言的语音演变研究》考察了日母字在现代汉语十大方言区201个小方言点的读音情况，比金有景的研究多了 [j]、[ʒ]、[ʀ]、[ɣ] 几种读法，丰富了金有景的研究成果②。

金有景说："考虑到日母在今方音里有……近二十多种不同的读法，再加上其他旁证，可以推断在中古的某个时期（大约公元八世纪下半叶以后），日母是曾经读为 [ȵʑ] 这个音的。[ȵʑ] 在发音特点上与塞擦音有某种类似之处。"③ "音韵学家们几乎一致认为，在上古音里，日母是读 [ȵ] 的，一直到《切韵》时代，日母仍读 [ȵ]。这个时候，泥母三等字即后来的娘母字依然读 [ni]，还没有读 [ȵi]，所以在善无畏（724年）以前，都用日母字来对译梵文 ñ。到了不空（771年）时，他所根据的那个方言里，娘母字已经变成了 [ȵ]。与此同时，日母经过 [ȵ→ȵj→ȵʑ] 的演化过程也已经变成了 [ȵʑ]。这时不空自然不再用日母字，而要用娘母字来对译梵文 ñ 了。"④

《通鉴音注》音系日母的复杂局面可以从日母的演化得到解释：泥日、泥娘混注，是由于日母在《切韵》时代是 [ȵ]，其时泥母是 [n]，泥母三等是 [nj]，后来日母变成了 [ȵʑ]，发生了位移，空格 [ȵ] 才为娘母所占据。泥、日、娘的这种演变关系遗存在《通鉴音注》音系就表现为泥日、娘日的混同。

日母后期演变成 [ȵʑ]，与禅母相比多了一个摩擦性的鼻音色彩

---

① 金有景：《论日母：兼论五音、七音及娘母等》，载《罗常培纪念论文集》，商务印书馆1984年版，第346页。

② 亢婷：《中古日母字在现代汉语方言的语音演变研究》，硕士学位论文，陕西师范大学，2013年，第7页。

③ 金有景：《论日母：兼论五音、七音及娘母等》，载《罗常培纪念论文集》，商务印书馆1984年版，第348页。

④ 金有景：《论日母：兼论五音、七音及娘母等》，载《罗常培纪念论文集》，商务印书馆1984年版，第352页。

[ȵ]、[ɲ] 一旦脱落就会导致日母和禅母分不清楚的局面。日母与舌齿音诸母的混注，大概是在 [ɲʑ] → [dʑ] → [dz] → [ts] 的过程中不同演变阶段的体现。日母与舌齿音声母混注的字，与谐声字、同源字有一致之处，例如，"恕"从"如"声、"帑"从"奴"声、"慝"从"匿"声、"态（態）"从"能"声、"摄"从"聂"声、"滩"从"难"声，等等，都是上古音声母的特点。

第七节　同部位塞音、塞擦音与鼻音声母混注的讨论

胡三省《通鉴音注》中，存在着鼻音与同部位塞音、塞擦音的混注情况，即明母与帮、并，微母与奉母，泥母与透母，娘母与知母，疑母与见、溪，日母与从邪禅等混注，这些混注情况与《广韵》《集韵》的注音不同，也与同时代《蒙古字韵》《中原音韵》的注音不相同。

此类问题与冯蒸《〈尔雅音图〉音注所反映的宋初非敷奉三母合流：兼论〈音图〉微母的演化》提及的"口音化"这一概念相关[①]。"口音化"是 denasalization 的译名，日本和台湾学者称之为"去鼻音化"。中古鼻音声母有明 m-、泥 n-、娘 ɳ-、疑 ŋ-、微 ɱ-和日 ȵ-六种，后来在不同的方言中发生了去鼻化音变，其中微、日二母的去鼻化音变范围较广，似乎遍及大部分方言，而且看来产生的时代也最早，而其余四个鼻音声母的去鼻化音变看起来产生得较晚，而且主要见于西北方言和闽方言。微、日二母的去鼻化音变结果是变成了浊擦音，另外的四个鼻音声母的去鼻化音变结果是变成了同一发音部位的浊塞擦音：明母 m->mb->b-，泥母 n->nd->d-，娘母 ɳ->ɳɖ->ɖ-，疑母 ŋ->ŋɡ->ɡ-，微母 ɱ->ɱv->v->u-，日母 ȵ->ȵʑ->ʑ->z。胡三省《音注》去鼻化音变主要发生在古地名、人名、译音字、通假字等注音中，这是胡三省时代传统读书音的存古现象，其所反映的古明、泥、娘、疑、日

[①] 冯蒸：《〈尔雅音图〉音注所反映的宋初非敷奉三母合流：兼论〈音图〉微母的演化》，《云梦学刊》1994年第4期，第72—78页。

等声母的演变情况。

关于"去鼻化音变"(或称"鼻音塞化",denasalization),高本汉(1994:p.434)指出:在方言和日译吴音中存在鼻音>鼻音+口音、鼻音>口音的现象,即中古的鼻音在方言和日译吴音中有 ŋ->ŋg->g-、n->nd->d-、ɳ->ɳɖ->d-、m->mb->b-等不同阶段的变化。有学者指出:m>b,n>d,ŋ>g,是由于鼻音声母发音方法改变而演变为同部位浊塞音声母。胡方《论厦门话 [ᵐbⁿdⁿd] 声母的声学特性及其他》(2005:p.14)指出,厦门话的鼻冠声母 [ᵐbⁿdⁿg] 来自古鼻音声母,即 [ᵐbⁿdⁿg] < [*m *n *ŋ],朱晓农、寸熙《试论清浊音变圈:兼论吴语、闽语内爆音不出于侗台底层》(2006:p.8)指出,鼻音 m 有可能变成后爆鼻音 mᵇ。台山的后爆鼻音 mᵇ 对应于中古明母、微母和疑母,并可能向浊爆变去:m>mᵇ>b,ŋ>ŋᵍ>g。徐宇航《潮州方言鼻音声母:规则、演变、层次》(2018:p.708)指出,因去鼻化音变,闽南方言形成了由鼻音声母 m-、n-、ŋ-变读的 b-、l-(<-d)、g-。现代闽南方言中的鼻音塞化,即 m>b,n>d,ŋ>g,古鼻音声母变为塞音,中间可能经历了 mb-、nd-、ŋg-阶段。胡三省《音注》中的鼻音与同部位塞音混注是鼻音塞化现象,这种现象还可以用上古声母清鼻流音演变来解释。

关于清鼻流音声母的研究和拟音有一个发展过程。高本汉《汉文典》(修订本)对于中古明母与舌根擦音 x-谐声的现象,例如,每—悔晦诲海、莫—蓦、黑—墨默、无(無)—怃憮、民—昏、昏—婚惛阍潜缙散抿、尾—娓、微—徽、勿—忽—惚、亡—育肓荒盍等,把上面 x-母字的上古音拟作 xm-[①]。董同龢《上古音韵表稿》中构拟了一个清唇鼻音声母m̥[②],李方桂《上古音研究》拟了成套的清鼻流音系统,计有:hm-、hn-、hl-、hng-、hngw-。郑张尚芳《上古汉语声母系统》主张将清鼻流音分为两类,即:变擦音的是前带喉冠音 h-类,变送气塞音的是自成一套独立的送气清鼻流音声母。变擦音的前带喉冠音 h-

---

[①] [瑞典]高本汉:《汉文典》(修订本),潘悟云、杨剑桥、陈重业、张洪明编译,中华书局 2021 年版,例证分别见于第 362、347、46、167、217、188、281 页。

[②] 董同龢:《上古音韵表稿》,"中央研究院"历史语言所单刊甲种之廿一,"中央研究院"历史语言所民国五十六年 6 月版,第 13 页。

的复声母一类：hm-悔，hŋ-谑，hn-汉，hr-嘹，hl-哈——后变晓母；hmj-少，hŋj-烧，hnj-摄，hlj-舒——后变书母。变送气塞音的则自成一套独立的送气清鼻流音声母是：mh［m̥ʰ］抚，ŋh［ŋ̊ʰ］哭，nh［n̥ʰ］滩，rh［r̥ʰ］宠，lh［l̥ʰ］胎。因为这套声母中古都变入清鼻流音滂、溪、透母及三等敷、彻、昌母等送气声母，滂、敷、溪、昌、透、彻诸母字中所谐声符为鼻流音的，可依声符本音分归于各清鼻流音声母，如：透、彻母：rh-"獭、體、梆、瘵、離"，lh-"通、畅、汤、滔、答"，nh-"帑、聃、慝、丑、恥、退(内声)"，ŋhl'-"癡、漯（古作濕，他合切）"，mhr'-"薑"；滂、敷母：mh-"奓、㚇、赗、派"，ŋh-"髡、瓢"；昌母：ŋhj-"杵（今建瓯音 khy³）"①。

胡三省《通鉴音注》中，明母与帮並、微母与奉母、泥母与透母、娘母与知母、疑母与见溪晓、日母与泥娘从邪禅等混注的字音（例见唇音、舌头音、牙音等部分，此处不赘），是文献用字的传统读音，反映出了胡三省时代读书音的存古现象。

第八节 《通鉴音注》声母系统的特点及音值构拟

一 声母系统的特点

（一）基本特点

《切韵》音系的 37 个声母②在宋末元初《通鉴音注》里变成了 30 个，大致表现在以下方面：1. 轻唇音分化，非敷合流。2. 知庄章合流。3. 泥娘合流。影云以合流。4. 全浊音有 9 个。

（二）方音特点

1. 知庄章组与精组声母有混注现象。2. 知庄章精组与端组声母有混注现象。3. 禅日混同，从、邪与日母混同。4. 船禅不分，从邪不

---

① 郑张尚芳：《上古音系》（第二版），上海教育出版社 2019 年版，第 112—113 页。
② 我们赞同邵荣芬的观点：舌上音有娘母，照₂组俟母独立，照组声母船、禅换位。本书引文来自邵荣芬《切韵研究》（校订本），中华书局 2008 年版，第 29—35 页。

分等。

(三) 古音特点

1. 中古牙音与喉音有混注现象，牙喉音与舌齿唇音有混注现象。2. 中古来母与喉牙舌齿（唇）音混注。3. 鼻音塞化。鼻音与同部位塞音等混注的现象在唇音、舌音、牙音里都存在。这些混注的字主要是古人名、地名、译音字、通假字等，反映了胡三省所在时代文献传统读书音的读法。

二　声母的音值

胡三省《通鉴音注》反映的语音系统声母有 30 个，其音值的构拟及其与《广韵》的对应如下：

（一）唇音（7 个）

重唇音（4 个）

[p]（《广韵》帮、并$_{部分}$）

[p·]（《广韵》滂、奉$_{部分}$）

[b]（《广韵》并）

[m]（《广韵》明）

轻唇音（3 个）

[f]（《广韵》非敷奉$_{部分}$）

[v]（《广韵》奉）

[ʋ]（《广韵》微、奉$_{部分}$、明$_{部分}$）

（二）舌头音（4 个）

[t]（《广韵》端、定$_{部分}$）

[t·]（《广韵》透、定$_{部分}$）

[d]（《广韵》定）

[n]（《广韵》泥、娘）

（三）齿头音（5 个）

[ts]（《广韵》精、从$_{部分}$）

[ts·]（《广韵》清、从$_{部分}$）

[dz]（《广韵》从、邪）

[s]（《广韵》心、邪_部分）

[z]（《广韵》邪、从）

（四）舌叶音（5个）

[tʃ]（《广韵》知庄章，部分全浊声母字）

[tʃʻ]（《广韵》彻初昌，部分全浊声母字）

[dʒ]（《广韵》澄崇禅船）

[ʃ]（《广韵》生书）

[ʒ]（《广韵》禅船俟）

（五）牙音（4个）

[k]（《广韵》见、群_部分）

[kʻ]（《广韵》溪、群_部分）

[g]（《广韵》群）

[ŋ]（《广韵》疑）

（六）喉音（3个）

[ø]（《广韵》影、以_部分、云_部分）

[h]（《广韵》晓、匣_部分）

[ɦ]（《广韵》匣、云_部分、以）

（《广韵》）

（七）半舌、半齿音（2个）

[l]（《广韵》来）

[ʎʒ]（《广韵》日）

第四章 《通鉴音注》韵母系统

中古汉语韵母系统的演变，如果以等韵16摄为单位作为考察的出发点，则可以大而别之为两种类型，即同摄音变和异摄音变。同摄音变指的是同一韵摄内诸韵的音变现象，通常有三、四等韵合流、重韵合流等；异摄音变指的是不同韵摄之间的音变现象。以《四声等子》《切韵指掌图》等宋元等韵图为例，其江宕同图、梗曾同图、果假同图就是这种异摄音变的表现。

中古汉语韵母系统在胡三省《通鉴音注》中主要发生了以下变化：舒声韵方面，同摄一等重韵合流、二等重韵合流，同时一等韵与二等韵也发生了合流音变；同摄三、四等韵合流、三等韵合流、重纽韵的区别特征消失；二等韵牙喉音开口字产生了［i］介音，二等韵消失；异摄江宕合流、梗曾合流；支思部、车遮部产生；梗曾臻深4摄字有混同现象。入声韵方面，主要变化是入声韵尾-p、-t、-k有混同现象，但依旧保持三分的格局。阳声韵尾依旧保持-ŋ、-n、-m三分的格局。唇音不分开合。

下面我们从阳声韵、阴声韵、入声韵三个方面分别讨论，由于内容较多，阳声韵依韵尾［-m］［-n］［-ŋ］分成三节讨论，阴声韵则分成了两节，入声韵一节。有关韵母音变的一些讨论放在相关韵部里进行。本章最后还归纳出了《通鉴音注》的韵母系统，构拟了韵母音值，总结了韵母的特点。

第一节　-ŋ尾韵的演变

一　东锺部

胡三省《通鉴音注》东锺部主要来自中古通摄。中古通摄包括东₁、东₃、冬、锺四个韵（举平以赅上、去，下同），《通鉴音注》中东₁和冬相混，东₁、东₃分别和锺韵相混，则说明东韵与冬韵、东韵与锺韵已经混同。《广韵》是按照主元音和韵尾的不同而分韵的①，中古东、冬、锺三个韵，在胡三省《音注》所代表的音系中变得相同了。

《通鉴音注》中，通摄舒声字的注音约有238条，其中：东₁韵字的注音有76条，与《广韵》的音韵地位完全相同的有67条；东₃韵字的注音有33条，与《广韵》音韵地位完全相同的有24条；冬韵字的注音有15条，与《广韵》音韵地位完全相同的有11条；锺韵字的注音有113条，与《广韵》音韵地位完全相同的有86条。

（一）同摄韵的合并

1. 东₁东₃相混

①漎　之戎　章　东　合　三　平　通　‖　徂聰＊　从　东　合　一　平　通

按："漎"，唐玄宗皇子名，仅1次注音："漎，徂聪翻，又徂宗翻，又将容翻，又之戎翻。"（p.6802）《广韵》无"漎"字。《集韵》"潀""灇""漎"互为异体字，音徂聪切，仅1读。《广韵》"潀"有"职戎""徂红""藏宗"3切，义为小水入大水。《五音集韵》"漎"仅1读；其"丛"小韵徂红切，下收"潀"，注云："水会也。或作灇、漎。"又："灇、漎，并同上。"② 其"潀"有4音，与《广韵》音义同者有3个，新增"即容切"，义为"水外之高者"。可见，《五音集韵》"潀""漎"已别为二字。依照《集韵》《五音集韵》，"漎"是《广韵》"潀"字之异体。若取《广韵》"潀"之"职戎切"与胡三省"漎，之戎翻"相对应，则其音韵地位完全相同。

---

① 冯蒸：《论〈切韵〉的分韵原则：按主要元音和韵尾分韵，不按介音分韵——〈切韵〉有十二个主要元音说》，载《冯蒸音韵学论集》，学苑出版社2006年版，第240—262页。
② 按："并同上"指同"潀"。

胡三省《通鉴音注》用章母字和东韵三等字拼切中古东韵一等韵字，说明在东₁与章母拼切时，东₃韵的［i］介音被吞掉了。

②梦 莫公 明 东 合 一 平 通 ‖莫中 明 东 合 三 平 通【谟蓬】

按："梦"，吴王寿梦、云梦之"梦"，音莫公翻，注音1次。《广韵》"瞢"莫凤切，注云："云瞢泽，在南郡，亦作'梦'。"《集韵》亦曰："云瞢，泽名，在荆州。李轨说。"胡三省音与《集韵》音相同。

东₁、东₃相互混注的条件是声母，反映的是三等韵的［i］介音在一定声母条件下丢失并与东₁韵合流的音变现象。

2. 东₁锺混注

③恟 许洪 晓 东 合 一 平 通 ‖许容 晓 锺 合 三 平 通【许容】

按："恟"，恟惧，共26次注音，注音为许拱翻18次，许勇翻7次，许洪翻1次。《集韵》卷一"凶、恟、恼，《说文》扰恐也，引《春秋传》'曹人凶惧'。或作恟、恼"，许容切；又：卷五"凶、恼，《说文》扰恐也，引《春秋传》'曹人凶惧'。或作恼"，诩拱切。

④宠 力董 来 东 合 一 上 通 ‖丑陇 彻 锺 合 三 上 通【卢东】

按："宠"，宠洲，地名，仅1次注音，胡注："杨正衡《晋书音义》曰：宠，力董翻。"（p.4214）胡三省所注与《集韵》音仅声调不同。

按：胡注将东₁与锺混注，说明二者的主元音已经变得相同了。锺韵的［i］介音在彻母和晓母后丢失，与东₁韵字混同，反映了中古同摄韵的合并。

3. 东₃锺相混

⑤充 音冲 昌 锺 合 三 平 通 ‖昌终 昌 东 合 三 平 通【昌嵩】
⑥充 昌容 昌 锺 合 三 平 通 ‖昌终 昌 东 合 三 平 通【昌嵩】

按："充"，充城、充县，地名，注音2次。《广韵》与《集韵》音同。

胡注东₃与锺相混说明锺韵与东韵的主元音已经变得相同，这说明中古通摄三等重韵发生了合流音变。

4. 东₁冬相混

⑦粽 子宋 精 冬 合 一 去 通 ‖作弄 精 东 合 一 去 通【作弄】

按：《广韵》："糉，芦叶裹米，作弄切。"其下有"粽，俗"。

⑧潨 徂宗 从 冬 合 一 平 通 ‖徂聪* 从 东 合 一 平 通

第四章 《通鉴音注》韵母系统

按：上文已经述及胡三省"漎"有 4 个读音：漎，徂聪翻，又徂宗翻，又将容翻，又之戎翻。同义又音的材料也为我们提供了东、冬混例证，说明其时语音的演变呈现出演变尚未完成的特点，即原先的状态和变化以后的状态都同时存在于一个共时语音体系中。

《广韵》东独用，冬锺同用，是说作诗押韵时东韵字只能自押，而冬、锺二韵字可以互押，后者反映的是一种音变趋向。《通鉴音注》中，冬韵与东₁相混的例子说明中古通摄一等的冬韵与东韵也合并了。《广韵》冬韵在胡三省《音注》中没有发生音变的例子，但是胡注中冬韵与锺韵都与东韵合流，则说明三者合流了。由此可见《广韵》通摄诸韵在《通鉴音注》中已经合并为一个韵部了，我们称之为东锺部。

（二）通摄韵与其他摄韵的混注情况

中古通摄韵字除了同摄合并这个音变现象外，还有阳韵字、江韵字与东锺韵字混注，覃韵字与东韵字、凡韵字与锺韵字混注的现象，详下。

1. 与宕摄、江摄韵混注的情况

（1）阳锺混注

⑨㹿 九勇 见 锺 合 三 上 通 ‖居往 见 阳 合 三 上 宕【古勇】
⑩㹿 音巩 见 锺 合 三 上 通 ‖居往 见 阳 合 三 上 宕【古勇*】

按："㹿"，㹿平，地名，据胡注，服虔音巩，师古音九勇翻（p.2061）。师古音和服虔音相同，并且此音《集韵》有保留。

（2）江东₁混注

⑪潨 音崇 崇 东 合 三 平 通 ‖士绛 崇 江 开 二 去 江【鉏弓*】

按："潨"，潨头，地名，胡注："杜佑曰：潨，音崇。水所冲曰潨。《考异》曰：《太清纪》作'潼头'。"仅 1 次注音。"潼"，《广韵》有尺容切（昌东三平）。

胡三省《通鉴音注》以东韵字注阳韵、江韵字，都是对古地名用字的注音，反映的是传统文献读书音的特点。

2. 通摄韵字与咸摄韵字混注的情况

《通鉴音注》中，有覃韵、凡韵字与东韵字混注的现象，呈现出 -m、-ŋ 尾韵字的混注现象，用例如下。

⑫戆 下绀 匣 覃 开 一 去 咸 ‖呼贡 晓 东 合 一 去 通【呼绀】

按："戆"，共 9 次注音，愚也；用"降"作下字 6 次，用"巷"

作下字2次；引师古音"古者下绀翻，今则竹巷翻"（p.406）1次。从师古的注音看，"戆"字的古音与今音不但不同，且差距很大，颜师古指出这是古今语音的差别。《集韵》收此音。

⑬泛　方勇　非　锺　合　三　上　通　‖孚梵　敷　凡　合　三　去　咸　【方勇】
⑭泛　音覂　非　锺　合　三　上　通　‖孚梵　敷　凡　合　三　去　咸　【方勇】

按："泛"，翻覆义，胡三省共3次注音：①《汉书音义》泛，音幡；《索隐》音捧。余据泛驾之"泛"，其义为覆，则音"覂"亦通（p.411）。②孟康曰：泛，方勇翻，覆也。师古曰：字本作"覂"，此通用。（p.451）③方勇翻（p.694）。《广韵》"覂"，方勇切，其注云：覂，覆也，又作"泛"。《集韵》亦曰：覂、泛、䟺，方勇切，《说文》反覆也，或作"泛""䟺"。此处"泛"通"覂"。《集韵》"覂"还有房用切，与《索隐》音存在声母清浊的不同。

据上分析，胡三省用覂韵字为东韵字注音、用锺韵字为凡韵字注音是读书音中的存古现象。

（三）东锺部音值

《通鉴音注》中，中古通摄东冬锺3韵发生合流音变，合并为1个韵部，我们称为东锺部。东锺部的主元音是后高元音[u]，其韵母有2个，其音值为[uŋ]、[iuŋ]。

二　江阳部

江阳部主要来自中古江摄、宕摄，还有梗摄庚韵个别字。中古江摄江韵、宕摄阳韵、唐韵发展到《通鉴音注》时代，这3个韵的主元音已经变得相同；同时，梗摄的庚韵的一些字也与唐韵、阳韵发生混同。

江摄舒声字约有52条注音，与《广韵》音韵地位完全相同的有46条。宕摄舒声字的注音约有411条，其中：阳韵字的注音有242条，与《广韵》音韵地位完全相同的有192条；唐韵字的注音有169条，与《广韵》音韵地位完全相同的有131条。

（一）江宕摄韵合并

1. 阳唐混注

①方　音旁　並　唐　开　一　平　宕　‖符方　奉　阳　合　三　平　宕　【蒲光*】

按："方洋"，犹翱翔也，仅1次注音："音房，又音旁。"

第四章 《通鉴音注》韵母系统

(p.518) 方洋，连绵字，《集韵》有此音。

②旺 乎旷 匣 唐 合 一 去 宕 ‖ 于两 云 阳 合 三 上 宕【于放】

按："旺"，人名，共注音4次：音于方翻3次，音于放翻又乎旷翻1次。

③怳 呼广 晓 唐 合 一 上 宕 ‖ 许昉 晓 阳 合 三 上 宕【虎晃】
④怳 虎晃 晓 唐 合 一 上 宕 ‖ 许昉 晓 阳 合 三 上 宕【虎晃】

按："怳"，怳然，自失貌，共2次注音，皆与《集韵》音相同。

⑤畼 仲郎 澄 唐 开 一 平 宕 ‖ 丑亮 彻 阳 开 三 去 宕【仲良】

按："畼"，地名，胡注："畼，徐广音场，《索隐》音畅，《类篇》又直亮翻、仲郎翻。"（p.209）

⑥将 息浪 心 唐 开 一 去 宕 ‖ 子亮 精 阳 开 三 去 宕【即亮】

按："将"，将兵义，共2105次注音，其中以"亮"作反切下字2061次，以"浪"作反切下字1次。

⑦丧 息亮 心 阳 开 三 去 宕 ‖ 苏浪 心 唐 开 一 去 宕【四浪】

按："丧"，丧失、丧气义，音息浪翻203次，音息亮翻1次。

阳韵合口与唐韵混同，阳韵开口的彻母、精母、心母与唐韵混同，说明阳韵和唐韵的主元音发生了趋同音变。在《通鉴音注》中，阳韵与唐韵的主元音变得相同而合并为一个韵了，按照语音演变的规律，a类韵母后化为[ɑ]，因而阳唐合并后的主元音应当是[ɑ]。

2. 唐江混注

⑧行 户江 匣 江 开 二 平 江 ‖ 胡郎 匣 唐 开 一 平 宕【寒刚】

按："行"，中行氏、行阵义，共注音128次，其中户刚翻124次，户江翻2次，户郎翻1次，胡刚翻1次。

《广韵》匣母唐韵"行"在《通鉴音注》中用江韵字作反切下字，说明唐韵与江韵的主元音已经变得相同。《广韵》唐韵的主元音是[ɑ]，江韵的主元音是[ɔ]。江韵是中古二等韵。中古二等韵的合口介音-ɯ-＜-ɣ-＜*-r-有使其后主元音前化或低化的作用①。在音变过程中，[ɔ]低化为[ɑ]，原本两个不同的韵由于发生了音变而混同为一了。

宋元时期等韵图《四声等子》《切韵指掌图》中，江摄附于宕摄图内、梗摄附于曾摄图内、假摄附于果摄图内，这些在《韵镜》时代各

---

① 详参许宝华、潘悟云《释二等》，载中国音韵学研究会编《音韵学研究》（第三辑），中华书局1994年版，第119—135页。

自独立成图的摄在这里附于其他摄，则表明在宋元时期它们的读音已经很接近。江摄附于宕摄，与当时北方韵书中合江韵于阳唐韵的做法相合①。

《通鉴音注》中没有阳韵字与江韵字混注的例子，其相应的入声韵也没有混注的例子，这是由于音注材料的限制，不能据此说它们不混。《通鉴音注》二等韵牙喉音开口字已经产生 [i] 介音，江韵亦是如此。中古阳韵、唐韵、江韵在《通鉴音注》中主元音已经变得相同，且已经合并成一个韵部了，我们称之为江阳部。江阳部的主元音是 [ɑ]。江阳部除了包括《广韵》阳、唐、江三个韵之外，还包括梗摄的庚韵字"倞、锽、瑝、羹"等。

（二）宕摄与梗摄韵字混注的情况

1. 阳庚三韵混注

⑨倞　音谅　来阳开三去宕 ‖ 渠敬　群庚开三去梗【力让˚】

按："倞"，杨倞，仅1次注音。《集韵》谅、倞同音，胡三省音与《集韵》音同。

2. 唐庚二混注

⑩锽　户舩　匣唐开一平宕 ‖ 户盲　匣庚开二平梗【胡光】
⑪锽　音皇　匣唐合一平宕 ‖ 户盲　匣庚开二平梗【胡光˚】

按："锽"，人名，共8次注音，音户盲翻5次，音户盲翻又音皇1次、音户萌翻又音皇1次，音户舩翻1次。《广韵》曰："《说文》又音皇。"胡注与《集韵》音同。

⑫瑝　音皇　匣唐合一平宕 ‖ 户盲　匣庚开二平梗【胡光˚】

按："瑝"，人名，共3次注音，皆为户盲翻又音皇。《广韵》户盲切，又曰："《说文》又音皇。"胡注与《集韵》音同。

⑬羹　音郎　来唐开一平宕 ‖ 古行　见庚开二平梗【卢当˚】

按："羹"，不羹，地名，注音2次。胡注与《集韵》音同。

胡三省用庚韵二等韵字给唐韵字作下字，说明在一定声母条件下庚韵二等韵字读同唐韵，关于这一点，我们也有两组同义又音例为证：瑝，户盲翻，又音皇；场，徒杏翻，又音畅。

---

① 李新魁：《汉语音韵学》，北京出版社1986年版，第241页。

3. 青唐混注

⑭並 蒲浪 並唐开一去宕 ‖ 蒲迥 並青开四上梗【蒲浪】
⑮並 步浪 並唐开一去宕 ‖ 蒲迥 並青开四上梗【蒲浪】

按："並"，傍也，是"傍"的假借字，义为"沿着……旁边走"，共21次注音，其中步浪翻18次，蒲浪翻2次，读曰傍1次。

庚韵与阳韵唐混注的条件是牙喉音声母，其被注字有人名、地名。青韵字与唐韵字混注的情况发生条件是重唇音声母，则说明二者的主元音相同。胡三省的注音往往与《集韵》音相同，说明胡三省《音注》音系所反映的是共同语读书音。

（三）江阳部音值

江阳部包括《广韵》的江韵、阳韵、唐韵，还包括梗摄庚韵的"僚、锽、瑝、羹"等字。江阳部的主元音是[ɑ]。韵母有[ɑŋ]、[iɑŋ]、[uɑŋ]三个。

三 庚青部

《通鉴音注》中，《广韵》青韵与庚三、清韵合并，清韵与庚二韵合并，庚二与耕合并，表现出同摄三四等韵合并、相同等位韵的合并现象，同时庚三、清韵字的庄组声母字有变洪音的情况存在。另外，曾摄的蒸韵与清韵混同。登韵没有与梗摄韵混同的例子，但其入声德韵有与陌二、麦混注的例子，根据四声相承原则，登韵的舒声也与庚二、耕韵混同了。登韵与蒸韵没有相混的例子，但其所配的入声职、德相混，则说明登与蒸的主元音也变得相同了，梗摄与曾摄诸韵合流为庚青部。

梗摄舒声字的注音约有361条，其中：耕韵字的注音有44条，与《广韵》音韵地位完全相同的有37条；庚二韵字的注音有66条，与《广韵》音韵地位完全相同的有53条；庚三韵字的注音有31条，与《广韵》音韵地位完全相同的有25条；清韵字的注音有113条，与《广韵》音韵地位完全相同的有92条；青韵字的注音有103条，与《广韵》音韵地位完全相同的有84条；曾摄舒声字的注音约有94条，其中：蒸韵字的注音有62条，与《广韵》音韵地位完全相同的有39条；登韵字的注音有34条，与《广韵》音韵地位完全相同的有28条。

（一）三、四等韵合流

1. 庚₃清混注

①轻　区竟　溪　庚　开　三　去　梗　‖墟正　溪　清　开　三　去　梗　【牵正】

按：轻而无谋、剽轻之"轻"，共注音15次，皆读去声，用"正"作反切下字11次，用"政"作反切下字2次，另用"定""劲"作反切下字各1次。

②骍　思荣　心　庚　合　三　平　梗　‖息营　心　清　开　三　平　梗　【思营】

按："骍"，骍马，县名，仅1次注音。《集韵》音与《广韵》同。

③省　昔景　心　庚　开　三　上　梗　‖息井　心　清　开　三　上　梗　【息井】
④省　心景　心　庚　开　三　上　梗　‖息井　心　清　开　三　上　梗　【息井】
⑤省　息景　心　庚　开　三　上　梗　‖息井　心　清　开　三　上　梗　【息井】
⑥省　悉景　心　庚　开　三　上　梗　‖息井　心　清　开　三　上　梗　【息井】

按："省"，共214次注音。其省视、省察义，注音209次，其中以"景"作反切下字者171次，以"井"作反切下字者38次。

《广韵》庚₃/清是一对重纽韵。庚₃是B类，清是A类①。《通鉴音注》中，梗摄重纽韵的区别特征已经消失，庚₃与清韵合流②。

2. 青清混注

⑦并　必经　帮　青　开　四　平　梗　‖府盈　帮　清　开　三　平　梗　【卑盈】
⑧并　卑经　帮　青　开　四　平　梗　‖府盈　帮　清　开　三　平　梗　【卑盈】

按："并"，共16次注音，其中为并州、姓氏等注音13次：音卑经翻6次，必经翻1次，卑名翻4次，卑盈翻1次，府盈翻1次。"盈""名"皆清韵字；"经"，青韵字。《广韵》《集韵》音同。

⑨扃　古萤　见　清　合　三　平　梗　‖古萤　见　青　合　四　平　梗　【涓萤】

按："扃"，门锁，共2次注音，另一注音是"古萤翻"。

⑩轻　苦定　溪　青　开　四　去　梗　‖墟正　溪　清　开　三　去　梗　【牵正】

按：上文已经述及剽轻义之"轻"用"定"作反切下字只有1次，而用"正""政"作反切下字12次。胡三省音与《集韵》同。

---

① 传统重纽八韵系中没有庚₃/清韵系。葛毅卿研究了《切韵》庚₃归清这个问题，日本学者佐佐木猛也对此进行了研究，认为庚₃与庚₂主元音不同，庚₃应当归入清韵。郑张尚芳认为庚₃来自上古的三等乙类，即"庚₃、清"相当于三四等合韵，庚₃相当于清韵重纽三等，由于-r-介音的作用使元音低化而趋同庚₂。转引自《语言文字词典》之"汉语音韵学"卷，学苑出版社1999年版，第380—381页。

② 关于重纽韵演变情况的讨论，详见附论。

⑪迥　户顷　匣　清　合　三　上　梗　‖户顶　匣　青　合　四　上　梗　【户茗】

按："迥"，人名，共4次注音，注为"户顷翻"3次。胡三省音与《集韵》同。

⑫赢　余经　以　青　开　四　平　梗　‖以成　以　清　开　三　平　梗　【怡成】

按："赢"，赢余、赢缩，有余轻、余经2切，也反映了清、青混注的情况。

纯四等青韵与重纽三等清韵A类字混注，说明青韵与清韵的主元音已经变得相同，而且纯四等也已经分裂出了[i]介音，青韵与清韵发生了合流音变。

3. 青庚₃混注

⑬颍　居永　见　庚　合　三　上　梗　‖古迥　见　青　合　四　上　梗　【涓荧】

按："颍"，人名，共15次注音，注为居永翻9次，古迥翻5次，高迥翻1次。

⑭煚　古迥　见　青　合　四　上　梗　‖俱永　见　庚　合　三　上　梗　【俱永】

按："煚"，人名，共6次注音，居永翻、俱永翻共5次。

⑮憬　古迥　见　青　合　四　上　梗　‖俱永　见　庚　合　三　上　梗　【眲迥】

按："憬"，人名，共8次注音，其中音居永翻7次。胡注音与《集韵》同。

⑯诇　古永　见　庚　合　三　上　梗　‖火迥　晓　青　合　四　上　梗　【火迥】

按："诇"，义为候伺也、知处告言也，共44次注音。其中注音为古迥翻又翾正翻5次，古永翻又翾正翻11次等。

纯四等青韵与庚₃韵字混注，说明二者主元音已经变得相同了。结合上文的分析，青韵与清韵、庚₃韵都混了，说明庚₃/清的重纽特征已经完全消失了。

(二) 二等韵的演变

1. 二等重韵韵合流

耕庚₂混注

⑰迸　北孟　帮　庚　开　二　去　梗　‖北诤　帮　耕　开　二　去　梗　【比诤】

⑱迸　比孟　帮　庚　开　二　去　梗　‖北诤　帮　耕　开　二　去　梗　【比诤】

按："迸"，迸散、散走，共18次注音。其中北孟翻13次，比孟翻1次，比诤翻2次，北诤翻2次。

⑲甿　音盲　明　庚　开　二　平　梗　‖武幸　明　耕　开　二　上　梗　【眉耕*】

按："黾"，黾陁，地名，胡注："黾，音盲，康弥兖切，非也。"（p. 211）

⑳浈　丈庚澄庚开二平梗‖宅耕澄耕开二平梗【除耕】

按："浈"，水名，胡注："郑氏曰：浈，音桯。孟康曰：浈，音贞。师古曰：浈，丈庚翻。"（p. 668）郑氏音与孟康音皆与《集韵》同。

㉑铛　楚耕初耕开二平梗‖楚庚初庚开二平梗【楚耕】

按："铛"，釜属，仅1次注音。

㉒鍠　户萌匣耕开二平梗‖户盲匣庚开二平梗【胡盲】

按：上文述及"鍠"，人名，共8次注音，音户盲翻5次，音户盲翻又音皇1次，音户萌翻又音皇1次，音户肮翻1次。

㉓艋　莫幸明耕开二上梗‖莫杏明庚开二上梗【母梗】

按："艋"，舴艋，共4次注音，其中莫幸翻2次，莫梗翻1次，音猛1次；后面两条音切的音韵地位均为明庚开二上，与《广韵》相同，说明《音注》时代庚₂与耕的主元音已经变得相同了。

2. 二等韵与三、四等韵混注

（1）耕清混注

㉔䁬　一政影清开三去梗‖乌茎影耕开二平梗【于正】

按："䁬"，缶也，共4次注音。"以木䁬渡军"，胡注："师古曰：䁬，一政翻。康于耕翻。"（p. 323）其他3次注音为：乌茎翻1次，於耕翻2次。胡三省所列师古音与《集韵》音同；康音与《广韵》音同。

《广韵》影母二等的耕韵字在《通鉴音注》中变为影母三等字，此例可以说明二等庚韵牙喉音开口字"䁬"有[i]介音。二等韵的牙喉音开口字产生[i]介音是近代汉语韵母的一项重要的音变。由于[i]介音的产生，二等韵发生了分化：其牙喉音开口字与三等韵合并，而其合口字以及其他声母字与一等韵合流。

（2）耕青混注

㉕甇　音莹影青合四去梗‖鸎迸影耕合二去梗【荣定*】

按："甇"，注音2次。缭甇，县名，胡注："师古曰：甇，於耕翻……服虔曰：甇，音莹。刘伯庄曰：纡营翻。"（p. 678）服虔音在《集韵》里有收录。另有人名用字注音为乌茎翻（p. 25），与《广韵》音同。

第四章 《通鉴音注》韵母系统

（3）庚₂清混注

㉖眚　所领　生　清　开　三　上　梗 ‖ 所景　生　庚　开　二　上　梗【所景】

按："眚"，灾眚，共4次注音，其他3次注音皆为所景翻。

㉗省　所领　生　清　开　三　上　梗 ‖ 所景　生　庚　开　二　上　梗【所景】

按："省"，减省义，注音6次。注为所景翻4次，所领翻1次，所梗翻1次。

庚₂与清也发生混同，但其条件不是牙喉音，而是生母字。我们知道庄₂组声母后 [i] 介音消失后读同洪音，此处关于"眚""省"的注音正是如此。

（三）梗曾合流

《通鉴音注》没有一等登韵字与蒸韵字混注的例证，但是入声有德韵字与职韵字混注的情况，例证如下。

1. 职德混注

㉘扐　音力　来　职　开　三　入　曾 ‖ 卢则　来　德　开　一　入　曾【六直˚】

按："扐"，扐侯辟光，为济南王（p.502），仅1次注音。胡三省音与《集韵》同。

㉙煏　蒲北　并　德　开　一　入　曾 ‖ 符逼　并　职　开　三　入　曾【鼻墨】

按："煏"，以火干肉也。仅1次注音。胡三省音与《集韵》同。

德韵字与职韵字互作反切下字，说明二者的主元音发生了趋同音变。根据四声相承原则，则登韵与蒸韵的主元音也发生了趋同音变。

《通鉴音注》中梗摄清韵字作曾摄蒸韵字的反切下字，说明清韵与蒸韵发生了合流音变。上文分析显示清韵已经与同摄庚韵、耕韵合流，蒸韵与清韵的合流表明梗摄韵与曾摄韵发生了合流音变。同类问题还有入声韵字相混的情况。例证如下。

2. 蒸清混注

㉚乘　承正　禅　清　开　三　去　梗 ‖ 实证　船　蒸　开　三　去　曾【石证】
㉛乘　绳正　船　清　开　三　去　梗 ‖ 实证　船　蒸　开　三　去　曾【石证】
㉜乘　成正　禅　清　开　三　去　梗 ‖ 实证　船　蒸　开　三　去　曾【石证】

按："乘"，乘舆、骖乘、万乘，共288次注音。其中注音为绳证翻270次，承正翻3次，成正翻2次，绳正翻7次。

㉝称　尺正　昌　清　开　三　去　梗 ‖ 昌孕　昌　蒸　开　三　去　曾【昌孕】

按："称"，共189次注音，其中美称、称心、称号、相称等义，尺证翻172次，尺正翻4次，昌孕翻5次，尺孕翻4次。

㉞证 音正 章清开三去梗 ‖ 诸应 章蒸开三去曾【诸应】

按："证"，人名，仅1次注音。

㉟孕 以正 以清开三去梗 ‖ 以证 以蒸开三去曾【以证】

按："孕"，怀孕，共4次注音，其中以证翻3次。

胡三省用清韵字给蒸韵字注音的这6个例子说明中古蒸韵与清韵在《通鉴音注》中混同为一了。

中古梗曾二摄在《通鉴音注》音系中已经合流，与宋元时期的等韵图《切韵指掌图》的情况一致。

3. 德陌₂混注

《通鉴音注》中没有庚₂、耕韵与一等登韵混注的例子，但是与之相配的入声韵里却有此类现象，即陌₂韵字与德韵字混注，其例如下。

㊱貊 莫北 明德开一入曾 ‖ 莫白 明陌开二入梗【莫白】

按："貊"，夷貊，共15次注音，其中莫白翻3次，莫百翻11次。

明母陌₂韵与一等德韵混同，符合二等韵消变的语音规律，说明梗曾摄的一等韵登韵与二等韵耕、庚₂发生了合并的音变。根据四声相承的原则，我们认为在实际语音的舒声中也存在这种现象，只是由于材料的限制，没有相关的例证而已。

梗摄二等韵在《通鉴音注》中的音变既有产生 [i] 介音的耕韵牙喉音开口"罂"字并入清韵的例子，又有庄₂声母后韵母 [i] 介音消失变同洪音的例子。我们认为，梗曾摄的二等韵牙喉音开口字已经产生了 [i] 介音。《蒙古字韵》登、耕、庚₂合并为一个韵部，蒸、清、青合为一个韵部。《中原音韵》梗、曾摄诸韵合流为一个韵部。《通鉴音注》梗、曾摄合流为一个韵部，其二等韵的牙喉音开口产生了 [i] 介音，音变的特点是二等韵牙喉音开口字变同三等，其余的则变同一等。

（四）庚青部音值

胡注中梗摄不同等位的庚、耕、清、青发生了合并，曾摄的蒸、登也发生了合并，入声的变化与舒声相同。同时梗、曾二摄合并为一个韵部，我们称之为庚青部。其主元音是 [ə]，有4个韵母，其音值为 [əŋ]、[iəŋ]、[uəŋ]、[iuəŋ]。

四 -n 尾韵和-ŋ 尾韵的混注现象

(一) 清先混注

①箐 仓甸 清 先 开 四 去 山 ‖子盈 精 清 开 三 平 梗【仓甸】

按："箐"，仅1次注音。"伏兵千人于野桥箐以邀官兵。"胡注："李心传曰：箐，林箐也，音咨盈翻。……史炤曰：仓甸切，盖从去声，亦通。"（p.8279）此处指明"仓甸切"是史炤的注音，史炤音与《集韵》音同。史炤先于胡三省作《通鉴释文》，胡三省作《通鉴释文辩误》共12卷，对史炤多有批评①。

(二) 欣清混注

②近 其郢 群 清 开 三 上 梗 ‖其谨 群 欣 开 三 上 臻【巨谨】

按："近"，接近，动词，共244次注音。其中其靳翻240次，巨靳翻2次，注为"去声"1次。

(三) 蒸侵混注

③缯 慈林 从 侵 开 三 平 深 ‖疾陵 从 蒸 开 三 平 曾【慈陵】

按："缯"，缯帛、缯彩，共51次注音，其中慈林翻1次、慈陵翻48次、疾陵翻2次。缯，《广韵》《集韵》都在蒸韵，而胡注将其与侵韵混同。则说明"林"的韵尾已经转变成了-n，在此基础上，才与"陵"相混，表现出前后鼻音不分的现象。

第二节 -n 尾韵的演变

一 真文部

中古臻摄真、谆、臻、文、欣、魂、痕7韵系的舒声韵在《通鉴音注》中发生了合流音变，其主要音变现象是：重纽特征消失、三等重韵合流，同时一等韵与三等韵的主元音也已经发生了趋同音变。

臻摄舒声字的注音约有454条，其中：真韵字的注音有163条，与《广韵》音韵地位完全相同的有128条；谆韵字的注音有84条，与《广韵》音韵地位完全相同的有60条；臻韵字的注音有11条，与《广

---

① （元）胡三省：《通鉴释文辩误》，载《资治通鉴》（第二十册），中华书局1956年版。

韵》音韵地位完全相同的有9条；文韵字的注音有61条，与《广韵》音韵地位完全相同的有54条；欣韵字的注音有32条，与《广韵》音韵地位完全相同的有21条；魂韵字的注音有97条，与《广韵》音韵地位完全相同的有84条；痕韵字的注音有6条，与《广韵》音韵地位完全相同的有5条。

（一）三等韵合流

1. 重纽韵区别消失

（1）真$_B$真$_A$混注①

①邠　弥频　明　真　开　重四　平　臻　‖　府巾　帮　真　开　重三　平　臻
②邠　悲频　帮　真　开　重四　平　臻　‖　府巾　帮　真　开　重三　平　臻

按："邠"，邠州，共27次注音，其中卑旻翻22次，弥频翻、悲频翻各1次，卑巾翻、悲巾翻、彼巾翻各1次。

③缗　弥频　明　真　开　重四　平　臻　‖　武巾　明　真　开　重三　平　臻
④缗　弥宾　明　真　开　重四　平　臻　‖　武巾　明　真　开　重三　平　臻

按："缗"，钱贯，共17次注音，注为眉巾翻14次，弥巾翻1次，弥频翻、弥宾翻各1次。

（2）真$_B$与来母真韵混注

⑤瑾　渠吝　群　真　开　三　去　臻　‖　渠遴　群　真　开　重三　去　臻

按："瑾"，人名，共17次注音，皆为渠吝翻。

（3）真$_A$谆$_A$与真谆的舌齿音混注

⑥渑　莫忍　明　真　开　三　上　臻　‖　武尽　明　真　开　重四　上　臻

按："渑"，有二义：渑池县，地名，注音25次，其中弥兖翻23次，莫践翻又莫忍翻2次；渑水，河流名称，注音为神陵翻、时陵翻各1次。

⑦泯　弥忍　明　真　开　三　上　臻　‖　武尽　明　真　开　重四　上　臻

按："泯"，泯灭，仅1次注音。

⑧袀　弋旬　以　谆　合　三　平　臻　‖　居匀　见　谆　合　重四　平　臻

按："袀"，纯色，仅1次注音："音均，又弋旬翻。"（p.1250）

真韵的A、B类混了，而且二者与舌齿音日母、邪母、以母字也混了，说明真韵的重纽特征已经消失。

---

① 分析重纽韵时，所举用例不列出《集韵》反切。下同。

2. 真谆混注

⑨僶 民尹 明 谆 合 三 上 臻 ‖武尽 明 真 开 重四上 臻【弭尽】

按："僶"，僶俛，义为不得已，共1次注音。"僶"是唇音字，《切韵》（《广韵》）唇音字不分开合。胡注中的唇音字同样是不分开合的，此例就是一个证据。

⑩诊 止尹 章 谆 合 三 上 臻 ‖章忍 章 真 开 三 上 臻【止忍】

按："诊"，候脉也，共8次注音，止忍翻5次，章忍翻、止尹翻、音轸各1次。

⑪朒 如振 日 真 开 三 去 臻 ‖如顺 日 谆 合 三 去 臻【尔轸】

按："朒"，胸朒，地名，胡注："如允翻。贤曰：朒，音闰。……裴松之曰：朒，如振翻。"（p.1956）胡注所列李贤音与《广韵》同。"允"，谆韵上声。

《广韵》真开谆合，本不相混。《通鉴音注》中二者混了，相混的现象发生在明母、章母、日母。胡三省《音注》中，明母后的真韵字和谆韵字没有开合的对立，所以二者混同。

3. 真欣混注

⑫衅 许靳 晓 欣 开 三 去 臻 ‖许觐 晓 真 开 重三去 臻【许慎】

按："衅"，衅隙义，共32次注音，其中注为许觐翻30次，注为许靳翻2次。

⑬彬 甫斤 帮 欣 开 三 平 臻 ‖府巾 帮 真 开 重三平 臻【悲巾】

按："彬"，人名，共4次注音，其中逋闲翻3次，甫斤翻又方闲翻1次。

⑭濦 於巾 影 真 开 重三平 臻 ‖於斤 影 欣 开 三 平 臻【於斤】

按："濦"，濦州，共3次注音，其中音殷2次。

⑮谨 居忍 见 真 开 三 上 臻 ‖居隐 见 欣 开 三 上 臻【几隐】

按："谨"，谨慎，仅1次注音。

⑯矜 其巾 群 真 开 重三平 臻 ‖巨斤 群 欣 开 三 平 臻【渠巾】

按："矜"，矛柄也。仅1次注音。

4. 谆文混注

⑰抎 羽敏 云 真 开 三 上 臻 ‖云粉 云 文 合 三 上 臻【羽敏】

按："抎"，从高而下也，仅1次注音。"敏"是唇音字，不分开合。所以关于"抎"的注音开合上没有问题。此例应当理解为谆文合并。

⑱捃　居陨　见　谆　合　三　上　臻　‖居运　见　文　合　三　去　臻　【俱运】

按："捃"，捃拾，共6次注音，注为居运翻3次，君运翻1次，举蕴翻又居运翻1次。

这一组例子是同摄三等韵的混同例。真韵在《广韵》中是重纽韵，其自身有两个音值：[ien] 和 [jen]，[i] 和 [j] 的区别在于前者是与普通三等韵的介音相同的重纽三等韵的介音，后者是重纽四等的介音。因为介音不同，真韵自身有两个不同的音值；而且真韵与其他韵并不相混。但在《通鉴音注》中，真韵的重纽三等韵字与普通三等的欣韵混注，谆韵与文韵混注，这说明原先在《广韵》里真韵的重纽性质在这里消失了：重纽韵与普通三等韵相混，并且合并了。

（二）同摄一三等韵合并

⑲韫　於云　影　文　合　三　平　臻　‖乌浑　影　魂　合　一　平　臻　【於云】

按："韫"，韫辌车，共7次注音，注为於云翻3次。

⑳仑　卢昆　来　魂　合　一　平　臻　‖力迍　来　谆　合　三　平　臻　【卢昆】

按："仑"，昆仑，仅1次注音。除去假借的例子①，魂韵与谆韵混注现象实际上只有1例。此外，胡注中没有魂韵与痕韵混注的例子。

文韵是中古纯三等韵。中古纯三等韵的特点是：只在三等位置上出现，只有喉、牙、唇音字。纯三等韵的演变趋势是依声母条件分化并且有条件地与一/二等、三/四等合流：在唇音条件下，纯三等韵归并到同摄的一等或二等韵里去了；在牙喉音条件下，纯三等韵归并到同摄的三四等韵里去了。此例中，胡三省用影母字和文韵字拼切《广韵》影母魂韵字，说明文韵与魂韵的主元音已经发生了趋同音变。同样，谆韵是三等韵，与一等魂韵混注，则说明谆韵与魂韵的主元音也已经发生了趋同音变。

（三）臻摄韵字与山摄韵字的混注现象分析

1. 谆仙_合混注

㉑竣　字兖　从　仙　合　三　上　山　‖子峻　精　谆　合　三　去　臻　【祖峻】
㉒竣　辞兖　邪　仙　合　三　上　山　‖子峻　精　谆　合　三　去　臻　【祖峻】

按："竣"，竣山，注音仅1次："师古曰竣，字兖翻，又辞兖翻。"

---

① 详见第三章声母系统部分关于"肫"字注音的讨论。

第四章 《通鉴音注》韵母系统　　　　211

（p. 2684）胡注所列师古音与《广韵》《集韵》都不同。

㉓竣　丑缘　彻仙合三平山‖七伦　清谆合三平臻【逡缘】

按："竣"，人名，共7次注音，其中注音为七伦翻6次，七伦翻又丑缘翻1次。

㉔悛　七伦　清谆合三平臻‖此缘　清仙合三平山【七伦】

按："悛"，改也，共37次注音，其音丑缘翻29次，音丑缘翻又七伦翻2次，音七伦翻又丑缘翻3次等。

㉕卷　音笛　溪谆合重三平臻‖巨员　群仙合重三平山【巨陨*】

按："卷"，昫卷县，胡注："卷，音笛篓之笛。"（p. 1599）《集韵》有此音。

㉖允　音铅　以仙合三平山‖余准　以谆合三上臻【余专】

按："允"，允街（p1430）。胡三省《通鉴释文辩误》卷二："史炤《释文》曰：允，音铅（海陵本同）。余按《汉书音义》，惟允吾县音铅牙，允街县音铅街，此外无音。"① 由此可知"允，音铅"仅是特定地名的读音。

2. 真先混注

㉗零　音隣　来真开三平臻‖落贤　来先开四平山【灵年】

按："零"，先零（p. 1920），西羌最大的部落。《集韵》有此音。

3. 文先混注

㉘免　音问　明文合三去臻‖亡辨　明仙开重三上山【文运*】

按：袒免，胡注上音但，下音问。袒免，谓去冠，代之以免。免者，以布广一寸，从项中而前，交于额上，却向后绕于髻。《集韵》有此音。

谆仙合混注、真先混注、文先混注中，被注字有5例是地名、部族名的用字，胡注中所保留的是传统文献专门用字的读书音。胡三省的注音与《集韵》的注音相同。

（四）真文部音值

中古臻摄一等韵和三等韵发生了趋同音变，臻摄韵合流，变成了一个真文部。真文部主元音是 [ə]，韵母有四个：[ən]、[iən]、

---

① （元）胡三省：《通鉴释文辩误》，载《资治通鉴》（第二十册），中华书局1956年版，第22页。

[uen]、[iuən]。[nə] 包括来自中古痕韵的字。[uən] 包括魂韵字，谆韵的舌齿音字，文韵、欣韵的影母字，两见于山摄和臻摄的"锛""懑"；[iən] 包括中古真臻欣诸韵字，以及两见于山摄和臻摄的"批""瑱""㵟"；[iuən] 包括谆韵、文韵字，以及仙韵合口的"兖""缘""悛"等字。

二 寒仙部

《通鉴音注》中，中古山摄诸韵发生了如下变化：纯四等先韵与三等的重纽仙韵合并，纯三等元韵与仙韵、先韵合并，二等重韵删、山合并，三四等的先元仙与二等的山删、一等的寒桓都有混注现象，二等韵删与一等韵寒、桓有混注现象，一等韵寒桓唇音合并等。总体表现为纯四等产生 [i] 介音、重纽韵特征消失，三等韵合并，二等韵牙喉音开口字产生 [i] 介音，二等韵与一等韵、二等韵与三四等韵之间也有混注现象，同时还存在着异摄同尾韵和异摄异尾韵的合并现象。

山摄舒声字的注音约有 990 条，其中：寒韵字的注音有 126 条，与《广韵》音韵地位完全相同的有 105 条；桓韵字的注音有 126 条，与《广韵》音韵地位完全相同的有 95 条；删韵字的注音有 65 条，与《广韵》音韵地位完全相同的有 49 条；山韵字的注音有 41 条，与《广韵》音韵地位完全相同的有 31 条；先韵字的注音有 174 条，与《广韵》音韵地位完全相同的有 145 条；元韵字的注音有 103 条，与《广韵》音韵地位完全相同的有 80 条；仙韵字的注音有 354 条，与《广韵》音韵地位完全相同的有 249 条。

（一）三四等韵合流

中古山摄三等、四等韵在《通鉴音注》中发生了合流音变：重纽仙韵的 B 类和 A 类合流、纯四等先韵与重纽仙韵合流、纯三等元韵与重纽仙韵合流。

1. 重纽韵的对立消失

重纽仙韵的 B 类与 A 类的区别特征消失，表现在以下三个方面：

（1）仙$_A$仙$_B$混注

①褊 补辨 帮 仙 开 重三 上 山 ‖方缅 帮 仙 开 重四 上 山

按："褊"，褊小、褊急，共 15 次注音，注为补辨翻 3 次、补典翻

第四章 《通鉴音注》韵母系统

9次、方缅翻3次。

② 汴 皮面 并 仙 开 重四 去 山 ‖ 皮变 并 仙 开 重三 去 山

按："汴"，汴河、汴州，共32次注音，其中注为皮变翻28次，注为皮面翻3次，音卞1次。

(2) 仙_B与其舌齿音混注

③ 謇 知辇 知 仙 开 三 上 山 ‖ 九辇 见 仙 开 重三 上 山

按："謇"，人名，共5次注音，其中4次注为九辇翻。

④ 犍 渠延 群 仙 开 三 平 山 ‖ 渠焉 群 仙 开 重三 平 山

按："犍"，什翼犍、犍为，共65次注音，其中居言翻64次。

⑤ 圈 丘员 溪 仙 合 三 平 山 ‖ 渠篆 群 仙 合 重三 上 山

按："圈"，共14次注音，其中为地名马圈、虎圈注音12次：音求远翻8次，音渠篆翻1次，求奭翻1次，为圈住、圈定义注音2次：音丘员翻，音其卷翻又其权翻。《广韵》《集韵》"圈"无"圈定"义。《广韵》："圈，《说文》曰养畜闲也，渠篆切，又求晚切。"

⑥ 卷 其圆 群 仙 合 三 平 山 ‖ 巨员 群 仙 合 重三 平 山

按："位号已移于天下，而元后卷卷犹握一玺"，胡注："师古曰：卷，音其圆翻。惓惓，忠谨之意。余谓此卷卷，犹眷恋也。"(p.1169)

⑦ 讞 鱼战 疑 仙 开 三 去 山 ‖ 鱼蹇 疑 仙 开 重三 上 山

按："讞"，议罪，共8次注音，音鱼蹇翻又鱼列翻1次，语蹇翻又鱼列翻1次，鱼列翻又鱼蹇翻3次，鱼列翻又鱼战翻又鱼蹇翻1次。《广韵》"讞"有鱼蹇、鱼列二切。

⑧ 唁 鱼战 疑 仙 开 三 去 山 ‖ 鱼变 疑 仙 开 重三 去 山

按："唁"，吊唁，共5次注音，音鱼战翻4次，鱼变翻1次。

⑨ 阏 於连 影 仙 开 三 平 山 ‖ 於乾 影 仙 开 重三 平 山

按："阏"，阏氏，注音共14次，音烟支10次；"阏"的注音有於连翻1次，於焉翻1次，於干翻1次，音烟1次。"焉""阏"皆於干切；"烟"，先韵字。

(3) 仙_A与其舌齿音字混注

⑩ 澠 莫践 明 仙 开 三 上 山 ‖ 弥兖 明 仙 开 重四 上 山

⑪ 澠 莫善 明 仙 开 三 上 山 ‖ 弥兖 明 仙 开 重四 上 山

按：上文述及"澠"，澠池，注音25次，其中音弥兖翻23次，音莫践翻又莫忍翻1次，莫善翻又莫忍翻1次。《广韵》："澠"食陵切，注云："水名，在齐。《左传》云有酒如澠。又泯、缅二音。"《广韵》

"缅"小韵，弥兖切，下有"黾"，其下注云："黾池，县名，在河南府。俗作渑，又忘忍切。"

⑫沔 面善 明 仙 开 三 上 山 ‖弥兖 明 仙 开 重四 上 山

按："沔"，沈沔，共2次注音，另一音是弥兖翻。

⑬谩 莫连 明 仙 开 三 平 山 ‖武延 明 仙 开 重四 平 山

按："谩"，欺也，共3次注音：①莫连翻又莫官切，又音慢，欺诳也；②师古曰：谩，诳也，音慢，又莫连翻。"慢"，删韵字，"官"桓韵字。"谩"两见于仙韵和桓韵。

⑭鄄 工掾 见 仙 合 三 去 山 ‖吉掾 见 仙 合 重四 去 山
⑮鄄 吉椽 见 仙 合 三 平 山 ‖吉掾 见 仙 合 重四 去 山

按："鄄"，鄄城，共18次注音，音吉掾翻6次，音绢8次，音工掾翻2次，吉县翻1次，吉椽翻1次。

⑯绢 与掾 以 仙 合 三 去 山 ‖吉掾 见 仙 合 重四 去 山

按："绢"，绢布，共2次注音。另一音吉掾翻，与《广韵》同。

⑰悁 吉掾 见 仙 合 三 去 山 ‖於缘 影 仙 合 重四 平 山

按："悁"，忿恚也，共3次注音：①音萦年翻，又吉掾翻；②音吉县翻；③萦年翻。"年"，先韵字。

重纽仙韵的A、B类混同，并且二者都与其舌齿音混注，说明仙韵的重纽特征消失了。

2. 先仙混注

《切韵》纯四等齐、先、萧、青、添五韵系没有[i]介音，列在韵图四等位置上，也只在韵图四等位置上出现。中古后期，纯四等韵产生了与三等韵相同的[i]介音。纯四等先韵与重纽仙韵合流，纯四等韵并入仙$_A$。《通鉴音注》成书于1285年，其时先韵不光与仙$_A$合流，先韵也与仙$_B$合流，而且舌齿音的先韵字与仙韵字都合流了。例证如下。

⑱褊 补典 帮 先 开 四 上 山 ‖方缅 帮 仙 开 重四上山【俾缅】

按：上文已经述及，"褊"，注音共15次，注为补典翻9次。

⑲缏 步千 並 先 开 四 平 山 ‖房连 並 仙 开 重四 平 山【蒲眠】

按："缏"，缝也，仅1次注音。胡三省音与《集韵》音相同。

⑳辨 步见 並 先 开 四 去 山 ‖符蹇 並 仙 开 重三 上 山【婢见】

按："辨"，下辨，地名。《集韵》有匹见、婢见二切，韵与胡三省注音相同。

㉑扁 补辨 帮 仙 开 重三 上 山 ‖薄泫 並 先 开 四 上 山【婢善】

第四章 《通鉴音注》韵母系统　　215

按："扁"，扁鹊，此义有 2 次注音，一为补典翻，一为补辨翻，反映的是先、仙韵的混同。胡三省音与《集韵》的反切注音韵母相同，声母只是清浊的不同。

㉒甄　音坚　见　先　开　四　平　山　‖居延　见　仙　开　重四　平　山　【稽延】

按："甄"，察也、别也，音稽延翻 13 次；又左甄、右甄，战阵之左右翼，胡三省引杨正衡"甄，音坚"。

㉓鄢　吉县　见　先　合　四　去　山　‖吉掾　见　仙　合　重四　去　山　【规掾】

按：上文已述及，"鄢"，鄢城，共 18 次注音，以仙韵字作反切下字 17 次，以先韵字作反切下字 1 次。

㉔践　悉铣　心　先　开　四　上　山　‖慈演　从　仙　开　三　上　山　【在演】

按："践"，踩践，共 32 次注音，以"演""浅""衍"作反切下字 31 次。

㉕洗　音线　心　仙　开　三　去　山　‖苏典　心　先　开　四　上　山　【鲜典】

按："数郡共奉高凉郡太夫人洗氏为主"，胡注："洗，音铣，又音线。"（p.5515）"洗"作为姓氏，注为"音铣" 2 次。

㉖单　慈浅　从　先　开　四　平　山　‖市连　禅　仙　开　三　平　山　【上演】

按："单"，姓氏、地名，注为"音善" 20 次，音慈浅翻 6 次，上演翻 3 次，常演翻 1 次。

㉗悁　吉县　见　先　合　四　平　山　‖于缘　影　仙　合　重四　平　山　【萦玄】
㉘悁　萦年　影　先　开　四　平　山　‖于缘　影　仙　合　重四　平　山　【萦玄】

按："悁"，忿恚也，共 3 次注音：音萦年翻又吉掾翻，音吉县翻，萦年翻。

㉙焉　音烟　影　先　开　四　平　山　‖於乾　影　仙　开　重三　平　山　【於虔】
㉚焉　音燕　影　先　开　四　平　山　‖於乾　影　仙　开　重三　平　山　【於虔】

按："焉"，焉支，地名；又虚词，焉能、焉得等义。共 51 次注音，其中音于虔翻 43 次，于干翻 5 次，音烟 2 次，音燕（平声） 1 次。

㉛燕　於虔　影　仙　开　重三　平　山　‖乌前　影　先　开　四　平　山　【因莲】
㉜燕　因虔　影　仙　开　重三　平　山　‖乌前　影　先　开　四　平　山　【因莲】

按："燕"，燕国，又姓氏，共 178 次注音，以"贤""肩""田""千""烟"等先韵字作反切下字的次数分别为 36、134、1、1、2。以"虔"作反切下字 3 次。

㉝岘　户蹇　匣　仙　开　重三　上　山　‖胡典　匣　先　开　四　上　山　【胡典】

按："岘"，共 24 次注音，其中 23 次注为户典翻。

㉞衒 荧绢 匣 仙 合 三 去 山 ‖黄练 匣 先 合 四 去 山 【荧绢】

按："衒"，共6次注音，注为荧绢翻4次。

㉟炫 荧绢 匣 仙 合 三 去 山 ‖黄练 匣 先 合 四 去 山 【荧绢】

㊱炫 荣绢 云 仙 合 三 去 山 ‖黄练 匣 先 合 四 去 山 【荧绢】

按："炫"，共8次注音，注为荧绢翻6次，荣绢翻1次，胡练翻1次。

㊲缳 于善 云 仙 开 三 上 山 ‖胡畎 匣 先 合 四 上 山 【以转】

按："缳"，注音仅1次。

㊳铤 以前 以 先 开 四 平 山 ‖以然 以 仙 开 三 平 山 【夷然】

按："铤"，兵器义，注音2次：①音蝉，又以前翻；②上延翻。

先韵字与仙韵字混注，说明先韵与仙韵的主元音发生了趋同音变，先韵已经和仙韵合流了。

3. 元仙混注

纯三等元韵在中古与仙韵有两个方面的不同：一是主元音不同，二是性质不同。元韵的主元音是[ɐ]，只有唇牙喉音字，后代音变中其唇音字全部变为轻唇音。仙韵的主元音是[æ]，五音俱全，其唇牙喉音在韵图上有三四等的对立；在后世的演变中，其唇音字不变轻唇音。元韵与仙韵的合流首先是仙$_B$与元韵合流。在《通鉴音注》中，元韵和仙韵的B类合流了，同时，胡三省也用仙韵的舌齿音字作元韵字的反切下字。我们认为这些仙韵字在《通鉴音注》里与元韵合流了。例证如下。

㊴蹇 九件 见 仙 开 重三 上 山 ‖其偃 群 元 开 三 上 山 【九件】

㊵蹇 音件 群 仙 开 重三 上 山 ‖其偃 群 元 合 三 上 山 【九件】

按："蹇"，姓也，共2次注音。

㊶鄢 一战 影 仙 开 三 去 山 ‖於建 影 元 开 三 去 山 【於建】

按："鄢"，地名，注为一战翻3次。另有于建翻3次，音郾1次，"建""偃"皆元韵字。

㊷键 之然 章 仙 开 三 平 山 ‖居言 见 元 开 三 平 山 【诸延】

按："键"，粥也，仅1次注音。

㊸馔 雏宛 崇 元 合 三 上 山 ‖士恋 崇 仙 合 三 去 山 【雏免】

按："馔"，酒馔，共41注音。此音与雏晥翻构成又音关系，后者崇母桓韵字。

㊹源 徐园 邪 元 合 三 平 山 ‖此缘 清 仙 合 三 平 山 【逡缘】

按："源"，人名，仅1次注音。

元韵是纯三等韵，在中古后期与重纽韵合并的条件是牙喉音。第㊷例至第㊹例，胡注用元韵字与舌齿音拼切，这一现象显示出元韵的性质已经发生了改变。

4. 先元混注

先韵与元韵没有混注的例证，但其入声屑韵却有与月韵混注的例证，说明屑韵与月韵发生了合流音变。依据四声相承的原则，则可以推知先韵与元韵也发生了合流音变。例证如下。

㊺刵　鱼决　疑　屑　开　四　入　山 ‖ 鱼厥　鱼　月　合　三　入　山【鱼厥】

按："刵"，刵刑，共3次注音，其中音月2次，音鱼决翻1次。

从以上四个方面看，中古山摄三四等韵在胡三省音注音系中发生了合流音变。

（二）二等重韵删山合流

《切韵》删、山二韵同居于山摄二等的位置，开合、声调皆相同，构成重韵关系，其区别在于主元音不同：前者是[ɐ]，后者是[æ]。《通鉴音注》中，删韵与山韵合流了，二者混注的例子如下。

㊻盼　披班　滂　删　开　二　平　山 ‖ 匹苋　滂　山　开　二　去　山【披班】

按："盼"，盼望，亦人名用字。共3次注音，皆音匹苋翻，又音披班翻1次。

㊼屠　士颜　崇　删　开　二　平　山 ‖ 士山　崇　山　开　二　平　山【鉏山】

按："屠"，屠弱，又屠陵，共10次注音，音士颜翻2次，又音士眼翻，皆删韵字。

㊽侗　户简　匣　山　开　二　上　山 ‖ 下赧　匣　删　开　二　上　山【下赧】

按："侗"，人名，共3次注音，其他两次皆音下赧翻。

（三）寒桓唇音合流

通常认为《广韵》真谆、寒桓、歌戈是开合口的对立。胡三省《通鉴音注》用寒韵字作反切下字与唇音声母拼切桓韵字。例证如下。

㊾懑　莫旱　明　寒　开　一　上　山 ‖ 莫旱　明　桓　合　一　上　山【母伴】

按："懑"，《广韵》有模本、莫旱、莫困三切，其中莫旱切在上声卷二十四缓韵。上声卷韵目注明"旱""缓"同用。胡注中"懑"注音21次，不出此3个音的范围。

㊿槾　谟干　明　寒　开　一　平　山 ‖ 母官　明　桓　合　一　平　山【谟官】

按："槾"，人名，仅1次注音。

(51)伴 蒲旱 並 寒 开 一 上 山 ‖蒲旱 並 桓 合 一 上 山 【部满】

按："伴"，陪伴，仅1次注音。

(52)漫 莫干 明 寒 开 一 平 山 ‖莫半 明 桓 合 一 去 山 【谟官】

按："漫"，凡4次注音，澔漫也、涂也，以"官"作反切下字3次。

(53)曼 莫安 明 寒 开 一 平 山 ‖母官 明 桓 合 一 平 山 【谟官】

按："曼"，曼头，单于名，韦昭音瞒；师古音莫安翻。

(54)番 普安 滂 寒 开 一 平 山 ‖普官 滂 桓 合 一 平 山 【铺官】

按："番"，地名，真番国（p. 684）。另有番音潘、番音盘共44次注音，皆地名，如番禺、番丘、番禾之类。

《广韵》寒韵没有唇音字，寒韵的"旱""干""安"3个喉音字作了桓韵唇音字的反切下字，是寒韵唇音字被并入桓韵的缘故。此处6个例子中，被注字皆《广韵》桓韵字，但胡三省用寒韵字作反切下字，其韵母皆唇音声母，反映的是寒韵和桓韵的唇音字没有对立，同时也说明寒韵与桓韵的主元音已经变得相同。

（四）同摄一二等韵合流、二三等韵合流

1. 山仙混注

(55)辩 皮苋 並 山 开 二 去 山 ‖符蹇 並 仙 开 重三 上 山 【皮苋】

按："辩"，下辩，《汉书》作"下辨"，地名，皆音皮苋翻。共2次注音。讯辩之辩，兵免翻，仅1次注音。

2. 删桓混注

(56)贯 工宦 见 删 合 二 去 山 ‖古玩 见 桓 合 一 去 山 【古患】

按："贯"，习也，共4次注音，其中注为读曰惯3次，注为工宦翻1次。《集韵》"惯""贯"同音古患切。

(57)皖 胡管 匣 桓 合 一 上 山 ‖户板 匣 删 合 二 上 山 【胡官】

按："皖"，皖城、皖口，共14次注音，音胡管翻2次，以"版""板"作反切下字12次。

(58)馔 雏晥 崇 桓 合 一 上 山 ‖雏鲩 崇 删 合 二 上 山 【雏绾】

(59)馔 徂晥 从 桓 合 一 上 山 ‖雏鲩 崇 删 合 二 上 山 【雏绾】

按："馔"，酒馔、馔具，共41次注音，其中雏晥翻12次，徂晥翻1次。

(60)篹 音撰 崇 删 合 二 上 山 ‖苏管 心 桓 合 一 上 山 【雏绾*】

按："置孝元庙故殿以为文母篹食堂"，胡注："孟康曰：篹，音撰。晋灼曰：籑，具也。"（p.1199）。《广韵》"籑"，筹属，无"具"义；其"篹"下注云"《说文》曰具食也，七恋切。"《集韵》"籑、馔，具食也，或作馔"，音与"撰""篹"同，雏免切，又雏绾切。"篹"是假借字，本字是"籑"。

3. 删寒混注

(61) 轘 胡悍 匣 寒 开 一 去 山 ‖胡惯 匣 删 合 二 去 山 【胡惯】

按："轘"，去声义为车裂也；平声义为轘辕，地名。车裂义共7次注音。用"惯"作反切下字3次，用"串"作反切下字1次，用"患"作反切下字1次，音"宦"1次，皆谏韵字。

山仙、删桓、删寒混注，反映了《通鉴音注》音系中一等韵寒、桓的主元音已经和二等山删、三等仙韵的主元音变得相同。

（五）先元仙与寒桓合流

1. 仙桓混注

(62) 卞 音盘 并 桓 合 一 平 山 ‖皮变 并 仙 开 重三 去 山 【蒲官*】

按："《小卞》之作，可为寒心"（p.959），此义仅1次注音。

(63) 琯 古瑗 见 仙 合 三 去 山 ‖古满 见 桓 合 一 上 山 【古缓】

按："琯"，人名，共3次注音，其他2次用"缓"作反切下字。《广韵》与《集韵》注音一致。

(64) 奱 乃乱 泥 桓 合 一 去 山 ‖而兖 日 仙 合 三 上 山 【奴乱】

按："人有惧心，精锐销奱"，胡注："师古曰：奱，乃乱翻，又乳兖翻。"（p.1000）"奱"字共3次注音。其他2次皆以"兖"为反切下字。

以上桓韵与仙韵混注的3个例子说明，仙韵与桓韵的主元音已经变得相同。

2. 仙先寒混注

(65) 溅 音赞 精 寒 开 一 去 山 ‖子贱 精 仙 开 三 去 山 【则旰*】

按："五步之内，臣请得以颈血溅大王矣"，胡注："溅，音箭，康音赞，污洒也。"（p.136）司马康音与《集韵》同。胡三省音与《集韵》亦同，音子贱切。

(66) 㩧 音田 定 先 开 四 平 山 ‖徒干 定 寒 开 一 平 山 【亭年*】

�667 㩧 音廛 澄 仙 开 三 平 山 ‖徒干 定 寒 开 一 平 山 【澄延*】

按："㩧"，先贤㩧，人名对音用字，3次注音：师古曰：㩧，音廛

(p.722)；郑氏曰：掸，音缠束之缠。晋灼曰：音田。师古曰：晋音是也（p.859）。郑玄音与师古音与《集韵》相同。

此处3个例子说明，寒韵与仙韵、先韵的主元音已经变得相同。且胡三省音与《集韵》音相同，说明这种音变是当时共同语的特征。

3. 元桓混注

⑱漫 音万 明 元 合 三 去 山 ‖莫半 明 桓 合 一 去 山【莫半】

按："漫"，弥漫，胡注："音万，又莫官翻。"（p.7181）

从以上三个方面看，中古山摄先、元、仙诸韵与寒、桓诸韵主元音发生了趋同音变，因而表现出互相作反切下字的混注现象。

（六）寒仙部音值

《通鉴音注》中，山摄诸韵主元音已经变得相同，一二等韵合流，三四等韵合并，重纽韵的区别特征消失、二等韵消失、四等韵消失。中古山摄的7个韵系舒声在《通鉴音注》中变成了1个韵部，我们称之为寒仙部，其韵母的音值是：[an]、[ian]、[uan]、[iuan]。

《通鉴音注》中，中古山摄诸韵合并成了一个有相同主元音的韵部，这个情况与《中原音韵》不同。《中原音韵》中，中古的山摄变成了寒山、桓欢、先天三个韵部。我们将中古山摄诸韵在《通鉴音注》中合为一个韵部的理由是：（1）寒桓唇音无别；（2）删韵合口与桓韵无别；（3）删韵唇音字与仙韵混注；（4）三等仙、元与一等的桓韵混注；（5）先韵与山韵匣母条件下混注。基于以上五个方面原因，我们认为中古山摄诸韵在《通鉴音注》中已经合流为一个韵部即寒仙部是可以成立的。

但是《通鉴音注》这一特点不合于其时代前后的语音材料。王力《朱熹反切考》将山摄分成了寒山和元仙两个韵部，《蒙古字韵》则分成了寒部和先部，《中原音韵》《洪武正韵》将山摄都分成了桓欢、寒山、先天三个韵部。胡三省音系中山摄诸韵合流为一个韵部，只有1个主元音，韵母有一等、三等、开口、合口之别，而《中原音韵》《洪武正韵》寒桓有别，三、四等独立为一部，有三个不同的主元音。胡三省音注所反映出来的山摄诸韵主元音变成了一个相同的[a]，与其时代前后的其他语音材料所显示的语音系统不同。但是胡三省的音注的确是反映了这一现象，而且其注音与《集韵》的注音基本上是一致的。

另外，从-m、-n、-ŋ、-p、-t、-k 尾基本保持中古格局这一点上看，胡三省的音注是更为保守的读书音，它应当比上述其他音系更为保守才对。关于这个问题，应当用其他更多的资料去对比研究，目前只好存疑。

三 -m 尾韵与-n 尾韵的混注现象

-m 尾韵与-n 尾韵混注指的是山摄字与咸摄字互相作反切下字。山摄寒、仙、山诸韵与咸摄覃、谈、衔诸韵在《通鉴音注》中发生了混注，这种现象表明寒谈、仙覃、山衔的主元音变得相同了，而且也发生了-m 韵尾向-n 转化的音变。这两种音变都符合汉语语音的演变规律。从中古 206 韵发展到现代普通话，其间几乎合并了所有音色相近的韵，而且-m 韵尾全部转变为-n 韵尾。寒谈、仙覃、山衔之间的混并现象是异摄异尾相同主元音韵的合并。这种异摄异尾而主元音相同的韵的合并比同摄同尾韵的合并更加有力地推动了汉语韵母的简化进程。-m 尾韵与-n 尾韵混注的例子如下。

①监 古苋 见 山 开 二 去 山 ‖ 格忏 见 衔 开 二 去 咸
按："监察御史"之"监"，共注音 46 次，其中工衔翻、古衔翻共 45 次。

②瘩 千感 清 覃 开 一 上 咸 ‖ 七然 清 仙 开 三 平 山
按："榜箠瘩于炮烙"，胡注："师古曰：瘩，音千感翻，痛也。"（p.1009）注音仅 1 次。

③散 悉览 心 谈 开 一 上 咸 ‖ 苏旱 心 寒 开 一 上 山
按："散骑常侍"之"散"，胡三省共注音 139 次，其中以"亶"作反切下字 137 次，以"但"作反切下字 1 次。悉览翻 1 次（p.5005）。"散""亶""但"皆寒韵字。

④泛 音幡 敷 元 合 三 平 山 ‖ 孚梵 敷 凡 合 三 去 咸
按："齐王起，帝亦起取巵，太后恐，自起泛帝巵。"胡注："泛，《汉书音义》：音幡；《索隐》音捧。余据泛驾之'泛'其义为覆，则音覂亦通。"（p.411）

中古山摄与咸摄的主元音相同，-m、-n 相混的 4 个例子的存在说明这两个韵摄已经存在合并的趋势了。

四　阳声韵和阴声韵的混注现象

阳声韵与阴声韵之间混注的现象，发生在灰魂、支仙、支元、之蒸、虞锺诸韵。胡注音切中的这种混注情况与《集韵》是一致的。混注的例子如下。

①蝉　音提　禅　支　开　三　平　止‖市连　禅　仙　开　三　平　山【田黎*】

按："蝉"，黏蝉，古县名，在乐浪（p.5600）。注音共1次，服虔音。

②蕃　音皮　並　支　开　重三　平　止‖附袁　並　元　合　三　平　山【蒲糜*】

按："蕃"，蕃向、蕃城，音皮，共4次。

③㶷　土回　透　灰　合　一　平　蟹‖他昆　透　魂　合　一　平　臻【通回】

按："嘽嘽㶷㶷，如霆如雷"，胡注："师古曰：《小雅·采芑》之诗也。嘽嘽，众也。㶷㶷，盛也。……㶷，音土回翻。"（p.947）"㶷㶷"，重言词，利用音节的重叠来构词，表达某种意义，与单个词的意义不同，是属于构词法范畴。仅1次注音。

④耳　音仍　日　蒸　开　三　平　曾‖而止　日　之　开　三　上　止【如蒸】

按："耳"，耳孙，即曾孙，共2次注音，皆音仍。胡三省引晋灼音："耳，音仍。"（p.1131）《集韵》有此音。

⑤遇　音颙　疑　锺　合　三　平　通‖牛具　疑　虞　合　三　去　遇【鱼容*】

按："遇"，曲遇，地名。《集韵》有此音。注音1次。

⑥禺　鱼容　疑　锺　合　三　平　通‖遇俱　疑　虞　合　三　平　遇【鱼容】

按："禺"，番禺。胡注："禺，音愚，又鱼容翻。"共5次注音。

这6个例子所反映的阴阳对转现象在《广韵》中也存在。徐通锵《"阴阳对转"新论》[①]中就列出了《广韵》中有阴阳异切的176例，并说"《广韵》的这种同一个字阴、阳两读、而且意义相近或相通的情况，可能就是古时'文白异读'的沉积"（p.204），"《广韵》阴阳异切的不少例证与杨树达所考释的先秦两汉时期的阴阳对转是一样的，……阳入异切的例证也明显地与先秦的对转相似。这种一致性和相似性可以清楚地说明《广韵》的阴阳异切就是先秦两汉时期的阴阳对

---

① 徐通锵：《"阴阳对转"新论》，载徐通锵《汉语研究方法论初探》，商务印书馆2004年版，第18—212页。

转的残留"（p.205）。《通鉴音注》中的这 6 个例子所表现出来的阴阳对转也是先秦两汉时期阴阳对转的残留。阴阳对转在现代方言白读中还有残留，如山西太原话下列字的读音：病 piŋ（文）/pi（白）、名 miŋ（文）/mi（白）、听 tiŋ（文）/ti（白）、星 ҫiŋ（文）/ҫi（白）。

第三节　-m 尾韵的演变

中古深、咸二摄诸韵是收闭口-m 尾的韵，深摄侵韵与咸摄覃、谈、咸、衔、盐、添、严、凡诸韵（举平以赅上去）都是各自独立为一韵，表现的是主元音上的区别。在《通鉴音注》中，深摄侵韵系与咸摄诸韵系基本上各自独立。

深摄舒声侵韵字注音约有 129 条，与《广韵》音韵地位完全相同的有 101 条。咸摄舒声字的注音约有 339 条，其中：覃韵字的注音有 64 条，与《广韵》音韵地位完全相同的有 46 条；谈韵字的注音有 77 条，与《广韵》音韵地位完全相同的有 54 条；咸韵字的注音有 10 条，与《广韵》音韵地位完全相同的有 5 条；衔韵字的注音有 25 条，与《广韵》音韵地位完全相同的有 13 条；盐韵字的注音有 131 条，与《广韵》音韵地位完全相同的有 92 条；严韵字的注音有 2 条，无与《广韵》音韵地位完全相同的注音；凡韵字的注音有 13 条，与《广韵》音韵地位完全相同的有 9 条；添韵字的注音有 16 条，与《广韵》音韵地位完全相同的有 9 条。

一　侵寻部

侵寻部来自中古深摄，其音变特点表现为重纽特征消失。

（一）侵韵的重纽特征消失

侵韵重纽特征消失具体表现在以下三个方面：

1. 侵$_A$侵$_B$混注

①愔　於禽　影　侵　开　重三　平　深 ‖ 挹淫　影　侵　开　重四　平　深
②愔　於今　影　侵　开　重三　平　深 ‖ 挹淫　影　侵　开　重四　平　深

按："愔"，人名，共 42 次注音，其中於禽翻 1 次，於今翻 30 次，一寻翻（师古音）1次。

2. 侵$_A$与舌齿音混注

③愔　一寻　影侵开三平深　‖挹淫　影侵开重四平深

3. 侵$_B$与舌齿音混注

④禀　彼甚　帮侵开三上深　‖笔锦　帮侵开重三上深

按："禀"，禀食，共9次注音，其中彼甚翻（p.1232）乃引师古音，仅1次。

⑤衿　其鸩　群侵开三去深　‖居吟　见侵开重三平深

按："衿"，襟也，共4次注音，其中3次音今。《广韵》有"紟"，巨禁切，群侵开重三去深，其下注云："紟带，或作襟。又音今。"

⑥饮　於鸩　影侵开三去深　‖於禁　影侵开重三去深

按："饮"，饮之酒、饮以醇酒，皆动词，共43次注音，其中注音为于鸩翻11次，于禁翻32次。

⑦喑　於鸩　影侵开三去深　‖於禁　影侵开重三去深

按："喑"，共3次注音：喑恶叱咤，音於鸩翻1次，音今1次；喑哑，音今1次。

侵$_A$与侵$_B$混同，二者也与其舌齿音混同，说明侵韵的重纽特征消失了。

（二）侵覃混注

⑧酖　直禁　澄侵开三去深　‖丁含　端覃开一平咸【都含】

按："酖"，仅1次注音，《广韵》《集韵》"酖"皆无此音。但《通鉴》中出现"酖"字的句子且有注音的有9个，其意义皆如"文侯饮酖死"（p.219）、"齐主遣使酖杀之"（p.5323）之类，可见文献中常以"酖"为"鸩"。此例属于古音假借。

⑨枕　之酖　章覃开一平咸　‖之任　章侵开三去深【职任】

按："枕"，枕籍，动词，共62次注音，以"酖"作反切下字者仅1次，以"任"作反切下字51次，以"鸩"作反切下字9次，标明如字1次。

⑩谅阴　音阴　影侵开重三去咸　‖乌绀　影覃开一去咸　【乌含*】

按："阴"，天子谅阴，注音共15次，注为"读如阴"3次，直接注为"音阴"12次。《集韵》："阴、阴，治丧庐也。礼：高宗谅阴，三年不言。或作阴。乌含切。"

侵、覃混注的被注字都是传统文献的读书音，胡三省仍之。

（三）侵寻部音值

《通鉴音注》中侵韵独立为侵寻部。侵寻部的主元音与臻摄、梗摄的主元音相同，韵母有 [əm]、[iəm] 两个。[əm] 来自庄组侵韵字，[iəm] 来自庄组以外的侵韵字。

二 覃盐部

中古咸摄诸韵在《通鉴音注》中发生了以下变化：重纽韵特征消失、三四等韵合流、重韵合并、一二韵等合并等。中古咸摄诸韵在《通鉴音注》中主元音已经变得相同，合并成了一个韵部，我们称之为覃盐部。

（一）三四等韵合流

中古咸摄三、四等韵在《通鉴音注》中，盐韵的重纽特征消失，纯四等韵添韵与重纽三等韵盐韵发生合流音变，同时纯三等的严韵也与盐韵合流。

1. 重纽韵的对立消失

（1）盐$_A$盐$_B$混注

①厌　衣检　影　盐　开　重三　上　咸 ‖ 於琰　影　盐　开　重四　上　咸
②厌　於检　影　盐　开　重三　上　咸 ‖ 於琰　影　盐　开　重四　上　咸

按："厌"，共139次注音，其中为"厌胜"义注音19次。"门内绛色物，宜悉取以为厌胜"，胡注："厌，於涉翻，又於检翻。"（p.3559）又，"乂嘉之乱，巫师请发修宁陵，戮玄宫为厌胜"，胡注："厌，衣检翻，又益涉翻，禳也。"（p.4146）

（2）盐$_B$与其舌齿音混注

③拑　巨炎　群　盐　开　三　平　咸 ‖ 巨淹　群　盐　开　重三　平　咸
④拑　其炎　群　盐　开　三　平　咸 ‖ 巨淹　群　盐　开　重三　平　咸

按："拑"，拑口不言，共2次注音。

⑤钳　其廉　群　盐　开　三　平　咸 ‖ 巨淹　群　盐　开　重三　平　咸
⑥钳　其炎　群　盐　开　三　平　咸 ‖ 巨淹　群　盐　开　重三　平　咸

按："钳"，共9次注音，义有钳口、锤钳锯凿之具、以铁束颈等，其中注为其廉翻7次，其炎翻2次。

⑦箝　其廉　群　盐　开　三　平　咸　‖巨淹　群　盐　开　重三　平　咸

按："箝"，箝口，共 2 次注音，皆注为其廉翻。

⑧黔　其廉　群　盐　开　三　平　咸　‖巨淹　群　盐　开　重三　平　咸
⑨黔　其炎　群　盐　开　三　平　咸　‖巨淹　群　盐　开　重三　平　咸

按："黔"，共 47 次注音，有两种意义两种读音：读盐韵，黔首义，亦姓（p. 50、p. 217），共 2 次注音；读侵韵，指黔州。黔州之"黔"的注音也有以下情况：渠今翻又其廉翻 2 次，音禽又其廉翻 2 次，其今翻又其炎翻 3 次。

⑩钤　其廉　群　盐　开　三　平　咸　‖巨淹　群　盐　开　重三　平　咸

按："钤"，玉钤卫、钤制，亦姓，共 8 次注音，皆其廉翻。

⑪针　其廉　群　盐　开　三　平　咸　‖巨淹　群　盐　开　重三　平　咸

按："针"，共 4 次注音，注为诸深翻 2 次，注为其廉翻 1 次，注为其淹翻 1 次。注为其廉翻者，会稽谢针，人名（p. 3498）。《广韵》"针"还有巨盐切，也可以与此对应。

⑫钻　其廉　群　盐　开　三　平　咸　‖巨淹　群　盐　开　重三　平　咸

按："自往者大狱以来，掠者多酷，钻镵之属，惨苦无极"，胡注："《说文》曰钻，锻也；《国语》曰中刑用镵凿，皆谓惨酷其肌肤也。"（p. 1497）仅 1 次注音。

⑬奄　於炎　影　盐　开　三　平　咸　‖衣检　影　盐　开　重三　上　咸

按："奄"，共 2 次注音，其一为"奄奄无息"注音，衣廉翻；其二为"奄人"注音，胡注云："陆德明曰：奄，於检翻。刘曰：于验翻。徐曰：於剑翻。今读作阉，音於炎翻。"（p. 4469）《广韵》"阉"有平、上两个读音：央炎切，男无势精闭者；衣检切，阉闇。

⑭阉　衣廉　影　盐　开　三　平　咸　‖央炎　影　盐　开　重三　平　咸
⑮阉　於廉　影　盐　开　三　平　咸　‖央炎　影　盐　开　重三　平　咸

按："阉"，阉人，共 3 次注音：衣廉翻、於廉翻各 1 次，衣廉翻又衣检翻 1 次。

⑯埯　依廉　影　盐　开　三　平　咸　‖央炎　影　盐　开　重三　平　咸

按："自西夷降者处埯嵫馆，赐宅于慕义里"，胡注："埯，依廉翻，又依检翻。"（p. 4661）

(3) 盐$_A$与其舌齿音混注

⑰厌　於盐　影　盐　开　三　平　咸　‖於艳　影　盐　开　重四　去　咸
⑱厌　一盐　影　盐　开　三　平　咸　‖於艳　影　盐　开　重四　去　咸

⑲厌　於赡　影　盐　开　三　去　咸　‖於艳　影　盐　开　重四　去　咸
⑳厌　一赡　影　盐　开　三　去　咸　‖於艳　影　盐　开　重四　去　咸

按："厌"，共139次注音，其中为"满也"义注音56次：於盐翻51次，於赡翻1次，一艳翻2次，一盐翻1次，一赡翻1次。

盐韵的A、B类混同，而且二者都与舌齿音混注，说明盐韵的重纽特征已经消失了。

2. 添盐合并

纯四等添韵与重纽三等盐韵的字互相作下字，表现出二者发生了合流音变的特点。例证如下：

㉑阽　丁念　端　添　开　四　去　咸　‖余廉　以　盐　开　三　平　咸　【都念】

按："阽"，社稷阽危，共5次注音，其中余廉翻2次，音阎又丁念翻1次，音余廉翻又丁念翻1次，注为"服虔音反坫之坫，孟康音屋檐之檐"1次。

㉒黡　乌点　影　添　开　四　上　咸　‖於琰　影　盐　开　重四　上　咸　【於琰】

按："黡"，张黡，人名，音乌点翻又於琰翻（p.259），仅1次注音。

㉓佔　昌占　昌　盐　开　三　平　咸　‖丁兼　定　添　开　四　平　咸　【丁兼】

按："佔"，喋喋佔佔，仅1次注音，乃胡三省引师古音。

盐与添混注只有此3例，其入声也有此类混注情况。纯四等韵由于[i]介音产生而与重纽盐韵A类合并，这是近代汉语语音史上的重要音变之一。

3. 盐严合并

㉔訬　直严　澄　严　开　三　平　咸　‖直廉　澄　盐　开　三　平　咸　【直严】

按："訬"，人名用字，共2次注音。另一音是直廉翻，后者与《广韵》音同。

㉕奄　於剑　影　严　开　三　去　咸　‖衣俭　影　盐　开　重三　上　咸　【於赡】

按：上文已经述及，"奄"字共2次注音，其一为"奄奄无息"注音，衣廉翻；其二为"奄人"注音，於剑翻，后者是胡三省引徐广的音。

㉖曮　鱼险　疑　盐　开　重三　上　咸　‖鱼埯　疑　严　开　三　上　咸　【鱼检】

按："曮"，人名用字，共1次注音。

严韵是纯三等韵。近代汉语语音史上，中古的纯三等韵与重纽三等韵合流，这3个混注的例子正好反映了这项音变。胡注音系中，重纽韵的区别特征消失，纯三等韵、纯四等韵与重纽韵合流，三四等韵已经发生了合流音变。

（二）重韵合并

《广韵》覃［ɒm］、谈［ɑm］、衔［am］、咸［ɐm］，在舌位图上，［ɑ］和［ɒ］都是后低元音，二者的区别在于前后不同；［a］是前低元音，［ɐ］是央低略高元音，音色上都有差别。在《通鉴音注》中，这4个韵母发生了一等重韵合并、二等重韵合并的变化。

1. 覃谈合并

中古咸摄覃、谈皆列于韵图之一等位置，胡三省音切中将二者混同，例证如下。

㉗紞　都感　端覃开一上咸‖都敢　端谈开一上咸【都感】
㉘紞　吐感　透覃开一上咸‖都敢　端谈开一上咸【都感】
㉙紞　丁感　端覃开一上咸‖都敢　端谈开一上咸【都感】

按："紞"，人名，共6次注音，其中音都感翻4次，音吐感翻、丁感翻各1次。

㉚聃　他含　透覃开一平咸‖他酣　透谈开一平咸【他甘】

按："聃"，人名，共8次注音。其中他甘翻4次，他酣翻2次，他含翻1次，另有乃甘翻1次（聃季，人名，p.2583）。

㉛倓　徒敢　定谈开一上咸‖徒感　定覃开一上咸【吐敢】

按："倓"，人名，共9次注音，其中徒甘翻7次，徒滥翻1次，徒甘翻又徒滥翻、徒敢翻各1次（p.9251）。

㉜赣　古滥　见谈开一去咸‖古禫　见覃开一上咸【古暗】

按："赣"，共5次注音：①赣人，音绀2次；②章赣，人名，音贡1次；③赣人，"师古古暗翻，刘昫古滥翻"1次；④赣榆，"师古曰：赣，音绀。榆，音蝓。贤曰：赣，音贡，今海州东海县也。余据今人皆从颜音"1次。《集韵》古暗切，勘韵。

㉝淦　音甘　见谈开一平咸‖古南　见覃开一平咸【古暗°】

按："淦"，新淦、上淦，地名，共5次注音，其中古暗翻2次，音绀又音甘2次，音绀又工含翻1次。《集韵》古暗切，在勘韵。

《通鉴音注》中覃、谈混注，说明中古咸摄一等重韵合流。

2. 咸衔合并

咸摄咸衔在等韵图上皆列于二等位置，胡三省音切将二者混同，例证如下。

㉞瑊 古衔 见 衔 开 二 平 咸 ‖古咸 见 咸 开 二 平 咸 【居咸】

按："瑊"，人名，共24次注音，其中注音为古咸翻17次、古衔翻7次。

㉟监 古陷 见 咸 开 二 去 咸 ‖格忏 见 衔 开 二 去 咸 【居忏】
㊱监 古咸 见 咸 开 二 平 山 ‖古衔 见 衔 开 二 平 咸 【居衔】
㊲监 工咸 见 咸 开 二 平 咸 ‖古衔 见 衔 开 二 平 咸 【居衔】

按："监"，有监察、监军、监国、监示等动词义，也有中书监等名词义；名词义读去声，动词义读平声。共364次注音，其中古衔翻22次，工衔翻129次，古咸翻1次，工咸翻2次、古陷翻1次，另以"暂"作反切下字者6次。

㊳舰 户黯 匣 咸 开 二 上 咸 ‖胡黤 匣 衔 开 二 上 咸 【户黤】

按："舰"，船舰，共86次注音，皆注为户黯翻。

㊴衔 其缄 群 咸 开 二 平 咸 ‖户监 匣 衔 开 二 平 咸 【乎监】
㊵衔 户缄 匣 咸 开 二 平 咸 ‖户监 匣 衔 开 二 平 咸 【乎监】

按："衔"，衔枚、衔命、衔怨之义，共6次注音，户缄翻4次，户监翻1次，其缄翻1次。

中古咸摄二等韵咸、衔混注，说明《通鉴音注》音系中二者已经合流。

（三）一二等韵混注

咸摄是独韵摄，只有开口韵。在研究其二等韵的时候，牙喉音字算一类，唇舌齿算一类。二等韵与一等韵混注的例子如下。

㊶监 甲暂 见 谈 开 一 去 咸 ‖格忏 见 衔 开 二 去 咸 【居忏】
㊷监 古暂 见 谈 开 一 去 咸 ‖格忏 见 衔 开 二 去 咸 【居忏】

按：关于"监"字注音的大致情况上文已经交代，此处不赘。

㊸瞰 苦鉴 溪 衔 开 二 去 咸 ‖苦滥 溪 谈 开 一 去 咸 【苦滥】

按："瞰"，俯瞰，共3次注音：苦滥翻1次，苦鉴翻1次，古滥翻1次。

㊹啖 徒陷 澄 咸 开 二 去 咸 ‖徒滥 定 谈 开 一 去 咸 【徒滥】
㊺啖 徒监 澄 衔 开 二 去 咸 ‖徒滥 定 谈 开 一 去 咸 【徒滥】

按："啖"，饵之也，共21次注音；啖食，10次注音。胡注云：

"师古曰：啗者本为食啗耳，音徒敢翻；以食餧人，令其啗食，音则改变为徒滥翻。"（p. 295）根据师古注，"啗"的自动义和他动义的读音不同，但是胡三省注音过程中，没有完全区别两种意义的读音。《通鉴音注》中，"啗"徒滥翻共14次，徒滥翻又徒览翻8次，徒览翻又徒滥翻1次，土滥翻又土览翻1次，徒敢翻又徒滥翻2次，徒敢翻又徒陷翻1次，徒监翻1次，徒览翻2次。《广韵》"啗"，谈韵，有上声、去声两读。胡三省用咸、衔韵字注中古的谈韵字，反映的是咸、衔、谈的混同。一等韵与二等韵混同的现象则说明咸摄的一、二等韵合并了。

（四）三等韵与一等韵混注

㊻馦 弋廉 以 盐 开 三 平 咸 ‖ 徒甘 定 谈 开 一 平 咸 【余廉】
㊼馦 于廉 云 盐 开 三 平 咸 ‖ 徒甘 定 谈 开 一 平 咸 【余廉】

按："馦"，共4次注音，《广韵》有徒甘、徒滥二切，《集韵》有余廉切与胡注基本一致。

㊽襜 都甘 端 谈 开 一 平 咸 ‖ 处占 昌 盐 开 三 平 咸 【都甘】

按："襜"，襜帷、襜裳，音昌占、蚩占翻，与《广韵》音同；襜褴，胡名，在代地，班固《汉书》作"澹林"，音都甘翻。

第㊻例、第㊽例胡三省的注音与《集韵》的音韵地位完全相同，第㊼例只是声母云、以的不同（而胡三省音系中云以已经合流了），韵母相同。这说明三等盐韵与一等谈韵的混同早在《集韵》时代就已经存在了。

三等盐韵与一等谈韵的混注的声母条件是见母、定母、昌母，说明其韵母的主元音相同，介音不同，因而介音丢失后三等韵与一等韵无别。正因为如此，胡三省用三等的盐韵字作《广韵》是一等谈韵字的反切下字。由此可看出《通鉴音注》中盐严添与覃谈咸衔的主元音是相同的。

（五）二等韵与三等韵混注

咸摄舒声没有二等韵与三等韵混注的例子，但是其入声韵却有狎叶混注的例子：

㊾唼 使接 生 葉 开 三 入 咸 ‖ 所甲 生 狎 开 二 入 咸 【即涉/色甲】

按："唼"，唼血，共2次注音："唼，所甲翻，小啜也。《索隐》引邹氏音使接翻"（p. 419）；"《索隐》曰：《汉书》作'喋'，音跕，丁牒翻。……予据《类篇》，'喋'字有色甲、色洽二翻，既从'喋'字音义，当与'歃'同。若从'喋'字，则有'履'之义"（p.436）。"喋"之使接翻在《集韵》中有两个反切与之对应，即即涉切和色甲切。即涉切与胡三省的音只是声母的区别，韵母都是叶韵；色甲切与胡三省的音声母相同，韵母却不同。这里需要说明的是，胡三省音系中庄组字与精组字有混注现象，所以这里声母不同不是主要问题。我们倾向于选择即涉切作为"喋"字的《集韵》反切，并且认为此例中胡三省的注音与《集韵》的注音基本一致。

（六）异摄韵混注

胡注用元韵字作凡韵字的切下字，表现出异尾韵的合并。

㊿泛 音幡 敷元合三平山‖孚梵 敷凡合三去咸【孚梵】

按：此例反映的是-m、-n 两种韵尾的混同现象。胡三省用收-n 尾的"幡"为收-m 尾的"泛"作直音，反映出当时这两种韵尾已经有混同的情况存在，同时元韵的主元音和凡韵的主元音也已经变得相同了。

（七）关于严、凡韵

胡三省音注中，严韵字的注音中只有3例，都发生了音变：与盐韵混注1例，与咸韵混注1例，与衔韵混注1例；凡韵字的注音有14例，发生音变的有5例，与东锺韵混注4例，与元韵混注1例，上文已详。纯三等韵与三等韵的合流音变中也只有严韵系的变化。邵荣芬《切韵研究》认为二者是在"一定声母条件下的异调异读，所以我们认为可以把严韵系并入凡韵系"①，并将其音值构拟为严开凡合，与李荣的构拟相同。我们这里采纳邵荣芬的意见，认为严韵与凡韵是开合的关系。

（八）覃盐部的音值

胡三省音系中，中古咸摄诸韵的主元音混同为一。这一结论与其时代的《蒙古字韵》《中原音韵》不同，也与其后《洪武正韵》不同，后三者都是覃、谈、咸、衔合并为一个韵部，盐、严、添、凡合并为一个韵部，呈现出主元音不同的特点。胡三省的音注与《集韵》的反切的音韵地位基本相同。《通鉴音注》中，中古咸摄诸韵合并为只有1个主元音的韵部，我们称之为覃盐部，包括[am]、[iam]两个韵母。这

---

① 邵荣芬：《切韵研究》（校订本），中华书局2008年版，第88页。

一结论与目前几种材料的研究不一致，我们期待有其他材料进一步来证明。

第四节　阴声韵（一）

《通鉴音注》音系中，阴声韵部有9个，即齐微部、支思部、皆来部、歌戈部、家麻部、车遮部、鱼模部、尤侯部、萧豪部。因篇幅太长，故分为两节来讨论。

中古止摄与蟹摄诸韵在《通鉴音注》音系中演变成了齐微、支思、皆来3个韵部，下面分别讨论。

一　齐微部

中古止摄诸韵在《通鉴音注》中发生了以下音变现象：重纽韵的特征消失，支、脂、之、微合并，蟹摄齐祭废、灰韵、泰韵合口与支脂之微合并。

《通鉴音注》中，中古止摄字的注音约有867条，其中：支韵字的注音有347条，与《广韵》音韵地位完全相同的有232条；脂韵字的注音有256条，与《广韵》音韵地位完全相同的有182条；之韵字的注音有160条，与《广韵》音韵地位完全相同的有125条；微韵字的注音有104条，与《广韵》音韵地位完全相同的有87条。

（一）支脂重纽特征消失

《通鉴音注》中支韵、脂韵的重纽韵特征已经消失，而且支脂合流，主要表现在以下几个方面：

1. 支$_A$支$_B$混注

①陴　音疲　並　支　开　重三　平　止　‖符支　並　支　开　重四　平　止
②庳　皮靡　並　支　开　重三　上　止　‖便俾　並　支　开　重四　上　止

按："庳"，下也，与高相对，共2次注音，另一注音是音婢，与《广韵》同。

③觖　音企　溪　支　开　重三上　止　‖窥瑞　溪　支　合　重四　去　止

按："觖"，觖望，怨望，共10次注音，"或时害至公，群臣往往

第四章 《通鉴音注》韵母系统

有觖望自危之心"，胡注："觖，古穴翻。师古曰：音决，觖谓相觖也；望，怨望也。韦昭曰：觖，犹冀也，音冀。《索隐》音企。"（p. 370）《集韵》"觖""企"同音，遣尔切。胡三省所注之古穴翻，《广韵》亦有此音。

④跂　渠宜　群　支　开　重三　平　止 ‖ 巨支　群　支　开　重四　平　止

按："跂"，跂望、跂立之跂，举踵也，共7次注音，注为去智翻5次，丘弭翻又去智翻1次。丘弭翻与去智翻仅仅是声调不同。支$_A$与支$_B$混注，说明支韵的重纽区别消失。

2. 脂$_B$脂$_A$混注

⑤耆　渠伊　群　脂　开　重四　平　止 ‖ 渠脂　群　脂　开　重三　平　止

按："耆"，长也，老也，共1次注音。

3. 支$_B$脂$_B$混注

⑥濞　音陂　滂　支　开　重三　去　止 ‖ 匹备　滂　脂　开　重三　去　止

按："濞"，吴王濞，共3次注音：音陂，普懿翻；匹备翻，普懿翻。

⑦绮　区几　溪　脂　开　重三　上　止 ‖ 墟彼　溪　支　开　重三　上　止

按："绮"，丝织品，共1次注音。

⑧机　举绮　见　支　开　重三　上　止 ‖ 居夷　见　脂　开　重三　平　止【居狋】

按："机"，机案，共1次注音。《广韵》《集韵》注音相同。

4. 支$_A$脂$_B$混注

⑨裨　频眉　并　脂　开　重三　平　止 ‖ 符支　並　支　开　重四　平　止

按："裨"，裨将、偏裨，共11次注音，其中宾弥翻5次，频弥翻2次，频眉翻、频移翻、彼迷翻、音卑各1次。

⑩陴　频眉　并　脂　开　重三　平　止 ‖ 符支　並　支　开　重四　平　止

按："陴"，陴堞，城上女墙也，共10次注音，其中频弥翻8次，频眉翻1次，符支翻1次。"弥"，支韵重纽A类字；"眉"，支韵重纽B类字。

⑪觖　音冀　见　脂　开　重三　去　止 ‖ 窥瑞　溪　支　合　重四　去　止

按：上文已经指出，"觖"共10次注音，"觖，音冀"是韦昭的音（p. 370）。

⑫企　欺冀　溪　脂　开　重三　去　止 ‖ 去智　溪　支　开　重四　去　止

按："企"，企望、举踵义，共13次注音，音去智翻11次，区智翻、欺冀翻各1次。

5. 支_A脂_A混注

⑬卑 音鼻 並 脂 开 重四 去 止 ‖府移 帮 支 开 重四 平 止

按："卑"，地名，舜弟象所封之地。仅1次注音。

⑭弭 眉比 明 脂 开 重四 上 止 ‖绵婢 明 支 开 重四 上 止

按："弭"，共2次注音，息也，另一音是绵婢翻。

⑮瀰 莫比 明 脂 开 重四 上 止 ‖绵婢 明 支 开 重四 上 止

按：陈郡殷瀰，人名，仅1次注音。

6. 支_B脂_A混注

⑯比 毗义 並 支 开 重三 去 止 ‖毗至 並 脂 开 重四 去 止

按："比"，共472次注音，意义有9种，其中：及也，约189次注音；近也，约191次注音；其他意义有：连次也；等次也，例也；并也；比部侍郎；和也；频也；党也。"车不得方轨，骑不得比行"，胡三省注曰："毗义翻，次也。"(p.71) 此处胡三省的意义解释似乎不正确："师古曰：车并行为方轨。"则"比行"亦当为"并行"才可以解释得通。毗义翻，仅出现1次。

7. 支_B脂混注

⑰痿 於佳 影 脂 合 三 平 止 ‖於为 影 支 合 重三 平 止

按："痿"，痿疾，风痹疾也，共2次注音。胡注："杨正衡曰：《字林》：痿，痹也，人垂翻，又於佳翻。"(p.3248)

支_B脂_B混注、支_A脂_B混注、支_A脂_A混注、支_B脂_A混注以及支_B脂、脂_B支混注，说明支韵与脂韵没有区别了。中古止摄重纽韵的特点在《通鉴音注》中消失了。

8. 支脂舌齿音字合流

⑱絺 充知 昌 支 开 三 平 止 ‖丑饥 彻 脂 开 三 平 止 【抽迟】

按："絺"，丝织品，亦姓；有充知、抽迟、丑之3个注音。

⑲訾 音资 精 脂 开 三 平 止 ‖即移 精 支 开 三 平 止 【津私°】

按："訾"，共29次注音，用作姓氏、地名、人名音译用字（如呼卢訾王），也有注为"读曰资""读曰赀，毁也"等。"訾，音资"，訾，量也 (p.1648)；另有子斯翻，亦此义，与《广韵》同音。

⑳刺 七四 清 脂 开 三 去 止 ‖七赐 清 支 开 三 去 止 【七赐】

按："刺"，动词，刺杀、刺探、采取，共152次注音，其中"七亦翻"146次。刺杀其牛羊，胡注："刺，七逆翻，又七四翻。"

（p. 1536）

㉑眭　息惟　心　脂　合　三　平　止　‖息为　心　支　合　三　平　止　【宣为】

按："眭"，姓也，共 11 次注音，息随翻 9 次，与《广韵》音同；息惟翻 1 次，息为翻 1 次。

㉒睢　息随　心　支　合　三　平　止　‖息遗　心　脂　合　三　平　止　【宣佳】

按："睢"，共 40 次注音，范睢等人名用字，注音为"息随翻"5次、"音虽"4 次。

㉓虒　音夷　以　脂　开　三　平　止　‖息移　心　支　开　三　平　止　【相支】

按：汉虒虒县，师古曰"虒虒，音卢夷"（p. 209）。《集韵》有相支切、田黎切，无"夷"音。

㉔支　音祇　章　脂　开　三　平　止　‖章移　章　支　开　三　平　止　【翘移*】
㉕支　音祁　群　脂　开　重三　平　止　‖章移　章　支　开　三　平　止　【翘移*】

按：令支，共 13 次注音，音祁 8 次，音祇 1 次，音其儿翻 3 次，音祁又音祇 1 次。

㉖遗　于伪　云　支　合　三　去　止　‖以醉　以　脂　合　三　去　止　【以醉】

按："遗"，赠也、予也，共 388 次注音。以"季"作反切下字 336 次，注为如字 1 次。

㉗夷　延知　以　支　开　三　平　止　‖以脂　以　脂　开　三　平　止　【延知】

按："哭泣之声未绝，伤夷者未起"，胡注："夷，与痍同，创也，延知翻。"（p. 361）仅 1 次注音。

从以上八个方面看，支、脂韵的重纽特征消失了：具体表现为支$_A$支$_B$混同，脂$_A$脂$_B$混同，支脂混同，支韵、脂韵的舌齿音混同，等等。

（二）支脂之微合流

在《通鉴音注》中，止摄诸韵字互相作反切下字，反映出诸韵发生了趋同音变现象，因而合并成了一个韵部。支脂之微四韵混注体现了止摄诸韵的合流。

1. 支之混注

㉘摛　丑知　彻　支　开　三　平　止　‖丑之　彻　之　开　三　平　止　【抽知】
㉙摛　抽知　彻　支　开　三　平　止　‖丑之　彻　之　开　三　平　止　【抽知】

按："摛"，人名用字，共 4 次注音，其中丑知翻 2 次，抽知翻 1 次，丑之翻 1 次。

㉚觭　羌志　溪　之　开　三　去　止　‖窥瑞　溪　支　合　重四　去　止　【遣尔】

按："觖望，怨望也，胡注："贤曰：觖，音羌志翻。前书音义曰：觖，犹冀也。一音决，犹望之也。"（p. 1363）

㉛骑　渠吏　群　之　开　三　去　止　‖奇寄　群　支　开　重三　去　止　【渠羁】

按："骑"，步骑、轻骑、飞骑、骠骑等，共 1091 次注音。其中：音奇寄翻 1021 次，奇计翻 68 次，渠吏翻 1 次，其计翻 1 次。《集韵》"骑"只有平声一读，支韵。

㉜轵　音止　章　之　开　三　上　止　‖诸氏　章　支　开　三　上　止　【掌氏】

按："轵"，地名，共 7 次注音，其中音只 5 次，知氏翻 1 次，音止、音纸各 1 次。

㉝施　式吏　书　之　开　三　去　止　‖施智　书　支　开　三　去　止　【施智】
㉞施　式志　书　之　开　三　去　止　‖施智　书　支　开　三　去　止　【施智】

按："施"，布施，注音 68 次，音式豉翻 45 次，式智翻 20 次，式支翻、士吏翻、式志翻各 1 次。《广韵》施，有式支切、施智切两读。式豉翻与式支切音同。

㉟提　音时　禅　之　开　三　平　止　‖是支　禅　支　开　三　平　止　【市之*】

按："朱提"，地名，音铢时，共 6 次注音，皆同。

㊱丽　力之　来　之　开　三　平　止　‖吕支　来　支　开　三　平　止　【邻知】

按："丽"，高丽、高句丽、丽山，共 85 次注音。其中力知翻 81 次，邻知翻 1 次，力之翻 1 次，力智翻 1 次，力智翻又力兮翻 1 次。

2. 支微混注

㊲掎　居岂　见　微　开　三　上　止　‖居绮　见　支　开　重三　上　止　【隐绮】
㊳掎　鱼岂　疑　微　开　三　上　止　‖居绮　见　支　开　重三　上　止　【隐绮】

按："掎"，掎角之势，掎其后，共 30 次注音，以支韵"绮""蚁"作反切下字 28 次；以"岂"作反切下字 2 次。

㊴齮　鱼岂　疑　微　开　三　上　止　‖鱼倚　疑　支　开　重三　上　止　【语绮】

按："齮"，人名用字，共 5 次注音：丘奇翻又去倚翻 3 次，鱼倚翻 1 次，鱼岂翻 1 次。

㊵檥　鱼岂　疑　微　开　三　上　止　‖鱼倚　疑　支　开　重三　上　止　【语绮】

按："檥"，檥船，共 3 次注音。"乌江亭长檥船待"，胡注："徐广曰：檥，音仪，一音俄。应劭曰：檥，正也。孟康曰：檥，音蚁，附也，附船着岸也。如淳曰：南方谓整船向岸曰檥。《索隐》曰：檥字，诸家各以意解耳。邹诞本作'樣船'，以尚翻；刘氏亦有此音。"（p. 353）另外，鱼岂翻（p. 8126）、鱼倚翻（p. 9398）各 1 次。

第四章 《通鉴音注》韵母系统

㊶ 锜 鱼岂 疑 微 开 三 上 止 ‖ 鱼倚 疑 支 开 重三 上 止 【语绮】

按："锜"，人名用字，共 5 次注音：渠绮翻又鱼绮翻又音奇（p.6866），渠宜翻（p.6642），鱼岂翻又音奇（p.7582），鱼岂翻（p.5639），鱼倚翻（p.6891）。《广韵》"锜"有 3 个注音：渠基切、渠绮切、鱼倚切。

㊷ 撝 许韦 晓 微 合 三 平 止 ‖ 许为 晓 支 合 重三 平 止 【吁为】

按："撝"，人名用字，注音 4 次，音许韦翻 1 次，许为翻 2 次，吁为翻 1 次，借作"麾"1 次。

㊸ 隳 音挥 晓 微 合 三 平 止 ‖ 许规 晓 支 合 重四 平 止 【翾规】

按："隳"，废也，毁也，仅 1 次注音。

㊹ 諉 羽委 云 支 合 三 上 止 ‖ 于鬼 云 微 合 三 上 止 【羽鬼】

按："諉"，人名用字，共 3 次注音，羽鬼翻 2 次，羽委翻 1 次。

3. 脂之混注

㊺ 比 毗志 滂 之 开 三 去 止 ‖ 毗至 并 脂 开 重四 去 止 【毗至】

按："比"，共 472 次注音，毗志翻 3 次，近也、并也。《广韵》比，有 5 个音读，其中毗至切与必至切均可与此例相对应。

㊻ 郗 丑之 彻 之 开 三 平 止 ‖ 丑饥 彻 脂 开 三 平 止 【抽迟】

按："郗"，姓氏，共 31 次注音，其中注为丑之翻 30 次，丑脂翻 1 次。《广韵》《集韵》音同。

㊼ 絺 丑之 彻 之 开 三 平 止 ‖ 丑饥 彻 脂 开 三 平 止 【抽迟】

按："絺"，丝织品，又姓，共 3 次注音，另有充知翻和抽迟翻各 1 次。

㊽ 溩 直理 澄 之 开 三 上 止 ‖ 直几 澄 脂 开 三 上 止 【丈里】
㊾ 溩 直里 澄 之 开 三 上 止 ‖ 直几 澄 脂 开 三 上 止 【丈里】

按："溩"，溩水，共 5 次注音：直里翻 2 次，直理翻 1 次，直几翻 1 次，丈几翻 1 次。

㊿ 迟 直吏 澄 之 开 三 平 止 ‖ 直尼 澄 脂 开 三 平 止 【直吏】

按："迟"，待也，又姓，共 21 次注音，其中直利翻 9 次，直二翻 9 次，丈二翻、直二翻、直吏翻各 1 次。

㉛ 跽 其纪 群 之 开 三 上 止 ‖ 暨几 群 脂 开 重三 上 止 【巨几】
㉜ 跽 忌己 群 之 开 三 上 止 ‖ 暨几 群 脂 开 重三 上 止 【巨几】

按："跽"，长跪，共 5 次注音，另外 3 次注音是：其几翻 2 次，巨几翻 1 次。

(53)惎 其冀 群 脂 开 重三去 止 ‖渠记 群 之 开 三 去 止【渠记】

按："惎"，毒也，又人名用字，共3次注音，另外的注音是渠记翻2次。

(54)兹 沮惟 从 脂 合 三 平 止 ‖疾之 从 之 开 三 平 止【墙之】

按：龟兹，胡注："龟，音丘。兹，音慈。贤曰：龟，丘勾翻，兹，沮惟翻，盖急言之也。"（p.771）此例胡三省采取了李贤的音。

(55)鸱 丑之 彻 之 开 三 平 止 ‖处脂 昌 脂 开 三 平 止【称脂】

按："鸱"，共3次注音，皆同。

(56)谥 神志 船 之 开 三 去 止 ‖神至 船 脂 开 三 去 止【神至】

按："谥"，谥号，共25次注音，其中神至翻22次，神志翻1次，申至翻1次，时利翻1次。

(57)厕 初利 初 脂 开 三 去 止 ‖初吏 初 之 开 三 去 止【初吏】

按："厕"，圊也，溷也，共2次注音，另一音是初吏翻。

(58)使 疏利 生 脂 开 三 去 止 ‖踈吏 生 之 开 三 去 止【疏吏】

按："使"，作名词时，义为使节，共1448次注音；作动词时，胡注5次，皆音如字。疏利翻2次，疏吏翻1441次。

(59)异 羊至 以 脂 开 三 去 止 ‖羊吏 以 之 开 三 去 止【羊吏】

按："异"，朱异，人名，共7次注音，羊至翻6次，羊吏翻1次。

(60)廙 羊至 以 脂 开 三 去 止 ‖羊吏 以 之 开 三 去 止【羊吏】

按："廙"，人名用字，共14次注音，羊至翻又逸职翻8次，逸职翻又羊至翻5次，羊职翻又羊至翻1次。

4. 脂微混注

(61)喟 去贵 溪 微 合 三 去 止 ‖丘愧 溪 脂 合 重三 去 止【丘媿】

(62)喟 丘贵 溪 微 合 三 去 止 ‖丘愧 溪 脂 合 重三 去 止【丘媿】

按："喟"，叹息声，共4次注音，另外两个注音是丘愧翻、于贵翻。

(63)岿 音归 见 微 合 三 平 止 ‖丘追 溪 脂 合 重三 平 止【区韦】

(64)岿 苦鬼 溪 微 合 三 上 止 ‖丘轨 溪 脂 合 重三 上 止【苦轨】

(65)岿 区韦 溪 微 合 三 平 止 ‖丘追 溪 脂 合 重三 平 止【区韦】

按："岿"，人名用字，共2次注音：区韦翻又苦鬼翻又丘愧翻，音归又区胃翻。

(66)俟 渠夷 群 脂 开 三 平 止 ‖渠希 群 微 开 三 平 止【渠希】

按："俟"，俟斤、万俟，音译突厥人名用字，如"莫贺咄侯屈利俟毗可汗”之类，共41次注音，其中渠之翻38次，另有渠希翻、渠夷翻、渠机翻各1次。

(67)洎 其既 群 微 开 三 去 止 ‖其冀 群 脂 开 重三 去 止 【巨至】

按：“洎”，及也，又人名用字，共15次注音，其中其冀翻12次，另有其计翻、其既翻、渠至翻各1次。

(68)毅 鱼器 疑 脂 开 重三去 止 ‖鱼既 疑 微 开 三 去 止 【鱼既】

按：“毅”，乐毅，人名，共3次注音，皆同。

(69)劓 鱼气 疑 微 开 三 去 止 ‖鱼器 疑 脂 开 重三 去 止 【鱼既】

按：“劓”，割鼻也，共7次注音，其中鱼器翻3次，鱼器翻又牛例翻2次，鱼气翻1次。

(70)汇 于季 云 脂 合 三 去 止 ‖于贵 云 微 合 三 去 止 【于贵】

按：“汇”，人名用字，共3次注音，另外有于贵翻2次。

(71)纬 于季 云 脂 合 三 去 止 ‖于贵 云 微 合 三 去 止 【于贵】

按：“纬”，谶纬，亦人名用字，共20次注音，其中于贵翻19次。

(72)遗 于贵 云 微 合 三 去 止 ‖以醉 以 脂 合 三 去 止 【以醉】

按：“遗”，注音约388次，为遗书、赠遗义注音约386次，其中于季翻250次，唯季翻122次，惟季翻11次，于贵翻、弋季翻、于伪翻各1次。

5. 之微混注

(73)虮 居喜 见 之 开 三 上 止 ‖居狶 见 微 开 三 上 止 【举岂】

按：“虮”，虮虱，共4次注音。

(74)俟 渠之 群 之 开 三 平 止 ‖渠希 群 微 开 三 平 止 【渠之】

按：上文已经述及，俟斤、万俟之“俟”，共41次注音，其中渠之翻38次。

(75)喜 许既 晓 微 开 三 去 止 ‖许记 晓 之 开 三 去 止 【许巳】

按：“喜”，好也，共102次注音，许既翻8次，许记翻83次，许吏翻8次，等等。

中古止摄支脂之微在《通鉴音注》中主元音变得相同，故而有诸韵之字互相作反切下字的情况存在。

（三）支脂之微与齐、祭、灰等韵合流

《切韵指掌图》的齐韵与支脂之微同图，列在四等，说明齐韵与止摄诸韵近。《通鉴音注》蟹摄齐、祭、废诸韵进入止摄，与止摄诸韵合流，这一情况与《切韵指掌图》一致，反映的是齐韵与支脂之微合流，即止摄和蟹摄的细音合并成一个韵部了，其中还包括祭韵和废韵①。同时，止摄支脂微的合口字与灰韵字也有混注的情况，说明灰韵的部分字进入了齐微部的合口韵。下面是混注的例子。

1. 齐祭废合流

中古蟹摄三等四等齐、祭、废诸韵合流后，归入齐微部。

（1）祭韵 B 类字与其舌齿音字混同

⑯揭　其逝　群　祭　开　三　去　蟹　‖去例　溪　祭　开　重三　去　蟹

按："揭"，揭阳，胡注："韦昭曰：揭，其逝翻。苏林音揭。师古音竭。"（p.672）其逝翻仅出现 1 次。

⑰猘　征例　知　祭　开　三　去　蟹　‖居例　见　祭　开　重三　去　蟹

按："猘"，猘狗，犬强曰猘，共 2 次注音。胡注："《汉书音义》：征例翻，又居例翻，狂犬也。"（p.4885）

⑱瘗　於例　影　祭　开　三　去　蟹　‖於罽　影　祭　开　重三　去　蟹

按："瘗"，埋也，共 36 次注音，其中於计翻 32 次，一计翻 3 次，於例翻 1 次。

（2）祭废混注

⑲讦　居乂　见　废　开　三　去　蟹　‖居例　见　祭　开　重三　去　蟹　【九刈】

按："讦"，面相斥罪也，发人之恶也，共 21 次注音，其中居谒翻 17 次。"受吏民投书，使相告讦"，胡注："师古曰：面相斥曰讦，音居乂翻，又音居谒翻。"（p.802）

⑳刈　倪祭　疑　祭　开　三　去　蟹　‖鱼肺　疑　废　开　三　去　蟹　【鱼刈】

按："刈"，惩刈，读曰乂 7 次、读曰刈 3 次。惩刈，又注为倪祭翻 1 次。祭与废混注，标志着蟹摄三等韵祭与废合流。

（3）祭齐混注

㉑罽　音计　见　齐　开　四　去　蟹　‖居例　见　祭　开　重三　去　蟹　【居例】

按："罽"，锦罽，又罽宾，国名，共 11 次注音，其中音计 8 次，居例翻 3 次。

㉒瘗　一计　影　齐　开　四　去　蟹　‖於罽　影　祭　开　重三　去　蟹　【壹计】
㉓瘗　於计　影　齐　开　四　去　蟹　‖於罽　影　祭　开　重三　去　蟹　【壹计】

---

① 废韵字少，胡注没有相关的例子，但是根据祭废合流、齐祭废变入止摄，我们认为齐微部里应当包括废韵字。

第四章 《通鉴音注》韵母系统

按：前文已经述及，"瘗"，共 36 次注音，其中音於计翻 32 次，音一计翻 3 次。

⑭例 时诣 禅齐开四去蟹 ‖ 力制 来祭开三去蟹【力制】

按："例"，惯例、旧例（p.9012），仅 1 次注音。

⑮荔 力制 来祭开三去蟹 ‖ 郎计 来齐开四去蟹【郎计】

按："荔"，大荔、荔阳、荔枝，又人名，共 5 次注音，其中力计翻 3 次，立计翻 1 次，力制翻 1 次。

蟹摄纯四等齐韵与重纽三等祭韵混注，说明三四等韵合流。胡注只有祭韵 B 类字的注音。祭$_B$在胡注中与废韵、齐（霁）韵以及祭的舌齿音混。另外祭韵也和脂韵 B 类混了，例见前文。胡注中此类祭、废、齐（霁）诸韵的牙喉音字混注，则说明祭韵重纽韵的区别特征不存在了。祭、废、齐诸韵与止摄支脂之微合并成了齐微部。

2. 止摄诸韵与蟹摄诸韵混注

（1）支齐混注

⑯裨 彼迷 帮齐开四平蟹 ‖ 府移 帮支开重四平止【賓弥】

按：上文已经述及，"裨"，裨将、偏裨，共 11 次注音，其中宾弥翻 5 次，频弥翻 2 次，频眉翻、频移翻、彼迷翻、音卑各 1 次。

⑰躄 卑义 帮支开重三去止 ‖ 博计 帮齐开四去蟹【卑义】

⑱躄 博义 帮支开重三去止 ‖ 博计 帮齐开四去蟹【卑义】

按："躄"，注音共 70 次，其中卑义翻又博计翻 54 次，卑义翻又必计翻 9 次，卑义翻又匹计翻 1 次，匹计翻又卑义翻 2 次，皮义翻又必计翻 1 次，必计翻又卑义翻 1 次，博计翻又卑义翻 1 次，以上反切大多数或者韵母不同，或者声母不同；唯有卑义翻又博义翻二切语同音，构成又音关系的两个音切声母与韵母都没有区别，说明此条音注有误，疑乃传抄之误。

⑲批 片支 滂支开三平止 ‖ 匹迷 滂齐开四平蟹【篇迷】

按："批"，共 11 次注音，其中为手击也注音 6 次：白结翻又偏迷翻 1 次，蒲鳖翻又普迷翻 2 次，蒲结翻又匹迷翻 1 次，蒲列翻又匹迷翻 1 次，"贤曰音片支翻。余按前书音义：批，音蒲结翻" 1 次。

⑳骑 其计 群齐开四去蟹 ‖ 奇寄 群支开重三去止【渠羁】

㉑骑 奇计 群齐开四去蟹 ‖ 奇寄 群支开重三去止【渠羁】

按：上文已经述及步骑、轻骑、飞骑、骠骑等，共 1091 次注音。

其中奇寄翻出现 1021 次，奇计翻出现 68 次，另外渠吏翻 1 次，其计翻 1 次。《集韵》"骑"只有平声一读，支韵。

⑨2褆 是兮 禅齐开四平蟹 ‖章移 章支开四平止【常支】

按："褆"，人名，仅 1 次注音：是支翻又是兮翻。

⑨3郪 千移 清支开三平止 ‖七稽 清齐开四平蟹【千西】

按："郪"，地名，共 5 次注音：音妻又千私翻 3 次，音妻 1 次，千移翻 1 次。

⑨4蠡 卢奚 来齐开四平蟹 ‖吕支 来支开三平止【怜题】
⑨5蠡 怜题 来齐开四平蟹 ‖吕支 来支开三平止【怜题】
⑨6蠡 音黎 来齐开四平蟹 ‖吕支 来支开三平止【怜题*】
⑨7蠡 鹿奚 来齐开四平蟹 ‖吕支 来支开三平止【怜题】

按："蠡"，共 14 次注音，其中为鹿蠡王注音共 7 次：卢奚翻 6 次，鹿奚翻 1 次；蠡器，音怜题翻 1 次；伊蠡王、族蠡山（地名），音黎 2 次。《广韵》鹿蠡王，吕支切；瓢勺义，落戈切；彭蠡、蠡吾县，音礼。

（2）脂齐混注

⑨8比 簿计 并齐开四去蟹 ‖毗至 并脂开重四去止【毗至】

按：上文已经述及"比"，共 472 次注音，意义有 9 种："截胫、拉胁、锯项、刳胎者，比比有之"，胡三省注曰："簿计翻。"（p.3151）此音仅出现 1 次。

⑨9洎 其计 群齐开四去止 ‖其冀 群脂开重三去止【巨至】

按：上文已经述及，"洎"，及也，又人名用字，共 15 次注音，其中其冀翻 12 次，其计翻 1 次，另有其既翻、渠至翻各 1 次注音。

⑩0泜 丁礼 知齐开四上蟹 ‖直尼 澄脂开三平止【丁计】
⑩1泜 丁计 知齐开四去蟹 ‖直尼 澄脂开三平止【丁计】

按："泜"，泜水，仅 1 次注音："师古曰：泜，音祗，又丁计翻，又丁礼翻。"（p.327）

⑩2齐 津夷 精脂开三平止 ‖徂奚 从齐开四平蟹【津私】
⑩3齐 音咨 精脂开三平止 ‖徂奚 从齐开四平蟹【津私】

按："齐"，齐衰，即齐缞，共 8 次注音，音咨 7 次，津夷翻 1 次。胡三省音与《集韵》音同。

⑩4藜 力脂 来脂开三平止 ‖郎奚 来齐开四平蟹【怜题】

按："藜"，蒺藜，仅 1 次注音：力脂翻又力兮翻。（p.2673）

第四章 《通鉴音注》韵母系统

⑩⁵ 犂　良脂　来　脂　开　三　平　止　‖ 郎奚　来　齐　开　四　平　蟹　【良脂】

按："襄所乘骏马曰犂眉騧"，胡注："犂，音黎，又音良脂翻。"（p. 3162）《广韵》"黎"音郎奚切。

（3）之齐混注

⑩⁶ 喜　许计　晓　齐　开　四　去　蟹　‖ 许记　晓　之　开　三　去　止　【许已】

按："喜"，好也，上文已经述及，共 102 次注音，许记翻 83 次，许吏翻 8 次，许计翻 2 次。

（4）微齐混注

⑩⁷ 幾　居启　见　齐　开　四　上　蟹　‖ 居狶　见　微　开　三　上　止　【举豈】

按："幾"，未幾，共注音 143 次，其中音居岂翻 141 次，音居启翻 1 次，音鱼岂翻 1 次（p. 2897）。

（5）脂祭混注

⑩⁸ 劓　牛例　疑　祭　开　三　去　蟹　‖ 鱼器　疑　脂　开　重三　去　止　【牛例】

按：上文已经述及，"劓"，割鼻也，共 7 次注音，其中鱼器翻 3 次，鱼器翻又牛例翻 2 次，鱼气翻 1 次。

（6）支合灰混注

⑩⁹ 萎　于罪　影　灰　合　一　上　蟹　‖ 于为　影　支　合　重三　上　止　【邹腲】

按："萎"，萎腰，软弱，仅 1 次注音，李贤音。

⑩ 衰　仓回　清　灰　合　一　平　蟹　‖ 楚危　初　支　合　三　平　止　【仓回】
⑪ 衰　七回　清　灰　合　一　平　蟹　‖ 楚危　初　支　合　三　平　止　【仓回】
⑫ 衰　仓雷　清　灰　合　一　平　蟹　‖ 楚危　初　支　合　三　平　止　【仓回】
⑬ 衰　七雷　清　灰　合　一　平　蟹　‖ 楚危　初　支　合　三　平　止　【仓回】
⑭ 衰　叱雷　昌　灰　合　一　平　蟹　‖ 楚危　初　支　合　三　平　止　【仓回】
⑮ 衰　士回　崇　灰　合　一　平　蟹　‖ 楚危　初　支　合　三　平　止　【仓回】
⑯ 衰　吐回　透　灰　合　一　平　蟹　‖ 楚危　初　支　合　三　平　止　【仓回】

按："衰"，缞服也，共 42 次注音，其中注为仓回翻 31 次，七回翻 4 次，仓雷翻 1 次，七雷翻 2 次，叱雷翻 2 次，士回翻 1 次，吐回翻 1 次。

（7）脂合灰混注

⑰ 頯　蒲回　並　灰　合　一　平　蟹　‖ 敷悲　滂　脂　开　重三平　止　【蒲枚】

按："頯"，人名，仅 1 次注音：音薄谐翻又蒲回翻（p. 7591）。

⑱ 搥　传追　澄　脂　合　三　平　止　‖ 都回　端　灰　合　一　平　蟹　【都回】

按："搥"，捶击也，共 2 次注音，皆同。

⑲队　音遂　邪　脂　合　三　去　止　‖徒对　定　灰　合　一　去　蟹　【徐醉】

按："河内、河东、弘农、河南、颍川、南队为六队郡"之"队"，共2次注音，皆音遂。

⑳䯀　音椎　澄　脂　合　三　平　止　‖杜回　定　灰　合　一　平　蟹　【传追˚】

按："䯀"，共2次注音，另一音徒回翻。

㉑騩　五贿　疑　灰　合　一　上　蟹　‖俱位　见　脂　合　重三　去　止　【语韦】

按："騩"，注音2次，语境和意义皆不同："汉使有騩马，急求取以祠我"，胡注："贤曰：《续汉》及华峤《书》并作'䭿'。《说文》：马浅黑色也，音京媚翻。余谓'䭿'，音'瓜'；黄马黑喙曰騩，读如本字。"（p.1462）"乃帅百骑至大騩山"，胡注："班志：河南郡密县有大騩山。騩、隗同，五贿翻，又音归。"（p.4892）《广韵》"騩"有居追切、举韦切、俱位切；义有黄马黑喙及大騩山。

㉒垒　卢对　来　灰　合　一　去　蟹　‖力轨　来　脂　合　三　上　止　【卢对】

按："垒"，共5次注音，卢对翻2次；另有力水翻1次、鲁水翻2次，皆与《广韵》音同。

胡三系音注中，蟹摄齐祭废、灰韵、泰韵合口与支脂之微合并，合并成了齐微部。

（四）脂与皆佳韵混注、之与佳混注

1. 脂韵合口与佳韵开口混注

㉓緌　如佳　日　佳　开　二　平　蟹　‖儒佳　日　脂　合　三　平　止　【儒佳】

按："緌"，仅1次注音。《广韵》《集韵》都是儒佳切，胡注为如佳翻，此处怀疑胡注误将"隹"写成了"佳"。如果我们的怀疑成立的话，则此例不当作为混注的例子。存疑。

2. 脂韵唇音字与皆韵唇音字混注

㉔䫌　薄谐　并　皆　开　二　平　蟹　‖敷悲　滂　脂　开　重三平　止　【蘗皆】

按：上文述及"䫌"，人名，仅1次注音：薄谐翻又蒲回翻。（p.7591）《集韵》"䫌"有"蒲枚""蘗皆"二切，分别与胡三省的两个注音相对应。

㉕鞴　蒲拜　并　皆　开　二　去　蟹　‖平祕　并　脂　开　重三去　止　【平祕】

按："鞴"，共2次注音，一是蒲拜翻，二是平祕翻，平祕翻与《广韵》的反切一致。由此可以看出脂韵唇音字在胡三省看来是与皆韵开口相同的。

3. 之佳混注

⑫兹 音佳 见 佳 开 二 平 蟹 ‖疾之 从 之 开 三 平 止 【墙之】

按："兹"，龟兹，音丘慈，又音屈佳（p. 6265），此项注音出现了 5 次，胡三省指明是唐人又读作"屈佳"（p. 5329），皆音译外来词的用字。

（五）阴入混注

1. 支栉混注

⑫厮 音瑟 生 栉 开 三 入 臻 ‖息移 心 支 开 三 平 止 【山宜】

按："厮"，厮役、厮养，共 16 次注音。其中有"音斯，今人读若瑟"（p. 6189）、"音斯，今相传读从诜入声"（p. 5261）、"息移翻，养也，役也，使也，贱也。苏林曰：厮，取薪者也。韦昭曰：析薪曰厮。今或读从诜入声"（p. 5380）等说法，从中可知"厮"有入声的读法。"诜"，臻韵平声字，其所配入声韵是栉韵，"瑟"字正是栉韵字。《广韵》《集韵》"厮"无入声的读法。支韵"厮"读作入声，反映出舒声促化的特点。

2. 脂屑混注

⑫饐 一结 影 屑 开 四 入 山 ‖乙冀 影 脂 开 重三去 止 【一结】

按："饐"，食窒气不通，仅 1 次注音。胡注与《集韵》同。脂韵"饐"字读作入声，反映出舒声促化的特点。

阴声韵字"厮""饐"读作入声，是舒声促化现象。这一现象在《集韵》里有所反映。

（六）齐微部的音值

中古止摄诸韵在《通鉴音注》中发生了重纽韵的特征消失、支脂之微合并、齐祭废灰泰合与支脂之微合并等现象。我们把合流音变后形成的韵部称为齐微部。齐微部包含 2 个韵母：[i]、[ui]。齐微部主要包括《广韵》止摄的支脂之微以及蟹摄的齐祭废灰诸韵的字，但其中不包含支脂之开口的精组、庄组、章组及日母的字。

二 支思部

现代汉语有 [ɿ] 和 [ʅ] 韵母，前者来自中古止摄开口精组声母字，后者来自止摄和蟹摄三等韵开口的庄、章、知组声母以及日母字。

《中原音韵》的支思部除了"入声作上声"的"涩、瑟、塞"三个字以外，主要包括止摄开口精组、庄组以及章组的全部字、日母字以及几个知组字①。

这类字的音变，早在南唐朱翱反切中就已经有所反映。王力《朱翱反切考》认为，在南唐时资思韵已经存在，其标志是"资思自成一韵，因此以资思字切资思字"②。北宋邵雍（1011—1077）《皇极经世·声音唱和图》已经把止摄开口精组字列在"开"类。稍后的《切韵指掌图》（约出现于十二世纪初）把止摄开口精组字改列在一等地位，可见当时这些字的韵母已经不再是[i]而是[ɿ]了。到了元代，庄、章两组声母也加入了这个行列。知组声母到明代以后也加入了这个行列。这种现象显示出舌面元音由于受声母的影响而发生了变化。《韵会》把这类字独立成"赀"字母，八思巴字转写为hi。[h]的作用是将后面的元音向后、向高移动，那么这个[hi]的音值应是[ɨ]，它代表舌尖元音[ɿ]③，其所包括的只是精、庄组字。《中原音韵》这一韵部收字范围已经有所扩大，它包括中古止摄开口精组、庄组以及章组的全部字、日母字以及几个知组字。

董同龢说："（《切韵指掌图》）还把之支韵的精照系字列于一等地位，这也表明此时这些字已不再读为[i]音，而是读为[ʅ]，这与《起数诀》的做法相似。它之所以这样做，主要是由于语音的发展变化。"④他的《切韵指掌图中几个问题》对此也有所论及⑤，认定舌尖前元音在《切韵指掌图》时代已经产生（按：赵荫棠考定《切韵指掌图》成书于1176—1230年）。下面我们考察《通鉴音注》支思部的情况。

（一）止摄开口精组字

《通鉴音注》中，止摄开口精组字约有82条用例，其中反切下字

---

① 杨耐思：《中原音韵音系》，中国社会科学出版社1981年版，第38页。
② 王力：《朱翱反切考》，载《龙虫并雕斋文集》（第三册），中华书局1982年版，第215—216页。
③ 蒋冀骋、吴福祥：《近代汉语纲要》，湖南教育出版社1997年版，第142页。
④ 董同龢：《汉语音韵学》，中华书局2001年版，第185页。
⑤ 董同龢：《切韵指掌图中几个问题》，《中央研究院历史语言研究所集刊》1948年第十七本，第210页。

第四章 《通鉴音注》韵母系统

用止摄开口来母字的有 8 条，用止摄开口以母字的有 10 条，用止摄开口疑母字的有 1 条，其余 63 例都是用精组、章组、知组的字做反切下字，其中反切下字用止摄开口精组字的例子是 48 条（含直音），反切下字用止摄开口知庄章组声母字的有 14 条，日母字 1 条。用例如下。

①罳 音思 心 之 开 三 平 止 ‖ 息兹 心 之 开 三 平 止

按："罳"，罘罳，音浮思，门屏镂空格子也。共 2 次注音，意义皆同。

②偲 新兹 心 之 开 三 平 止 ‖ 息兹 心 之 开 三 平 止
③偲 音思 心 之 开 三 平 止 ‖ 息兹 心 之 开 三 平 止

按："偲"，人名，共 2 次注音：音思 1 次，新兹翻又仓才翻 1 次。《广韵》偲有息兹、仓才二切。

④汜 音祀 邪 之 开 三 上 止 ‖ 详里 邪 之 开 三 上 止
⑤汜 音似 邪 之 开 三 上 止 ‖ 详里 邪 之 开 三 上 止

按："汜"，汜水，亦人名，共 21 次注音：音祀 14 次，音似 2 次，详里翻 1 次，祥里翻 1 次，另外还有"汜，如淳曰音祀。……师古曰：……旧读音凡。今彼乡人呼之音祀。《索隐》曰：此水今见名汜水，音似"（p.341），"师古曰：汜，旧音凡，今俗读为祀"（p.6305），"音祀，又孚梵翻"（p.1931）。《广韵》"汜"有详里、孚梵二切。

⑥笥 息嗣 心 之 开 三 去 止 ‖ 相吏 心 之 开 三 去 止

按："笥"，竹器，共 3 次注音，相吏翻 2 次，息嗣翻 1 次。

⑦嗣 祥使 邪 之 开 三 去 止 ‖ 祥吏 邪 之 开 三 去 止

按："嗣"，后嗣，又人名，共 51 次注音，其中祥吏翻 50 次，祥使翻 1 次（p.2357）。

⑧磁 墙之 从 之 开 三 平 止 ‖ 疾之 从 之 开 三 平 止
⑨磁 疾之 从 之 开 三 平 止 ‖ 疾之 从 之 开 三 平 止
⑩磁 祥之 邪 之 开 三 平 止 ‖ 疾之 从 之 开 三 平 止

按："磁"，磁州，共 22 次注音，音墙之翻 16 次，疾之翻 3 次，祥之翻 2 次，详之翻 1 次。

⑪兹 音慈 从 之 开 三 平 止 ‖ 疾之 从 之 开 三 平 止

按："兹"，龟兹，共 38 次注音，音丘慈，皆同。

⑫滋 音兹 精 之 开 三 平 止 ‖ 子之 精 之 开 三 平 止

按："滋"，多也，蕃也，仅 1 次注音。

⑬嶒　音兹　精　之　开　三　平　止　‖子之　精　之　开　三　平　止

按："嶒"，崦嶒馆，仅1次注音。

⑭孳　津之　精　之　开　三　平　止　‖子之　精　之　开　三　平　止

按："孳"，生也，2次注音，皆同。

⑮牸　疾置　从　之　开　三　去　止　‖疾置　从　之　开　三　去　止
⑯牸　音字　从　之　开　三　去　止　‖疾置　从　之　开　三　去　止

按："牸"，共2次注音。

⑰仔　子之　精　之　开　三　平　止　‖子之　精　之　开　三　平　止
⑱仔　祖似　精　之　开　三　上　止　‖即里　精　之　开　三　上　止
⑲仔　津之　精　之　开　三　平　止　‖子之　精　之　开　三　平　止

按："仔"，人名，共3次注音，祖似切乃史炤音（p.8272）。《广韵》"仔"有二切，史炤音与《广韵》音同。

⑳玺　斯氏　心　支　开　三　上　止　‖斯氏　心　支　开　三　上　止

按："玺"，玉玺，共140次注音，反切用字皆同。

㉑徙　音斯　心　支　开　三　平　止　‖斯氏　心　支　开　三　上　止

按："徙"，西南夷，共3次注音，音同。

㉒刺　七赐　清　支　开　三　去　止　‖七赐　清　支　开　三　去　止
㉓刺　七四　清　脂　开　三　去　止　‖七赐　清　支　开　三　去　止

按："刺"，刺杀、刺探，动词，共150次注音，其中注音为七亦翻145次，七赐翻1次，其他注音是七赐翻又七迹翻1次，七逆翻又七四翻，七亦翻又七赐翻2次，七亦翻又如字1次。

㉔澌　音斯　心　支　开　三　平　止　‖斯义　心　支　开　三　去　止

按："澌"，冰澌也，又人名，共2次注音，另一音是斯义翻。

㉕积　子智　精　支　开　三　去　止　‖子智　精　支　开　三　去　止
㉖积　子赐　精　支　开　三　去　止　‖子智　精　支　开　三　去　止
㉗积　七赐　清　支　开　三　去　止　‖子智　精　支　开　三　去　止

按："积"，聚也，共23次注音，子赐翻18次，子智翻5次。

㉘厮　音斯　心　支　开　三　平　止　‖息移　心　支　开　三　平　止
㉙厮　息移　心　支　开　三　平　止　‖息移　心　支　开　三　平　止

按：上文已经述及，"厮"，厮役、厮养，共16次注音。其中音斯11次，息移翻3次。

㉚虒　音斯　心　支　开　三　平　止　‖息移　心　支　开　三　平　止

按："虒"，虒亭，音斯（p.9465）。

㉛疵　才支　从　支　开　三　平　止　‖疾移　从　支　开　三　平　止

第四章 《通鉴音注》韵母系统

㉜疵　才斯　从　支　开　三　平　止　‖疾移　从　支　开　三　平　止

按："疵"，瑕疵，又人名，共3次注音，另一注音是疾移翻。

㉝茈　才支　从　支　开　三　平　止　‖疾移　从　支　开　三　平　止

按："茈"，共2次注音，皆同。

㉞泚　音此　清　支　开　三　上　止　‖雌氏　清　支　开　三　上　止

按："泚"，人名，共48次注音，其中注音为"且礼翻，又音此"者44次，"且礼翻，又音如字"1次，"且礼翻"3次。

㉟訾　津私　精　脂　开　三　平　止　‖即移　精　支　开　三　平　止
㊱訾　音资　精　脂　开　三　平　止　‖即移　精　支　开　三　平　止
㊲訾　子斯　精　支　开　三　平　止　‖即移　精　支　开　三　平　止
㊳訾　将此　精　支　开　三　上　止　‖将此　精　支　开　三　上　止
㊴訾　音紫　精　支　开　三　上　止　‖将此　精　支　开　三　上　止

按："訾"，共29次注音，其中读曰资，音资各1次，读与曰赀同，读曰赀共8次。"不訾之恩"之"訾"，量也，不訾，言贵重之极，又人名，又音译名用字，皆平声：其中子斯翻7次，子移翻2次，即移翻5次，津私翻1次。毁訾义，上声，注为将此翻3次，音紫1次。

㊵呰　子斯　精　支　开　三　平　止　‖将此　精　支　开　三　上　止
㊶呰　音紫　精　支　开　三　上　止　‖将此　精　支　开　三　上　止

按："呰"，不呰小忿，共1次注音，二者是又音关系。

㊷玼　音此　清　支　开　三　上　止　‖雌氏　清　支　开　三　上　止

按："玼"，人名，共7次注音，音此又且礼翻5次，且礼翻又音此2次。

㊸眥　疾智　从　支　开　三　去　止　‖疾智　从　支　开　三　去　止

按："眥"，睚眥，共3次注音。字也作"眦"。"眦"共11次注音，音士懈翻8次，士戒翻1次，才赐翻又在计翻1次，师古以为"眦，即眥字，谓目匡也，一说眦，士懈翻，二说并通"（p.605）。

㊹骴　才赐　从　支　开　三　去　止　‖疾智　从　支　开　三　去　止

按："骴"，共2次注音，皆同。

㊺訿　音紫　精　支　开　三　上　止　‖将此　精　支　开　三　上　止

按："訿"，仅1次注音。

㊻漬　疾智　从　支　开　三　去　止　‖疾智　从　支　开　三　去　止

按："漬"，共6次注音，皆同。

㊼佽　音次　清　脂　开　三　去　止　‖七四　清　脂　开　三　去　止
㊽佽　七四　清　脂　开　三　去　止　‖七四　清　脂　开　三　去　止

按："佽"，共 4 次注音，助也，又人名，音次 2 次；七四翻 1 次、日四翻 1 次（p. 2639）。

㊾次　音咨　精　脂　开　三　平　止　‖七四　清　脂　开　三　去　止

㊿次　音恣　精　脂　开　三　去　止　‖七四　清　脂　开　三　去　止

按："次"，揟次县，共 2 次注音。

(51)恣　资二　精　脂　开　三　去　止　‖资四　精　脂　开　三　去　止

按："恣"，恣睢，仅 1 次注音。

(52)趑　取私　清　脂　开　三　平　止　‖取私　清　脂　开　三　平　止

按："趑"，趑趄，共 2 次注音，另一音是子移翻。

(53)姊　蒋兕　精　脂　开　三　上　止　‖将几　精　脂　开　三　上　止

按："姊"，姊妹，共 3 次注音，皆同。

(54)兕　序姊　邪　脂　开　三　上　止　‖徐姊　邪　脂　开　三　上　止

按："兕"，虎兕，共 2 次注音，皆同。

(55)秭　蒋兕　精　脂　开　三　上　止　‖将几　精　脂　开　三　上　止

按："秭"，秭归，仅 1 次注音。

(56)郪　千私　清　脂　开　三　平　止　‖取私　清　脂　开　三　平　止

按："郪"，地名，共 5 次注音，其中音妻又千私翻 3 次，千移翻 1 次，音妻 1 次。

以上 56 个被注字都是中古止摄精组开口字，胡三省注音所选用的反切下字都是止摄精组开口字。

（二）止摄开口庄组字

止摄开口庄组字共 27 条反切（含 1 条直音）。除去反切下字为止摄开口疑母字的 5 条，反切下字为止摄开口见母字的 1 条，反切下字为止摄开口来母字的 9 条之后，剩下的 12 条反切被注字是《广韵》庄组字，其反切下字为止摄开口知庄章声母字。用例如下。

①茌　音淄　庄　之　开　三　平　止　‖侧持　庄　之　开　三　平　止

按："茌"，茌平县、山茌县、茌眉等，皆地名，共 5 次注音，其中音茌疑翻 4 次，另一次注音情况是："师古曰：茌，士疑翻。应劭音淄，裴松之音仕狸翻。"（p. 2318）

②淄　庄持　庄　之　开　三　平　止　‖侧持　庄　之　开　三　平　止

按："淄"，临淄，共 11 次注音，皆同。

③锱　庄持　庄　之　开　三　平　止　‖侧持　庄　之　开　三　平　止

按："锱"，铢锱，仅 1 次注音。

第四章 《通鉴音注》韵母系统

④辎　庄持　庄之开三平止 ‖ 侧持　庄之开三平止
⑤辎　楚持　初之开三平止 ‖ 楚持　初之开三平止

按："辎"，辎车、辎重，共6次注音，其中音庄持翻5次，楚持翻1次。

⑥第　壮士　庄之开三上止 ‖ 阻史　庄之开三上止

按："第"，床第，仅1次注音：侧里翻，又壮士翻。《广韵》"第"有阻史、侧几二切。

⑦躧　山尔　生支开三上止 ‖ 所绮　生支开三上止

按："躧"，仅1次注音："文颖曰：躧，音纚。师古曰：履不著跟曰躧，躧，谓纳履未正曳之而行。躧，音山尔翻。"（p. 718）

⑧縰　山尔　生支开三上止 ‖ 所绮　生支开三上止

按："縰"，仅1次注音："与纚同，山尔翻。"（p. 894）《广韵》縰、纚异体字。

⑨屣　所是　生支开三上止 ‖ 所绮　生支开三上止
⑩屣　所徙　生支开三上止 ‖ 所绮　生支开三上止
⑪屣　山尔　生支开三上止 ‖ 所绮　生支开三上止

按："屣"，履也，共3次注音。

⑫漦　似甾　邪之开三平止 ‖ 俟甾　俟之开三平止

按："漦"，龙之涎沫，仅1次注音。

以上12个被注字都是中古止摄开口庄组字，胡三省音注的反切下字韵是支、之开口韵，声母则是知庄章组声母。

（三）止摄开口章组字（日母字例姑且放于此处）

止摄开口章组声母字和日母字的反切和直音共94条（其中直音22条），除去其声母发生音变的18个例子（与群、以、泥的混注）外，还有76例可供我们研究。76例中，再除去反切下字是来母、疑母、群母、匣母的18条，剩下的56条反切就是我们研究的对象。这56条反切被注字是《广韵》章组字和日母字，胡三省基本上用知庄章组声母的止摄开口字的作其反切下字，用例如下。

①鸷　竹二　知脂开三去止 ‖ 脂利　章脂开三去止

按："鸷"，仅1次注音，义为卓鸷，行不平也。

②鸱　丑之　彻之开三平止 ‖ 处脂　昌脂开三平止

按："鸱"，共3次注音，皆同。

③摯　音至　章脂开三去止 ‖ 脂利　章脂开三去止

按："挚"，伊挚，仅1次注音。

④抵 诸氏 章 支 开 三 上 蟹 ‖ 诸氏 章 支 开 三 上 止

按："抵"，侧击也，共2次注音，皆同。

⑤抵 音纸 章 支 开 三 上 止 ‖ 诸氏 章 支 开 三 上 止

按："抵"，共3次注音，其中"丁礼翻"2次。《广韵》"抵"有诸氏、都礼二切。

⑥砥 轸氏 章 支 开 三 上 止 ‖ 诸氏 章 支 开 三 上 止
⑦砥 音指 章 脂 开 三 上 止 ‖ 职雉 章 脂 开 三 上 止
⑧砥 音祇 章 支 开 三 平 止 ‖ 旨夷 章 脂 开 三 平 止

按："砥"，砥砺、砥石，共3次注音。另外："师古曰：砥，细石也，音之履翻，又音祇。"（p.1020）之履翻，章脂开三上止。

⑨泜 音祇 章 脂 开 三 平 止 ‖ 旨夷 章 脂 开 三 平 止

按："泜"，泜水，"师古曰：泜，音祇，又丁计翻，又丁礼翻"（p.327）。

⑩支 音祇 章 脂 开 三 平 止 ‖ 章移 章 支 开 三 平 止

按："支"，令支，共13次注音，其中音祁8次，音其儿翻2次（裴松之音），音祇2次（孟康音）。另有音祁又音祇1次。

⑪氏 音支 章 支 开 三 平 止 ‖ 章移 章 支 开 三 平 止

按："氏"，阏氏、月氏，共20次注音，皆音支。

⑫阯 音止 章 之 开 三 上 止 ‖ 诸市 章 之 开 三 上 止

按："阯"，"禅泰山下阯"（p.679）。仅1次注音。

⑬轵 音止 章 之 开 三 上 止 ‖ 诸氏 章 支 开 三 上 止
⑭轵 知氏 知 支 开 三 上 止 ‖ 诸氏 章 支 开 三 上 止
⑮轵 音纸 章 支 开 三 上 止 ‖ 诸氏 章 支 开 三 上 止
⑯轵 音只 章 支 开 三 上 止 ‖ 诸氏 章 支 开 三 上 止

按："轵"，地名，共8次注音，其中音只5次，音止1次，音纸1次，知氏翻1次。

⑰枳 诸氏 章 支 开 三 上 止 ‖ 诸氏 章 支 开 三 上 止

按："枳"，木名，仅1次注音。

⑱畤 音止 章 之 开 三 上 止 ‖ 诸市 章 之 开 三 上 止

按："畤"，好畤、繁畤、五畤，皆地名，共37次注音，皆同。

⑲识 式志 书 之 开 三 去 止 ‖ 职吏 章 之 开 三 去 止
⑳识 音志 章 之 开 三 去 止 ‖ 职吏 章 之 开 三 去 止

按："识"，记也，共16次注音，其中音式志翻1次，音誌2次，

第四章 《通鉴音注》韵母系统

音志4次，职吏翻8次、如字1次。

㉑帜　音志　章　之　开　三　去　止　‖　职吏　章　之　开　三　去　止
㉒帜　昌志　昌　之　开　三　去　止　‖　昌志　昌　之　开　三　去　止
㉓帜　赤志　昌　之　开　三　去　止　‖　昌志　昌　之　开　三　去　止
㉔帜　式志　书　之　开　三　去　止　‖　式吏　书　之　开　三　去　止
㉕帜　尺志　昌　之　开　三　去　止　‖　昌志　昌　之　开　三　去　止

按："帜"，标帜，共48次注音，其中昌志翻44次，式志翻1次，尺志翻1次，赤志翻1次，尺志翻又音志1次。

㉖炽　尺志　昌　之　开　三　去　止　‖　昌志　昌　之　开　三　去　止
㉗炽　昌志　昌　之　开　三　去　止　‖　昌志　昌　之　开　三　去　止

按："炽"，炽磐，人名；又炽热，共22次注音，其中昌志翻18次，尺志翻4次。

㉘嗤　丑之　彻　之　开　三　平　止　‖　赤之　昌　之　开　三　平　止
㉙嗤　充之　昌　之　开　三　平　止　‖　赤之　昌　之　开　三　平　止

按："嗤"，嗤笑，共12次注音，其中丑之翻11次，充之翻1次。

㉚舐　直氏　澄　支　开　三　上　止　‖　神帋　船　支　开　三　上　止
㉛舐　池尔　澄　支　开　三　上　止　‖　神帋　船　支　开　三　上　止

按："舐"，以舌取物，共6次注音，其中直氏翻5次，池尔翻1次，此二者音同。

㉜谥　神志　船　之　开　三　去　止　‖　神至　船　脂　开　三　去　止
㉝谥　申至　书　脂　开　三　去　止　‖　神至　船　脂　开　三　去　止
㉞谥　神至　船　脂　开　三　去　止　‖　神至　船　脂　开　三　去　止

按："谥"，谥号，定谥号，共25次注音，其中神至翻21次，申至翻1次，神志翻1次，时利翻1次。

㉟弛　式尔　书　支　开　三　上　止　‖　施是　书　支　开　三　上　止
㊱弛　式氏　书　支　开　三　上　止　‖　施是　书　支　开　三　上　止

按："弛"，松弛，共3次注音，其中式尔翻2次，式氏翻1次。

㊲阤　施是　书　支　开　三　上　止　‖　施是　书　支　开　三　上　止

按："阤"，坏也，共2次注音，另一音是丈尔翻，澄母字。

㊳施　式支　书　支　开　三　平　止　‖　式支　书　支　开　三　平　止
㊴施　式志　书　之　开　三　去　止　‖　施智　书　支　开　三　去　止
㊵施　式智　书　支　开　三　去　止　‖　施智　书　支　开　三　去　止
㊶施　式豉　书　支　开　三　去　止　‖　施智　书　支　开　三　去　止

按："施"，赈施、施舍，共68次注音，其中式智翻20次，式豉翻45次，式支翻、式志翻、式吏翻各1次。

㊷絁 式支 书 支 开 三 平 止 ‖式支 书 支 开 三 平 止

按："絁"，丝织品，共6次注音，皆同。

㊸蓍 升脂 书 脂 开 三 平 止 ‖式脂 书 脂 开 三 平 止

按："蓍"，蓍草，共3次注音，皆同。

㊹傂 西志 心 之 开 三 去 止 ‖式吏 书 之 开 三 去 止

按："傂"，小人以傂，仅1次注音。

㊺提 音时 禅 之 开 三 平 止 ‖是支 禅 支 开 三 平 止

㊻提 上支 禅 支 开 三 平 止 ‖是支 禅 支 开 三 平 止

按："朱提"，地名，共5次注音：音铢时4次；另一次注音是"师古曰：朱音殊；提，音上支翻"（p. 1188）。

㊼禔 是支 禅 支 开 三 平 止 ‖章移 章 支 开 四 平 止

按："禔"，人名，仅1次注音：是支翻，又是兮翻（p. 8646）。

㊽莳 音侍 禅 之 开 三 去 止 ‖时吏 禅 之 开 三 去 止

按："莳"，耕种，仅1次注音。

㊾轜 音而 日 之 开 三 平 止 ‖人之*日 之 开 三 平 止

按："轜"，丧车，共3次注音，皆同。《广韵》无"轜"字。《说文》"輀"，丧车也；《释名》："舆棺之车曰轜。"《类篇》《集韵》"輀""轜""软"三字互为异体，音人之切。

㊿輀 音而 日 之 开 三 平 止 ‖如之 日 之 开 三 平 止

按："輀"，丧车也，仅1次注音。

(51)栭 音而 日 之 开 三 平 止 ‖如之 日 之 开 三 平 止

按："栭"，梁上柱，仅1次注音。

(52)婼 音儿 日 支 开 三 平 止 ‖汝移 日 支 开 三 平 止

按："婼"，婼羌，西域国名，仅1次注音。《广韵》"婼""儿"同音。

(53)洱 而志 日 之 开 三 去 止 ‖而止 日 之 开 三 上 止

(54)洱 而止 日 之 开 三 上 止 ‖而止 日 之 开 三 上 止

按："洱"，西洱，地名、河流名，共6次注音。另外有乃吏翻3次，仍吏翻1次。

(55)珥 忍止 日 之 开 三 上 止 ‖仍吏 日 之 开 三 去 止

(56)珥 市志 禅 之 开 三 去 止 ‖仍吏 日 之 开 三 去 止

按："珥"，耳璫也，共5次注音。另有市志翻1次，仍吏翻2次。

这里需要说明的是：《广韵》知庄章在《通鉴音注》中合流为一组，所以在章组字的反切中有以知组、庄组声母字作反切上字的，我们

第四章 《通鉴音注》韵母系统　　　　255

在此认为这些材料都可以用来研究舌尖元音。

（四）止摄开口知组字

胡注中知、庄、章三组声母合流，考虑到这一特点，我们也考察了止摄开口知组字（不包括娘母）的反切下字。止摄开口知组声母字的反切共 50 条，直音 10 条，除去用定母、以母作反切上字的 2 个例子，以及除去用来母字作反切下字的 20 例、用见母字作反切下字的 3 例、用娘母字作反切下字的 2 例之外，剩下的是我们研究舌尖元音的材料。用例如下。

①踬　竹二　知　脂　开　三　去　止　‖陟利　知　脂　开　三　去　止
②踬　音致　知　脂　开　三　去　止　‖陟利　知　脂　开　三　去　止

按："踬"，跆也，共 6 次注音，其中音致 2 次，竹二翻 1 次，陟利翻 3 次。

③质　音致　知　脂　开　三　去　止　‖陟利　知　脂　开　三　去　止
④质　音挚　章　脂　开　三　去　止　‖陟利　知　脂　开　三　去　止
⑤质　音至　章　脂　开　三　去　止　‖陟利　知　脂　开　三　去　止

按："质"，186 次注音，其中为人质义注音共 171 次，其中音致 169 次，音至 1 次，音脂利翻 1 次。

⑥笞　丑之　彻　之　开　三　平　止　‖丑之　彻　之　开　三　平　止

按："笞"，击也，共 9 次注音，注音皆同。

⑦缔　抽迟　彻　脂　开　三　平　止　‖丑饥　彻　脂　开　三　平　止
⑧缔　丑之　彻　之　开　三　平　止　‖丑饥　彻　脂　开　三　平　止
⑨缔　充知　昌　支　开　三　平　止　‖丑饥　彻　脂　开　三　平　止

按："缔"，丝织品，共 3 次注音，见上。

⑩郗　丑之　彻　之　开　三　平　止　‖丑饥　彻　脂　开　三　平　止
⑪郗　丑脂　彻　脂　开　三　平　止　‖丑饥　彻　脂　开　三　平　止

按："郗"，姓氏，共 31 次注音，其中丑之翻 30 次，丑脂翻 1 次。

⑫螭　丑知　彻　支　开　三　平　止　‖丑知　彻　支　开　三　平　止

按："螭"，螭舟，仅 1 次注音。

⑬魑　音螭　彻　支　开　三　平　止　‖丑知　彻　支　开　三　平　止
⑭魑　丑知　彻　支　开　三　平　止　‖丑知　彻　支　开　三　平　止

按："魑"，魑魅，共 2 次注音。

⑮摛　丑之　彻　之　开　三　平　止　‖丑之　彻　之　开　三　平　止
⑯摛　抽知　彻　支　开　三　平　止　‖丑之　彻　之　开　三　平　止
⑰摛　丑知　彻　支　开　三　平　止　‖丑之　彻　之　开　三　平　止

按："摘"，人名，共4次注音，其中丑知翻2次。

⑱褫　敕豸　彻　支　开　三　上　止 ‖ 敕豸　彻　支　开　三　上　止
⑲褫　丑豸　彻　支　开　三　上　止 ‖ 敕豸　彻　支　开　三　上　止

按："褫"，剥衣也，共4次注音，其中敕豸翻2次，丑豸翻1次，池尔翻1次。

⑳篪　音池　澄　支　开　三　平　止 ‖ 直离　澄　支　开　三　平　止

按："篪"，乐器，仅1次注音。

㉑蚳　音迟　澄　脂　开　三　平　止 ‖ 直尼　澄　脂　开　三　平　止
㉒蚳　音治　澄　脂　开　三　去　止 ‖ 直尼　澄　脂　开　三　平　止

按："蚳"，共2次注音。

㉓豸　驰尔　澄　支　开　三　上　止 ‖ 池尔　澄　支　开　三　上　止

按："豸"，虫豸，共2次注音，另一音是宅买翻。

㉔扡　丈尔　澄　支　开　三　上　止 ‖ 池尔　澄　支　开　三　上　止

按："扡"，坏也，共2次注音，另一音是施是翻，见上文。

㉕迟　直二　澄　脂　开　三　平　止 ‖ 直尼　澄　脂　开　三　平　止
㉖迟　丈二　澄　脂　开　三　平　止 ‖ 直尼　澄　脂　开　三　平　止
㉗迟　持二　澄　脂　开　三　平　止 ‖ 直尼　澄　脂　开　三　平　止

按："迟"，有迟明、待也等义，共21次注音。其中直二翻9次，丈二翻1次，持二翻1次，直利翻9次，直吏翻1次。

㉘稺　直二　澄　脂　开　三　去　止 ‖ 直利　澄　脂　开　三　去　止

按："稺"，幼稚，共11次注音，其中直二翻2次，直利翻9次。《广韵》无"稺"字，其"穉"下云"晚禾"，直利切。"犀"与"犀"字形多构成异形同字，如《广韵》"迟"与"遟"，"墀"与"墀"等。胡注中仅1处说明"稺"是"稚"的假借字："时皇子为都督、刺史者多幼稺。"音注："稺，与稚同，直利翻。"（p.6185）

㉙稚　迟二　澄　脂　开　三　去　止 ‖ 直利　澄　脂　开　三　去　止

按："稚"，稚弱，幼稚，又左谷蠡王伊稚斜，共10次注音。其中迟二翻1次，持利翻2次，直利翻7次。

㉚治　直之　澄　之　开　三　平　止 ‖ 直之　澄　之　开　三　平　止

按："治"，动词义读为平声，修治也；名词义读为去声，政治、法治、治乱之治，皆去声。共902次注音，其中直之翻656次。

㉛薙　竹二　知　脂　开　三　去　止 ‖ 陟利　知　脂　开　三　去　止

按："毐"，乌孙卑爰毐，音译人名用字，共3次注音，皆同。

以上31例被注字皆为知组声母的支脂之开口韵字，胡三省皆用知庄章组的支脂之开口韵字及日母的支脂之开口韵字作反切下字。

（五）蟹摄三等开口韵庄、章、知组字

蟹摄三等开口韵庄、章、知三组声母字的反切只有5条，除去来母字做反切下字的1例外，其余材料如果可用的话，则支思部的范围就在宋末元初扩大到蟹摄开口三等的庄章知组字了，用例如下。

①贳　式制　书　祭　开　三　去　蟹 ‖ 舒制　书　祭　开　三　去　蟹
②贳　始制　书　祭　开　三　去　蟹 ‖ 舒制　书　祭　开　三　去　蟹

按："贳"，贷也、赊也、赦也，又贳县，共10次注音，其中始制翻6次，时夜翻2次。

③噬　时制　禅　祭　开　三　去　蟹 ‖ 时制　禅　祭　开　三　去　蟹

按："噬"，吞噬，共3次注音，皆同。

④澨　市制　禅　祭　开　三　去　蟹 ‖ 时制　禅　祭　开　三　去　蟹

按："澨"，水际，共1次注音。

以上我们考察了《通鉴音注》对于中古止摄开口精组、章组、庄组、知组字反切下字的使用情况，也考察了中古蟹摄章组（含日母）、庄组、知组字反切下字的使用情况，列出了相应的用例及其各自出现的次数、意义等。通过这些用例，我们可以看出，《通鉴音注》倾向于选择止摄开口三等字作反切下字，说明支思韵已经产生。

《通鉴音注》中支思韵已经产生，其标志是胡三省用支脂之诸韵的精、庄、章组及日母开口字作中古支脂之诸韵的精、庄、章组及日母字的反切下字或直音。上文我们从五个方面考察了止摄开口的精组、庄组、章组、知组字以及日母开口字的反切下字，结果表明：《通鉴音注》中止摄开口精组字的反切存在用止摄开口精组字作下字的情况，止摄开口庄组、章组、知组的反切存在用止摄开口韵的庄组、章组、知组及日母字作下字的情况。而且这些情况都发生在支脂之三韵系的开口韵里。这说明《通鉴音注》音系中，止摄开口精组字已经开始从[i]韵母分化出[ɿ]韵母，而且止摄开口庄组、章组、知组、日母的字已经变成了[ʅ]韵母。同时，还有蟹摄祭韵开口韵的禅母字和书母字也有用庄组、章组、知组声母字作下字的情况。总之，中古止摄支、脂、之三韵系的开口字依声母条件分化出了支思部，舌尖元音在《通鉴音注》中已经存在了。因此我们将与精、庄、章、知组以及日母相拼的止摄支脂之三韵系开口字独立为一类，并称之为支思部。

（六）支思部的音值

支思部包括中古止摄开口支脂之三韵系的精、庄、章、知组以及日母字，这一结论与其同时代的《古今韵会举要》的情况一致[①]。支思部的音值是 [ɿ]（[ʅ]、[ɿ]），与支思部相拼切的声母是 ts 组和 tʃ 组，还有日母 [ʌʒ]。

三 皆来部

中古蟹摄诸韵在《通鉴音注》中的变化是：一等重韵合并，二等重韵合并，三四等韵合并，二等韵有与一等韵混同的现象。三等祭既有与一等韵混同的现象，又有与二等韵混同的现象。蟹摄诸韵的合并使得韵母大为简化：原先 9 个韵，在胡注中合并成了 2 个韵部：灰、泰合、祭、废诸韵系与止摄支、脂、之、微诸韵系合并成了齐微部，咍、泰开、与佳、皆、夬合并成了皆来部。皆来部主要包括咍、泰开、佳、皆、夬韵字，还包括来自齐、废、祭诸韵的一些字。在齐微部我们讨论了中古蟹摄三四等韵与止摄相关韵合流后归入齐微部的问题，此处我们讨论皆来部的问题。

蟹摄字的注音约有 758 条，其中：齐韵字的注音约有 243 条，与《广韵》音韵地位完全相同的有 193 条；佳韵字的注音有 77 条，与《广韵》音韵地位完全相同的有 58 条；皆韵字的注音有 52 条，与《广韵》音韵地位完全相同的有 42 条；灰韵字的注音有 127 条，与《广韵》音韵地位完全相同的有 109 条；咍韵字的注音有 97 条，与《广韵》音韵地位完全相同的有 77 条；祭韵字的注音有 67 条，与《广韵》音韵地位完全相同的有 46 条；泰韵字的注音有 58 条，与《广韵》音韵地位完全相同的有 46 条；夬韵字的注音有 21 条，与《广韵》音韵地位完全相同的有 12 条；废韵字的注音有 17 条，与《广韵》音韵地位完全相同的有 14 条。

---

① 竺家宁：《近代音史上的舌尖韵母》，载《近代音论集》（中国语文丛刊），（台北）学生书局 1994 年版，第 223—239 页。

第四章 《通鉴音注》韵母系统

(一) 灰咍泰_合合流

1. 灰咍混注

①倍 蒲昧 並 灰 合 一 去 蟹 ‖ 薄亥 並 咍 开 一 上 蟹 【补妹】
②倍 蒲妹 並 灰 合 一 去 蟹 ‖ 薄亥 並 咍 开 一 上 蟹 【补妹】
③倍 步贿 並 灰 合 一 上 蟹 ‖ 薄亥 並 咍 开 一 上 蟹 【补妹】

按："倍"，与"背"同，共 24 次注音。其中注为蒲妹翻 21 次，蒲昧翻、步贿翻各 1 次；注为读曰背 1 次。

④敳 音瑰 见 灰 合 一 平 蟹 ‖ 五来 疑 咍 开 一 平 蟹 【始回*】
⑤敳 五回 疑 灰 合 一 平 蟹 ‖ 五来 疑 咍 开 一 平 蟹 【五亥】

按："敳"，人名，共 2 次注音："敳，五才翻，一音五回翻，韦昭音瑰"（p.1715），另一注音是五哀翻（p.5163）。

《广韵》开合分韵的韵系中唯一有唇音字对立的是咍、灰两韵系。通常以为咍为开口，灰为合口，二者同摄、同等、不同呼，咍是灰的开口，灰是咍的合口，所以学者在构拟其音值时，仅用合口介音将二者加以区别，如高本汉、李荣、邵荣芬。尽管如此，对于咍、灰开合韵唇音字的对立，各家还是都觉得可疑。

李荣说："好些人（包括作者在内）都怀疑咍灰唇音开合对立的可靠性"[1]，"可是切韵前后诗文用韵情形不允许我们否认'咍'和'灰'开合相配"[2]。邵荣芬同意李荣所作的分析，并且比较研究了中古时期《切韵》前后其他文献资料中的情况以及现代方言里咍、灰两韵系唇音字的归属格局，并进一步指出，咍、灰两韵系的唇音字不对立[3]。陆志韦认为咍、灰两韵系有不同的上古音来源，这两个韵系在六朝韵书里可分可不分，而《切韵》时代的方言很可能有咍跟灰的区别[4]。陆志韦的来源不同论后来的学者多有赞同。潘悟云、朱晓农说："这两个韵上古属之微两部，到南北朝时已完全合为一韵，只是开合不同而已。后来，这种开合的分别逐渐发展为主元音的区别。"[5] 冯蒸也持元音不同的看

---

[1] 李荣著，黄笑山校订：《切韵音系》，商务印书馆 2020 年版，第 135 页。
[2] 李荣著，黄笑山校订：《切韵音系》，商务印书馆 2020 年版，第 136 页。
[3] 邵荣芬：《切韵研究》（校订本），中华书局 2008 年版，第 135—138 页。
[4] 陆志韦：《陆志韦语言学著作集》（一），中华书局 1985 年版，第 27—28 页。
[5] 潘悟云、朱晓农：《汉越语和〈切韵〉唇音字》，载中华文史论丛增刊《语言文字研究专辑》，上海古籍出版社 1982 年版，第 331 页。

法，其《〈切韵〉"痕魂""欣文""咍灰"非开合对立韵说》一文利用汉越语对音材料中咍和灰的译音不同来证明咍、灰分韵是由于其主元音不同，而不是开合口不同①。日本学者远藤光晓则从编纂《切韵》时所依据的不同版本的韵书在《切韵》一书中所表现出来的不同层位这一角度入手，认为由于陆法言没有将诸异质蓝本的成分完全统一起来，所以才导致灰、咍唇音的开合对立局面②。综观诸家之说，都是认为《广韵》咍、灰唇音的对立并不存在。我们同意诸位先生所作的分析，认为咍、灰不是开合口的对立，不存在唇音的对立。

胡注中灰、咍混同，这种混同在中古的实际语音中就已经存在了。上文所举6个例子中有5个例子胡三省的注与《集韵》的音韵地位相比，韵母是相同的。

2. 灰泰_合混注

⑥沫　音妹　明灰合一去蟹　‖莫贝　明泰开一去蟹　【莫佩】

按："沫"，水名，仅1次注音。此例被注字是唇音字，唇音不分开合，所以此处开合不存在问题。

⑦愦　乌外　影泰合一去蟹　‖古对　见灰合一去蟹　【胡对】

按："愦"，愦愦，闷也、乱也，共4次注音，其中古对翻2次，古悔翻1次，乌外翻1次。又愦眊，音工内翻1次。

⑧缋　黄外　匣泰合一去蟹　‖胡对　匣灰合一去蟹　【胡对】
⑨缋　户外　匣泰合一去蟹　‖胡对　匣灰合一去蟹　【胡对】

按："缋"，藻缋，音黄外翻；又人名，音户外翻又户对翻。

⑩蕞　徂内　从灰合一去蟹　‖才外　从泰合一去蟹　【徂外】

按："蕞"，蕞尔，小貌；又绵蕞、蕞陋，共11次注音，其中徂外翻7次，祖外翻2次，徂内翻1次，兹会翻1次。

灰韵与泰_合混注的情形发生的条件是明母、影母、匣母、从母合口字。

---

①　冯蒸：《〈切韵〉"痕魂""欣文""咍灰"非开合对立韵说：兼论"覃谈"二韵的主元音》，载冯蒸《汉语音韵学论文集》，首都师范大学出版社1997年版，第150—183页。

②　远藤光晓：《论〈切韵〉唇音开合》，载董琨、冯蒸主编《音史新论》，庆祝邵荣芬先生八十寿辰学术论文集，学苑出版社2005年版，第89—100页。

第四章 《通鉴音注》韵母系统

3. 咍泰_开混注

⑪贷 土带 透泰开一去蟹 ‖他代 透咍开一去蟹 【他代】

按："贷"，借也，又宽宥也，共 10 次注音，有舒、促两种读音。"数蒙恩贷"，胡注："师古曰：贷，土带翻。宥罪曰贷。"（p.880）又，"流民还归者，假公田，贷种食"，胡注："师古曰：贷，音吐戴翻。"（p.810）此二义还有他代翻 3 次，吐戴翻、土戴翻各 1 次。另有从人求物也，读入声，注音有吐得翻、惕德翻、敌德翻、土得翻。《广韵》贷，有他代切和他德切二读。

⑫埭 徒盖 定泰开一去蟹 ‖徒耐 定咍开一去蟹 【待戴】

按："埭"，竭水之堤坝，共 8 次注音，其中徒耐翻 6 次，徒盖翻 1 次，音代 1 次。

⑬劾 户盖 匣泰开一去蟹 ‖胡概 匣咍开一去蟹 【户代】

按："劾"，劾奏，共 147 次注音，其中户概翻 36 次，户概翻又户得翻 106 次，户盖翻又户得翻 2 次，户慨翻又户得翻 1 次。另有"胡得翻。治鬼曰劾"（p.2612）、"旧音户概翻，今纥得翻"（p.8178）各 1 次。胡三省认为："劾"，《汉书音义》户概翻，今音户得翻（p.7753）。

咍_去与泰混注条件是透母、定母、匣母开口字。在特定声母条件下，《广韵》蟹摄一等韵灰、咍、泰在《通鉴音注》中合流：咍_去变入灰_去和泰，灰_去泰混同为一。

（二）二等韵的变化

1. 二等重韵合流

《通鉴音注》中，夬佳混注、夬皆混注、佳皆混注，表明蟹摄二等重韵主元音发生了趋同音变，二等重韵合流了。

⑭败 补卖 帮佳开二去蟹 ‖补迈 帮夬开二去蟹 【北迈】
⑮败 蒲卖 並佳开二去蟹 ‖薄迈 並夬开二去蟹 【簿迈】

按：《广韵》"败"，有二义二音：以此败彼、败他，补迈切；自败，薄迈切；二音是声母清浊的不同。《通鉴音注》"败"共 540 次注音，皆是为以此败彼、败他义注音，注音上字有帮母字，也有並母字：补迈翻 493 次，补卖翻 23 次，蒲迈翻 20 次，蒲卖翻 1 次；另有必迈翻，比迈翻，补内翻共 4 次。从胡三省的音注看，其时"败"已经不区别自败与他败的读音了。

⑯夬　古卖　见　佳　开　二　去　蟹　‖古迈　见　夬　开　二　去　蟹　【古迈】

按："夬"，宗夬，人名，共2次注音。另一音为古迈翻。

⑰砦　士卖　崇　佳　开　二　去　蟹　‖豺夬　崇　夬　开　二　去　蟹　【仕懈】

按："砦"，山居以木栅，与"寨"同，共4次注音。其中音柴夬翻2次，豺夬翻1次。

⑱蒂　丑介　彻　皆　开　二　去　蟹　‖丑犗　彻　夬　开　二　去　蟹　【丑迈】

按：《广韵》"蒂"下注云："根也。又音帝、音蚃。""蚃"，丑犗切。此丑犗切与胡注之丑介翻相对应。

⑲喝　一介　影　皆　开　二　去　蟹　‖於犗　影　夬　开　二　去　蟹　【乙界】

按："喝"，喝骂，共3次注音，音呼葛翻2次，又："贤曰：阴喝，犹噎塞也。阴，于禁翻；喝，音一介翻。余谓：喝，诃也，许葛翻。"（p.1493）胡三省所引李贤音义与《集韵》音同，而胡三省音义与《广韵》同。

⑳派　普拜　滂　皆　开　二　去　蟹　‖匹卦　滂　佳　开　二　去　蟹　【普卦】

按："派"，支流也，仅1次注音。

㉑睚　五戒　疑　皆　开　二　去　蟹　‖五懈　疑　佳　开　二　去　蟹　【鱼驾】

按："睚"，睚眦，共12次注音，其中五懈翻5次，牛懈翻3次，语懈翻1次，师古音厓2次。

㉒阸　乌戒　影　皆　开　二　去　蟹　‖乌懈　影　佳　开　二　去　蟹　【乌懈】

㉓阸　乌介　影　皆　开　二　去　蟹　‖乌懈　影　佳　开　二　去　蟹　【乌懈】

按："阸"，阸道，共13次注音，其中音乌懈翻9次，音乌介翻3次，乌戒翻1次。

㉔邂　户介　匣　皆　开　二　去　蟹　‖胡懈　匣　佳　开　二　去　蟹　【下解】

按："邂"，邂逅，共6次注音，其中音户廨翻2次，户懈翻2次，户介翻1次，户阸翻1次。

㉕鞵　户皆　匣　皆　开　二　平　蟹　‖户佳　匣　佳　开　二　平　蟹　【雄皆】

按：《广韵》"鞵"是"鞋"之异体，户佳切；又：鞋，《广韵》户皆切。《通鉴音注》指出"鞵"字的读音有2次，一次音户皆翻，一次曰"与鞋同"。

㉖膎　户皆　匣　皆　开　二　平　蟹　‖户佳　匣　佳　开　二　平　蟹　【户佳】

按："膎"，脯也，仅1次注音。

㉗鲑　户皆　匣　皆　开　二　平　蟹　‖户佳　匣　佳　开　二　平　蟹　【户佳】

按："鲑"，鱼名，仅1次注音。

第四章 《通鉴音注》韵母系统

㉘眥 士戒 崇 皆 开 二 去 蟹 ‖士懈 崇 佳 开 二 去 蟹【仕懈】

按:"眦",睚眥,"疾智翻,目际也。毛晃曰:厓眥,举目相忤貌。亦作眦,士懈翻"(p.1961)。

上文我们列举了夬佳混注、夬皆混注、佳皆混注的用例。佳、皆、夬诸韵混并,韵母简化,符合语音发展规律。竺家宁《论中古韵母》(1995)指出:

> 关于"佳、皆、夬"三个韵,问题比较复杂。从现代方言看,它们多有[i]韵尾。但是李荣把这三个韵拟作了"夬 ai""皆 ǎi""佳 ǎ",把佳韵的韵尾给去掉了,这是很富启示的。在早期韵图的《韵镜》中,"皆"和"夬"放在同图(第十三、十四转),而"佳"则另外单独立一图(第十五、十六转),显示"佳"和"皆、夬"有某种程度的不同。此外,在上古音里,佳韵和支韵字同属一部,都不带[i]韵尾,到了南北朝,"佳、支"还可以在一起押韵。齐梁以后,佳韵才逐渐脱离支韵。到了现代,佳韵字不带[i]尾的仍然比"皆、夬"要多。如国语的"佳、街、娲、蛙、叉、差、涯、娃、解、罢、懈、邂、蟹……"等字。所以,我们认为佳韵的韵母应当是[-æ],不带[-i]韵尾。中古后期并转为摄,把"佳、皆、夬……"等合为一个"蟹摄",那时的佳韵才普遍地被认为是带[-i]尾的韵。故宫本王仁昫《切韵》把佳韵和"歌、戈、麻"诸韵同列,而不与"咍、泰、皆、夬"同列,正说明它的主元音是个近似麻韵[-a]的[-æ],也说明了在唐代还有不少地区佳韵是不带[-i]韵尾的①。

胡三省的音系中,蟹摄二等重韵合流,与咍泰等韵相同,其韵尾是[i]。

2. 二等佳韵字与四等齐韵字混注

㉙箄 步佳 并 佳 开 二 平 蟹 ‖博计 帮 齐 开 四 平 蟹【蒲街】

按:"箄",木筏也,仅1次注音。胡注与《集韵》的注音韵地位

---

① 竺家宁:《论中古韵母》,载《音韵探索》(中国语文丛刊),(台北)学生书局1995年版,第243—264页。

相同。

3. 二等夬韵字与一等韵泰韵灰韵字混注

㉚败 补内 帮 灰 合 一 去 蟹 ‖补迈 帮 夬 开 二 去 蟹【北迈】

按："上文已经述及，败，以此败彼，音补内翻，仅1次。

㉛璯 黄外 匣 泰 合 一 去 蟹 ‖苦夬 溪 夬 合 二 去 蟹【黄外】

按："璯"，人名，仅1次注音。《重修广韵》只有苦夬切，《原本广韵》有呼外切、苦夬切二音。此处若从《原本广韵》，作呼外切，则只有声母的清浊问题。胡三省的注音与《集韵》的反切用字完全相同。

（三）三/四等韵与一等韵混注

㉜蘴 音带 端 泰 开 一 去 蟹 ‖都计 端 齐 开 四 去 蟹【当盖】
㉝蘴 徒盖 定 泰 开 一 去 蟹 ‖都计 端 齐 开 四 去 蟹【徒盖】

按："蘴"，姓也，胡三省引师古："音带，又音徒盖翻"，"带""盖"都是泰韵字。《集韵》有此二音。

㉞厉 音赖 来 泰 开 一 去 蟹 ‖力制 来 祭 开 三 去 蟹【落盖˚】

按："厉"祖厉，地名，仅1次注音，《集韵》厉、赖同音。

祭韵、齐韵和泰韵混注的这几个例子中，胡三省的音注与《集韵》相同，这说明祭韵、齐韵与泰韵的混同反映的是《集韵》时代韵的演变情况。

（四）特殊音注

㉟挼 奴禾 泥 戈 合 一 平 蟹 ‖素回 心 灰 合 一 平 蟹【奴禾】

按："挼"，挼绳、挼穗，共4次注音，皆同。《广韵》"挼"素回切，击也，与胡注音义不同。《广韵》：捼，奴禾切，捼莏；《说文》曰：摧也，一曰两手相切摩也。俗作"挼"。《广韵》"捼"字音义与胡注之"挼"同。"挼"是"捼"的俗体。胡注与《集韵》音相同。

（五）皆来部的音值

中古蟹摄的诸韵在《通鉴音注》里发生了以下变化：齐、祭、废归并到齐微部里去了，部分灰韵字、泰韵合口字变到齐微部的合口里去了；咍、泰开与佳、皆、夬合流，部分灰韵也加入到此行列中了。我们把咍、泰开与佳皆夬、部分灰韵合并后的韵部称为皆来部。皆来部的主元音是[a]，有[ai]、[iai]、[uai]三个韵母。[ai]包括《广韵》咍、泰开、佳、皆、夬开（除了牙喉音开口字）以及部分三、四等字；

[iai] 包括《广韵》佳、皆、夬的牙喉音开口字；[uai] 包括《广韵》佳、皆、夬的合口、部分泰韵合口、部分灰韵以及部分齐、祭韵的合口字。

四 止蟹合流

《切韵》的止、蟹二摄到《中原音韵》演变为支思、齐微、皆来三个韵部 6 个韵母（支思韵算 1 个）。支思部是由止摄支、脂、之三韵的精、知、庄、章组以及日母的开口字分化出来的（唯"篦噬"二字来自蟹摄祭韵）；齐微部包括止摄大部分和蟹摄一等合口的灰泰以及三、四等的齐、祭、废韵字；皆来部主要来自蟹摄一等开口咍、泰和二等皆、佳、夬韵以及少数止摄合口庄组字。

关于止蟹二摄的分合，王力先生说：

> 支脂微祭废属三等，齐属四等，但是在合口呼上，它们完全和灰韵合流了。以等呼而论，应该说是三四等跑到了一等；但是以韵摄而论，倒反应该说是蟹摄一部分字跑到了止摄里来，因为蟹摄的主要元音是 ai 及其类似音，止摄的主要元音是 i 及其类似音（ei）。有三件事值得注意：
>
> 第一，蟹摄二等合口字（"怀""淮""怪""快"）并没有跑到止摄里来；第二，泰韵合口字一部分跑到了止摄，另一部分停留在蟹摄（"桧""侩""刽""外"）；第三，支脂两韵系庄系合口字起了特殊的变化，跑到蟹摄里去了（"揣" tṣʻuai，"衰""帅""率" ṣuai）。上面所述的音变，早在十四世纪以前就已经完成了[①]。

中古止摄支、脂、之、微四个韵母在《通鉴音注》中发生了以下变化：蟹摄韵与止摄韵的分合是：齐、祭、废与支、脂、之、微合并，灰韵、祭韵与支、脂、微的合口合并，是为齐微部。支思部产生。蟹摄一等韵与二等韵合流，形成皆来部。它们的拟音以及与《广韵》的对应关系如下：

---

① 王力：《汉语史稿》，中华书局 1980 年版，第 188 页。

《通鉴音注》　　　　　　《广韵》

支思部［ɿ］——支脂之开口精、庄、章、知组以及日母字。

齐微部［i］——支、脂、之、微除支思部以外的开口字，齐、祭、废、灰、泰合，支、脂、微合口字。

皆来部［ai］——咍、泰开，佳、皆、夬，部分脂韵唇音字，支脂庄组合口字。

第五节　阴声韵（二）

中古果、假、效、遇、流五摄在《通鉴音注》中演变成了歌戈、家麻、车遮、鱼模、尤侯、萧豪六个韵部，下面我们分别讨论。

一　歌戈部

歌戈部主要来自中古果摄的歌韵与戈韵。果摄字的注音约有176条，其中：歌韵字的注音有77条，与《广韵》音韵地位完全相同的有64条；戈一韵的注音有90条，与《广韵》有相同音韵地位的有63条；戈三韵字的注音有9条，与《广韵》音韵地位完全相同的有5条。

（一）歌戈一混注

① 番　蒲何　并　歌　开　一　平　果　‖博禾　帮　戈　合　一　平　果　【蒲波】
② 番　蒲河　并　歌　开　一　平　果　‖博禾　帮　戈　合　一　平　果　【蒲波】
③ 番　蒲荷　并　歌　开　一　平　果　‖博禾　帮　戈　合　一　平　果　【蒲波】

按："番"，番阳，注音为蒲何翻、蒲河翻、蒲荷翻、音婆（1次），共11次。

④ 跛　普我　滂　歌　开　一　上　果　‖布火　帮　戈　合　一　上　果　【补火】

按："跛"，共2次注音，另一音是补火翻。

⑤ 颇　普河　滂　歌　开　一　平　果　‖滂禾　滂　戈　合　一　平　果　【滂禾】
⑥ 颇　普何　滂　歌　开　一　平　果　‖滂禾　滂　戈　合　一　平　果　【滂禾】
⑦ 颇　滂何　滂　歌　开　一　平　果　‖滂禾　滂　戈　合　一　平　果　【滂禾】

按："颇"，廉颇、偏颇，共6次注音，普河翻、普何翻皆2次，滂何翻1次，另外还有滂禾翻1次。

⑧ 麽　莫可　明　歌　开　一　上　果　‖亡果　明　戈　合　一　上　果　【母果】

第四章 《通鉴音注》韵母系统

按："麽"，人名，仅1次注音。

⑨磨 莫贺 明 歌 开 一 去 果 ‖ 莫卧 明 戈 合 一 去 果【莫卧】

按："磨"，石磨，又濮磨，地名，共4次注音，另外三读都是莫卧翻。莫贺翻是胡三省引司马康的音（p.150）。

⑩唾 土贺 透 歌 开 一 去 果 ‖ 汤卧 透 戈 合 一 去 果【土禾】

按："唾"，唾面，共9次注音，其中音汤卧翻3次，音吐卧翻5次。

⑪痤 才何 从 歌 开 一 平 果 ‖ 昨禾 从 戈 合 一 平 果【徂禾】

按："痤"，公孙痤，共2次注音，另一注音为才戈翻。

⑫莎 素何 心 歌 开 一 平 果 ‖ 苏禾 心 戈 合 一 平 果【苏禾】
⑬莎 苏何 心 歌 开 一 平 果 ‖ 苏禾 心 戈 合 一 平 果【苏禾】
⑭莎 素河 心 歌 开 一 平 果 ‖ 苏禾 心 戈 合 一 平 果【苏禾】

按："莎"，莎车、莎城、莎泉道，共注音12次。其中素何翻4次，素河翻1次，苏禾翻1次，素和翻1次，素禾翻4次。另有粤州人王摩沙，音注："沙，读曰莎，苏何翻。"（p.5965）

⑮娑 素和 心 戈 合 一 平 果 ‖ 素何 心 歌 开 一 平 果【桑何】
⑯娑 素禾 心 戈 合 一 平 果 ‖ 素何 心 歌 开 一 平 果【桑何】

按："娑"，音译突厥人名用字，例如娑悉笼猎赞、曷娑那、娑固之类，亦婆娑（p.2995），共17次注音，其中注音为桑何翻2次，苏何翻2次，素何翻8次，素禾翻3次，素和翻1次，素那翻1次。

（二）戈麻$_二$混注

1. 戈$_三$麻$_二$混注

⑰伽 求加 群 麻 合 二 平 果 ‖ 去靴 溪 戈 合 三 平 果【求迦】

按："伽"，音译突厥人名用字，亦僧伽、伽蓝、孙伏伽之类，共27次注音，其中音求迦翻19次，求加翻8次。

⑱鞾 许加 晓 麻 开 二 平 假 ‖ 许胆 晓 戈 合 三 平 果【呼胆】

按："鞾"，在《音注》中出现了7次，其中有3次注为"与靴同"，有4次直接注音：许戈翻3次，许加翻1次。鞾，《原本广韵》注音为许戈切。

需要说明的是，戈$_三$韵只有9个例子，其中与麻$_二$混注2例，自注7例。麻$_二$与戈$_三$混同，与汉语语音演变历史上的果假合流不是一回事。

戈韵三等字在《通鉴音注》中只有"鞾""迦""伽"3个字的注音，"迦""伽"基本上是音译人名用字。

2. 戈＝麻＝混注

⑲涡 音瓜 见 麻 合 二 平 假 ‖古禾 见 戈 合 一 平 果 【姑华*】

按："涡"，涡水、涡阳，又姓，共15次注音，其中古禾翻2次，工禾翻1次，音戈11次，音戈又音瓜1次。

（三）支与歌（戈）混注

⑳波 彼义 帮 支 开 重三 去 止 ‖博禾 帮 戈 合 一 平 果 【彼义】
㉑波 彼皮 帮 支 开 重三 平 止 ‖博禾 帮 戈 合 一 平 果 【班糜】
㉒波 音陂 帮 支 开 重三 平 止 ‖博禾 帮 戈 合 一 平 果 【班糜*】

按：波汉之阳，胡注："郑氏曰：波，音陂泽之陂。师古曰：波汉之阳者，循汉水而往也，水北曰阳。波，音彼皮翻，又音彼义翻。"（p.1179）此例中郑氏改"波"为"陂"，师古为"陂"注音，《集韵》"陂波"下云："班糜切。《说文》：阪也。一曰：池也。一曰：泽障。或作波。"其音正与师古音同。故此例看似特殊，其实是为假借字注音。

㉓陂 普罗 滂 歌 开 一 平 果 ‖彼为 帮 支 开 重三 平 止 【滂禾】
㉔陂 普何 滂 歌 开 一 平 果 ‖彼为 帮 支 开 重三 平 止 【滂禾】

按："陂"，坂也，有2次注音，一为陂池注音，为"普罗翻"，一为"长坂坡"注音："孔颖达曰：陂者曰坂。陂，彼寄翻，又普罗翻。李巡曰：陂者，谓高峰山坡。"

㉕檥 音俄 疑 歌 开 一 平 果 ‖鱼倚 疑 支 开 重三 上 止 【牛河*】

按：前文已经述及，"檥"，檥船，共3次注音，徐广曰：檥，音仪，一音俄。另有鱼岂翻、鱼倚翻两个注音。

㉖絫 来戈 来 戈 合 一 平 果 ‖力委 来 支 合 三 上 止 【卢戈】

按："絫"，黍絫，"师古曰：絫，孟音来戈翻。此字读亦音累绁之累"（p.5924）。

《切韵》支韵与歌韵不混。支韵B类来自上古音的歌部字，支韵A类来自上古音的佳部字。《通鉴音注》中以歌韵开口一等字注支韵B类开口字"波"，以支韵B类开口字注唇音歌（戈）韵字"陂""檥"，胡三省音注与《集韵》音一致。

（四）歌与曷混注

中古歌韵字读作曷韵，反映了胡注中存在舒声促化现象。

第四章 《通鉴音注》韵母系统　　　　　　　　　　　269

㉗可　苦曷　溪曷　开　一　入　山　‖枯我　溪歌　开　一　上　果　【口我】
㉘阿　乌葛　影曷　开　一　入　山　‖乌何　影歌　开　一　平　果　【于河】

《切韵指掌图》以曷、末兼配寒、桓和歌、戈，类似的做法一直到明清时的《交泰韵》《韵法直图》《五方元音》卷首韵图、《字母切韵要法》仍然存在。这两个例子的被注字一个是"可汗"之"可"，一个是"阿父""阿母"之"阿"，此"阿"也用在人名单字之前，如"阿秋""阿虔"等。胡注说"阿"相传读从安入声，又有读如字的情况，这说明宋元时读书音中"阿"字有两读，一读是存古的读书音，入声的读法；另一读是时音中的读书音，舒声的读法。"可"是外来词的译音字，读书音中只有入声的读法。《通鉴音注》的这两个以曷韵注歌韵字的例子，与《切韵指掌图》相同，但反映的是上古音的歌与寒的主元音相同，与宋末元初共同语的时音并不一致。因为其时歌韵是[o]，而寒韵是[a]。

《通鉴音注》中除了"阿""可"属于舒声促化外，还有下面的例子：

㉙厮，今相传读从诜入声（p. 5261）。
㉚厮，音斯，今人读如瑟（p. 5783）。

按："厮"，厮役，共16次注音，注为音斯12次，息移翻3次，读入声1次。

㉛蔡，师古曰千曷翻。

按："贰师闻宛城中新得汉人……而立宛贵人之故时遇汉善者名昧蔡为宛王，与盟而罢兵。"音注："服虔曰：蔡音楚言蔡。师古曰：昧，音本末之末。蔡，音千曷翻。"（p. 706）

㉜吐，从暾入声。

按："吐"，吐谷浑、吐蕃，共172次注音，注为从暾入声171次，注为"如字，或土鹘翻"1次（p. 5376）。

"厮"是中古支韵字，"蔡"是泰韵字，"吐"是模韵字。胡注中认为它们应当读成入声，可见古文献中的确有舒声促化的现象。

郑张尚芳《方言中的舒声促化现象》①一文指出：

---

① 郑张尚芳：《方言中的舒声促化现象》，《中国语言学报》1995年第1期，第172—183页。

如"阿",《广韵》为歌韵平声字,今作词头时,客、闽语仍读平声,粤语阳江也读平声,惟广州读去声。而吴语都读入声,应视为促化的结果(p. 177)。

促化现象不是现在才有的,虽然,古代有些舒促变化现象如"庖牺—伏羲｜蛛蝥—蝃蝥｜稭(藾)古谐切—稭(秸)古黠切",情况复杂,性质一时难以确定,而本文前面所举有些方言促化字例唐宋以来确已见记载。宋人笔记特别注意到唐诗(尤其白居易诗)中的这类现象(p. 180)。

(五) 歌戈部的音值

歌戈部的主元音是 [o],韵母有 [o]、[io]、[uo] 三个,包括《广韵》歌戈以及支韵的"陂""橢""繠"等。

二　家麻部

中古假摄麻韵在韵图上分列于二等和三等。《通鉴音注》中,麻₂韵字与麻₃韵字不互相作反切下字。假摄字的注音约有 181 条,其中:麻₂韵字的注音有 119 条,与《广韵》音韵地位完全相同的有 90 条;麻₃韵字的注音有 62 条,与《广韵》音韵地位完全相同的有 45 条。

《广韵》麻₃韵在《通鉴音注》中保持独立,除了 1 个变同麻₂韵的例证外①,其他皆不与麻₂韵混。我们把来自《广韵》麻韵₂₃等的字归为一个韵部,称之为家麻部。

(一) 麻₂韵自注

①芭　音葩　滂　麻　开　二　平　假　‖伯加　帮　麻　开　二　平　假

按:"芭",侯芭,人名,仅 1 次注音。

②钯　邦加　帮　麻　开　二　平　假　‖邦加*　帮　麻　开　二　平　假

按:"钯",腊属,仅 1 次注音。《广韵》无"钯"字,《类篇》《集韵》邦加切。

③靶　音霸　帮　麻　开　二　去　假　‖必驾　帮　麻　开　二　去　假

按:"靶",仅 1 次注音,"晋灼曰:靶,音霸,谓辔也。"

---

① 按:涿涂山,在匈奴中。胡注:涂音邪。此注与《集韵》音同。

(p. 840)

④蚆　音萉　滂　麻　开　二　平　假　‖ 普巴　滂　麻　开　二　平　假

按："蚆"，虫属，仅1次注音。

⑤岜　普驾　滂　麻　开　二　去　假　‖ 普驾　滂　麻　开　二　去　假

按："岜"，布属，仅1次注音。

⑥杷　蒲巴　並　麻　开　二　平　假　‖ 蒲巴　並　麻　开　二　平　假

按："杷"，杷头烽，烽火台名。仅1次注音。

⑦坝　必驾　帮　麻　开　二　去　假　‖ 必驾　帮　麻　开　二　去　假

按："坝"，茅坝，驿站名。仅1次注音。

⑧蟆　谟加　明　麻　开　二　平　假　‖ 莫霞　明　麻　开　二　平　假

按："蟆"，虾蟆，仅1次注音。

⑨嶓　谟加　明　麻　开　二　平　假　‖ 莫霞　明　麻　开　二　平　假

按："嶓"，嶓颐山，仅1次注音。

⑩傌　音骂　明　麻　开　二　去　假　‖ 莫驾　明　麻　开　二　去　假

按："傌"，刑名，仅1次注音。

⑪祃　马嫁　明　麻　开　二　去　假　‖ 莫驾　明　麻　开　二　去　假

按："祃"，祭名，仅1次注音。

⑫迦　求加　群　麻　开　二　平　假　‖ 古牙　见　麻　开　二　平　假

⑬迦　古牙　见　麻　开　二　平　假　‖ 古牙　见　麻　开　二　平　假

⑭迦　居牙　见　麻　开　二　平　假　‖ 古牙　见　麻　开　二　平　假

⑮迦　音加　见　麻　开　二　平　假　‖ 古牙　见　麻　开　二　平　假

按："迦"，人名译音，如步迦可汗、亦人名，如刘迦；亦关名，如云迦关，共19次注音。其中音加6次，音求加翻2次，音古牙翻3次，音居牙翻1次，音居加翻1次。另有居伽翻1次，求伽翻1次，古牙翻又居伽翻3次，居牙翻又居伽翻1次。

⑯枷　音加　见　麻　开　二　平　假　‖ 古牙　见　麻　开　二　平　假

⑰枷　居牙　见　麻　开　二　平　假　‖ 古牙　见　麻　开　二　平　假

按："枷"，刑具，亦有动词义，共4次注音：音加2次，居牙翻2次。

⑱袈　音加　见　麻　开　二　平　假　‖ 古牙　见　麻　开　二　平　假

按："袈"，袈裟，仅1次注音。

⑲茄　求加　群　麻　开　二　平　假　‖ 古牙　见　麻　开　二　平　假

按："茄"，茄子浦，仅1次注音。

⑳葭　音加　见　麻　开　二　平　假　‖ 古牙　见　麻　开　二　平　假

㉑葭　音家　見　麻　開　二　平　假　‖古牙　見　麻　開　二　平　假

按："葭"，葭萌，音家，共4次；宁葭、葭戍，音加，共2次。

㉒猳　古牙　見　麻　開　二　平　假　‖古牙　見　麻　開　二　平　假
㉓猳　居牙　見　麻　開　二　平　假　‖古牙　見　麻　開　二　平　假

按："猳"，牡豕，共2次注音。

㉔假　古訝　見　麻　開　二　去　假　‖古訝　見　麻　開　二　去　假
㉕假　古暇　見　麻　開　二　去　假　‖古訝　見　麻　開　二　去　假
㉖假　工雅　見　麻　開　二　上　假　‖古疋　見　麻　開　二　上　假
㉗假　居訝　見　麻　開　二　去　假　‖古訝　見　麻　開　二　去　假
㉘假　工暇　見　麻　開　二　去　假　‖古訝　見　麻　開　二　去　假

按："假"，共20次注音，其中为休假注音15次：音古訝翻6次，音居訝翻8次，音古暇翻1次。为假借义注音1次：工暇翻又工雅翻（p.1326）。

㉙虾　户加　匣　麻　開　二　平　假　‖胡加　匣　麻　開　二　平　假
㉚虾　何加　匣　麻　開　二　平　假　‖胡加　匣　麻　開　二　平　假

按："虾"，鱼虾、虾蟆，共2次注音。

㉛瑕　音遐　匣　麻　開　二　平　假　‖胡加　匣　麻　開　二　平　假

按："瑕"，瑕丘，县名。仅1次注音。

㉜麚　古牙　見　麻　開　二　平　假　‖古牙　見　麻　開　二　平　假
㉝麚　居牙　見　麻　開　二　平　假　‖古牙　見　麻　開　二　平　假

按："麚"，神麚，魏的年号；又神麚村，村名。共2次注音。

㉞綌　音瓜　見　麻　合　二　平　假　‖古華　見　麻　合　二　平　假

按："綌"，紫青色，仅1次注音。

㉟騧　古花　見　麻　合　二　平　假　‖古華　見　麻　合　二　平　假
㊱騧　音瓜　見　麻　合　二　平　假　‖古華　見　麻　合　二　平　假
㊲騧　古瓜　見　麻　合　二　平　假　‖古華　見　麻　合　二　平　假

按："騧"，黄马黑喙，共3次注音。

㊳冎　古瓦　見　麻　合　二　上　假　‖古瓦　見　麻　合　二　上　假

按："冎"，冎其肉，共12次注音，皆同。

㊴媧　古華　見　麻　合　二　平　假　‖古華　見　麻　合　二　平　假

按："媧"，女媧，仅1次注音。

㊵挝　陟加　知　麻　開　二　平　假　‖張瓜*　知　麻　合　二　平　假
㊶挝　則瓜　精　麻　合　二　平　假　‖張瓜*　知　麻　合　二　平　假
㊷挝　侧瓜　庄　麻　合　二　平　假　‖張瓜*　知　麻　合　二　平　假
㊸挝　职瓜　章　麻　合　二　平　假　‖張瓜*　知　麻　合　二　平　假

按："挝"，击也，共14次注音，其中音则瓜翻7次，侧瓜翻5次，职瓜翻、陟加翻各1次。

㊹树 陟加 知 麻 开 二 平 假 ‖陟瓜 知 麻 合 二 平 假

㊺树 侧瓜 庄 麻 合 二 平 假 ‖陟瓜 知 麻 合 二 平 假

㊻树 陟瓜 知 麻 合 二 平 假 ‖陟瓜 知 麻 合 二 平 假

㊼树 侧加 庄 麻 开 二 平 假 ‖陟瓜 知 麻 合 二 平 假

㊽树 则瓜 精 麻 合 二 平 假 ‖陟瓜 知 麻 合 二 平 假

按："树"，箠也，又击也，共14次注音。其中音侧瓜翻5次，侧加翻1次，则瓜翻5次，陟瓜翻2次，陟加翻1次。

㊾夸 音跨 溪 麻 合 二 平 假 ‖苦瓜 溪 麻 合 二 平 假

按："夸"，跨越，仅1次注音。

㊿胯 枯化 溪 麻 合 二 去 假 ‖苦化 溪 麻 合 二 去 假

(51)胯 苦瓦 溪 麻 合 二 去 假 ‖苦化 溪 麻 合 二 去 假

按："胯"，共2次注音。

(52)吾 音牙 疑 麻 开 二 平 假 ‖五加 疑 麻 开 二 平 假

按："吾"，允吾，县名，音铅牙，仅1次注音。

(53)衙 音牙 疑 麻 开 二 平 假 ‖五加 疑 麻 开 二 平 假

按："衙"，县名，属冯翊，仅1次注音。

(54)疋 五下 疑 麻 开 二 上 假 ‖五下 疑 麻 开 二 上 假

(55)疋 音雅 疑 麻 开 二 上 假 ‖五下 疑 麻 开 二 上 假

按："疋"，共5次注音，其中为人名贾疋、和疋注音为音雅3次，五下翻1次；为"布一疋"之"疋"注音为僻吉翻1次。

(56)迓 鱼驾 疑 麻 开 二 去 假 ‖吾驾 疑 麻 开 二 去 假

按："迓"，迎也，逆也，仅1次注音。

(57)哑 乌下 影 麻 开 二 上 假 ‖乌下 影 麻 开 二 上 假

(58)哑 倚下 影 麻 开 二 上 假 ‖乌下 影 麻 开 二 上 假

按："哑"，喑哑，共2次注音。

(59)岈 虚加 晓 麻 开 二 平 假 ‖许加 晓 麻 开 二 平 假

按："岈"，嵖岈山，仅1次注音。

(60)哗 火瓜 晓 麻 合 二 平 假 ‖呼瓜 晓 麻 合 二 平 假

按："哗"，喧哗，仅1次注音。

(61)华 户化 匣 麻 合 二 去 假 ‖胡化 匣 麻 合 二 去 假

(62)华 胡化 匣 麻 合 二 去 假 ‖胡化 匣 麻 合 二 去 假

按："华"，共203次注音，其中为地名、姓氏注音为户化翻190

次，胡化翻 1 次；为华林、华人注音为如字 4 次；为桃李华、莲华注音为"读曰花"。

㊚铧 户花 匣 麻 合 二 平 假 ‖ 户花 匣 麻 合 二 平 假

按："铧"，铧犁，仅 1 次注音。

㊚踝 户瓦 匣 麻 合 二 上 假 ‖ 胡瓦 匣 麻 合 二 上 假
㊚踝 胡瓦 匣 麻 合 二 上 假 ‖ 胡瓦 匣 麻 合 二 上 假

按："踝"，脚踝，共 4 次注音，其中户瓦翻 2 次，胡瓦翻 2 次。

㊚下 胡稼 匣 麻 开 二 去 假 ‖ 胡驾 匣 麻 开 二 去 假
㊚下 户稼 匣 麻 开 二 去 假 ‖ 胡驾 匣 麻 开 二 去 假
㊚下 遐嫁 匣 麻 开 二 去 假 ‖ 胡驾 匣 麻 开 二 去 假
㊚下 户驾 匣 麻 开 二 去 假 ‖ 胡驾 匣 麻 开 二 去 假
㊚下 遐驾 匣 麻 开 二 去 假 ‖ 胡驾 匣 麻 开 二 去 假

按："下"，作为动词被注音共 437 次，其中户嫁翻 63 次，遐稼翻 211 次，户稼翻 8 次，遐嫁翻 150 次，胡稼翻 2 次，遐驾翻 1 次。

㊚夏 音贾 见 麻 开 二 上 假 ‖ 胡雅 匣 麻 开 二 上 假
㊚夏 户雅 匣 麻 开 二 上 假 ‖ 胡雅 匣 麻 开 二 上 假
㊚夏 工雅 见 麻 开 二 上 假 ‖ 胡雅 匣 麻 开 二 上 假

按："夏"，共 343 次注音。其中为华夏、江夏、西夏、夏口、夏书等注音为户雅翻 335 次；为阳夏注音 8 次，其中音贾 7 次；音工雅翻 1 次。

㊚咤 初加 初 麻 开 二 平 假 ‖ 陟驾 知 麻 开 二 去 假
㊚咤 陟加 知 麻 开 二 平 假 ‖ 陟加 知 麻 开 二 平 假
㊚咤 叱稼 昌 麻 开 二 去 假 ‖ 陟驾 知 麻 开 二 去 假
㊚咤 陟驾 知 麻 开 二 去 假 ‖ 陟驾 知 麻 开 二 去 假

按："咤"，沙咤忠义、沙咤相如，音译人名，平声，音初加翻 5 次，陟加翻 2 次；叱咤，去声，音陟驾翻 2 次，叱稼翻 1 次。

㊚咤 卓嫁 知 麻 开 二 去 假 ‖ 陟驾 知 麻 开 二 去 假
㊚咤 竹驾 知 麻 开 二 去 假 ‖ 陟驾 知 麻 开 二 去 假
㊚咤 涉驾 禅 麻 开 二 去 假 ‖ 陟驾 知 麻 开 二 去 假

按："咤"，叱咤，共 3 次注音。

㊚诧 丑亚 彻 麻 开 二 去 假 ‖ 丑亚 彻 麻 开 二 去 假

按："诧"，夸也，共 2 次注音，皆同。

㊚秅 直加 澄 麻 开 二 平 假 ‖ 宅加 澄 麻 开 二 平 假

按："秅"，乌秅国，乌秅，郑氏音鹘拏。师古曰："乌，音一加

第四章 《通鉴音注》韵母系统

翻；秏音直加翻；急言之声如鹦䌶耳，非正音也。"（p. 978）

㊳挐　女加　娘　麻　开　二　平　假 ‖ 女加　娘　麻　开　二　平　假
㊴挐　奴加　娘　麻　开　二　平　假 ‖ 女加　娘　麻　开　二　平　假

按："挐"，共6次注音，其中女加翻2次，奴加翻1次，音奴1次，女居翻2次。

㊱笮　侧驾　庄　麻　开　二　去　假 ‖ 侧架　庄　麻　开　二　去　假

按："笮"，共7次注音，其中为地名、姓氏、竹索义注音的有6次，皆入声韵字；又："恭于城中穿井十五丈不得水，吏士渴乏，至笮马粪汁而饮之。"胡注："贤曰：笮，谓压笮也，侧驾翻。"（p. 1467）

㊲差　初加　初　麻　开　二　平　假 ‖ 初牙　初　麻　开　二　平　假

按："差"，共17次注音，"次也""不齐也"注音为初加翻，此义《广韵》注为"楚宜切"；"夫差"之"差"亦初加翻。《广韵》"差"作"初牙切"，义为择也。

㊼槎　仕下　崇　麻　开　二　上　假 ‖ 士下　崇　麻　开　二　上　假
㊽槎　士下　崇　麻　开　二　上　假 ‖ 士下　崇　麻　开　二　上　假
㊾槎　鉏加　崇　麻　开　二　平　假 ‖ 鉏加　崇　麻　开　二　平　假

按："槎"，共5次注音，其中士下翻2次，仕下翻2次。

㊿溠　侧驾　庄　麻　开　二　去　假 ‖ 侧驾　庄　麻　开　二　去　假
㊶溠　壮加　庄　麻　开　二　平　假 ‖ 侧加　庄　麻　开　二　平　假

按："溠"，下溠城，仅1次注音："侧驾翻，《字林》壮加翻。"（p. 5031）

㊷汊　楚嫁　初　麻　开　二　去　假 ‖ 楚嫁* 初　麻　开　二　去　假

按："汊"，三汊城，共2次注音，皆同。

㊸裟　音沙　生　麻　开　二　平　假 ‖ 所加　生　麻　开　二　平　假

按："裟"，袈裟，仅1次注音。

㊹柤　侧瓜　庄　麻　合　二　平　假 ‖ 侧加　庄　麻　开　二　平　假

按："柤"，柤中，地名，共2次注音，皆同。

㊺苴　徐嗟　邪　麻　开　三　平　假 ‖ 鉏加　崇　麻　开　二　平　假

按：《通鉴音注》为羊苴咩城注音2次："史炤曰：苴，音酢，又徐嗟切"（p. 7271），"蜀《注》：苴，徐嗟翻"（p. 7552）。

㊻查　鉏加　崇　麻　开　二　平　假 ‖ 鉏加　崇　麻　开　二　平　假

⑰查 鉏加 崇 麻 开 二 平 假 ‖鉏加 崇 麻 开 二 平 假
⑱查 锄加 崇 麻 开 二 平 假 ‖鉏加 崇 麻 开 二 平 假
⑲查 庄加 庄 麻 开 二 平 假 ‖鉏加 崇 麻 开 二 平 假
⑳查 祖加 庄 麻 开 二 平 假 ‖鉏加 崇 麻 开 二 平 假

按："查"，共9次注音，姓，又地名"查浦""查硎"等，其中音锄加翻6次。

㉑渣 侧加 庄 麻 开 二 平 假 ‖侧加 庄 麻 开 二 平 假

按："渣"，渣口，地名，仅1次注音。

㉒嵖 锄加 崇 麻 开 二 平 假

按："嵖"，嵖岈山，仅1次注音，《广韵》《集韵》以及其他韵书、字书、训诂书皆无此字，但多见于史书。

(二) 佳韵有变同麻韵的现象

佳麻₂混注

㉓䰾 乌花 影 麻 合 二 平 假 ‖乌娲 影 佳 合 二 平 蟹【乌瓜】
㉔差 叱驾 昌 麻 开 二 去 假 ‖楚懈 初 佳 开 二 去 蟹【楚嫁】

佳与麻₂混注，说明佳韵䰾、差变到麻韵了。

中古假摄麻韵为独用，但在胡注里蟹摄的佳韵影母字、昌母字与麻₂韵相混，这种情况在北宋的汴洛地区已经有所反映。周祖谟《宋代汴洛语音考》说："佳韵之牙音如佳崖之类亦读同麻韵，此由邵氏诗章之用韵可知。"①《宋代汴洛音与〈广韵〉》也指出："果摄歌戈两韵，《广韵》注同用；假摄麻韵则为独用。但在邵雍诗里歌戈麻通用，而且蟹摄的佳韵牙音字也与麻韵相押。……陈与义诗歌戈两韵没有与麻韵相协例，但佳韵牙音字也与麻韵同用。"② 又云："惟邵雍等人除齐祭废与止摄字合为一类外，其余诸韵都通用不分，只有佳韵的'佳崖涯'和夬韵的'话'字读入假摄而已。"③

关于佳韵字读同麻韵，冯蒸《〈尔雅音图〉音注所反映的五代宋初

---

① 周祖谟：《宋代汴洛语音考》，载周祖谟《问学集》（下册），中华书局1996年版，第600页。
② 周祖谟：《宋代汴洛音与〈广韵〉》，载《周祖谟学术论著自选集》，北京师范学院出版社1993年版，第364页。
③ 周祖谟：《宋代汴洛音与〈广韵〉》，载《周祖谟学术论著自选集》，北京师范学院出版社1993年版，第365页。

第四章 《通鉴音注》韵母系统 277

重韵演变》一文认为：

> 这里佳韵的"厓、画"二字当读同麻韵。从语音特点上看，显然是蟹摄佳韵的-i 尾脱落而导致与果假摄的麻_合流。佳韵的这种双向演变发生的时代颇早，它与同摄皆、夬韵的合流在多种中古音韵文献中都有表现，佳韵与麻_韵的混并看来至晚在中唐甚至此前即已发生。在李白、杜甫、白居易这些大诗人的用韵里，佳韵的"佳、涯、崖、娃、罢、画、鼃"都押入了麻韵。裴务齐正字本《王韵》把佳韵移到歌、麻之间，也反映了佳韵更靠近麻韵的情况（黄笑山1995：p.176）。但佳韵的这种变向是同时发生，抑或有早有晚，尚需进一步研究。至于有人认为佳韵混入麻韵，主要是唇牙喉音，佳韵与皆韵混并，主要是齿音庄组字（黄笑山1995：p.176—177），从《音图》的有关例证来看，情况并非全然如此，所以佳韵的分化条件，目下尚不能断定①。

麦耘对麻韵与佳韵的混同作了如下解释：

> 佳韵有两读，一读与皆韵相同，另一读作零尾韵。佳韵念零尾韵的证据有：1.《王二》列佳韵于歌韵与麻韵之间；2. 初唐佳韵可以跟麻韵通押；3. 玄奘以佳韵"搋"字译梵文ṭha, ṭhya, ṭa；4. 佳韵字在今音有不少是零韵尾的，例如"佳罢蛙卦画"之类；5. 在上古来源方面，佳韵字多来自上古零韵尾的支部。
> 不过佳韵又有念-i 尾的坚实证据：1.《切韵》原次佳、皆两韵相属；2. 隋唐时佳韵主要同皆韵通押；3. 今音佳韵字仍以有-i 尾者居多。从 1 来看，佳韵在陆法言心目中是以念-i 尾为正统的。
> 笔者以为，佳韵的两读中，念零韵尾的是洛阳音，玄奘译音可以为证；而念-i 尾的音则是金陵读书音，《切韵》是以此为证的。

---

① 冯蒸：《〈尔雅音图〉音注所反映的五代宋初重韵演变》，载《汉语史研究集刊》（第一辑，下），巴蜀书社1998年版，第391页。

陆法言依洛阳音使佳韵分立，又依正音使佳韵与皆韵为次，要说《切韵》有综合性质，这是少数例子之一①。

根据两位先生的观点，佳韵与麻₂韵的混并看来至晚在中唐甚至更早即已发生，麻韵与佳韵的混同是由于佳韵有零韵尾的读音。"鼅""差"胡三省的注音与《集韵》一样，都是将其归到麻韵里去的，但是这一现象不见于《蒙古字韵》，可见宋末元初共同语读书音中也没有将佳麻混同。我们认为佳、麻相混是古音的遗存。

（三）虞、模字的喉音字变同麻₂韵

1. 模麻₂混注

⑩⑤污　乌瓜　影　麻　合　二　平　假　‖哀都　影　模　合　一　平　遇　【乌瓜】

按："污"，共38次注音，有3个意义：一是动词义，污染，音乌故翻30次，乌路翻3次；二是名词义，浊水、脏污，音乌1次，音一胡翻1次，音乌瓜翻2次；三是水名，音于1次。

2. 虞麻₂混注

⑩⑥荂　枯花　溪　麻　合　二　平　假　‖况于　晓　虞　合　三　平　遇　【枯瓜】

按："荂"，人名，仅1次注音："荂，枯花翻。杨正衡音孚。"（p.2641）《广韵》"荂"有况于、芳芜二切。

鱼模部字与家麻部字的混同在《集韵》里有所反映，这两个混注的例子的音韵地位都与《集韵》相同。

（四）家麻部的音值

家麻部来自中古假摄的麻₂韵字以及蟹摄的佳韵牙音字以及戈韵的牙喉音字、模韵的影母字、虞韵晓母字。家麻部有 [a]、[ia]、[ua] 三个韵母。[a] 包括《广韵》麻₂韵开口字，但除去牙喉音开口字。[ia] 包括麻₂韵的牙喉音开口字，佳韵的部分牙喉音开口字。[ua] 包括麻₂韵的合口字，佳韵的部分合口字，模韵的影母字、虞韵晓母字。家麻部与主要由麻₃韵构成的车遮部保持对立。

---

① 麦耘：《〈切韵〉元音系统试拟》，载麦耘《音韵与方言研究》，广东人民出版社1995年版，第107页。

三 车遮部

中古麻₃韵在《通鉴音注》中还是麻₃韵字，不与麻₂韵混注。除了与支韵、鱼韵混注各1例外，麻₃韵呈现独立为一韵的迹象。

（一）麻₃自注

① 乜　母野　明麻开三上假 ‖ 弥也　明麻开三上假

按："乜"，虏姓，仅1次注音。

② 唶　子夜　精麻开三去假 ‖ 子夜　精麻开三去假

按："唶"，叹也，仅1次注音。

③ 借　子夜　精麻开三去假 ‖ 子夜　精麻开三去假

按："借"，假借，共2次注音，皆同。

④ 姐　紫且　精麻开三上假 ‖ 兹野　精麻开三上假
⑤ 姐　且也　精麻开三上假 ‖ 兹野　精麻开三上假
⑥ 姐　子也　精麻开三上假 ‖ 兹野　精麻开三上假

按："姐"，罕姐、多姐、勒姐、弥姐等，羌之种属，共11次注音，其中音紫2次，音紫又且也翻2次，音紫又子也翻2次，子也翻又音紫3次，紫且翻又音紫1次，且也翻又音紫1次。

⑦ 岨　子邪　精麻开三平假 ‖ 子邪　精麻开三平假
⑧ 岨　音罝　精麻开三平假 ‖ 子邪　精麻开三平假

按："岨"，岨厉、赤岨，县名，共2次注音。

⑨ 罝　咨邪　精麻开三平假 ‖ 子邪　精麻开三平假
⑩ 罝　音嗟　精麻开三平假 ‖ 子邪　精麻开三平假

按："罝"，罝罘，共2次注音。

⑪ 藉　慈夜　从麻开三去假 ‖ 慈夜　从麻开三去假
⑫ 藉　才夜　从麻开三去假 ‖ 慈夜　从麻开三去假

按："藉"，共52次注音，在《通鉴音注》中有二义：一是陵藉、假借，音慈夜翻30次，才夜翻1次；二是藉田，音秦昔翻12次，在亦翻7次，而亦翻2次。

⑬ 斜　似嗟　邪麻开三平假 ‖ 似嗟　邪麻开三平假
⑭ 斜　音邪　以麻开三平假 ‖ 以遮　以麻开三平假
⑮ 斜　昌遮　昌麻开三平假 ‖ 似嗟　邪麻开三平假
⑯ 斜　余奢　以麻开三平假 ‖ 以遮　以麻开三平假
⑰ 斜　余遮　以麻开三平假 ‖ 以遮　以麻开三平假

按："斜"，斜谷，共注音15次，其中音余遮翻10次，余奢翻1

次，昌遮翻3次，音邪又似嗟翻1次。

⑱邪　士嗟　崇　麻　开　三　平　假　‖似嗟　邪　麻　开　三　平　假
⑲邪　即斜　精　麻　开　三　平　假　‖似嗟　邪　麻　开　三　平　假
⑳邪　以奢　以　麻　开　三　平　假　‖以遮　以　麻　开　三　平　假
㉑邪　余遮　以　麻　开　三　平　假　‖以遮　以　麻　开　三　平　假

按："邪"，共注音143次，其中读曰耶者10次、音耶129次、余遮翻1次；邪径、邪城，注音为即斜翻、士嗟翻各1次；涿邪山之"邪"音以奢翻，1次。

㉒爷　以遮　以　麻　开　三　平　假　‖以遮①　以　麻　开　三　平　假

按："爷"，俗呼父为爷，仅1次注音。

㉓椰　以嗟　以　麻　开　三　平　假　‖以遮　以　麻　开　三　平　假

按："椰"，椰子，仅1次注音。

㉔虵　以者　以　麻　开　三　上　假　‖羊者　以　麻　开　三　上　假
㉕虵　食遮　船　麻　开　三　平　假　‖食遮　船　麻　开　三　平　假

按："虵"，姓也，共3次注音，"《类篇》：虵，以者翻，虏姓也。《姓谱》姚苌后虵氏，南安人也。虵，食遮翻，又音他。"（p.3364）

㉖射　音夜　以　麻　开　三　去　假　‖羊谢　以　麻　开　三　去　假
㉗射　寅谢　以　麻　开　三　去　假　‖羊谢　以　麻　开　三　去　假

按："射"，共258次注音，其中射箭义注音为而亦翻222次，食亦翻6次；仆射义注音30次，音夜3次，音寅谢翻28次。

㉘蔗　之夜　章　麻　开　三　去　假　‖之夜　章　麻　开　三　去　假

按："蔗"，甘蔗，共3次注音，皆同。

㉙赭　音者　章　麻　开　三　上　假　‖章也　章　麻　开　三　上　假
㉚赭　止也　章　麻　开　三　上　假　‖章也　章　麻　开　三　上　假

按："赭"，赤也，共6次注音，其中音者5次，止也翻1次。

㉛堵　音者　章　麻　开　三　上　假　‖章也　章　麻　开　三　上　假

按："堵"，堵乡，地名，共3次注音，音皆同。

㉜奢　正奢　章　麻　开　三　平　假　‖正奢　章　麻　开　三　平　假

按："奢"，共2次注音，皆同。

㉝阇　视遮　禅　麻　开　三　平　假　‖视遮　禅　麻　开　三　平　假

---

① 爷，《广韵》《集韵》无收，《古今韵会举要》云"耶"俗作"爷"。《广韵》"耶"，以遮切。

第四章 《通鉴音注》韵母系统

按："阇"，人名用字，又耆阇寺、阇黎江，地名，共9次注音，其中视遮翻8次，视遮翻又音都1次。

㉞炙 之夜 章 麻 开 三 去 假 ‖ 之夜 章 麻 开 三 去 假

按："炙"，燔肉，共6次注音，其中注音为之夜翻4次，之石翻2次。

㉟衸 充夜 昌 麻 开 三 去 假 ‖ 充夜* 昌 麻 开 三 去 假

按："衸"，系缚，有4次注音，皆同。

㊱车 尺遮 昌 麻 开 三 平 假 ‖ 尺遮 昌 麻 开 三 平 假
㊲车 昌遮 昌 麻 开 三 平 假 ‖ 尺遮 昌 麻 开 三 平 假
㊳车 尺奢 昌 麻 开 三 平 假 ‖ 尺遮 昌 麻 开 三 平 假

按："车"，共26次注音，车辆、亦姓氏、辅车，音昌遮翻7次，尺遮翻17次，尺奢翻2次。

㊴哆 昌者 昌 麻 开 三 上 假 ‖ 昌者 昌 麻 开 三 上 假
㊵哆 昌也 昌 麻 开 三 上 假 ‖ 昌者 昌 麻 开 三 上 假
㊶哆 尺奢 昌 麻 开 三 平 假 ‖ 昌者 昌 麻 开 三 上 假

按："哆"，人名，共2次注音，另一次注音是："昌也翻。《索隐》音尺奢翻。"（p.700）

㊷麝 神夜 船 麻 开 三 去 假 ‖ 神夜 船 麻 开 三 去 假

按："麝"，麝香，仅1次注音。

㊸贳 市夜 禅 麻 开 三 去 假 ‖ 神夜 船 麻 开 三 去 假
㊹贳 神夜 禅 麻 开 三 去 假 ‖ 神夜 船 麻 开 三 去 假
㊺贳 时夜 禅 麻 开 三 去 假 ‖ 神夜 船 麻 开 三 去 假

按："贳"，贷也，赦也，共10次注音，其中市夜翻1次，时夜翻2次，始制翻4次，时制翻1次，式制翻1次，始制翻又神夜翻1次。

㊻厍 音舍 书 麻 开 三 去 假 ‖ 始夜 书 麻 开 三 去 假

按："厍"，姓也，仅1次注音。

㊼佘 视遮 禅 麻 开 三 平 假 ‖ 时遮* 禅 麻 开 三 平 假

按："佘"，姓也，仅1次注音。

㊽鉇 音蛇 船 麻 开 三 平 假 ‖ 视遮 禅 麻 开 三 平 假

按："鉇"，蛇矛，仅1次注音。

㊾若 人者 日 麻 开 三 上 假 ‖ 人者 日 麻 开 三 上 假

按："若"，般若经，又贺若敦、贺若弼，人名，共23次注音，皆同。

㊿胯 音夜 以 麻 开 三 去 假

按：胡注：《龙龛手镜》胯，音夜。原文：“羌族胯毋。”按，“胯”不见于《广韵》《集韵》。

(51)咩　弥嗟　明　麻　开　三　平　假

(52)咩　莫者　明　麻　开　三　上　假

按：“咩”，苴咩城，胡注：“咩，莫者翻，又徐婢翻。史炤曰：苴音酢，又徐嗟切。咩，音养，又弥嗟切。”（p. 7271）。《广韵》《集韵》无“咩”字。《宋刻集韵》：苴哶，城名，在云南，弥嗟切。《龙龛手镜》（高丽本）：咩（俗）哶（正），迷尔切。

（二）特殊音切

胡注中有麻$_{三}$支$_{开}$混注、麻$_{三}$鱼混注的现象，例证如下。

(53)姐　音紫　精　支　开　三　上　止　‖兹野　精　麻　开　三　上　假　【蒋氏*】

按：上文已经述及，“姐”，罕姐、乡姐、勒姐、弥姐等，羌之种属，共11次注音，其中音紫2次，音紫又且也翻2次，音紫又子也翻2次，子也翻又音紫3次，紫且翻又音紫1次，且也翻又音紫1次。

(54)且　七余　清　鱼　合　三　平　遇　‖七也　清　麻　开　三　上　假　【千余】

按：胡三省音与《集韵》音相同。“且”被注音43次，皆人名、地名用字，如“且末”“龙且”。其中子闾翻9次，子余翻27次，子余翻3次，子如翻2次，子于翻1次，反切下字皆鱼韵字。

“姐”“且”都是特定名称用字，胡三省音切反映的是传统文献用字的读音。

（三）车遮部的音值

车遮部来自《广韵》麻$_{三}$韵，音值是［iɛ］。相比而言，《中原音韵》车遮部除了来自麻$_{三}$韵，还包括来自山摄入声韵的一些字，音值是［iɛ］、［iuɛ］。胡三省音注中的被注字中，没有显示出有山摄入声韵字变同麻$_{三}$韵的情况。

四　鱼模部

中古遇摄鱼、虞、模各自不混；在《通鉴音注》中，三者都混同为鱼模部了。鱼模部主要来自中古遇摄鱼、虞、模，发生了三等韵合流、一三等韵主元音趋同的音变现象。

遇摄字约有708条注音，其中：鱼韵字注音有223条，与《广韵》音韵地位完全相同的有169条；虞韵字注音有283条，与《广韵》音韵地位完全相同的有179条；模韵字注音有202条，与《广韵》音韵地位完全相同的有165条。中古遇摄在胡注中发生音变情况分析如下。

（一）鱼虞混注

①拒　俱甫　见　虞合三上遇‖其吕　群　鱼合三上遇【果羽】

按："拒"，左拒、右拒，方阵，仅1次注音。

②伃　音于　云　虞合三平遇‖以诸　以　鱼合三平遇【羊诸】

按："伃"，倢伃，共7次注音，音接予6次，音接于1次。

③妤　音于　云　虞合三平遇‖以诸　以　鱼合三平遇【羊诸】

按："妤"，婕妤，共10次注音，其中音接予9次，音接于1次。

④袪　音区　溪　虞合三平遇‖去鱼　溪　鱼合三平遇【丘于】

按："袪"，人名，又攘却也，共3次注音，另外的两次注音都是丘于翻。

⑤蒟　音矩　见　虞合三上遇‖俱雨　见　鱼合三上遇【果羽】

按："蒟"，仅1次注音。

⑥舆　音于　云　虞合三平遇‖以诸　以　鱼合三平遇【羊诸】

按："舆"，乘舆，仅1次注音。

⑦疏　所句　生　虞合三去遇‖所去　生　鱼合三去遇【所据】

按："疏"，上疏、奏疏，共42次注音，其中所句翻1次，所据翻12次，所故翻1次，所去翻28次。

⑧濡　人余　日　鱼合三平遇‖人朱　日　虞合三平遇【人余】

按："濡"，濡染，注音2次，一音人余翻，一音汝朱翻；濡水、濡源，乃官翻，10次，皆同。

中古遇摄虞、模同用，鱼韵独立，反映了三者之间不同的古音来源。其分别在于主元音：虞、模的主元音都是[u]，二者的分别只在于虞韵有[i]介音；鱼韵的音值是[iɔ]，与[u]相比发音部位低一些、开一些。陆法言《切韵·序》曾批评"鱼、虞共为一韵"，《颜氏家训·音辞篇》里说"北人以庶为戍，以如为儒"，"北人之音，多以举、莒为矩"，可见《切韵》时代鱼、虞两韵已经在北方混同了，但是陆法言从分不从合，采取了当时韵书鱼、虞分韵的观点，把鱼、虞、模分成三个不同的韵部。唐初许敬宗提议以鱼独用，虞模同用①，于是虞、模的界限就混淆了。《通鉴音注》中鱼与虞混注，此现象发生在见、溪、影、以、清、生、日、来诸母，说明宋末元初之际，鱼和虞有混同的现象。鱼、虞音值由不同变为相同，因而合并，这是同摄三等韵的合流音变。

（二）三等韵与一等韵混注

三等韵与一等韵混注表现在鱼模混注、虞模混注两个方面，例证如下。

⑨苴 音酢 清 模 合 一 去 遇 ‖子与 精 鱼 合 三 去 遇【徐嗟】

按："苴"，苴咩城，共 2 次注音，另一音是徐嗟切，皆取自史炤音。

⑩怚 音麤 清 模 合 一 平 遇 ‖慈吕 从 鱼 合 三 上 遇【聪徂*】

按："怚"，粗也，仅 1 次注音。

⑪涂 音滁 澄 鱼 合 三 平 遇 ‖同都 定 模 合 一 平 模【陈如*】

按："涂"，涂水、涂中、涂塘，共 8 次注音，其中音滁 2 次，音除 1 次，另有读曰滁 4 次，读曰除 1 次。

⑫部 音鱼 疑 鱼 合 三 平 遇 ‖五乎 疑 模 合 一 平 遇【牛居*】

按："部"，部乡，仅 1 次注音。

⑬拏 音奴 泥 模 合 一 平 遇 ‖女余 娘 鱼 合 三 平 遇【女居】

按：上文已经述及，"拏"有 6 次注音：女加翻 2 次，奴加翻 1 次，音奴 1 次，女居翻 2 次。

⑭疏 所故 生 模 合 一 去 遇 ‖所菹 生 鱼 合 三 平 遇【所据】

按：上文已经述及，"疏"，上疏、奏疏，共 42 次注音，其中所句翻 1 次，所据翻 12 次，所故翻 1 次，所去翻 28 次。

⑮胪 陵奴 来 模 合 一 平 遇 ‖力居 来 鱼 合 三 平 遇【凌如】

按："胪"，鸿胪，官职，共 75 次注音，其中音陵如翻 70 次，凌如翻 2 次，音闾 2 次。

⑯怃 音呼 晓 模 合 一 平 遇 ‖武夫 微 虞 合 三 平 遇【荒胡*】

按："怃"，德用不怃，怃，大也，仅 1 次注音；怃然，罔甫翻 3 次，文甫翻 1 次，音武 1 次。

---

① 封演：《封氏闻见记》，商务印书馆 1936 年版，第 15 页。

第四章 《通鉴音注》韵母系统

⑰莆　音蒲　並　模　合　一　平　遇　‖方矩　非　虞　合　三　上　遇　【匪父】

按："莆"，莆口，共2次注音，皆同。

⑱扜　音乌　影　模　合　一　平　遇　‖羽俱　云　虞　合　三　平　遇　【云俱】

按："扜"，扜罙国，仅1次注音。

⑲殂　牂于　从　虞　合　三　平　遇　‖昨胡　从　模　合　一　平　遇　【丛租】

按："殂"，帝殂，共6次注音，其中音牂乎翻5次。

⑳毋　莫胡　明　模　合　一　平　遇　‖武夫　微　虞　合　三　平　遇　【微夫】

按："毋"，淳毋，八珍之一。仅1次注音："莫胡翻，一音武由翻。"（p. 6028）

《广韵》鱼、虞、模三韵系在胡三省《音注》变为鱼模部，其主元音是［u］。鱼虞模合为一部，实则始于初唐。王力《〈经典释文〉反切考》（1982：p. 135—211）可证，但对于《经典释文》三韵的混同，王力《汉语语音史》认为鱼与虞模混注"应该是方言现象"（2010：p. 246），因为其后30年出现的颜师古《汉书注》反切三韵未混，李善《文选注》反切三韵也未混①。《通鉴音注》的反切和直音中鱼、虞、模的混同，与《蒙古字韵》《中原音韵》是一致的。

（三）鱼模部与尤侯部混注

1. 虞模韵与尤侯部的唇音字混注

㉑掊　芳遇　敷　虞　合　三　去　遇　‖缚谋　奉　尤　开　三　平　流　【芳遇】

按："掊"，顿也，音芳遇翻1次；掊地，音蒲侯翻10次，薄侯翻1次。

㉒涪　音符　奉　虞　合　三　平　遇　‖缚谋　奉　尤　开　三　平　流　【冯无*】

按："涪"，涪水、涪城、涪州，共59次注音，皆音浮，并注明杜佑音符（p. 1369）。

㉓枹　芳无　敷　虞　合　三　平　遇　‖缚谋　奉　尤　开　三　平　流　【芳无】

按："枹"，枹鼓、枹罕，共54次注音，其中音肤53次。

㉔毋　武由　微　尤　开　三　平　流　‖武夫　微　虞　合　三　平　遇　【迷浮】

按：上文已经述及，"毋"，淳毋，八珍之一。仅1次注音："莫胡翻，一音武由翻。"（p. 6028）

㉕朴　音浮　奉　尤　开　三　平　流　‖薄胡　並　模　合　一　平　遇　【披尤】

---

① 蒋冀骋：《近代汉语音韵研究》（修订本），商务印书馆2021年版，第52页。

按："朴"，朴胡，地名；又朴泰，人名。共2次注音，皆同。

㉖姆 莫补 明 模 合 一 上 遇 ‖莫侯 明 侯 开 一 去 流【满补】

按："姆"，女师也，仅1次注音："莫补翻，又音茂。"（p. 3390）

这6个鱼模部与尤侯部混注情况与《集韵》基本相同，涉及汉语语音史上的"流摄唇音归遇摄"的音变问题。我们知道，流摄的一部分唇音字如"浮否妇负富覆谋牟亩牡母"等大约从唐代后期起转入遇摄，具体说是尤韵唇音字转入虞韵。根据郑张尚芳的中古元音复化理论，这些尤韵字原读 ju，非唇音后复化为 jəu，唇音则不复化，就与从 jo 变来的虞韵 ju 合流了。《通鉴音注》中尤侯部与鱼模部唇音混注的现象即说明了这个问题。我们基本上同意前代学者的看法，即：尤韵唇音字在未变轻唇音之前即已转入虞韵，而不是尤韵唇音字先变轻唇而后与虞韵合流（李惠昌1989；唐作藩1992）。

鱼模部与尤侯部的混同现象主要发生在唇音声母里，也有发生在喉音、齿音里的情况。鱼虞模的唇音字与尤韵字混同，在南唐《朱翱反切》中已经出现了①。中唐以后的诗韵里，北宋的词韵里，尤侯的唇音字大致叶入鱼虞模，跟《切韵》不同。尤韵系的唇音字除了一个"否"字在《中原音韵》的鱼模部跟尤侯重出外，其余一概变入鱼模②。

2. 虞韵章母、禅母、来母字与尤韵字混注

㉗竖 而涪 日 尤 开 三 平 流 ‖臣庾 禅 虞 合 三 上 遇【上主】

按："竖"，竖子，阉竖、竖眼，共17次注音，其中音而涪翻1次，其他反切下字有"庾"（10次）、"主"（4次）、"遇"（1次）、"句"（1次）。

㉘侏 张流 知 尤 开 三 平 流 ‖章俱 章 虞 合 三 平 遇【张流】

按："侏"，侏张，仅1次注音。此注与《集韵》切语同。

3. 侯韵喉音字与虞韵混注

㉙呕 音吁 晓 虞 合 三 平 遇 ‖乌侯 影 侯 开 一 平 流【匈于*】

按："呕"，共2次注音，言语呕呕，音吁；呕吐，音一口翻。

㉚劬 音朐 群 虞 合 三 平 遇 ‖古侯 见 侯 开 一 平 流【权俱*】

---

① 王力：《朱翱反切考》，载《龙虫并雕斋文集》（第三册），中华书局1982年版，第212—256页。

② 陆志韦：《释〈中原音韵〉》，载《陆志韦近代汉语音韵论集》，商务印书馆1988年版，第21页。

按："钩"，钩町，共 2 次注音，皆同。

㉛ 镂　力俱　来虞合三平遇 ‖ 卢侯　来侯开一去流【龙珠】

按："镂"，雕镂，又镂方，地名，共 11 次注音。其中音郎豆翻 8 次，力豆翻 1 次，力俱翻又力侯翻 1 次（p.141），卢侯翻 1 次（p.4507）。

鱼模部的喉音字与尤侯部字混同，胡三省的直音与《集韵》所反映的被注字与注音字同音的情况相同。尤韵、侯韵字变同虞韵、模韵的注音与《集韵》的注音几乎一致。

（四）特殊音切

胡注中保留了前代学者的注音，详下。

1. 虞、支混注

㉜ 娄　音赢　来支合三平止 ‖ 力朱　来虞合三平遇【伦为*】

按："娄"，垫娄，古地名。胡注："服虔曰：垫，音垫陉之垫。郑氏曰：娄，音赢。师古曰：垫，音丁念翻。娄音楼。"（p.1035）胡三省保留了郑玄对于"垫娄"的注音。

2. 模、删混注

㉝ 乌　音鹦　影删开二去山 ‖ 哀都　影模合一平遇【于谏*】

按："乌"，乌秅国，胡注："乌秅，郑氏音鹦拏。师古曰：乌，一加翻。急言之，声如鹦拏耳，非正音也。"（p.978）胡三省保留了师古对于域外译音字的注音。

（五）鱼模部音值

鱼模部有 [iu]、[u] 两个韵母。包括来自《广韵》的鱼虞模，部分尤侯部字，以及"剧""玉""趋""足""格""洛""鹘"几个入声韵字（详见入声韵的讨论）。

五　尤侯部

中古流摄尤、幽、侯三韵系在《通鉴音注》中发生了三等韵合流、一等韵与三等韵主元音趋同的音变现象。流摄字注音约有 370 条，其中：尤韵字注音有 227 条，与《广韵》音韵地位相同的有 184 条；侯韵字注音有 131 条，与《广韵》音韵地位完全相同的有 110 条；幽韵字注音有 12 条，与《广韵》的音韵地位完全相同的有 8 条。

(一) 三等韵尤与幽混注

①摎 纪虬 见 幽 开 三 上 流 ‖力求 来 尤 开 三 平 流【居虬】

按："摎"，秦将军名，共2次注音，皆同。

《切韵》尤侯与幽主元音不同：尤侯是 [ə]，幽是 [e]，都收 [u] 韵尾。尤与幽都是三等韵。在《通鉴音注》中，尤与幽有混注的现象，则说明二者因主元音变得相同而合流了。

(二) 三等尤、幽韵与一等侯韵混注

1. 尤侯混注

②缪 莫侯 明 侯 开 一 平 流 ‖莫浮 微 尤 开 三 平 流【迷浮】

按："缪"，绸缪，共2次注音，一是莫彪翻，二是莫侯翻。

③鍪 莫侯 明 侯 开 一 平 流 ‖莫浮 微 尤 开 三 平 流【迷浮】

按："鍪"，兜鍪，共4次注音，其中莫侯翻2次，音牟2次。

④蟊 莫侯 明 侯 开 一 平 流 ‖莫浮 微 尤 开 三 平 流【迷浮】

按："蟊"，蟊贼，仅1次注音。

⑤龟 丘勾 溪 侯 开 一 平 流 ‖居求 见 尤 开 三 平 流【祛尤】

按："龟"，龟兹，胡注："龟，音丘。兹，音慈。贤曰：龟，丘勾翻，兹，沮惟翻，盖急言之也。"(p.771) 此切语仅1见。

⑥掫 音邹 庄 尤 开 三 平 流 ‖侧九 庄 尤 开 三 上 流【甾尤˚】

按："掫"，共2次注音，有两个意义：地名，音子侯翻；麻秆，音邹又音侧九翻 (p.1094)。

⑦取 音秋 清 尤 开 三 平 流 ‖仓苟 清 侯 开 一 上 流【雌由˚】

按："取"，攻取，此义注音1次：音趋又音秋 (p.1945)。其他皆注为"读曰娶"(10次)。

三等尤韵在微母、见母、庄母的条件下与侯韵混同，说明在这些声母后尤韵的三等 [i] 介音丢失，故而和一等侯韵混同。

2. 幽侯混注

⑧樛 居蚪 见 侯 开 一 上 流 ‖居虬 见 幽 开 三 平 流【居尤】

按："樛"，人名，又姓，共4次注音，其中音居虬翻2次，音居蚪翻2次。幽侯混注，说明二者的主元音发生了趋同音变。

中古流摄尤、侯、幽三韵混注，说明三者的主元音已经变得相同了，故而合并为一个韵部，我们称之为尤侯部。

第四章 《通鉴音注》韵母系统

（三）流摄韵与效摄韵混注

1. 尤宵混注

⑨䫇 许昭 晓 宵 开 三 平 效 ‖许尤 晓 尤 开 三 平 流 【虚尤】

按："䫇"，仅1次注音，胡注："师古曰：以漆漆物谓之䫇，音许求翻，又许昭翻。"（p.1002）

2. 尤萧混注

⑩僇 音辽 来 萧 开 四 平 效 ‖力救 来 尤 开 三 去 流 【怜萧*】

按："僇力本业"，胡注："僇，力竹翻，古戮字。《说文》：并力也。《字林》音辽。"（p.47）《集韵》有此音。

3. 幽宵混注

⑪幼 一笑 影 宵 开 三 去 效 ‖伊谬 影 幽 开 三 去 流 【一笑】

按："幼"，幼眇，细微也，共出现2次，注音1次，指出假借1次："读曰要眇。"

4. 萧幽混注

⑫缴 音纠 见 幽 开 三 上 流 ‖古了 见 萧 开 四 上 效 【吉吊】

按："夫缴纫争言而竞后息"，胡注："《索隐》曰缴，音纠，康吉吊切，非。"（p.115）

5. 幽豪混注

⑬𪓐 居虬 见 幽 开 三 平 流 ‖郎到 来 豪 开 一 去 效 【郎到】

按："𪓐"，𪓐毒，共2次注音，皆同。

萧豪部与尤侯部字的相混在《中原音韵》中也有表现。《中原音韵》中将"剖""缶""茂""覆"四个尤、侯韵的唇音字收入萧豪部。《中州音韵》中萧豪部只收"缶"，并注明"收"，表明此字已经从旧韵书的某韵转入另一韵了。这种转变说明"缶"字已经从 [fəu] 变成了 [fɑu]。"茂"字依旧放在尤侯部，也许是方言的不同（陆志韦1988：p.20）。

（四）特殊音注

尤咍混注

⑭菩 音倍 并 咍 开 一 上 蟹 ‖房久 并 尤 开 三 上 流 【簿亥*】

按："菩"，菩阳宫（p.213），秦文王所起。《集韵》有此音。

（五）尤侯部的音值

流摄幽侯、尤侯在《通鉴音注》中混并为尤侯部，其主元音是

[ə]，其拟音是[iəu]、[əu]。包括中古的幽、尤、侯，萧韵的"缴"、豪韵的"嫪"以及入声韵字"龟"。

六 萧豪部

萧豪部主要来自中古效摄诸韵。中古效摄诸韵在《通鉴音注》中发生了洪细分别合流的音变，合并后的两组之间还存在相互混注的情况，说明此两组的主元音是相同的，其区别在于介音的不同。

效摄字注音约有604条，其中：萧韵字注音有114条，与《广韵》音韵地位完全相同的有91条；宵韵字注音有199条，与《广韵》音韵地位完全相同的有139条；肴韵字注音有94条，与《广韵》音韵地位完全相同的有71条；豪韵字的注音有195条，与《广韵》音韵地位完全相同的有161条。

（一）三四等韵合流

1. 重纽区别消失

（1）宵_A宵_B混注

①轿 旗妙 群 宵 开 重四 去 效 ‖渠庙 群 宵 开 重三 去 效

按："轿"，舆轿，仅1次注音。

（2）宵_B与宵的舌齿音混注

②夭 於绍 影 宵 开 三 上 效 ‖於兆 影 宵 开 重三 上 效

按："夭"，夭折，共15次注音，其中音於绍翻11次，音於兆翻3次，音於矫翻1次。

③妖 一遥 影 宵 开 三 平 效 ‖於乔 影 宵 开 重三 平 效
④妖 於遥 影 宵 开 三 平 效 ‖於乔 影 宵 开 重三 平 效

按："妖"，妖贼、妖言、妖术等义，共91次注音，其中音与娇翻2次，音於骄翻58次，音於乔翻13次，音於遥翻13次，音一遥翻5次。

（3）宵_A与宵韵的舌齿音混注

⑤镖 匹烧 滂 宵 开 三 平 效 ‖抚招 滂 宵 开 重四 平 效
⑥镖 甫招 帮 宵 开 三 平 效 ‖抚招 滂 宵 开 重四 平 效

按："镖"，有二义：火珠镖首，服饰，共3次注音，皆音纰招翻；钱镖，人名，共3次注音，音甫招翻2次，匹烧翻1次。

⑦瘭 必烧 帮 宵 开 三 平 效 ‖甫遥 帮 宵 开 重四 平 效

第四章 《通鉴音注》韵母系统　　291

按："瘭"，瘭疽，病名，仅1次注音。
⑧翘　祈消　群　宵　开　三　平　效 ‖ 渠遥　群　宵　开　重四　平　效
按："翘"，人名，仅1次注音。
⑨嫖　匹昭　滂　宵　开　三　平　效 ‖ 抚招　滂　宵　开　重四　平　效
按："嫖"，长公主嫖，仅1次注音。
⑩缥　匹小　滂　宵　开　三　上　效 ‖ 敷沼　滂　宵　开　重四　上　效
⑪缥　匹绍　滂　宵　开　三　上　效 ‖ 敷沼　滂　宵　开　重四　上　效
按："缥"，青黄色也，共5次注音，其中音匹小翻1次，音匹绍翻1次，音匹沼翻2次，音普沼翻1次。
⑫藐　妙小　明　宵　开　三　上　效 ‖ 亡沼　明　宵　开　重四　上　效
按："藐"，共3次注音，藐视义，音亡沼翻，音妙小翻又亡角翻；又藐藐，叠音词，闷也，音美角翻。
⑬要　於消　影　宵　开　三　平　效 ‖ 於霄　影　宵　开　重四　平　效
⑭要　於遥　影　宵　开　三　平　效 ‖ 於霄　影　宵　开　重四　平　效
⑮要　一遥　影　宵　开　三　平　效 ‖ 於霄　影　宵　开　重四　平　效
按："要"，共99次注音，有三义：其一为腰也，音注曰"读曰腰"8次，"读与腰同"10次，"古腰字"1次。其二为邀也、约也，共79次注音，其中音一遥翻61次，音於遥翻1次；音邀1次、"读曰邀"4次、"与邀同"2次，音一妙翻1次，其三为姓也，音於消翻1次。

宵$_A$与宵$_B$混，宵$_A$宵$_B$与宵韵的舌齿音字混，说明宵韵的重纽区别已经消失了。

2. 三四等韵合流
萧宵混注，表明二者的主元音发生了趋同音变，例证如下：
⑯枭　于骄　云　宵　开　重三　平　效 ‖ 古尧　见　萧　开　四　平　效【坚尧】
按："枭"，共81次注音，其中为枭首义注音80次，其反切下字皆为"尧"，其反切上字为"工"者3次、为"古"者9次，为"坚"者68次；为枭鸟义注音1次：坚尧翻，又于骄翻。(p.831)
⑰徼　一遥　影　宵　开　三　平　效 ‖ 古尧　见　萧　开　四　平　效【伊消】
按："徼"，共82次注音，其中边境义注音为吉吊翻24次，古吊翻1次，吉钓翻1次；要也、求也义，音坚尧翻15次，音古尧翻3次，音工尧翻6次。
⑱幺　一遥　影　宵　开　三　平　效 ‖ 於尧　影　萧　开　四　平　效【伊尧】

按："玄"，共2次注音，另一音为一尧翻。

⑲湫　子小　精　宵　开　三　上　效 ‖子了　精　萧　开　四　上　效【子小】

按："湫"，隘也，共2次注音："子小翻，隘也。《经典释文》曰：湫，徐音秋，又在酒翻"（p.4332），"陆德明《音义》：子小翻，徐音秋"（p.7094）。

⑳剿　子小　精　宵　开　三　上　效 ‖子了　精　萧　开　四　上　效【子小】

按："剿"，绝也，共2次注音，皆同。

㉑疗　力吊　来　萧　开　四　去　效 ‖力照　来　宵　开　三　去　效【力照】

按："疗"，治疾也，共2次注音，另一音为力照翻。

㉒鸼　丁了　知　萧　开　四　平　效 ‖止遥　章　宵　开　三　平　效【丁了】

按："鸼"，鸼舡，舟名，仅1次注音。

牙喉音见母、影母以及齿音精母章母以及来母的萧韵字并入宵韵，萧并入宵，三四等韵合流。

（二）一等韵与二等韵合流

肴豪混注，表明效摄一等韵与二等韵的主元音发生了趋同音变，其例如下：

㉓磝　音敖　疑　豪　开　一　平　效 ‖五交　疑　肴　开　二　平　效【牛刀˙】
㉔磝　五劳　疑　豪　开　一　平　效 ‖五交　疑　肴　开　二　平　效【牛刀】

按："磝"，碻磝津，仅1次注音："杜佑曰：碻，口交翻；磝音敖。杨正衡曰：碻，口劳翻；磝，五劳翻；毛晃曰：碻，丘交翻；磝，牛交翻；或曰：碻，音确；磝音爻。"（p.3124）

关于"碻"字的注音，胡三省在这里引用了三家的注音而未置可否，说明在胡三省看来，三家的音都是可行的，豪韵和肴韵在他看来是没有分别的。而且从胡三省以舒声豪、肴韵给入声觉韵注音看，觉韵字在《通鉴音注》时代的读书音中，其韵尾有脱落现象。韵尾脱落后的觉韵字与阴声韵豪、肴变得相同，说明江宕摄的主元音与萧豪部的主元音是相同的。据此，我们把萧豪部的主元音也构拟成［ɑ］。

（三）一/二等韵与三/四等韵混注

1. 肴韵与萧宵韵混注

㉕巢　祖了　精　萧　开　四　上　效 ‖士稍　崇　肴　开　二　去　效【徂交】

按："巢"，巢湖，仅1次注音，胡三省曰："裴松之曰：巢，祖了翻。今巢湖与焦湖通。焦、勦音近，故有勦音，今读如字。"（p.2292）

第四章 《通鉴音注》韵母系统

㉖澡　音巢　崇肴开二去效 ‖子小　精宵开三上效【锄交˚】
按："澡"，澡湖，仅 1 次注音，"音巢，又子小翻"（p.5194）。

肴韵巢字与萧宵韵混同，同时还伴有声母的音变：肴韵字在庄组（崇母字）后读得与萧宵韵在精母字后相同，即庄组肴韵字与精组萧宵韵字同音。精组细音读与庄组洪音同。这一现象在《集韵》音切中有所反映（例2）。

2. 三四等韵与一等豪韵混注

㉗嚣　音敖　疑豪开一平效 ‖许娇　晓宵开重三平效【牛刀˚】
㉘嚣　五高　疑豪开一平效 ‖许娇　晓宵开重三平效【牛刀˚】
㉙嚣　五羔　疑豪开一平效 ‖许娇　晓宵开重三平效【牛刀˚】
㉚嚣　五刀　疑豪开一平效 ‖许娇　晓宵开重三平效【牛刀˚】
㉛嚣　牛刀　疑豪开一平效 ‖许娇　晓宵开重三平效【牛刀˚】
按："嚣"，共 13 次注音，有喧嚣义，亦人名。其中：音五高翻 1 次，五羔翻 2 次，虚骄翻 3 次，许骄翻 1 次，音敖 2 次，五羔翻又许骄翻 1 次，虚骄翻又牛刀翻 2 次，许骄翻又五刀翻 1 次。

㉜辽　音料　来萧开四去效 ‖卢皓　来豪开一上效【力吊˚】
㉝辽　音辽　来萧开四平效 ‖卢皓　来豪开一上效【怜萧˚】
㉞辽　音聊　来萧开四平效 ‖卢皓　来豪开一上效【怜萧˚】
按："辽"，辽阳，共 2 次注音："徐广曰：辽，音老，在并州。据十三州志，辽，当音辽"（p.218）、"音料，又音聊"（p.771）。

㉟脩　音条　定萧开四平效 ‖土刀　定豪开一平效【他彫˚】
按："脩"，脩县，在渤海郡，仅 1 次注音。

㊱洮　音兆　澄宵开三上效 ‖土刀　定豪开一平效【直绍˚】
按："洮"，洮水、临洮、洮州、洮湖，共 42 次注音。其中音土刀翻 37 次，徒刀翻 1 次，音兆 1 次，音韬 2 次；洮湖之"洮"，音余招翻 1 次（p.3478）。

㊲骚　音萧　心萧开四平效 ‖苏遭　心豪开一平效【先彫˚】
㊳骚　音糁　生萧开四平咸 ‖苏遭　心豪开一平效【苏遭˚】
按："骚"，蒲骚之役，仅 1 次注音："陆德明曰：骚，音萧，又音糁。"（p.6842）

㊴桡　奴高　泥豪开一平效 ‖如招　日宵开三平效【如招】
按："桡"，曲也，共 39 次注音，其中音奴高翻 1 次，奴教翻 29 次，奴教翻又奴巧翻 3 次，女教翻 1 次；又：吴人谓"楫"为"桡"，

音饶，注音2次。

三四等宵萧韵与一等豪韵混注发生在晓母、来母、定母、心母以及日母，注音字多是地名、人名用字，《集韵》收录了此类音读。这些文献用字的读音表明一部分萧宵韵字在一定声母（如晓母、来母、澄母、生母、心母、日母）条件下失去其三等[i]介音而与豪韵混同。

（四）特殊音切

1. 宵歌混注

㊵肇 大可 定 歌 开 一 上 果 ‖ 治小 澄 宵 开 三 上 效【直绍】

按：胡注："伏侯《古今注》曰：肇之字曰始，音兆。贤曰：案许慎《说文》，肇，音大可翻，上讳也。但伏侯、许慎并汉时人，盖别有所据。"（p.1518）又按：此处疑"可"为"丂"之误，如此则胡三省的注与《广韵》的音只在于声母的区别。存疑。

2. 宵虞混注

㊶朝 音郯 知 虞 合 三 平 遇 ‖ 陟遥 知 宵 开 三 平 效【追输*】

按："朝"，朝那山，山名，此义仅1次注音，胡注："丁度《集韵》音与郯同。"（p.6414）

3. 豪模混注

㊷皋 音姑 见 模 合 一 平 遇 ‖ 古劳 见 豪 开 一 平 效【攻乎*】

按："皋"，橐皋，地名，胡三省引孟康"音拓姑"（p.2211）。由此看第㊶㊷二例所记的是读书音中所保留的文献古读，不当作为胡三省时代共同语的读书音来处理。

（五）入声变阴声

1. 肴觉混注

㊸淖 音卓 知 觉 开 二 入 江 ‖ 奴教 泥 肴 开 二 去 效【直角】
㊹淖 竹角 知 觉 开 二 入 江 ‖ 奴教 泥 肴 开 二 去 效【直角】

按："淖"，泥淖，又姓，共11次注音，其中音奴教翻9次。此处音卓、竹角翻的来源是："《索隐》曰：淖，女教翻；康曰：竹角切，姓也"（p.126），"郑氏音卓。师古音奴教翻。淖，姓也"（p.632）。师古音与《广韵》音同。胡三省音注中保留了郑玄和司马康的音，后者与《集韵》音基本相同。

2. 萧药混注

㊺鸟 音雀 精 药 开 三 入 宕 ‖ 都了 端 萧 开 四 上 效【丁了】

第四章 《通鉴音注》韵母系统

按："鸟"，鸾鸟，县名，在武威郡，共注音2次，另一音"读曰雀"。鸾鸟之"鸟"不是通假现象，而是同义换读现象。

3. 豪屋₃混注

㊴奥 音郁 影屋合三入通 ‖ 乌到 影豪开一去效【乙六】

按："奥"，奥鞬王，共3次注音，皆音"郁"。此音是域外译音，记的是上古音，与宋元时音无关。

（六）萧豪部的音值

中古效摄豪独用，肴独用，萧宵同用，发展到胡三省《通鉴音注》音系中，豪韵与肴韵在疑母条件下混注，庄组肴韵字与精组萧宵韵字读音相同，萧宵韵字在一定声母（如晓母、来母、澄母、生母、心母、日母）条件下失去其三等[i]介音而与豪韵混同。而且，《通鉴音注》音系的这三个方面的变化与《集韵》相同（除了"巢"字）。这说明，豪韵字与肴韵字、豪韵字与三四等的萧宵韵字，以及肴韵字与萧宵韵字的音值在一定声母条件下是相同的。效摄的萧、宵、肴、豪四韵变成了萧豪部，其主元音是[ɑ]，有[ɑu]、[iɑu]两个韵母。

第六节 入声韵

中古入声韵发展的总趋势是逐步走向消亡：随着不同韵尾弱化、消失而逐渐并入舒声。冯蒸《〈尔雅音图〉音注所反映的宋初四项韵母音变》认为："如果以中古的韵摄为单位来观察中古以来入声韵母的演变方式，大约可以区分为这样三种类型：（1）同摄入声韵的合流；（2）异摄同尾入声韵的合流；（3）异尾入声韵的合流。这三种音变类型在宋代入声韵的演变中都存在……可以看作是入声韵母演变的一个时代标尺。"[①] 中古入声韵有9部，-p、-t、-k尾不混，入声韵与阳声韵相配，不与阴声韵相配。晚唐五代江宕、梗曾入声合并，变为7部；宋元韵图《切韵指掌图》《四声等子》中入声韵兼承阴阳；宋末词韵臻摄、

---

① 冯蒸：《〈尔雅音图〉音注所反映的宋初四项韵母音变》，载程湘清主编《宋元明汉语研究》，山东教育出版社1992年版，第510—578页。

深摄入声韵与梗曾摄入声韵合并，山摄入声韵与咸摄入声韵合并，变为4部，并且开始有入配阴的现象出现。这种入配阴的变化到元代就渐趋明朗。宋人韵图、音释以及西夏文对译中都反映出入声韵尾弱化或脱落的趋势。鲁国尧认为："阴入相叶表明宋金时代北方话的入声处在削弱消变的过程中，入声韵尾比较微弱，故偶尔与主元音相同的阴声字押韵。"① 对于入配阴，周祖谟根据宋代邵雍《皇极经世声音唱和图》所呈现的特点指出："至于入声字，《广韵》本不与阴声韵相承，今图中于阴声韵下皆配以入声，是入声字之收尾久已失去，以其元音与所配之阴声韵相近或相同，故列为一贯耳。然其声调当较短较促，自与平上去不同。进而论之，入声之承阴声，不兼承阳声者，正元明以降入派三声之渐。"② 竺家宁认为宋代邵雍《皇极经世声音唱和图》的入声弱化成为喉塞音 [-ʔ] 了。他说：

> 本文的看法是入声并未完全失去辅音韵尾，而是弱化为喉塞音-ʔ韵尾。有两点理由：其一，如果入声变得和阴声字完全相同，则宋代的语音材料必定会跟阴声同列，混而不分的，但是不论宋代韵图或邵氏的十声，都丝毫和阴声字不相混。所以，这些入声字后面必定还留有一个轻微的，表现入声特性的成分，因为它是个微弱的辅音，所以能和元音相同的阴声字由于音近而相配，又因为它后面仍有个辅音存在，所以不和阴声字相混，它仍需留在入声的位置上。其二，从现代有入声的方言分布上看，北方多半已失落入声，南方则大致保存，夹在南北中间的地区则往往有个喉塞音韵尾，例如吴语就是。……像这种活语言留下的痕迹，说明了入声韵尾不是一下子就失落的，它必有个弱化的过程，宋代正处于这个转替的阶段③。

---

① 鲁国尧：《宋词阴入通叶现象的考察》，载中国音韵学研究会编《音韵学研究》（第二辑），中华书局1986年版，第146页。
② 周祖谟：《宋代汴洛语音考》，载周祖谟《问学集》（下册），中华书局1966年版，第600页。
③ 竺家宁：《论皇极经世声音唱和图之韵母系统》，载《近代音论集》（中国语文丛刊），（台北）学生书局1994年版。

第四章 《通鉴音注》韵母系统

中古入声韵在《通鉴音注》中主要发生了如下变化：一是入声韵部由9个减少到7个；二是入声韵尾有弱化的迹象，有的入声字的韵尾已经脱落了，并且归入相同主元音的阴声韵里去了。但是发生此类变化的数量太少，总体上看，-p、-t、-k三个入声尾都完整保留。《通鉴音注》音系中入声韵有屋烛、药铎、质物、陌职、缉入、月薛、葉帖七部。下面是各入声韵部的讨论。

一 屋烛部

屋烛部主要来自通摄入声韵。在《通鉴音注》中，屋一、屋三与烛都混注，屋一与沃混注，说明通摄入声屋、沃、烛的主元音变得相同了。另外屋烛部与觉、铎、德韵的並母字混同。

通摄入声韵字约有221条音注，其中：屋一韵字注音有52条，与《广韵》音韵地位完全相同的有46条；屋三韵字注音有103条，与《广韵》音韵地位完全相同的有78条；沃韵字注音有15条，与《广韵》音韵地位完全相同的有11条；烛韵字注音有51条，与《广韵》音韵地位完全相同的有34条。

（一）同摄入声混注

1. 屋一烛混注

①嚘 奴独 泥 屋 合 一 入 通 ‖而蜀 日 烛 合 三 入 通【奴沃】

按："嚘"，西嚘，仅1次注音："孟康曰：嚘，音辱，匈奴种。师古曰：嚘，音奴独翻。"（p. 807）

②录 音禄 来 屋 合 一 入 通 ‖力玉 来 烛 合 三 入 通【卢谷*】

按："录"，"公等录录"，胡注："音禄。《索隐》曰：音六。王劭曰：录，借字耳。"（p. 178）

③逯 音鹿 来 屋 合 一 入 通 ‖力玉 来 烛 合 三 入 通【卢谷*】

按："逯"，姓也，亦人名，共4次注音。其中音录1次，音卢谷翻2次，音录又音鹿1次。

2. 屋三烛混注

④畜 吁玉 晓 烛 合 三 入 通 ‖许竹 晓 屋 合 三 入 通【许六】
⑤畜 吁玉 晓 烛 合 三 入 通 ‖许竹 晓 屋 合 三 入 通【许六】
⑥畜 吁玉 晓 烛 合 三 入 通 ‖许竹 晓 屋 合 三 入 通【许六】

按："畜"有3个意义，共126次注音：蓄养义注音有吁玉翻26

次，许六翻 28 次，许竹翻 2 次，呼玉翻 1 次，许六翻 3 次，呼玉翻又许竹翻 1 次；蓄积义注音有读曰蓄 8 次，盱玉翻 1 次，敕六翻 1 次；六畜义注音有许救翻 43 次，许又翻 13 次等。

⑦麯　音曲　溪　烛　合　三　入　通　‖驱匊　溪　屋　合　三　入　通　【丘六】

按："麯"，酒母，共 2 次注音；另一音为丘六翻。

⑧璹　殊玉　禅　烛　合　三　入　通　‖殊六　禅　屋　合　三　入　通　【神六】

按："璹"，人名，共 16 次注音，其中音殊玉翻 14 次，殊六翻 1 次，神六翻 1 次。

3. 沃屋₁混注

⑨耨　奴屋　泥　屋　合　一　入　通　‖内沃　泥　沃　合　一　入　通　【奴沃】

按："耨"，共 2 次注音：耨萨，高丽官职，音奴屋翻；杨耨姑，人名，音奴笃翻。

(二) 异摄同尾入声混注

胡三省音注中没有通入与梗入混注的例证，舒声情况也与此相同。胡注中存在通入与曾入混注、通入与江入宕入混注的例证，详下。

1. 屋₁德混注

⑩暴　蒲北　並　德　开　一　入　曾　‖蒲木　並　屋　合　一　入　通　【步木】

按："暴"，暴露、露也，又姓，又借为曝 1 次，共 18 次注音，其中作姓氏之"暴"音白报翻 1 次；暴露义，胡注用"木""卜"作反切下字者 13 次，用"北"作反切下字者 1 次，后者是采用张守节《史记正义》的注音（p.304）。

2. 屋₃德混注

⑪伏　蒲北　並　德　开　一　入　曾　‖房六　奉　屋　合　三　入　通　【鼻墨】
⑫伏　鼻墨　並　德　开　一　入　曾　‖房六　奉　屋　合　三　入　通　【鼻墨】

按："伏"，蒲伏、扶伏、鸡伏子共 4 次注音，其中"鸡伏子"注音为房富翻 1 次，蒲伏、扶伏义注音为蒲北翻 2 次，鼻墨翻 1 次。

3. 屋₃铎混注

⑬鳆　步各　並　铎　开　一　入　宕　‖房六　奉　屋　合　三　入　通　【弼角】

按："鳆"，鳆鱼，仅 1 次注音。《集韵》有弼角、步木二切均与此音注相对应。

4. 屋₁觉混注

⑭攴　弼角　並　觉　开　二　入　江　‖普木　滂　屋　合　一　入　通　【弼角】

第四章 《通鉴音注》韵母系统

按："撲"，撲杀，共 32 次注音：音弼角翻 14 次，普卜翻 10 次，普木翻 4 次，弼角翻又普卜翻 1 次，弼角翻又普木翻 1 次，蒲卜翻又弼角翻 1 次，普卜翻蜀本弼角翻 1 次。

在胡三省音注中，屋韵字与德、铎、觉诸韵字有混注现象，其声母条件是唇音并母。

5. 烛觉混注

⑮属　音鹜　崇　觉　开　二　入　江　‖之欲　章　烛　合　三　入　通　【殊玉】
⑯玉　音鹜　疑　觉　开　二　入　江　‖鱼欲　疑　烛　合　三　入　通　【虞欲】

按：胡注曰："服虔曰：属玉观，以玉饰，因名焉，在扶风。李奇曰：音鹜鹜，其上有此鸟，因以为名。晋灼曰：属玉，水鸟，似鸦鹊，以名观也。师古曰：晋说是也。属，之欲翻。"（p.885）李奇指出"属玉观"的命名与其上有鹜鹜鸟有关。"鹜鹜"与"属玉"音近。胡三省音与《广韵》同。

(三) 入声变同阴声例

1. 屋三尤混注

⑰肉　疾僦　从　尤　开　三　去　流　‖如六　日　屋　合　三　入　通　【如又】
⑱肉　而救　日　尤　开　三　去　流　‖如六　日　屋　合　三　入　通　【如又】

按："肉"，内郭为肉，外郭为好，共 2 次注音。

⑲忸　尼丑　娘　尤　开　三　上　流　‖女六　娘　屋　合　三　入　通　【女九】
⑳忸　女九　娘　尤　开　三　上　流　‖女六　娘　屋　合　三　入　通　【女九】

按："忸"，忸怩、忸志，又人名如"莫敖忸""勿忸于氏"之类，共 7 次注音。其中注音为女九翻 4 次，女六翻 1 次，尼丑翻 1 次，女九翻又女六翻 1 次。

2. 烛虞混注

㉑曲　丘羽　溪　虞　合　三　上　遇　‖丘玉　溪　烛　合　三　入　通　【颗羽】
㉒曲　音齲　溪　虞　合　三　上　遇　‖丘玉　溪　烛　合　三　入　通　【颗羽*】
㉓曲　区句　溪　虞　合　三　去　遇　‖丘玉　溪　烛　合　三　入　通　【颗羽】

按：曲遇，地名，共 2 次注音：第一次是"苏林曰：曲，音齲。遇，音颙。师古曰丘羽翻"（p.288），第二次是"曲、逆，读皆如字。《文选·高祖功臣赞注》曰：曲，区句翻；逆，音遇，非也。颜之推曰：俗儒读曲逆为去遇，票姚校尉曰飘摇。票姚，诸儒有两音；最无谓者，曲逆为去遇也"（p.378）。根据胡注，曲遇之"曲"有 3 个注音，苏林音与师古音相同，都以虞韵字注烛韵字；胡三省认为读如字，即丘玉翻，指出读区句翻不正确，俗儒有读"曲逆"为"去遇"者，也不可取。苏林音与师古音见于《集韵》，区句翻与前者只是声调不同，俗儒所读是语韵，去声。

㉔录　力具　来虞合三去遇‖力玉　来烛合三入通【良据】

按："录"，录囚，共 2 次注音："今之虑囚，本'录'声之去者耳，音力具翻，而近俗不晓其意，讹其文，遂为思虑之虑，失其源矣。"（p.1456）

（四）屋烛部的音值

屋烛部的主元音是 [u]，有 [uk]、[iuk] 两个韵母。中古屋₃韵字入声韵尾脱落后与尤韵相同，烛韵字入声尾脱落后与虞韵相同。

二 药觉部

药觉部来自江摄入声韵以及宕摄入声韵。江摄入声觉韵字注音约有 67 条，与《广韵》音韵地位完全相同的有 55 条。宕摄入声韵字注音约有 161 条，其中：药韵字注音有 59 条，与《广韵》音韵地位完全相同的有 48 条；铎韵字注音有 102 条，与《广韵》音韵地位完全相同的有 90 条。

（一）江宕入声混注

江宕入声混注只有药铎混注，没有觉与药、铎无混注的情况。

①擽　历各　来铎开一入宕‖离灼　来药开三入宕【历各】

按：擽然，如石之固之貌，仅 1 次注音。

药韵在来母条件下与铎韵混同，说明其三等介音丢失，主元音变得相同。胡三省的音注没有觉韵与药韵或铎韵混注的例子，但是江韵却有与唐韵混注的情况，根据四声相承的原则，我们认为江宕摄的入声也混了。

（二）异摄同尾混注情况

1. 江入与通入混注

②数　七欲　清烛合三入通‖所角　生觉开二入江【趋玉】
③数　趋玉　清烛合三入通‖所角　生觉开二入江【趋玉】

按："数"，共 1045 次注音，其中屡次义注音及次数为：所角翻

891次，色角翻3次；数落、数罪、计数义注音及次数为：所具翻121次，音所具翻又所主翻24次；细密义注音为：七欲翻1次，趋玉翻2次。

2. 宕₍入₎与梗₍入₎混注

④貜　俱碧　见陌开三入梗 ‖ 居缚　见药合三入宕【俱碧】

按："貜"，一种动物，亦人名，共2次注音，另一音是厥缚翻。此例的开合不同是由于反切下字是唇音字。药与陌₂混注的现象，与其所相配的阳声韵阳与庚₂韵的混注相一致。

⑤粕　普白　滂陌开二入梗 ‖ 匹各　滂铎开一入宕【匹陌】

按："粕"，糟粕。共2次注音：音普各翻1次，音匹各翻又普白翻1次。

⑥泽　音铎　定铎开一入宕 ‖ 场伯　彻陌开二入梗【达各*】

按：汉时张掖两都尉，一治日勒泽索谷，一治居延，师古：泽，音铎（p. 1043）。仅1次注音。

⑦魄　音薄　並铎开一入宕 ‖ 普伯　滂陌开二入梗【白各*】

按："魄"，落魄，郑氏音薄（p. 287）。

⑧额　音洛　来铎开一入宕 ‖ 五陌　疑陌开二入梗【鄂格】

按："额"，额头，又龙额侯，共4次注音，其中音洛3次，鄂格翻1次。

铎陌₂混注、药陌₂混注，与其舒声唐韵与庚₂韵、阳韵与庚₂相混的情况相一致。

(三) 入声韵变同阴声韵例

1. 觉与豪肴混注

⑨碻　口劳　溪豪开一平效 ‖ 苦角　溪觉开二入江【克角】
⑩碻　口交　溪肴开二平效 ‖ 苦角　溪觉开二入江【克角】
⑪碻　丘交　溪肴开二平效 ‖ 苦角　溪觉开二入江【克角】

按："碻"，碻磝津，注音2次："杜佑曰：碻，口交翻；磝音敖；杨正衡曰：碻，口劳翻，磝，五劳翻；毛晃曰：碻，丘交翻；磝，牛交翻；或曰：碻，音确；磝，音爻。"（p. 3124）又："丘交翻，杨正衡曰：碻，口劳翻，杜佑曰：碻，口交翻。"（p. 3336）杜佑音与毛晃音同，与杨正衡肴和豪的区别；胡三省音与杜佑、毛晃同。《广韵》"碻""磝"各只有一读，无毛晃所言"或曰：碻，音确；磝，音爻"的读法。

2. 铎麻₂混注

⑫橐 章夜 章 麻 开 三 去 假 ‖ 他各 透 铎 开 一 入 宕【之夜】

按："橐"，橐皋，地名，共 2 次注音。胡注："今曰柘皋……孟康音拓姑……陆德明曰：橐，章夜翻，又音托。"（p.2211）又于第 2424 页注曰："音托，又读为柘。"托，他各切；柘，之夜切。橐皋，胡注"今曰柘皋"，反映出铎韵变同麻₂韵。

（四）药觉部的音值

江宕摄的入声韵没有混注的例子，但舒声有唐、江混注，江宕合并，根据四声相承原则，觉韵与铎韵、药韵也合并了。我们称之为药觉部。梗摄的陌₂、陌₃部分字分别与铎、药合并，都归入药觉部，药觉部韵母有［iɑk］、［ɑk］、［uɑk］。

三 质物部

质物部主要来自臻摄入声韵。臻摄入声韵字的注音约有 234 条，其中：质韵字注音有 91 条，与《广韵》音韵地位完全相同的有 78 条；术韵字注音有 37 条，与《广韵》音韵地位完全相同的有 22 条；栉韵字注音有 6 条，与《广韵》音韵地位完全相同的有 5 条；物韵字注音有 51 条，与《广韵》音韵地位完全相同的有 39 条；迄韵字注音有 12 条，与《广韵》音韵地位完全相同的有 6 条；没韵字注音有 37 条，与《广韵》音韵地位完全相同的有 35 条。

（一）同摄三等入声韵合并

1. 质物混注

①佛 音弼 并 质 开 重三 入 臻 ‖ 符弗 奉 物 合 三 入 臻【薄密*】

按："佛"，佛狸，人名，共 4 次注音：音弼 3 次，读曰弼 1 次。

②拂 音弼 并 质 开 重三 入 臻 ‖ 敷勿 敷 物 合 三 入 臻【薄密*】

按："拂"，共 5 次注音，其中保拂、右拂，官职名，读曰弼；拂意，读曰咈，2 次；拂梯泉，引史炤音曰：薄勿切，1 次。

2. 术质混注

③颭 越笔 云 质 开 三 入 臻 ‖ 于笔 云 术 合 三 入 臻【越笔】

按："颭"，人名，共 2 次注音。另一音于笔翻。

3. 术迄混注

④铢　时迄　禅　迄　开　三　入　臻 ‖ 食律＊船　术　合　三　入　臻

按："铢"，人名，共 4 次注音，另外的注音是：十律翻、时橘翻、辛律翻。

4. 物术混注

⑤郁　音聿　以　术　合　三　入　臻 ‖ 纡物　影　物　合　三　入　臻【纡勿】

按："郁"，郁洲，仅 1 次注音。

5. 迄质混注

⑥契　欺讫　溪　质　开　重四　入　臻 ‖ 去讫　溪　迄　开　三　入　臻【欺讫】

按："契"，契丹，又契苾部落，共注音 68 次，其中音欺讫翻 32 次，欺讫翻又音喫 32 次，欺诘翻 1 次；又稷契，人名，音息列翻，7 次；契阔，音苦结翻，2 次。

⑦迄　许乙　晓　质　开　重三　入　臻 ‖ 许讫　晓　迄　开　三　入　臻【许讫】

按："迄"，铁孔也，仅 1 次注音。

臻摄三等入声韵混注，说明它们已经相混并且合并了。

（二）同摄三等入声韵与一等入声韵混注

物没混注

⑧屈　求忽　群　没　合　一　入　臻 ‖ 九物　见　物　合　三　入　臻【渠勿】

按："屈"，北屈，县名，共 3 次注音，颜师古音居勿翻，陆德明音求忽翻。

⑨蔚　纡忽　影　没　合　一　入　臻 ‖ 纡物　影　物　合　三　入　臻【纡勿】

按："蔚"，地名，又姓名，共 52 次注音，其中纡勿翻 43 次，音郁 4 次，于勿翻 3 次，纡忽翻 1 次，音尉又音纡勿翻 1 次。

⑩齕　恨勿　匣　物　合　三　入　臻 ‖ 下没　匣　没　合　一　入　臻【胡骨】

按："齕"，人名，又啮也，共 8 次注音，其中恨勿翻 5 次。

三等入声韵与一等入声韵混注，说明二者之间主元音变得相同了。

（三）异摄同尾入声韵混注

迄屑混注

⑪扢　古齕　见　屑　开　四　入　山 ‖ 居乞　见　迄　开　三　入　臻【塞列】

按："扢"，仅 1 次注音，纥扢㮷，人名，音古齕翻又胡骨翻。

（四）异摄异尾混注

质屋混注

⑫宓　音伏　奉屋合三入通 ‖ 美笔　明质开重三入臻【莫笔】

按："宓"，秦宓、李宓，人名，共 2 次注音：莫必翻通作密，音密又音伏。前者与《广韵》《集韵》音同。《五音集韵》宓，芳福切，其下注云："宓，同上，又人名，三国有秦宓，今增。""同上"指的是其上之字"虙"："虙，古虑牺字，《说文》云：虎貌，又姓，虙子贱是也。"

（五）入声韵变同阴声韵例

⑬乞　丘计　溪齐开四去蟹 ‖ 去讫　溪迄开三入臻【丘既】
⑭乞　音气　溪微开三去止 ‖ 去讫　溪迄开三入臻【丘既˚】

按："乞"，与也，共 4 次注音，其中音气 3 次，音丘计翻 1 次。"音气"与《集韵》音同。

以齐注迄、以微注迄，表现出中古迄韵字韵尾脱落，归入到相应阴声韵的特点。

（六）质物部的音值

臻摄入声韵中，术、迄、文都与质韵混并；没有栉韵与质韵混注的例子，但其舒声臻韵与真韵相混并，则栉韵也与质韵混并了；舒声真韵与文韵合并，则质、物也合并了。从三等韵合并以及三等韵和一等韵混注两种情况看，臻摄入声韵在《通鉴音注》中变成了一个韵部，我们称之为质物部。质物部的主元音是 [ə]，有 [ət]、[iət]、[uət]、[iuət] 4 个韵母，包括《广韵》没、质、术、栉、迄、物诸韵。

四　薛月部

薛月部主要来自中古山摄入声韵。山摄入声韵字约有 301 条注音，其中：曷韵字注音有 46 条，与《广韵》音韵地位完全相同的有 43 条；末韵字注音有 37 条，与《广韵》音韵地位完全相同的有 31 条；黠韵字注音有 13 条，与《广韵》音韵地位完全相同的有 13 条；鎋韵字注音有 5 条，与《广韵》音韵地位完全相同的有 3 条；月韵字注音有 32 条，与《广韵》音韵地位完全相同的有 29 条；屑韵字注音有 68 条，与《广韵》音韵地位完全相同的有 56 条；薛韵字注音有 99 条，与《广韵》音韵地位完全相同的有 75 条。

(一) 同摄三四等入声韵合流

1. 屑薛混注

①纥　恨竭　匣　薛　开　重三　入　山 ‖ 胡结　匣　屑　开　四　入　山【恨极】

按："纥"，回纥，又姓氏、人名，共 69 次注音。其中音户骨翻 7 次，音下没翻 60 次，音鹘 1 次，音"胡骨翻，又恨竭翻"1 次。

②契　息列　心　薛　开　三　入　山 ‖ 苦结　溪　屑　开　四　入　山【私列】

按：上文已经述及，"契"作为人名，有 8 次注音，皆音息列翻。

③折　之截　章　屑　开　四　入　山 ‖ 旨热　章　薛　开　三　入　山【之列】

按："折"，共 165 次注音，其中折合义注音为之截翻，1 次；折断、面折、屈也等义注音为而设翻 97 次，之舌翻 54 次，之列翻 5 次，食列翻 2 次，常列翻 2 次，上列翻 1 次，等等。

④灭　绵结　明　屑　开　四　入　山 ‖ 亡列　明　薛　开　重四　入　山【莫列】

按："灭"，消灭，仅 1 次注音。

⑤拽　户结　匣　屑　开　四　入　山 ‖ 羊列　以　薛　开　重三　入　山【羊列】

按："拽"，拽剌，奚王名，共 4 次注音，其中音户结翻 2 次，音羊列翻 2 次。《广韵》正文无"拽"字的注音，但在"拽"字下注云："羊列切，亦作拽，挖也。"可见"拽""拽"是异体字。《集韵》"拽""拽"同一音组，羊列切。

⑥惙　丑掠　彻　屑　开　四　入　山 ‖ 陟劣　知　薛　合　三　入　山【株劣】

按："惙"，气息惙然，气息衰疲也，共 3 次注音。另二音是：积雪翻；陟劣翻，《类篇》丑例翻。此例胡三省用彻母字"丑"作四等的屑韵字"掠"的上字，可见胡三省时代四等韵的已经变同三等韵了。

2. 月薛混注

⑦羯　居列　见　薛　开　三　入　山 ‖ 居竭　见　月　开　三　入　山【居谒】

按："羯"，共 15 次注音，其中音居谒翻 14 次，音居列翻 1 次。

3. 月屑混注

⑧刖　鱼决　疑　屑　开　四　入　山 ‖ 鱼厥　疑　月　合　三　入　山【鱼厥】

按："刖"，共 4 次注音，其中音月 3 次，音鱼决翻 1 次。

纯四等变入重纽三等，纯三等韵也与重纽韵合并。山摄入声韵三四等韵已经合并了。

(二) 同摄重韵合流

1. 曷末混注

⑨沫 莫曷 明 曷 开 一 入 山 ‖莫拨 明 末 合 一 入 山【莫葛】

按："沫"，涎也，此义只有1次注音。

⑩眛 莫曷 明 曷 开 一 入 山 ‖莫拨 明 末 合 一 入 山【莫葛】
⑪眛 莫葛 明 曷 开 一 入 山 ‖莫拨 明 末 合 一 入 山【莫葛】

按："眛"，人名，共8次注音，其中莫葛翻5次，音莫曷翻2次，音末1次。

与其所配的阳声韵混注情况相同，山摄入声韵一等的末与曷在唇音条件下混同，而唇音不分开合，这说明末与曷的主元音其时已经变得相同，故而合并。

2. 黠鎋混注

⑫轧 乙辖 影 鎋 开 二 入 山 ‖於黠 影 黠 开 二 入 山【乙黠】

按："轧"，车辗也，仅1次注音。

山摄入声韵一等曷末混注、二等黠鎋混注，是主元音发生趋同音变的结果。

(三) 同摄三等与一等入声韵混注

⑬愒 许葛 晓 曷 开 一 入 山 ‖丘竭 溪 薛 开 重三入 山【许葛】
⑭愒 许曷 晓 曷 开 一 入 山 ‖丘竭 溪 薛 开 重三入 山【许葛】
⑮愒 呼葛 晓 曷 开 一 入 山 ‖丘竭 溪 薛 开 重三入 山【许葛】
⑯愒 呼曷 晓 曷 开 一 入 山 ‖丘竭 溪 薛 开 重三入 山【许葛】

按："愒"，恐愒，共5次注音，另一音注是"今人读如喝，呼葛翻"。《广韵》"愒"有3读，其音义皆不与胡注同。考《广韵》"嚇"音"许葛"义为"诃也"，与此处音义合。可见"愒"是假借字，本字是"嚇"。

(四) 异摄同尾入声韵混注

⑰祓 敷勿 敷 物 合 三 入 臻 ‖北末 帮 末 合 一 入 山【敷勿】
⑱祓 音拂 敷 物 合 三 入 臻 ‖北末 帮 末 合 一 入 山【敷勿*】

按："祓"，共2次注音："师古曰：祓者，除恶之祭。祓，音废，又敷勿翻"（p. 429），"音废，又音拂"（p. 559）。

胡三省用物韵字作末韵字的反切下字，表现出异摄同尾韵的合并。

第四章 《通鉴音注》韵母系统

(五) 异摄异尾入声韵混注

1. 曷昔混注

⑲捺 奴剌 娘 昔 开 三 入 梗 ‖奴曷 泥 曷 开 一 入 山【乃曷】

按："捺"，共4次注音，其中音奴葛翻3次。此例中"剌"是否是"刺"之误？《广韵》曷韵字有"刺"。存疑。

2. 镐陌₂混注

⑳帕 莫白 明 陌 开 二 入 梗 ‖莫镐 明 镐 开 二 入 山【普驾】

按："帕"，帕头，仅1次注音。

以镐韵字注陌₂韵字，表现出-t尾与-k尾相混的特点。

3. 薛葉混注

㉑埒 龙辄 来 葉 开 三 入 咸 ‖力掇 来 薛 合 三 入 山【龙掇】

按："埒"，敌也、等也、同也，共11次注音，其中音力掇翻5次，龙掇翻5次，龙辄翻1次。

以葉韵字注薛韵字，表现出-t尾与-p尾相混的特点。

(六) 入声韵变同阴声韵例

㉒祓 音废 帮 废 合 三 去 蟹 ‖北末 帮 末 合 一 入 山【放吷ˇ】

按："祓"，共2次注音："师古曰：祓者，除恶之祭。祓，音废，又敷勿翻"（p.429），"音废，又音拂"（p.559），表现出阴、入两种读法皆可。

㉓惙 丑例 彻 祭 开 三 去 蟹 ‖陟劣 知 薛 合 三 入 山【丑芮】

按：上文已经述及，"惙"共3次注音，丑例翻来自《类篇》（p.3082）。

㉔苭 音例 来 祭 开 三 去 蟹 ‖良薛 来 薛 开 三 入 山【力制】

按："苭"，以桃苭祓除不祥，仅1次注音："音列，又音例"（p.7759）。

以废注末、以祭注薛，反映出入声韵尾脱落并与相应阴声韵读音相同的特点。

(七) 阳入混注例

㉕㠓 音漫 明 桓 合 一 去 山 ‖莫结 明 屑 开 四 入 山【暝见】

按：污㠓宗室之"㠓"，仅1次注音："孟康曰：㠓，音漫。师古曰：㠓，音秣，谓涂染也。"（p.1024）孟康音反映的是阳入变转的特点，师古音反映的是同摄四等入声韵字在明母条件下读同一等的特点。

（八）薛月部的音值

中古山摄入声韵在《通鉴音注》中合并成了一个韵部——薛月部。薛月部主元音是 [a]，有 [at]、[iat]、[uat]、[iuat] 四个韵母。

五 陌职部

陌职部来自中古梗摄和曾摄的入声韵。梗摄入声韵字的音注约有 267 条，其中：陌$_二$韵字注音有 47 条，与《广韵》音韵地位完全相同的有 35 条；陌$_三$韵注音有 11 条，与《广韵》音韵地位完全相同的有 10 条；麦韵字注音有 50 条，与《广韵》音韵地位完全相同的有 35 条；昔韵字注音有 82 条，与《广韵》音韵地位完全相同的有 61 条；锡韵字注音有 78 条，与《广韵》音韵地位完全相同的有 66 条。曾摄入声韵字注音约有 81 条，其中：职韵字注音有 49 条，与《广韵》音韵地位完全相同的有 40 条；德韵字注音有 32 条，与《广韵》音韵地位完全相同的有 25 条。

（一）梗摄入声韵合并

1. 梗摄三、四等入声韵合并

① 擿 他历 透 锡 开 四 入 梗 ‖ 直炙 澄 昔 开 三 入 梗 【他历】
② 擿 他狄 透 锡 开 四 入 梗 ‖ 直炙 澄 昔 开 三 入 梗 【他历】

按："擿"，共 19 次注音，其中为投掷义注音 3 次；为揭发、挑动义注音 16 次，音他历翻 5 次，他狄翻 11 次。

③ 㦸 音壁 帮 锡 开 四 入 梗 ‖ 必益 帮 昔 开 三 入 梗 【必历】

按："㦸"，君也，又人名，此意义共注音 2 次，皆音壁。

④ 郦 郎益 来 昔 开 三 入 梗 ‖ 郎击 来 锡 开 四 入 梗 【狼狄】
⑤ 郦 直益 澄 昔 开 三 入 梗 ‖ 郎击 来 锡 开 四 入 梗 【直炙】

按："郦"，共 4 次注音，郦食其、从子郦，皆音历；郦邑公主，音栎；郦县，音直益翻又郎益翻（p.290）。昔与锡混注表明三、四等入声合流了。

⑥ 刺 七逆 清 陌 开 三 入 梗 ‖ 七迹 清 昔 开 三 入 梗 【七迹】

按："刺"，刺杀、刺探，共 152 次注音，其中音七亦翻 145 次，七亦翻又七赐翻 3 次，七逆翻又七四翻 1 次，等等。

昔锡混注、昔陌$_三$混注，反映出梗摄三四等入声韵主元音趋同的特点。

第四章 《通鉴音注》韵母系统

2. 二等入声韵合并

⑦覈 下格 匣 陌 开 二 入 梗 ‖下革 匣 麦 开 二 入 梗【下革】

按："覈"，考覈、覆覈，又人名，此种意义音户革翻5次，下革翻1次，下格翻1次。

⑧砍 音宅 澄 陌 开 二 入 梗 ‖陟革 知 麦 开 二 入 梗【陟格*】
⑨砍 竹格 知 陌 开 二 入 梗 ‖陟革 知 麦 开 二 入 梗【陟格】
⑩砍 贮格 端 陌 开 二 入 梗 ‖陟革 之 麦 开 二 入 梗【陟格】

按："砍"，磔也，仅1次注音。胡注："《索隐》曰：砍，贮格翻。《史记正义》音宅，与'磔'同，谓磔裂支体而杀之；温公《类篇》音竹格翻，硾也。"（p.252）麦陌_二混注，反映出二等重韵合流的特点。

3. 二等入声韵与三、四等入声韵混注

⑪泽 音释 书 昔 开 三 入 梗 ‖场伯 彻 陌 开 二 入 梗【施只*】

按："泽"，陈泽，人名，仅1次注音，《史记正义》曰："泽，音释。"（p.285）

⑫赤 音赫 晓 陌 开 二 入 梗 ‖昌石 昌 昔 开 三 入 梗【昌石】

按："赤"，董赤，人名，仅1次注音，《史记正义》音赫（p.498）。

此2例皆是人名用字的注音，反映出传统文献人名的读法。

（二）曾摄入声混注

⑬扐 音力 来 职 开 三 入 曾 ‖卢则 来 德 开 一 入 曾【六直】

按："扐"，扐侯，仅1注。胡三省用职韵字给德韵字作反切下字，声母条件是来母。

（三）梗曾二摄入声韵字混注

⑭摘 丁力 知 职 开 三 入 曾 ‖直炙 澄 昔 开 三 入 梗【直炙】

按："摘"，掷也，投也，共3次注音："读曰掷""与掷同，古字耳，音持益翻""投也，持益翻；一曰：摘，硾也，丁力翻"。

⑮鷉① 耻力 彻 职 开 三 入 曾 ‖昌石 昌 昔 开 三 入 梗【昌石】

---

① 《广韵》《集韵》无此字。《古今韵会举要》："鶒，鸂鶒，水鸟，毛五色。或作鷘。杜诗'一双鸂鶒对沈浮'，亦作'鸂鶒'，又作'鷘'。《倪若水传》云唐元宗遣中人采鸡鹘鸂鷘南方。"又：《中华字海》"鷉"，同"鷘"，字见《宋诗纪事》卷二十八。"鸂鶒"又作"鸂鷘"。《正韵》：昌石切，音尺，与"鷘"同。鸂鶒，水鸟也。谢灵运《鸂鶒赋》："览水禽之万类，信莫丽于鸂鶒。"

按："鶒"，仅1次注音。

⑯踖　资息　精职　开三　入曾 ‖资昔　精昔　开三　入梗【资昔】

按："踖"，踧踖，不自安貌，共5次注音，其中资昔翻2次，子昔翻2次。

⑰惕　他力　透职　开三　入曾 ‖他历　透锡　开四　入梗【他历】

按："惕"，怵惕，共7次注音，其中音他历翻6次。

⑱甓　蒲力　并职　开三　入曾 ‖扶历　并锡　开四　入梗【蒲历】

按："甓"，瓹也，共4次注音，其中音扶历翻1次，音蒲历翻2次。

⑲貃　莫北　明德　开一　入曾 ‖莫白　明陌　开二　入梗【莫白】

按："貃"，夷貃，共15次注音，其中音莫北翻1次，音莫白翻3次，音莫百翻11次。

以上昔职混注、锡职混注、陌_德混注，反映出梗曾二摄的入声韵合流的特点。梗曾二摄的入声韵合并成一个韵部，我们称之为陌职部。陌职部主元音是［ə］，有［ək］、［iək］、［uək］、［iuək］4个韵母。

（四）异摄入声韵混注

1. 同尾异摄入声混注

胡注中，用铎韵字给陌_韵的"泽""魄""馘"作直音，表现出异摄同尾混注的特点。详见药觉部。

2. 异尾混注

⑳栎　音立　来缉　开三　入深 ‖郎击　来锡　开四　入梗【狼狄】

按："栎"，"郑京、栎实杀曼伯"，胡注："陆德明音立"（p.161）。又栎林，音郎狄翻1次；栎阳，县名，音药7次。锡缉混注，表现出二者主元音趋同、韵尾弱化的特点。

（五）入声韵变同阴声韵例

㉑荜　音蔽　帮祭　开重四　去蟹 ‖房益　并昔　开重四　入梗【必袂*】

按："荜"，荜山，仅1次注音。

㉒墌　章恕　章鱼　合三　去遇 ‖之石　章昔　开三　入梗【职略/之石】

按："墌"，高墌城，地名，共5次注音，皆同。《集韵》有二切可以与之对应。墌，基址之义。《广韵》之石切，《集韵》职略、之石二切，此处怀疑胡三省误注。

㉓瘠　音渍　从支　开三　去止 ‖秦昔　从昔　开三　入梗【秦昔】

按："瘠"，嬴瘠，捐瘠，共 5 次注音，其他注音是：音秦昔翻 2 次，音在亦翻 1 次，音而尺翻 1 次。

㉔褅 徒计 定 齐 开 四 去 蟹 ‖先击 心 锡 开 四 入 梗【他计】
㉕褅 他计 透 齐 开 四 入 梗 ‖先击 心 锡 开 四 入 梗【他计】

按："褅"，袒也，又人名，共 6 次注音。其中音锡 2 次，先击翻 1 次，先的翻 1 次，他计翻又先击翻 1 次，先击翻又徒计翻 1 次。

㉖蓨 音条 定 萧 开 四 平 效 ‖他历 透 锡 开 四 入 梗【他彫*】

按："蓨"，蓨县，共 6 次注音，皆同。

㉗识 式志 书 之 开 三 去 止 ‖赏职 书 职 开 三 入 曾【式吏】

按："识"，记也，共 16 次注音，其中音职吏翻 7 次，音志 4 次，音诋 2 次，音式志翻 2 次，式志翻又职吏翻 1 次。

以祭、鱼、支韵字注昔韵字，以齐、萧韵字注锡韵字，以之韵字注职韵字，反映出这些入声韵字韵尾脱落，变到相应阴声韵的特点。

（六）陌职部的音值

陌职部主要来自梗摄和曾摄入声韵。《广韵》梗、曾二摄的入声韵在《通鉴音注》中韵母变得相同而合并。陌职部的主元音与其舒声庚青部相同，都是 [ə]，其拟音开口是 [ək]、[iək]，合口是 [uək]、[iuək]。入声韵尾有脱落现象。

六　缉入部

缉入部来自深摄入声缉韵。《通鉴音注》缉韵音注例有 39 个，其中自注 38 例。发生音变 1 例。

（一）缉合混注

邑 乌合 影 合 开 一 入 咸 ‖於汲 影 缉 开 重三 入 深【遏合】

按："邑"，内怀於邑，胡注："师古曰：於邑，短气貌，读并如字。又，於，音乌；邑，音乌合翻。"《广韵》"邑"於汲切，影母缉韵。《广韵》缉韵"邑"小韵下有"唈，呜唈，短气"。又，"合"韵下有"唈，乌荅切，《尔雅》云：僾唈也"。胡三省的乌合翻，与乌荅切同，意义亦相同，则说明此处的"邑"是"唈"的假借字。唈，《广韵》有缉韵和合韵两个读音，胡三省的音注与《广韵》注音相同，故此例是合韵自注的例子。

（二）缉入部的音值

深摄入声韵自成一类，我们称之为缉入部。缉入部的主元音是[ə]。韵母有[əp]、[iəp]两个。[əp]出现在庄组字后；[iəp]出现在庄组以外的声母后。

七　葉帖部

叶帖部主要来自咸摄入声韵字。《通鉴音注》中咸摄入声韵字的注音约有206条，其中：合韵字注音有40条，与《广韵》音韵地位完全相同的有31条；盍韵字注音有30条，与《广韵》音韵地位完全相同的有12条；洽韵字注音有26条，与《广韵》音韵地位完全相同的有18条；狎韵字注音有11条，与《广韵》音韵地位完全相同的有6条；葉韵字注音有52条，与《广韵》音韵地位完全相同的有34条；业韵字注音有3条，其音韵地位都与《广韵》的相同；帖韵字注音有43条，与《广韵》音韵地位完全相同的有39条。胡注中没有乏韵字的注音。

（一）同摄三、四等入声韵合流

①厌　於协　影帖开四入咸 ‖ 於葉　影葉开重四入咸【益涉】
②厌　一协　影帖开四入咸 ‖ 於葉　影葉开重四入咸【益涉】

按："厌"，共139次注音，其中为厌胜义注音为於协翻6次，一协翻2次，一葉翻7次，於葉翻8次，等等。

③呫　叱涉　昌葉开三入咸 ‖ 他协　透帖开四入咸【尺涉】

按："呫"，呫嗫，细语也，共3次注音，其中音叱涉翻2次，音他协翻1次。

④浃　音接　精葉开三入咸 ‖ 子协　精帖开四入咸【即协】

按："浃"，浃口、汗流浃背、洽也等，共15次注音，其中音即协翻9次，音子协翻2次，音即叶翻3次，音接1次。

葉帖混注反映出咸摄三四等入声韵主元音趋同的特点。胡注中无业韵与葉帖混注的例子，但其所对应的舒声有此类现象，根据四声相承的原则，我们认为业韵也已与葉帖合流。

(二) 同摄入声一、二等合流

1. 合盍混注

⑤郃　古盍　见盍　开　一　入　咸　‖古沓　见合　开　一　入　咸　【曷閤】

按："郃"，郃阳，又人名，共 23 次注音，其中音古合翻 2 次，音古合翻又曷阁翻 6 次，音古合翻又曷阁翻 5 次，曷阁翻 2 次，曷閤翻 1 次，古沓翻 1 次，音合 2 次，曷阁翻又古合翻 1 次，曷阁翻又古合翻 1 次，曷阁翻又古盍翻 1 次。反切下字"阁"是铎韵字，"閤"是合韵字。

⑥榼　苦合　溪合　开　一　入　咸　‖苦盍　溪盍　开　一　入　咸　【克盍】
⑦榼　克合　溪合　开　一　入　咸　‖苦盍　溪盍　开　一　入　咸　【克盍】

按："榼"，榼卢城，又人名、饮器，共 4 次注音，另二音是：户盍翻、苦盍翻。

⑧闒　徒腊　定合　开　一　入　咸　‖徒盍　定盍　开　一　入　咸　【敌盍】

按："闒"，闒鞠，音徒腊翻 1 次；闒茸，音吐盍翻 2 次；闒敦地，音蹋 1 次。

⑨蹋　徒腊　定合　开　一　入　咸　‖徒盍　定盍　开　一　入　咸　【敌盍】
⑩蹋　徒合　定合　开　一　入　咸　‖徒盍　定盍　开　一　入　咸　【达合】

按："蹋"，蹋顿、蹋折、蹋鞠，共 9 次注音，其中徒腊翻 4 次，徒盍翻 1 次，"贤曰：蹋，音大蜡翻。杨正衡《晋书音义》蹋，徒合翻" 1 次，与踏同 3 次。

⑪盖　古合　见合　开　一　入　咸　‖古盍　见盍　开　一　入　咸　【谷盍】

按："盖"，姓也，共 36 次注音，其中音古盍翻 33 次，古合翻 2 次，徒盖翻 1 次。

合盍混注，反映出咸摄一等重韵合流的特点。

2. 洽狎混注

⑫歃　所甲　生狎　开　二　入　咸　‖山洽　生洽　开　二　入　咸　【色洽】
⑬歃　色甲　生狎　开　二　入　咸　‖山洽　生洽　开　二　入　咸　【色洽】

按："歃"，歃血，共 12 次注音，其中音色甲翻 7 次，色洽翻 4 次，色洽翻又所甲翻 1 次。

⑭翣　色洽　生洽　开　二　入　咸　‖所甲　生狎　开　二　入　咸　【色洽】

按："翣"，人名，共 4 次注音，音色洽翻 1 次，音所甲翻 2 次，音山立翻又所甲翻 1 次。

⑮胛 古洽 见 洽 开 二 入 咸 ‖古狎 见 狎 开 二 入 咸【古狎】

按："胛"，肩胛，共2次注音。另一音注为"音甲"。

⑯啑 色洽 生 洽 开 二 入 咸 ‖所甲 生 狎 开 二 入 咸【色甲】

按："始与高帝啑血盟"，胡注："所甲翻，小歃也。《索隐》引邹氏音使接翻。"（p.419）又："今已诛诸吕，新啑血京师"，胡注："《索隐》曰：《汉书》作'喋'，音跕，丁牒翻。陈汤、杜邺皆言'喋血'，无盟歃事。《广雅》'喋'，履也。予据《类篇》'啑'字有色甲、色洽二翻，既从'啑'字音义，当与'歃'同。若从'喋'字，则有履之义。"（p.436）

洽狎混注，反映出咸摄二等入声韵合流的特点。

3. 洽合混注

⑰祫 音合 匣 合 开 一 入 咸 ‖侯夹 匣 洽 开 二 入 咸【曷阁ˇ】

按："祫"，祭名，共5次注音，其中音合1次，音胡夹翻2次，户夹翻1次，疾夹翻1次。胡三省用一等合韵字给二等洽韵字注音，条件是匣母开口字，反映出二等牙喉音开口字产生了[i]介音的特点，也反映出一等、二等主元音趋同的特点。

（三）咸摄入声二等韵与三等韵混注

⑱啑 使接 生 葉 开 三 入 咸 ‖所甲 生 狎 开 二 入 咸【色甲】

按：上文已述及，"啑"，《索隐》引邹氏音使接翻。

狎葉混注，反映出咸摄二三等韵主元音趋同的特点。

（四）异尾入声韵混注

1. 合铎混注

⑲郃 曷阁 匣 铎 开 一 入 宕 ‖侯閤 匣 合 开 一 入 咸【曷閤】

按：上文已述及，"郃"，郃阳，又人名，共23次注音，其中音曷阁翻2次。

2. 葉薛混注

⑳慑 之舌 章 薛 开 三 入 山 ‖之涉 章 葉 开 三 入 咸【质涉】

按："慑"，怖也，共29次注音，其中音之涉翻28次。

㉑鑷 彼列 帮 薛 开 三 入 山 ‖与涉 以 葉 开 三 入 咸【弋涉】

按：第三章已述及《广韵》《集韵》"鑷"字的声母都不与胡三省音同。

（五）异摄同尾混注

合缉混注

飒 音立 来缉开三入深 ‖苏合 心合开一入咸 【力入】

按："莽遣歙、歙弟骑都尉、展德侯飒使匈奴"，胡注："师古曰：飒，音立。"（p.1203）《广韵》"飒"只有合韵一读。此处"飒"作为人名出现，师古的音是保留东汉时的读音，《集韵》有此读，胡三省从之。

（六）入声韵变同阴声韵例

㉒狋 食尔船支开三上止 ‖吐盍透盍开一入咸 【甚尔】

按："狋"，"师古曰：狋，古䣝字，食尔翻"（p.518）。

㉓鲽 丑例彻祭开三去蟹 ‖与涉以叶开三入咸 【弋涉】

按：第三章已述及《广韵》《集韵》"鲽"字的声母都不与胡三省音同。

㉔䎟 竹二知脂开三去止 ‖疾叶从叶开三入咸 【陟利】

按："䎟"，人名，仅1次注音。

以支韵字注盍韵字，以祭、脂韵字注叶韵字，反映出入声韵尾脱落后归入相应阴声韵部的特点。

（七）葉帖部的音值

中古咸摄入声韵在《通鉴音注》中变成了一个韵部，我们称之为葉帖部。葉帖部主要来自中古咸摄诸入声韵，包括合韵、盍韵、洽韵、狎韵、葉韵、帖韵业韵、乏韵字。葉帖部的主元音是 [a]，有 [ap]、[iap] 两个韵母。

八 《通鉴音注》入声韵的演变

中古入声韵在《音注》中的演变主要表现在同摄同尾合并、异摄同尾合并，但同时也存在异摄异尾的混注、阴入混注、阳入混注的现象。

（一）异尾入声韵混注

《音注》中入声字的注音有1577条，-p、-t、-k 韵尾的字混注的有10条，入声韵尾的弱化已现端倪。正因为《音注》系统中有个别入声字的韵尾已经存在弱化为-ʔ的现象，所以存在着-p、-t、-k 韵尾字有互相注音的情况。

1. -t、-k 混同

①帕，莫白翻（以陌₂注锴）；②捺，奴剌翻（以昔注曷）；③宓，音伏（以屋₃注质）；④汩，越笔翻（以质注锡）；⑤撖，之实翻（以质注昔）。

2. -p、-t 混同

①慑，之舌（以薛注葉）；②镊，彼列翻（以薛注葉）；③埒，龙辄翻（以葉注薛）。

3. -p、-k 混同

①郃，曷阁翻（以铎注合）；②枥，音立（以缉注锡）。

按：以质注昔和锡、以缉注锡，反映的是中古梗、曾、深、臻四摄入声字在近代发生的合流音变现象。由于主元音相同，个别字的韵尾弱化成了喉塞尾[-ʔ]，梗、曾、深、臻四摄的入声韵字之间便有了发生合流音变的条件。《音注》中-p、-t、-k 的混同标志着个别入声字的韵尾已经弱化为一个喉塞音-ʔ 韵尾。

（二）阴入混注

《音注》中存在着阴入混注的现象。阴入混注有两种情况：一是以阴声韵字注入声字，二是以入声字注阴声韵字。这一现象表明宋元之交汉语读书音系统中入声韵正在发生着韵尾弱化、脱落的变化。详下。

1.《音注》以阴声韵字注入声韵字的情况

（1）以尤注屋₃：①忸，尼丑翻；②忸，音狃；③忸，女九翻；④肉，而救翻；⑤肉，疾僦翻；⑥翏，音留。

（2）以侯注屋₁：族，音奏。

（3）以虞注烛：①曲，区句翻；②曲，音龋；③曲，丘羽翻；④录，力具翻。

（4）以豪注觉：碻，口劳翻。

（5）以肴注觉：①碻，口交翻；②碻，丘交翻。

（6）以麻注铎：①橐，音柘；②橐，章夜翻。

第四章 《通鉴音注》韵母系统

（7）以模注铎：莫，音暮。

（8）以齐注迄：乞，丘计翻。

（9）以微注迄：乞，音气。

（10）以脂合注术合：术，音遂。

（11）以麻二注末：伯，音霸。

（12）以废注末：祓，音废。

（13）以祭注薛：①茢，音例；②㦖，丑例翻。

（14）以齐注屑：结，音髻。

（15）以鱼注昔：摭，章恕翻。

（16）以麻三注昔：掖，音夜。

（17）以支注昔：①辟，音避；②瘠，音渍。

（18）以祭注昔：苇，音蔽。

（19）以齐注锡：裼，徒计翻。

（20）以萧注锡：蓧，音条。

（21）以之注职：①食，音飤；②食，音嗣；③食，祥吏翻；④直，音值。

（22）以祭注叶：鑡，丑例翻。

（23）以脂注叶：疌，竹二翻。

（24）以支注盍：猵，食尔翻。

2. 用入声字注阴声韵字的情况

（1）以屋三注豪：奥，音郁。

（2）以烛注虞：①趋，尺玉翻；②拘，居足翻。

（3）以铎注模：轕，音洛。

（4）以觉注肴：①淖，竹角翻；②淖，音卓；③稍，色角翻。

（5）以德注咍：①贷，惕德翻；②贷，土得翻。

（6）以麦注佳：濩，音获。

（7）以陌二注模：轕，胡格翻。

（8）以陌三注鱼：勮，其劇翻。

（9）以昔注麻：夜，羊益翻。

（10）以锡注齐：契，音喫。

(11) 以曷注泰：①蔡，千曷翻；②太，音闥。
(12) 以曷注歌：①阿，乌葛翻；②可，苦曷翻。
(13) 以黠注皆：介，音戛。
(14) 以薛注齐：①批，蒲鳖翻；②批，蒲列翻；③批，白灭翻。
(15) 以屑注齐：①批，蒲结翻；②曳，奚结翻。
(16) 以薛注祭：①洩，息列翻；②曳，羊列翻。
(17) 以屑注祭：曳，奚结翻。
(18) 以屑注脂：馈，一结翻。
(19) 以没注模：吐，土鹘翻。
(20) 以物注微：费，父弗翻。
(21) 以物注尤：①龟，丘勿翻；②龟，音屈。
(22) 以栉注支：厮，音瑟。

以上我们已经详细列举了《通鉴音注》阴入混注的例子，可知这些入声字的韵尾已经脱落。但是《音注》中的入声韵字的注音绝大部分还是入声互注，入声特性还没有丧失。我们把《通鉴音注》里入声韵尾脱落后的归属与《蒙古字韵》以及《中原音韵》作一下比较，借此考察四者之间的异同（见表4-1）。

表4-1 《音注》阴入混注情况统计表

《切韵》入声		《通鉴音注》	《蒙古字韵》①	《中原音韵》②
1	屋二	侯	鱼	鱼模
2	屋三	尤	鱼	鱼模、尤侯
3	沃	×	鱼	鱼模
4	烛	鱼、虞	鱼	鱼模、尤侯
5	觉	肴、豪	萧	萧豪、歌戈
6	质	×	支	齐微
7	术合	脂合	支	鱼模
8	栉	支	支	齐微

---

① 郑张尚芳：《从〈切韵〉音系到〈蒙古字韵〉音系的演变对应规则》，（香港）《中国语文研究》2002年第1期，第51—63页。
② 杨耐思：《中原音韵音系》，中国社会科学出版社1981年版，第52—54页。

第四章 《通鉴音注》韵母系统　　　　　　　　　　　　　　319

续表

《切韵》入声		《通鉴音注》	《蒙古字韵》	《中原音韵》
9	物	微、尤	鱼	鱼模
10	迄	齐、微	支	齐微
11	没	模	鱼	鱼模、歌戈
12	曷	泰、皆、歌	歌	歌戈、家麻
13	末	废、麻二	歌	歌戈
14	黠	皆	麻	家麻
15	鎋	×	麻	家麻
16	月	×	麻	家麻、车遮
17	屑	齐、祭、脂	屑	车遮
18	薛	祭、齐	麻	车遮
19	药	萧、模	萧	萧豪、歌戈
20	铎	麻三、模	萧	萧豪、歌戈
21	陌二	豪、模	佳	皆来、车遮
22	麦	佳	佳	皆来
23	陌三	鱼	支	齐微
24	昔	祭、麻三、鱼、支	支	齐微
25	锡	齐、萧	支	齐微
26	职	之	职	齐微、皆来
27	德	咍	佳	齐微、皆来
28	缉	×	支	齐微、鱼模
29	合	×	歌	歌戈、家麻
30	盍	支	歌	歌戈、家麻
31	叶	祭、脂	麻	车遮
32	帖	×	麻	车遮
33	洽	×	麻	家麻
34	狎	×	麻	家麻
35	业	×	麻	车遮
36	乏	×	麻	家麻

注："×"表示通鉴表注无相关阴入混注的字。

把《通鉴音注》中出现阴入混注现象的韵与代表元代汉语语音系

统的《蒙古字韵》《中原音韵》作一下对比，可以看出《通鉴音注》的入声韵字的演变方向有与《蒙古字韵》《中原音韵》相同的，也有不同的。不同的原因在于《通鉴音注》只是个别入声字的韵尾在发生变化，因而不像后二者中的入声韵那样整齐而有规律可寻。

(三) 阳、入相承现象

《通鉴音注》中阳入相承现象表现为以阳声韵字注入声韵字，或同义又音字的阳入两读现象。

1. 《通鉴音注》保留以阳声韵字注入声韵字的例子

① "污衊宗室，以内乱之恶，披布宣扬于天下"，胡注："孟康曰：衊，音漫。师古曰：衊音秣。谓涂染也。"(p. 1024)

按：胡注同时保留孟康音和师古音，不作取舍。孟康音以桓注屑，这一注音与《广韵》不同，但在《集韵》中却有此音。

2. 纽四声法材料中尚有入声韵与阳声韵相配的情况

② "逊书与琮曰：'卿不师日磾而宿留阿寄。'"胡注："阿，相传从安入声。"(p. 2361)

③ "可汗恨汝曹谗杀太子"，胡注："可，今读从刊入声。"(p. 2548)

④ "魏末以来县令多用厮役"，胡注："厮，音斯，今相传读从诜入声。"(p. 5261)

⑤ "吐谷浑可汗伏允东走入西平境内"，胡注："吐，读暾入声。谷，音浴。"(p. 5641)

按："阿寄"是全琮之子，"阿"是影母歌韵字，"安"是寒韵字，寒韵所对应的入声韵是曷韵；用"安入"标明"阿"的读音，从中也可以看到"阿"及以下3例反映的都是入声配阳声的语音格局。"可"是溪母歌韵字，"刊"是寒韵字，其所配入声韵也是曷韵，入声配阳声。"厮"是心母支韵字，《音注》音"斯"，与"厮"同音，但又注云"今相传读从诜入声"。"诜"是臻韵字，与臻韵相配的入声是栉韵，入声配阳声。"吐"是透母模韵字，"暾"是魂韵字，魂韵对应的入声是没韵，入声配阳声。从以上4个例子可以看出，《资治通鉴音注》中还有某些入声字保持着与其阳声韵相配的格局，其入声的-p、-t、-k韵尾并没有脱落："阿"作为词头念入声，"厮"出现在较古的文献书面语中，而"可""吐"则是外来词的译音用字。

3. 部分同义又音材料也反映入声字配阳声韵字的情况

⑥ "后众悉归刘悉勿祈，阙头奔代"，胡注："阙，於焉翻，又於葛翻。"(p. 3173)

按：阙头，即匈奴人刘阙头。阙，《广韵》有四读，其中"於乾""乌葛"二切语与《音注》所注的音相同。

第四章 《通鉴音注》韵母系统 321

⑦ "与其弟子百余人，为绵蕝，野外习之"，胡注："应劭曰：立竹及茅索营之，习礼仪其中也。如淳曰：谓以茅剪树地，为纂位尊卑之次也。春秋传曰：置茅蕝。师古曰：蕝，与蕞同，子悦翻。如说是。韦昭曰：引绳为绵，立标为蕞。蕞，兹会翻。贾逵曰：束茅以立表位为蕝。《纂文》曰：蕝，今之纂字，即悦翻，又音纂。"（p. 374）

按："蕝"，《广韵》子悦切，精母薛韵，《音注》保留诸家之说并指出《纂文》"蕝"又音纂（精母桓韵），也是入声韵配阳声韵的例子。

⑧ "不问曲直，便即格杀。虽有疑罪，不复谳正"，胡注："谳，鱼列翻，又鱼战翻，又鱼蹇翻，议狱也。"（p. 1570）

按："谳"，《广韵》有两读，一读鱼蹇切，疑母仙韵上声；另一读鱼列切，疑母薛韵；《音注》又多出一读鱼战翻，疑母仙韵去声。这里也是入声韵字与阳声韵字的混同，保持了入配阳的中古音格局。

《音注》"厌"字频繁出现，意思是厌伏，其读音表现出阳声韵和入声韵互为又音关系，而这些又音与《广韵》基本上是一致的，其例如下：

⑨ "门内绛色物宜悉取以为厌胜"，胡注："厌，於涉翻，又於检翻。"（p. 3559）
⑩ "巫师请发修宁陵，戮玄官为厌胜"，胡注："厌，衣检翻，又益涉翻，禳也。"（p. 4146）
⑪ "此地不利长子，若厌之，或可申延"，胡注："厌，一协翻，又於琰翻。"（p. 4808）
⑫ "王若厌伏人情，杜绝物议"，胡注："厌，於协翻，又如字。"（p. 4848）
⑬ "六月武昭仪诬王后与其母魏国夫人柳氏为厌胜"，胡注："厌，於葉翻，又一琰翻。"（p. 6288）

按：《广韵》"厌"既有影母盐韵的读法，又有影母葉韵的读法。胡三省的注音与《广韵》的注音基本一致，不一致之处仅仅在于例12、例13都用帖韵字"协"作切下字，但《音注》中咸摄四等添韵已经并入三等的盐韵，所以这个不成问题。"厌"在这里既可以读作阳声韵盐韵字，又可以读作入声韵葉韵字，可见《音注》中还保存了一些入声配阳声的格局。

材料显示，这些保持着中古入声配阳声格局的例字出现在外来词译音以及较古的书面语中。那么，《音注》中的入声韵到底是配阴声韵还是配阳声韵？我们认为，既然-p、-t、-k 三个入声塞音韵尾已经有混同现象，既然有用阴声韵字给入声韵字作反切下字或直音、用入声韵字给阴声韵字作反切下字或直音的诸多例子，入声韵的韵尾弱化现象的存在是必然无疑的。中古入声韵的塞音韵尾-p、-t、-k 尾韵的字在《音注》

中依旧保持三分的格局，有个别入声字的韵尾已经弱化为喉塞音-ʔ了，有些入声字的韵尾弱化后又有脱落，因而与相同主要元音的其他韵尾字混同，这种演变符合词汇扩散理论谈到的词在演变过程中的三种存在状态。

有些宋元时期的材料研究将其时的入声尾构拟成-ʔ尾了，理由也是-p、-t、-k有混同的情况，如竺家宁的《宋代入声的喉塞音韵尾》[①]一文。《通鉴音注》中有三种塞音韵尾混同的例子，但是所占比例太低，因此我们认为它只有少数入声韵字开始发生了韵尾弱化以及由此引发的韵尾脱落现象，《通鉴音注》入声韵的-p、-t、-k依然保持中古的格局。

小结

中古汉语的入声字具有-p、-t、-k韵尾，到了宋末元初，这些入声字发生了变化。在《通鉴音注》中，入声字注音有1577条，其中有1243条与《广韵》的音韵地位完全相同，-p、-t、-k韵尾的字有相混的现象仅有10条，入声的性质发生改变已现端倪。其中又有以入声字为阴声字注音的现象，可知这些入声字的韵尾都已经由弱化而至于脱落。但是绝大部分还是入声互注，入声特性还没有丧失。《通鉴音注》的入声韵已经存在弱化为-ʔ韵尾的现象了，所以存在着-p、-t、-k韵尾互相注音的情况。《通鉴音注》中-p、-t、-k的混同标志着个别入声字的韵尾已经弱化为一个喉塞音-ʔ韵尾，因此才能够与有着相同主元音的异尾入声韵互注。《通鉴音注》入声韵尾混注情况如表4-2所示。

从表4-2看，胡注中同尾入声韵的混并情况最为剧烈，同尾入声韵的混并又以-k尾入声的合并最为剧烈。结合前文的分析，我们可以知道，收-k尾的通、江、宕、梗、曾五摄的5个韵类12个入声韵在胡注中变成了3个韵部，即屋烛、药觉、陌职；收-t尾的臻、山二摄2个韵摄13个入声韵在胡注中变成了质物、薛月两个韵部；收-p尾的深、

[①] 竺家宁：《宋代入声的喉塞音韵尾》，载《近代音论集》（中国语文丛刊），（台北）学生书局1994年版。

咸二摄的入声韵在这里变成了缉入部和叶帖部。胡注中，-k、-t、-p 三个韵尾有混同为-ʔ 的情况，但总体上三者仍然保持独立的格局。

表4-2　　　　　　　入声韵尾混注情况统计表

	入——入					阴——入			阳——入
	同尾			异尾					
	-k	-t	-p	-k/-t	-k/-p	-t/-p	-k/-∅	-t/-∅	-p/-∅	-n/-t
次数	20	4	3	5	2	3	47	23	3	1

阴声韵与入声韵相混的情况说明，胡注中已经有入声韵尾脱落的现象存在，入声字韵尾脱落后，并入到与之有着相同主元音的阴声韵里去了。阴声韵和入声韵的相配情况大致如下：屋配尤侯、烛配鱼模，药觉配萧豪、质物配齐微，其他入声韵部因为缺乏例证，暂时不能明确。

第七节　《通鉴音注》韵母系统的特点及其音值构拟

以上我们讨论了《通鉴音注》的韵部，本节我们讨论它的主元音、介音、入声韵尾以及唇音开合四个问题。

一　主元音问题

《广韵》依照主元音与声调的不同将中古韵母划分为 206 韵，早期韵图《韵镜》《七音略》又依照主元音相同或相近、韵尾相同的条件对韵母进行了归并，划分成了 16 摄，而在《四声等子》《切韵指掌图》《经史正音切韵指南》等宋元后期韵图里，又将 16 摄进一步合并，成了 13 摄：江宕合图、梗曾合图、果假合图，比早期韵图少了 3 摄。宋代的实际语音已经明显不同于《切韵》（《广韵》），三等和四等已经没有区别了。此外宋词的押韵——其实可上溯到晚唐时代——基本上是按照 16 摄或 13 摄的系统押韵，冯蒸认为此种情况"似乎暗示着同一摄的主元音此时已基本上或完全趋于相同（我们当然知道诗词押韵并不要求主元音完全一样了）。我认为'摄'这一名称的起源与同摄诸韵主元音相同的情况一定有某种联系，否则'摄'这一名称的出现就没什么意义了"（p. 237）①。又："宋元等韵图以及明清等韵图的'摄'都是指主元音和韵尾完全相同而只是介音不同的一组韵而言"（p. 231）②。我们认为，宋元之际胡三省《通鉴音注》韵母系统所发生的一系列的变化，同样是主元音的问题：每一韵部主元音基本相同、韵尾相同、介音不同。

按照上述一韵部基本上只有一个主元音的原则，参照邵荣芬《切韵研究》的音值构拟，参照前辈学者对于真文、庚青、侵寻、支思、车遮、家麻诸韵部音值的构拟，我们给《通鉴音注》诸韵摄的主元音构拟的音值如表4-3所示。

但是，在《通鉴音注》的韵母系统中，除了合并还有分化现象。中古的止摄和蟹摄变成了支思、齐微、皆来等韵部，支思部的音值是 ɿ 和 ʅ，齐微的主元音是 i，皆来部的主元音是 a。支思部字绝大多数来自精知庄章组以及日母的支脂之三韵的开口字，齐微部来自除了支思部以外的支脂之微、齐祭废、灰韵字以及泰韵合口字。

表4-3　　　　　　　《通鉴音注》音系主元音的音值

阴声韵	支思	齐微	鱼模	皆来	萧豪	歌戈	家麻	车遮	尤侯
	ɿ	i	u	a	ɑ	o	a	ɛ	ə
阳声韵	寒仙		东锺	真文	江阳	庚青		侵寻	覃盐
	a		u	ə	ɑ	ə		ə	a

果假二摄在《通鉴音注》中的演变与《四声等子》《切韵指掌图》不同。《四声等子》和《切韵指掌图》果假二摄合流，歌与戈一合流，戈二变到了麻三，麻二独立。《通鉴音注》中，歌戈一合并，戈二与麻二混

---

① 冯蒸：《论〈四声等子〉和〈切韵指掌图〉的韵母系统及其构拟：附论宋代邵雍和视沁韵图的入声韵尾》，载冯蒸《汉语音韵学论文集》，首都师范大学出版社1997年版，第230—253页。

② 冯蒸：《论〈四声等子〉和〈切韵指掌图〉的韵母系统及其构拟：附论宋代邵雍和视沁韵图的入声韵尾》，载冯蒸《汉语音韵学论文集》，首都师范大学出版社1997年版，第230—253页。

注，麻₂、麻₃基本不混。对此我们的构拟是：

歌戈：o、io、uo；家麻：a、ia、ua；车遮：iɛ。

《通鉴音注》的主元音有以下 8 个：

[ɑ]，江宕韵的主元音；萧豪部的主元音，入声韵的主元音与其所配的舒声韵相同，下同。

[a]，皆来、家麻、寒仙、覃盐诸韵部的主元音。

[i]，齐微部的主元音。

[ï]，支思部的主元音，包括 [ɿ]、[ʅ] 两个舌尖元音。

[u]，东锺部、鱼模部的主元音。

[ə]，真文部、庚青部、侵寻部、尤侯部的主元音。

[o]，歌戈部的主元音。

[ɛ]，车遮部的主元音。

二 介音问题

《通鉴音注》韵母大量合并，原来同摄的不同韵母发生了趋同音变。《通鉴音注》的韵母系统基本上是二呼二等，即每个韵部有一等、三等，各等又各自分开合口（原独韵摄除外）。一等无介音，三等有 [i] 介音，合口介音是 [u]。中古二等韵牙喉音开口字已经产生 [i] 介音了。

三 关于阳声韵尾的问题

根据前文的叙述，胡注中阳声韵也发生了剧烈的变化，由于同摄不同等位韵的合并、异摄同尾韵的合并，中古的 9 个阳声韵摄在胡注中变成了 7 个，即：东锺、江阳、真文、寒仙、庚青、侵寻、覃盐。不同韵尾的阳声韵也有混注现象（见表 4-4）。

表 4-4　　　　　　　阳声韵尾混注情况统计表

	-ŋ/-n	-ŋ/-m	-n/-m
相混次数	6	6	6

阳声韵 -ŋ、-n、-m 三种韵尾之间都有混同的情况存在。这些现象

我们在前文已经作了详细的阐述，此处只是简单将其混注的次数与音注总数做个简单比较，用以说明我们的结论。

1. 《通鉴音注》中收-ŋ 与-n 的被注音字约有 3576 条注音。-ŋ、-n 相混现象发生在通、梗、曾三摄与臻、山二摄之间，虽然相混的例子只有 6 例，但却说明胡三省口里的前后鼻音是不分的。这一特点与同时代的吴语区的其他文献研究相一致①。

2. 《通鉴音注》中收-ŋ 与-m 的被注音字约有 2426 条注音，-ŋ 与-m 混注的有 6 条。胡三省的《音注》中将此-ŋ 与-m 相混不是韵的合并问题，也不是-m 韵尾向-ŋ 韵尾的转化，而是上古音的来源问题。

3. 《通鉴音注》中收-n 与-m 的被注音字约有 2448 条注音。-n、-m 相混只有 6 例，寒谈混 2 例、仙覃混 1 例、衔山混 1 例、元凡混 2 例。寒谈、仙覃、山衔、元凡之间的混并现象是属于异摄异尾相同主元音的合并，说明-m 尾的消变现象已经存在。但音变比例甚低，-m 尾还是独立存在。

因此胡注中阳声韵的-ŋ、-n、-m 三分的格局依旧。

四　唇音字的开合问题

唇音不分开合，李荣《切韵音系》（1956/2020）、邵荣芬《切韵研究》（1982/2016）早有定论。麦耘先生根据《王三》统计了各韵系唇音字与开口字（冒号前）与合口字（冒号后）互为反切下字的次数：支 12∶4，脂 7∶0，微 0∶4，皆 3∶2，佳 12∶5，夬 1∶2，废 1∶1，泰 3∶0，祭 1∶0，齐 6∶0，真 9∶4，仙 13∶2，寒 6∶4，删 13∶9，元 1∶13，山 6∶2，先 11∶1，歌 10∶2，麻 9∶1，唐 11∶3，阳 5∶10，庚 23∶15，清 6∶1，耕 6∶3，青 8∶3，登 3∶0，职 1∶1。麦耘据此认为在《切韵》开合韵里，唇音字在切下字方面大多同开、合口两边都有联系，但总的来说是同开口字的接触较多②。

胡三省《通鉴音注》中唇音字作反切下字以及唇音字的反切下字

---

①　朴柔宣：《从宋元时期用韵材料看吴语中的-n、-ŋ 韵尾相押》，《绍兴文理学院学报》（哲学社会科学）2005 年第 4 期，第 67—70 页。

②　麦耘：《〈切韵〉元音系统试拟》，载麦耘《音韵与方言研究》，广东人民出版社 1995 年版，第 117 页。

的情况是：

（1）开口字用唇音字作反切下字或直音的有392条音注。

（2）合口字用唇音字作反切下字或直音的有330条音注。

（3）唇音开口字的注音有631条，其中有34条的反切下字或直音用的是合口字。

（4）唇音合口字的注音有416条，其中有37条的反切下字或直音用的是开口字。

（5）同一唇音字既可以作开口字的反切下字，又可以作合口字的反切下字的有25个字，这些字是：皮、盘、墨、免、孟、猛、萌、媚、昧、板、妹、漫、慢、买、浮、补、博、丙、变、婢、鄙、笔、逼、北、版。

《通鉴音注》韵母系统中唇音字不分开合，可开可合，与《切韵》（《广韵》）一致。因此，我们在分析音韵地位时，也和前辈学者一样，对于中古韵图中有合无开的通、遇二摄，我们认为是合口，对于有开无合的流摄、深摄、咸摄，则认为是开口。同时我们还参照《广韵韵图》中的唇音开合分布，如寒韵、山韵唇音无字，其唇音字都包括在桓韵、删韵字中了，等等，在同音字表中我们将中古寒韵、山韵字的唇音字都归入合口韵［uan］里去了。

五 《通鉴音注》韵母系统的特点

（一）同摄一等重韵合流、二等重韵合流，同时一等韵与二等韵也发生了合流音变。

（二）同摄三四等韵合流，三等韵合流、重纽韵的区别特征消失。

同摄三四等韵合流实际上包含3个信息，即重纽韵消失、纯四等韵并入重纽三等、纯三等韵与重纽三等韵合流。胡三省《通鉴音注》中重纽韵已经完全消失，在上文的相关韵部里我们已经作了详细的分析。中古重纽的A类和B类在胡三省的音系中混并、重纽韵与纯四等韵、纯三等韵发生了合流音变。胡三省《通鉴音注》反切和直音系统中，纯四等韵的-i-介音已经产生，主元音也变得和三等韵相同了，因此，纯四等韵都变入三等韵了，具体变化是：齐韵、祭韵变入支韵，并与支、脂、之、微构成齐微部；先韵变入仙韵，萧韵变入宵韵；青韵变入清

(庚₃）韵；添韵变入盐韵。入声韵的变化与舒声相同。总的来说，胡注中三等韵合流，纯四等韵变入三等韵，重纽韵的区别特征消失。

（三）二等韵牙喉音开口字产生了［i］介音，二等韵消失。《通鉴音注》中二等韵与一等韵发生合流音变，同时也有与三、四等混同的情况。关于二等消变的原因，二等变入一等，可从元音和介音两方面来说。从元音方面说，可能是一、二等韵的主元音相近，某些二等韵的主元音在演化过程中，开口度加大，向一等韵靠近，最后因类化作用而使得一、二等韵合流。关于二等开口牙喉音并入三/四等，一般认为是因为腭化作用使得二等韵的牙喉音字产生前腭介音-i-，这个-i-与三/四等韵的前腭介音相同，因而导致了二等韵与三/四等韵合流。近年来，随着汉语音韵学研究的发展，音韵学界已一般接受中古二等韵具有从上古*-r-变来的后腭介音-ɣ-介音之说。如果这样的话，似乎可以这样解释二等韵消变的原因，即：二等的这个-ɣ-介音在开口牙喉音之后转化为-i-，即-ɣ- > -ɯ- > -i-①，以至于与三/四等合流；而在开口的其他声母以及合口之后，-ɣ-介音消失，导致二等韵与一等韵合流。《通鉴音注》中二等韵的牙喉音开口字已经产生了［i］介音。二等韵大多数与一等韵合流，其牙喉音开口字则变到了三等。

（四）异摄的江宕合流、梗曾合流。蟹摄的齐、祭、废、灰与止摄支、脂、之、微组成了齐微韵部［除了支脂之精知庄章组（含日母）的开口字］。

（五）支思部产生。车遮部产生。梗曾臻深4摄字有混同现象。

（六）-p、-t、-k有混同的现象，但入声韵保持-p、-t、-k三分的格局。-ŋ、-n、-m有混注的现象，但阳声韵保持-ŋ、-n、-m三分的格局。

（七）唇音不分开合。

（八）其他：

1. 通摄与梗摄韵字有交互的现象，庚₂合口见母字混入东锺韵的三等。东锺韵与江韵混注，这是因为江韵字和东韵字、锺韵字、冬韵字的

---

① 郑张尚芳：《重纽的来源及其反映》，载郑张尚芳《郑张尚芳语言学论文集》（上册），中华书局2012年版，第437—450页。

上古来源相同。东锺韵与江韵的混同在《广韵》里两见于通摄韵和江摄韵。东锺韵与凡韵、覃韵有混同，呈现出-m、-ŋ尾韵的混注现象，是上古来源的问题。胡三省的音切与《集韵》的音切音韵地位相同。

2. 庚韵与阳唐混注的现象说明三者读音两两相同，中古不同韵摄的庚韵和阳韵、唐韵，在上古却是同一来源。

3. 臻摄韵与山摄韵有混注现象。仙韵合口字与谆韵字有混同现象，真韵与仙先韵、谆韵与删韵混、魂韵与桓韵混的现象，与《集韵》音切一致。臻摄字在一定声母条件下与山摄混同，是方言中桓韵有的读作 [un]、[uɔn] 的缘故。

4. 阳声韵与阴声韵有混注的现象（如灰魂、之蒸、虞锺分别混注），"可能就是古时'文白异读'的沉积"（徐通锵 2004：p.204）；阳声韵与入声韵也有混注现象（如"巇音漫"）。

5. 有舒声促化的现象，如"阿""可""厮""吐"等舒声韵字读入声韵。

6. 佳韵有变同麻韵的现象。

7. 鱼模部与尤侯部的混同现象主要发生在唇音声母里，也有发生在喉音、章母、禅母里的情况。

8. 止遇有混注的现象。

9. 流摄与效摄有混注的现象。

10. 效摄与遇摄有混注的现象。

六 《通鉴音注》音系韵母表

根据对主元音、介音、韵尾、开合口等问题的讨论，我们构拟出了《通鉴音注》的韵母系统（见表4-5）。

表4-5　　　　　　　《通鉴音注》韵母表

	一	三	一	三
	开口		合口	
东锺			uŋ	iuŋ
江阳	ɑŋ	iɑŋ	uɑŋ	
齐微		i	ui	

续表

	一	三	一	三
	开口		合口	
支思	ɤ (ɿ/ʅ)			
鱼模			u	iu
皆来	ai	iai	uai	
真文	ən	iən	uən	iuən
寒仙	an	ian	uan	iuan
萧豪	ɑu	iɑu		
歌戈	o	io	uo	
家麻	a	ia	ua	
车遮		iɛ		
庚青	əŋ	iəŋ	uəŋ	iuəŋ
尤侯	əu	iəu		
侵寻	əm	iəm		
覃盐	am	iam		
屋烛			uk	iuk
药觉	ɑk	iɑk	uɑk	
质物	ət	iət	uət	iuət
薛月	at	iat	uat	iuat
陌职	ək	iək	uək	iuək
缉入	əp	iəp		
叶帖	ap	iap		
总计	阴声韵9部19个韵母		阳声韵7部21个韵母	入声韵7部21个韵母
	23个韵部，61个韵母（支思部算1个）			

第五章 《通鉴音注》声调系统

《切韵》一系韵书都是按照平、上、去、入四声来编排的。汉语声调有平、上、去、入四声的分别是从很古就有的，而四声名称和类别的确定则是从宋齐时代开始的。根据郑张尚芳（1987）的观点，古四声表现为韵尾的对立，声调是无关紧要的羡余成分。从韵尾到声调的发展大致经过四个阶段：第一阶段只有韵尾对立，没有声调（如藏语）。上古汉语平声是零韵尾，上声是-ʔ尾，去声是-s或-h尾，入声是-p、-t、-k尾。第二阶段声调作为韵尾的伴随成分出现，仍以韵尾为主，声调不是独立音位。先秦韵文之有辨调倾向也许只因韵尾不同，也许伴随的不同音高成分也是个音素。第三阶段声调上升为主要成分，代偿消失的韵尾的辨义功能。部分韵尾或作为残余成分存在，或仍然保持共存状态。例如，现今南方一些方言上声的喉塞音成分是残存的不辨义成分，入声带塞尾的方言塞尾仍与短调共同起作用。各类韵尾不是同时消失的，去声、上声的韵尾消失得较快，入声韵尾一般最迟消失。第四阶段则完全是声调，韵尾全部消失。汉语声调变化的第四阶段在多数北方方言中存在（除了晋语和江淮话）[1]，第三阶段的情况在现代吴方言中也还可以看到，第一、二阶段的特征则早已不存在了[2]。

现代汉语方言的声调和《切韵》一系韵书中四声的分合有很大的

---

[1] 郑张尚芳：《上古韵母系统和四等、介音、声调的发源问题》，《温州师范学院学报》（社会科学版）1987年第4期。

[2] 参见以下资料：郑张尚芳：《温州音系》，《中国语文》1964年第1期，第28—60、75页；李荣：《温岭方言语音分析》，载李荣《语文论衡》，商务印书馆1985年版，第45—54页；冯蒸：《北宋邵雍方言次浊上声归清类现象试释》，载冯蒸《汉语音韵学论文集》，首都师范大学出版社1997年版，第254—266页；赵元任：《现代吴语的研究》（附调查表格），科学出版社1956年版，第76—79页。

差异。现代方言平声都分为阴平和阳平两类，阴平都是古清声母字，阳平都是古浊声母字。上、去两声有些方言也随着声母的清浊各分为两类，即阴上、阳上、阴去、阳去。但大多数方言全浊上声字都变成了去声。入声在有些方言还有所保留，在有些方言则读为平声或去声；保留入声的又有跟平声一样分为阴入、阳入两类的，也有的则不分。因为调类的分合不同，各处方言的调类数目也就不一样：北方官话四个调，晋方言五个调，客家方言有六个调，福州话、厦门话有七个调，吴方言有八个调，粤方言有九个调。韵书反映的声调系统与现代方言声调调类的数目并不一致，这就要求我们在分析文献著作时应当注意到所处时代和地域的因素。胡三省是宋末元初吴语区的人，他所著的《通鉴音注》的声调系统有几个调类是我们所关注的问题。

第一节 《通鉴音注》声调的考察方法

一 胡三省的声调观念

《通鉴音注》注音形式有反切、直音、纽四声法，研究中我们还借助了如字和假借的一些用例。从纽四声法的注音材料中，我们能够看出胡三省时代有平、上、去、入 4 个声调，但是看不出有几个调类。下面我们分类列出胡三省《通鉴音注》用纽四声法标注字音的用例，从中考察胡三省的声调四声观念。

（一）平声例

① "《春秋》之谊，家不臧甲"，胡注："《春秋公羊传》载孔子堕三都之言。臧，与'藏'通；读从平声。"（p.1099）

按：《通鉴》中"臧"有 3 种意义：①通"藏"，②通"赃"，③善也。此例既注"与藏通"，又用"读从平声"再次标识其音读，以此标明"臧"字意义。

② "焉氏公尹升步骑五千守鼓钟镇"，胡注："焉氏，读曰燕支。燕平声。"（p.5353）

按：《通鉴》"焉"，胡注"於乾翻"，何也。此例"读曰"只改读音，并不易字。

③ "都护但钦差以时救助"，胡注："但钦，人姓名。但，平音，或上。"（p.1137）

按："但"作为姓氏，音平声或音上声。

第五章 《通鉴音注》声调系统 333

④ "融逐断三郡委输以自入",胡注:"毛晃曰:凡以物送之曰输,则音平声;指所送之物曰输,则音去声。委输之委亦音去声。"(p. 1974)

按:《广韵》"委""输"二字皆有二音二义,此处胡注标明声调以别词的用法与意义。

（二）上声例

⑤ "自将兵以来,专率敛行伍,以奉权贵",胡注:"敛,力赡翻,又上声。"(p. 8891)

按:"敛",音力赡翻,去声。此例中,"敛"读去声和上声皆可,义为敛取。

⑥ "魏以孔子二十八世孙乘为崇圣大夫,给十户以供洒扫",胡注:"洒,所卖翻;扫,素报翻,又并上声。"(p. 4174—4175)

按:所卖、素报二切皆是去声。此处"洒""扫"二字读上声和去声皆可。

⑦ "今存要去閒,併小为大,国家则不亏粟帛,选举则易得贤良",胡注:"去,上声。"(p. 5468)

按:《广韵》"去"有上、去二音,读去声义为离也,读上声义为除也。

⑧ "辛未,黠戛斯遣使者注吾合索献名马二",胡注:"《新书》曰:'注吾,虏姓也。合言猛,素者左也,谓武猛善左射者。''索'作'素'。宋白曰:'索,上声。'"(p. 7973)

按:胡三省依《新唐书》校"索"当为"素",又取宋白"索,上声",未辩二者当否。《广韵》"索"是入声字,用来对译外族人名时,宋白读作上声。胡三省亦存此音。

（三）去声例

⑨ "若突厥背诞,须齐之以刑",胡注:"杜预曰:背诞谓背命放诞。陆德明曰:背,音佩;诞,音但。按:今读从去声,亦通。"(p. 5490)

按:诞,《广韵》定母上声字,胡注曰今读从去声,则是全浊上声变去声了。

⑩ "始皇曰'吾慕真人!'自谓'真人',不称'朕'。"胡注:"康曰:称,去声;不称,不惬意也。余谓康说非也。始皇初并天下,自称曰'朕',自此不称'朕'耳。"(p. 245)

按:此例胡三省驳司马康之说,认为"称"是称说之义。《广韵》"称"有平去二读,读平声则为称说之义。

⑪ "迟明,围苑城三匝",胡注:"文颖曰:迟,未也,天未明之顷已围其城矣。师古曰:文说得其大意耳。此言围城事毕,然后天明。明迟于事,故曰迟明;变为去声,音丈二翻。"(p. 289)

按：迟，《广韵》澄母平声字，徐也，久也，缓也；变为去声，义为迟后。

⑫ "今资粮粗足，意欲还向瓦岗"，胡注："粗，坐五翻，今人多从去声。"（p.5711）

按：粗，《广韵》有平、上二读。坐五翻者，从母上声；胡三省谓今人多从读去声，则是全浊上声变去了。

⑬ "汉长陵高九丈"，胡注："高，去声。"（p.6114）

按：《广韵》"高"见母平声字，上也，崇也，亦作姓；于此处变读为去声，义为高起、高出。

⑭ "分天下为三十六郡，郡置守、尉、监"，胡注："班《书》《百官表》：郡守掌治其郡，郡尉掌佐守典武职、甲卒，监御史掌监郡。守，始究翻。监，去声；康又居衔切。余谓：守、尉、监，官名也，当从去声；若监郡之监则从平声。《记·王制》'天子使其大夫为三监，监于方伯之国'，陆德明《释文》曰'监，古暂翻；监於，古衔翻'，可以知矣。"（p.236）

按：监，《广韵》见母衔韵字，有平、去二读。胡三省依据陆德明音义分辨其名词和动词义之声调不同。《广韵》"守"有上、去二读，"尉"有去、入两读。胡三省指出，守、尉、监作官名时，都读从去声。

⑮ "且人有好扬人之善者，王曰'此君子也'，近之；好扬人之恶者，王曰'此小人也'，远之。"胡注："近者，附近之近，去声。远，于愿翻，推而远之。"（p.53）

按："远""近"，《广韵》皆有上、去二读。作动词，带宾则读去声，不带宾则读上声。

⑯ "太后怒，谓侍者曰：'取刀来，剖我腹，那得生宁馨儿！'"胡注："宁，相传读从去声。刘禹锡诗从平声。"（p.4070）

⑰ "渊明求度卫士三千，僧辩虑其为变，止受散卒千人"，胡注："散，苏旱翻。散卒者，冗散之卒，非败散之卒也。败散之散，去声。"（p.5129）

按：散，作形容词读上声；作动词读去声。

⑱ "帝笑曰：'卿非刺客，顾说客耳。'"胡注："说，去声。"（p.1320）

按："说"是个多音多义词，读去声，意为游说、劝说。

⑲ "（臧）官欲引还，恐为所反"，胡注："为，去声。"（p.1370）

按：为所，表被动，读去声；表助、替之义时，音于伪翻。

⑳ "公叔召鞅谢曰：'吾先君而后臣，故先为君谋，后以告子。'"胡三省于"先君而后臣"下注曰"先、后，皆去声"，于"先为君谋，后以告子"下注："此先、后，皆如字。为，于伪翻。"（p.45）

按：先、后作动词，读去声；作名词，读如字。

㉑ "是后宦官稍增至三千余人，除三品将军者浸多，衣绯、紫至千余人，宦官之盛自此

第五章 《通鉴音注》声调系统

始", 胡注: "衣, 去声。" (p.6686)

按: 衣,《广韵》有平、去二读。读去声时是动词, 义为"穿着"。

㉒ "(晃) 错犹与未决", 胡注: "犹与, 即犹豫也。与, 去声。" (p.522)

㉓ "就善水草舍止, 人人自便, 不击刁斗以自卫", 胡注: "孟康曰: 刁斗, 以铜作鐎, 受一斗, 昼炊饮食, 夜击持行夜, 名曰刁斗。苏林曰: 形如鋗, 无缘。……师古曰: 鐎, 音谯。銅, 火玄翻; 銅, 即铫也。铫, 音姚。缘, 去声。" (p.577)

按: 缘,《广韵》有平、去两读, 读去声者义为衣缘、缘饰。

(四) 入声例

㉔ "逊书与琮曰:'卿不师日磾而宿留阿寄, 终为足下家门致祸矣。'"胡注: "宿, 音秀。留, 音溜。阿, 相传从安入声。" (p.2361)

㉕ "可汗恨汝曹谮杀太子", 胡注: "可, 今读从刊入声。汗, 音寒。" (p.2548)

㉖ "魏末以来, 县令多用厮役", 胡注: "厮, 音斯, 今相传读从诜入声。" (p.5261)

㉗ "吐谷浑可汗伏充东走, 入西平境内", 胡注: "吐, 读暾入声。谷, 音浴。" (p.5641)

㉘ "初太尉袁汤三子, 成、逢、隗, 成生绍, 逢生术", 胡注: "据术字公路, 当读如《月令》'审端径术'之术, 音遂。又据《说文》: 术, 邑中道, 读从入声。则二音皆通。" (p.1822)

以上例证中, 胡三省明确指出了被注字在句中的声调。这些被注字通常都有两个或两个以上不同的声调, 在具体的语境中, 声调不同其意义也不同。从这些描述性的例子看, 胡三省的音系中存在着平、上、去、入四个声调。胡三省在做注音工作时是有明确的声调观念的。这是我们研究《通鉴音注》的声调类型的前提条件。

二 研究《通鉴音注》声调系统的方法[①]

《通鉴音注》是随文注释的著作, 它不像韵书、韵图那样把各个韵按照平、上、去、入的次序很直观地列在那里, 让人一看便知是什么声母、什么韵母、什么声调。我们先要利用反切比较法, 将胡三省的反切用字、直音用字一一与中古音比较, 考察从中古到《通鉴音注》声调的变化, 根据变化的情况进一步考察《通鉴音注》的声调系统的特点。具体步骤有三个:

第一步, 以中古平、上、去、入四声为基础, 考察被注字的中古声调与胡三省音注声调的异同, 并做好同调自注、异调混注的统计工作。

[①] 注: 详参冯蒸《〈尔雅音图〉的声调》一文, 该文载于《语言研究》1997年第1期, 第148—159页。

在做这项工作时，我们没有考虑声母的清浊以及声母的其他音变，也没有考虑韵母的音变，只是把声调作为一个考察的对象进行的。这样首先我们得出《通鉴音注》中有平、上、去、入四个声调。

第二步，在确定有平、上、去、入四个声调的基础上，我们进一步考察每个声调内部的声母的清浊，同时去掉那些声母和韵母已经发生音变的用例，以保证我们所作的分析是在韵母相同、声母基本相同（除了清浊的不同）的条件下进行的，在此基础上求证在声母清浊不同的条件下平、上、去、入四声内部是否存在清浊对立，即清平与浊平、清上与浊上、清去与浊去、清入与浊入的对立。

第三步，把前两项结合起来，以确定《通鉴音注》的声调系统。

具体做法是：

1. 在中古平、上、去、入四个声调的基础上，我们把各声调的字又作了如下分类：清平、次浊平、全浊平；清上、次浊上、全浊上；清去、次浊去、全浊去；清入、次浊入、全浊入。考察每一声调下的三个类之间的自注和混注情况，具体考察时是以韵部为单位的。《通鉴音注》有7个入声韵部。入声韵部有入声调，阴声韵部和阳声韵部均各有平、上、去三个声调。

2. 对比统计各声调清浊自注和混注的数量和所占的比例。如果清浊各类自注的数量大于清浊混注的数量，我们就认为声调内部的清类和浊类有别，反之，即认为该声调内的清类和浊类无别。这里的"清类""浊类"是声母的清和浊，但也有声母的清浊无别，而只是声调的阴阳问题。

3. 各声调清、浊数量对比的解释问题。在既有的清、浊自注和混注数量统计结果的基础上，如果自注的数量远远大于混注数量，从理论上来说可有两种解释，解释的焦点就是全浊声母的存失问题。

（1）该音系中尚保存着完整的全浊声母。在这种情况下，则只能是清注清，浊注浊，不可能存在清浊混注的情况，因为此时清浊声母是两种完全对立的音位。这时的清浊自注，只能认为是声母的问题，虽然同一声调内的清浊声母在声调上也会有所体现，但那可以认为是一种伴随现象。

（2）该音系中的全浊声母业已消失，而分别来自中古清浊声母的两套字仍是以自注为主，那么这种清浊自注已不是声母的清浊问题，而是转化为声调的阴阳问题。不过此时肯定会出现相当数量的清浊混注的，而且这种混注的数量在各个大调类之内的表现是不平衡的。

《通鉴音注》各声调内的清类和浊类显然是自注远远大于混注。依照上文的原则，我们基本上认为《通鉴音注》的声调系统中，各声调内的清、浊自注是声母的问题，同时也是声调的问题。

三　《广韵》四声系统在《通鉴音注》中的反映

《通鉴音注》被注字中，中古平声字音注约有2970条，注音为"如字"的28条音注，平声自注2776条，与上、去、入声字混注的有166条。上声字的音注约有1588条，注音为"如字"的有16条，上声字自注1397条，与其他声调的字混注的有175条。去声字音注约有2170条，注音为"如字"的有20条，去声字自注1990条，与其他声调的字混注的有160条。入声字音注约有1577条，注音为"如字"的有16条，入声字自注1518条，与其他声调的字混注的有43条。《通鉴音注》声调系统中，同调自注的平均比例约为92.3%，异调混注的平均比例约为6.8%，同调自注的数字与比例远远高于异调混注的数字与比例。结合胡注中用纽四声法标注了平、上、去、入四类声调，我们认为，在《通鉴音注》有平、上、去、入四个声调，与《广韵》的声调格局基本一致。《通鉴音注》中同调自注占了绝大多数，发生声调混注的有544个例子，我们将在下文分类讨论。

第二节　《通鉴音注》声调演变的几个问题

一　关于全浊上声变去声的探讨

"全浊上声变去声"指的是中古时期全浊塞音、塞擦音、擦音声母上声字在许多汉语方言尤其是官话区方言中变为去声的现象。这一音变自唐时即已发生，是中古以来发生的重要的声调演变。唐李涪《刊误》曰："然吴音乖舛，不亦甚乎？上声为去，去声为上……又恨怨之'恨'则在去声，佷戾之'佷'则在上声。又言辩之'辩'则在上声，冠弁之'弁'则在去声。又舅甥之'舅'则在上声，故旧之'旧'则在去声。又皓白之'皓'则在上声，号令之'号'则在去声。又以'恐'字、'若'字俱去声。今士君子于上声呼'恨'，去声呼'恐'，得不为有知之所笑乎？"① 这里所举的"很""辩""舅""皓"等字都是全浊上声字，"恨""弁""旧""号"等字都是全浊去声字。李涪既以《切韵》所分为非，可知当时洛阳音全浊上声与全浊去声已经读得一样了，即其方音中必已不分全浊上去了。李涪《刊误》成于公元895年放死岭南之前，距《切韵》成书将近300年。将近300年的时间，语音中已有不辨全浊上、去之势。这些事实说明晚唐时期已经开始有了全浊上声变去声的音变现象，而且声调分化跟声母清浊有关系。但是明确地把中古全浊上声字和去声字看成是同音字而编排在一起的最早的文献，学术界公认为是《中原音韵》（1324）。《通鉴音注》是反映宋末元初共同语读书音的著作，比《中原音韵》早出39年，研究《通鉴音注》的声调系统中的浊上变去，在汉语语音史上无疑具有重要的意义。

《通鉴音注》中，中古全浊声母並、奉、定、澄、群、崇、船、禅、从、邪、匣、俟②诸母的上声字有370条音注，其中全浊上声字自注339条。考察《通鉴音注》的全浊上变去的现象，我们从以下两个方面入手：一是考察胡三省给中古全浊上声字注音所用字的声、韵、调，二是考察胡三省给中古全浊去声字注音所用字的声、韵、调；取声、韵相同而调不同的用例来研究其时全浊上声变去声的实际情况。同时，以胡三省《通鉴释文辩误》中涉及全浊上声与去声辩误的材料为参照，辅助确定全浊上声的变化。

（一）胡三省用全浊字作反切上字、以去声字作反切下字给中古全浊上声字注音

①琲 蒲昧 並 灰 合 一 去 蟹 ‖ 薄罪 並 灰 合 一 上 蟹【蒲昧】
②奉 扶用 奉 锺 合 三 去 通 ‖ 扶陇 奉 锺 合 三 上 通【房用】

按："奉"，俸禄，有注为"读曰俸"的，也有注为"读曰俸，扶用翻"的，还有直接注为音扶用翻的4次。

---

① 李涪：《刊误》卷下"切韵"，文渊阁《钦定四库全书》，第0850册，第0180a—0180b页。
② 注：根据邵荣芬《切韵研究》，此处增加了"俟"母。

第五章 《通鉴音注》声调系统

③腐 音附 奉 虞 合 三 去 遇 ‖扶雨 奉 虞 合 三 上 遇【奉甫】
④荡 徒浪 定 唐 开 一 去 宕 ‖徒朗 定 唐 开 一 上 宕【待朗】
⑤噉 徒滥 定 谈 开 一 去 咸 ‖徒敢 定 谈 开 一 上 咸【徒滥】
⑥杖 直亮 澄 阳 开 三 去 宕 ‖直两 澄 阳 开 三 上 宕【直亮】
⑦竖 殊遇 禅 虞 合 三 去 遇 ‖臣庾 禅 虞 合 三 上 遇【上主】
⑧阱 才性 从 清 开 三 去 梗 ‖疾郢 从 清 开 三 上 梗【疾郢】

按："阱"，陷阱，共3次注音，音才性翻2次，音疾郢翻1次。

⑨佼 音效 匣 肴 开 二 去 效 ‖下巧 匣 肴 开 二 上 效【后教*】

按："佼"，佼强，人名，共3次注音："古巧翻，又音效"（p.1315），"贤曰音绞，杜佑音效"（p.1272），"音绞，又音效"（p.1303）。"绞"，《广韵》古巧切。

⑩皖 音患 匣 删 合 二 去 山 ‖户板 匣 删 合 二 上 山【户版】

按："皖"，皖城，共14次注音，以"版""板"作反切下字者12次，另2次注音是："师古曰：皖，音胡管翻"（p.2119），"师古曰：音胡管翻。杜佑曰：音患"（p.2014）。

以上10例，胡三省用全浊字作切上字，用去声字作下字，拼切中古全浊上声字。这一现象说明这些全浊上声的被注字已经变成去声了，即发生了全浊上变去的音变。

（二）胡注用全浊上声字为《广韵》全浊去声字注音

《通鉴音注》中，还有用全浊上声字为《广韵》全浊去声字注音的用例，反映的是全浊上已经变成全浊去的音变现象。用例如下：

⑪砀 徒朗 定 唐 开 一 上 宕 ‖徒浪 定 唐 开 一 去 宕【待朗】

按："砀"，砀郡、砀山，共7次注音，其中音徒郎翻3次，音唐又音宕，音徒浪翻3次，音徒朗翻1次（p.4891）。

⑫柩 其久 群 尤 开 三 上 流 ‖巨救 群 尤 开 三 去 流【巨九】

按："柩"，棺柩，共21次注音，其中音旧16次，音巨救翻4次，音其久翻1次。

⑬悸 音揆 群 脂 合 重四 上 止 ‖其季 群 脂 合 重四 去 止【其季】

按："悸"，共16次注音，其中音其季翻14次，葵季翻1次，又："师古曰：悸，心动也，音揆。《韵略》：其季翻"（p.796）。师古音与《韵略》音在于上声与去声的不同。

⑭馔 士免 崇 仙 开 三 上 山 ‖士恋 崇 仙 合 三 去 山【雏免】

按："馔"，酒馔，胡注："雏恋翻，又士免翻。"（p.5798）

⑮㺜　雏冕　崇仙开三上山‖士恋　崇仙合三去山　【鷞免】
⑯㺜　雏免　崇仙开三上山‖士恋　崇仙合三去山　【鷞免】

按："㺜"，共5次注音，其中音雏免翻2次，音雏冕翻1次，音雏恋翻1次，皱恋翻1次。

⑰禅　音墠　禅仙开三上山‖时战　禅仙开三去山　【之膳】

按："禅"，受禅，共5次注音，其中音时战翻3次，音墠1次。

⑱靓　疾郢　从清开三上梗‖疾政　从清开三去梗　【疾郢】

按："靓"，人名，共15次注音，其中音疾正翻10次，音疾郢翻又疾正翻、疾正翻又疾郢翻5次，又音关系显示出了上、去两种不同的声调。

⑲悍　户罕　匣寒开一上山‖侯旰　匣寒开一去山　【下罕】
⑳悍　下罕　匣寒开一上山‖侯旰　匣寒开一去山　【下罕】

按："悍"，凶悍、骁悍，共52次注音，其中音侯旰翻4次，音侯旰翻又音下罕翻11次，音下罕翻又音侯旰翻21次，音户罕翻又音户旰翻1次，音户罕翻又音侯旰翻2次。

㉑濩　音户　匣模合一上遇‖胡误　匣模合一去遇　【胡故】

按："濩"，人名，又"汤乐名濩"，共3次注音，音胡故翻、户故翻各1次，音户1次。

㉒回　户悔　匣灰合一上蟹‖胡对　匣灰合一去蟹　【户贿】

按："回"，回远，避回，共2次注音，另1音是"胡对翻"。

以上12例，胡三省用全浊字作反切上字、用上声字作反切下字，为中古全浊去声字注音，说明胡三省已经混同了全浊上声与全浊去声了。这项音变涉及並、奉、定、群、崇、禅、从、匣8个声母。从被注字同义又音的角度看，如"靓""悍""㺜"，读上声和读去声构成了同义又音关系。这说明个别全浊上声字已经读成了去声，但这种读音又不稳定，故既可以读去声，又可以读上声。

（三）胡注区别全浊上与全浊去

根据词汇扩散理论，已经发生的音变与尚未发生音变的状态都共存于一个实际语音体系中，已经发生的变化已经为人们所承认，方言中已经发生了变化但是在共同语中还没有发生同类变化的情况却往往被认为是错误的。我们在胡三省《通鉴释文辩误》中发现，胡三省认为史炤《通鉴释文》所注的浊上变去的音是错误的从而予以辩误，把全浊上声

第五章 《通鉴音注》声调系统　　　　　　　　　　　341

字史炤注成去声的一律给改成了浊上声字。这就是说，至少胡三省批评和改动的史炤《通鉴释文》中的这些字在当时共同语中尚未发生变化。

《通鉴释文辩误》① 中涉及声调辩误的材料有18条，区别全浊上与全浊去的有下面9条：

㉓齐人隆技击（卷一，p.6）。《释文辩误》："史炤《释文》曰：技，巨至切。（海陵本同。）余按：技，渠绮翻。炤音非。"

按：巨至切，群脂开三去止；渠绮翻，群支重三上止。胡三省时代脂支合流，此处的区别在于声调：前者是全浊去，后者是全浊上，说明这两个调存在区别。

㉔公子所以重于诸侯者，徒以有魏也（卷一，p.6）。《释文辩误》："史炤《释文》曰：重，直用切。余按文义，此乃轻重之重，音直陇翻。若音直用翻，乃再三之义，考《经典释文》可见。"

按："重"有两个音读、两个意思，直用切，澄锺合三去通；直陇翻，澄锺合三上通。在这里区别全浊上和全浊去，而且指出声调不同意义也不同，说明二者存在差别。

㉕钩盾令郑众（卷二，p.27）。《释文辩误》："史炤《释文》曰：盾，音顺。中官所隶，其处在少府监。（海陵本同。）余按：盾，音食尹翻。《后汉书·百官志》：钩盾令，宦者为之，典诸近119苑囿游观之处，属少府。盖钩盾令以中官为之，非中官所隶也。汉少府列于九卿，唐始以少府为监。言其处在少府监，亦非也。"

按：顺，船谆合三去臻；食尹翻，船谆合三上臻。此处分辨的也是全浊上和全浊去。

㉖凡供荐新味，多非其节，或郁养强孰之（卷二，p.28）。《释文辩误》："史炤《释文》曰：强，去声。（费本同。）余谓'郁养强孰'者，言物非其时，未及成熟，为土室，蓄火其下，使土气蒸暖，郁而养之，强使先时而成熟也。强，音其两翻，读从上声，不从去声。自此之后，凡勉强之强，史炤多从去声，盖蜀人土音之讹也。"

按：《广韵》"强"有平、上二读。此处胡三省区别全浊上声与全浊去声的不同，并指出将上声读为去声是蜀地的方言特点。

㉗每郡国贡献，先输中署，名为"导行费"（卷三，p.32）。《释文辩误》："史炤《释文》曰：导，徒浩切；导引也。（费本同。）余按字书，'道'字从徒浩切者，理也，路也，直也，无'导引'之义。以'导引'为义者，当音徒到翻。"

按：《广韵》"道"有二音、二义：徒浩切，定豪开一上效；徒到

---

① 按：胡三省《通鉴释文辩误》，附于《资治通鉴》（第二十册）之末，中华书局1956年版。

翻，定豪开一去效。胡三省于此处根据意思将全浊上声与全浊去声作了分辨，说明其语音系统文读中，"道"的上声读法和去声读法的区别很明显，容不得混淆。

㉘董卓取长安洛阳钟簴以铸钱（卷三，p.33）。《释文辩误》："史炤《释文》曰：簴，音具。（海陵本同。）余按簴，音其吕翻。至七十三卷魏明帝青龙元年，簴，音其矩切。则炤亦误音'具'之非矣。"

按：《广韵》"虞"下注云："俗作簴"，其吕切，群鱼合三上遇，胡注与之相同。史炤音"具"，群虞合三去遇。胡三省时代，鱼虞模已经合流，鱼虞无别，此例当是区别声调的不同。

㉙麹义兵伏楯下不动（卷三，p.34）。《释文辩误》："史炤《释文》曰：楯，殊闰切。余谓史炤之误，犹四十九卷章帝元初元年音'板楯'之误也。楯，当音食尹翻。读《通鉴》者，可以意求其音，后不重出。"

按：殊闰切，禅谆合三去臻；食尹翻，船谆合三上臻。胡注船禅不分，此处区别的是声调。

㉚诏彻乐减膳（卷十一，p.161）。《释文辩误》："史炤《释文》曰：膳，音善。具食曰膳，膳之言善也。余谓'膳之言善'者，古有此义，然未尝音'膳'为'善'。'膳'当读从去声。"

按：《广韵》膳，时战切，禅仙开三去山；善，常演切，禅仙开三上山。史炤"膳音善"，则是史炤音中"善"发生了全浊上变去的音变，才得以与"膳"同音。胡三省音区分全浊上与全浊去，故驳斥史炤"膳音善"的观点。

㉛河决，浸汴、曹、单、濮、郓五州之境（卷十二，p.182）。《释文辩误》："史炤《释文》曰：单，时战切。余按单州因单父县以名州，单，音善。从去声者，蜀人土音之讹也。"

按：单县之"单"，《广韵》常演切。史炤音去声，胡三省辩其误。

胡三省《通鉴释文辩误》对于全浊上声和去声的这种分辨，说明其时全浊上声与去声有别。胡三省《通鉴音注》也存在个别全浊上声字变作去声的现象，但此项音变尚处于变化之中，全浊上声与去声依然有别。全浊上声变去声，始于中晚唐，五代以后蔚为大观，成为一种较为普遍的语言现象。但真正被文人认可、反映在音注等著作中，则是宋代的事。全浊上声变去声是宋代共同语的声调特点。

南宋张麟之《韵镜》"凡例·上声去音字"下说："凡以平侧呼字，至上声多相犯（如东、同皆继以董声，刀、陶皆继以祷声之类）。古人制韵，间取去声字参入上声者，正欲使清浊有所辨耳（如一董韵有动字，三十二皓韵有道字之类矣）。或者不知，徒泥韵策，分为四声，至上声多例作第二侧读之，此殊不知变也。若果为然，则以士为史，以上为赏，以道为祷，以父母之父为甫，可乎？今逐韵上声浊位并当呼为去声，观者熟思，乃知古人制韵，端有深旨。"① 张氏所揭示的正是全浊上声变去声，从而有"去声字参入上声"的现象。

宋严粲《诗缉·清浊音图》（辨音上浊者读如去声）："四声唯上声全浊者读如去声，谓之重道。如'同''动''洞''独'，'动''洞'是重道。盖四声皆全浊也。'动'字虽是上声，以其为上声浊音，只读如'洞'字。今人调四声者，误云'同桶痛秃'，不知'同'为全浊，其'桶痛秃'皆为次清，清浊不伦矣。"②

宋人《九经直音》③ 有不少浊上归去的语言材料。例如，《孟子·滕文公上》注："倍，背。"倍，並母海韵；背，並母代韵。用去声"背"给上声字"倍"作直音，可见"倍"已经变作去声了。同样的例子又如，《诗经·出车》注："阜，浮去。"阜，奉母有韵；"浮"本奉母尤韵，注言"阜"为"浮"之去，说明"阜"当时已经读成去声了。《诗经·绵蛮》注："惮，但。"惮，定母翰韵；但，定母旱韵。以"但"注"惮"，说明"但"已经变作去声了。根据竺家宁（1994）研究，《九经直音》由上声转变为去声的全浊字共 27 个，这种情况说明《九经直音》成书时期共同语读书音中，浊上变去现象已经比较普遍了④。

洪兴祖《楚辞补注》中也有浊上变去的例子。例如，《大招》"不遝嗌只"（p. 220），洪兴祖补注："䧹，飫也，于泫切。"䧹，《广韵》乌县切，影母霰韵；泫，《广韵》胡畎切，匣母铣韵。洪兴祖用"泫"作"䧹"的反切下字，说明"泫"已经变作去声了。又如《九叹·怨

---

① （南宋）张麟之《韵镜序作》，载李新魁《韵镜校证》，中华书局1982年版，第23—24页。
② （宋）严粲：《诗缉·清浊音图》，文渊阁《四库全书》，第 0075 册，第 0011b—0011c 页。
③ 《九经直音》撰者不详。据陆心源考证，此书作者很可能是孙奕。虽无法确认，但此书为北宋、南宋间人撰作，应无疑义。
④ 竺家宁：《九经直音声调研究》，载《近代音论集》（中国语文丛刊），（台北）学生书局1994年版，第63—69页。

思》"山中槛槛",洪兴祖补注:"槛,音舰,上声。"(p.292)《广韵》"槛""舰"同一小韵,胡黤切,本来就是上声字,但是洪兴祖特地标明"上声",则说明其时"槛""舰"已经都变作去声了[1]。

以上全浊上声变去声的材料说明,宋代浊上变去的现象已经非常普遍。胡三省《通鉴音注》中也存在着浊上变去的音变现象。但是,存在着"浊上变去"不等于《通鉴音注》中的浊上已经全部变成了去声。《通鉴音注》全浊声母字约有 2013 条,其中全浊上声字的注音有370 条音注,自注 339 条,全浊上变去的 10 例,自注的次数远远高于混注的次数,这说明浊上变去依然处在变化之中,这一音变并没有完成。这种演变状态下,已经发生变化的和尚未发生变化的词汇都共同存在于一个共时语音体系当中。

二 关于平分阴阳的探讨

中古平声在《中原音韵》里分化为阴平和阳平,分化条件是声母清浊,其规律是:清音变阴平,浊音变阳平。《通鉴音注》中,平声字注音约有 2970 条,平声自注约 2776 条;清音平声字约有 1149 条音注,其中有 55 条胡三省用浊音字为之注音;浊音平声字音注约有 1484 条(全浊平 774 条,次浊平 710 条)[2],其中有 64 条胡三省用清音字为之注音。这里需要说明的是:

1. 平声的清类和浊类的自注趋势至为明显,从数量和比例上看,二者几乎各占一半。胡注中全浊声母字约有 2013 个,胡三省以全清和次清声母字为之作注的有 140 次,除了俟母外,浊音清化发生在每一个全浊声母当中。

2. 《通鉴音注》平声清注清、浊注浊占比在 87% 以上,而清浊混注占比约 4.2%。自注的数量和比例远大于混注的数量和比例,说明平声调内的清浊是有区别的。这一区别即阴平和阳平的区别。我们认为《通鉴音注》的平声有阴平和阳平两个调类。

---

[1] 注:用例来自洪兴祖《楚辞补注》,中华书局 1983 年版。
[2] 冯蒸《〈尔雅音图〉的声调》指出,近代汉语音韵文献和汉语方言中影母有全清和次浊两种发展方向。我们把影母算作次浊加以统计。

三 关于入声字的演变方向的探讨

胡三省音注中入声字的音注有 1577 条，入声自注 1518 条。根据声母的清浊，我们从清入、次浊入、全浊入三个角度考察《通鉴音注》入声字变到平、上、去三声的具体情况。《通鉴音注》中入声与平上去三声的混注有 30 例，详下。

1. 入声字变平声字

这里说的"入声字变平声字"，指的是胡三省用平声字给中古入声字注音，反映出了该字语音发生变化的信息。下文其他的说法如"入声字变去声字""入声字变上声字"都与此类似，下文不再说明。

清入变平

① 碻 口交 溪 肴 开 二 平 效 ‖ 苦角 溪 觉 开 二 入 江【克角】
② 碻 口劳 溪 豪 开 一 平 效 ‖ 苦角 溪 觉 开 二 入 江【克角】
③ 禘 音条 定 萧 开 四 平 效 ‖ 他历 透 锡 开 四 入 梗【他彫*】

2. 入声字变上声字

（1）清入变上

④ 曲 音齲 溪 虞 合 三 上 遇 ‖ 丘玉 溪 烛 合 三 入 通【颗羽*】
⑤ 曲 丘羽 溪 虞 合 三 上 遇 ‖ 丘玉 溪 烛 合 三 入 通【颗羽】
⑥ 狧 食尔 船 支 开 三 上 止 ‖ 吐盍 透 盍 开 一 入 咸【甚尔】

（2）次浊入变上

⑦ 忸 女九 娘 尤 开 三 上 流 ‖ 女六 娘 屋 合 三 入 通【女九】
⑧ 忸 尼丑 娘 尤 开 三 上 流 ‖ 女六 娘 屋 合 三 入 通【女九】

3. 入声字变去声字

（1）清入变去

⑨ 浩 音告 见 豪 开 一 去 效 ‖ 古遝 见 合 开 一 入 咸【葛合】
⑩ 浩 音诰 见 豪 开 一 去 效 ‖ 古遝 见 合 开 一 入 咸【葛合】

按：浩亹之"浩"，《广韵》古遝切。

⑪ 橐 章夜 章 麻 开 三 去 假 ‖ 他各 透 铎 开 一 入 宕【之夜】

按：橐皋，胡注："杜预曰：在九江逡遒县东南，今其地在巢县界，亦谓之柘皋。橐，音诧，又读为柘。"（p.2424）"今曰柘皋，在濡须北。……孟康音拓姑……陆德明：橐，章夜翻，又音诧。"（p.2211）

⑫ 悷 丑例 彻 祭 开 三 去 蟹 ‖ 陟劣 知 薛 合 三 入 山【丑芮】
⑬ 曲 区句 溪 虞 合 三 去 遇 ‖ 丘玉 溪 烛 合 三 入 通【颗羽】

⑭乞 丘计 溪 齐 开 四 去 蟹 ‖ 去讫 溪 迄 开 三 入 臻 【丘既】
⑮乞 音气 溪 微 开 三 去 止 ‖ 去讫 溪 迄 开 三 入 臻 【丘既*】
⑯裼 徒计 定 齐 开 四 去 蟹 ‖ 先击 心 锡 开 四 入 梗 【他计】
⑰墌 章恕 章 鱼 合 三 去 遇 ‖ 之石 章 昔 开 三 入 梗 【之石】
⑱鍱 丑例 彻 祭 开 三 去 蟹 ‖ 式涉 书 叶 开 三 入 咸 【实橵】

(2) 全浊入变去

⑲荜 音蔽 帮 祭 开 重四 去 蟹 ‖ 房益 并 昔 开 三 入 梗 【必袂*】
⑳瘠 音渍 从 支 开 三 去 止 ‖ 秦昔 从 昔 开 三 入 梗 【秦昔】
㉑赵 竹二 知 脂 开 三 去 止 ‖ 疾叶 从 叶 开 三 入 咸 【陟利】
㉒族 音奏 精 侯 开 一 去 流 ‖ 昨木 从 屋 合 一 入 通 【千候】

按:"调五声使有节族,杂五色使有文章",胡注:"苏林曰:族,音奏。师古曰:节,止也;奏,准也。"(p.601)"族"通"蔟",《集韵》收录了此音。

㉓食 音嗣 邪 之 开 三 去 止 ‖ 乘力 船 职 开 三 入 曾 【祥吏*】
㉔食 祥吏 邪 之 开 三 去 止 ‖ 乘力 船 职 开 三 入 曾 【祥吏】

按:《通鉴音注》"食物"之"食",读如字;"供食""供养"义,读曰"飤",音祥吏翻。又:"杨端和伐魏",胡注:"姓谱:周宣王子尚父,幽王邑诸杨,号曰杨侯;后并于晋,因以为氏。又晋大夫杨食我食采于杨氏,子孙以邑为氏。杨食,音嗣。采,仓代翻。"(p.212)

(3) 次浊入变去

㉕㟎 音漫 明 桓 合 一 去 山 ‖ 莫结 明 屑 开 四 入 山 【曘见】

按:上文已经述及此例。污㟎宗室之"㟎",胡三省保留了孟康和师古的注音:"孟康曰:㟎,音漫。师古曰:㟎,音秣,谓涂染也。"(p.1024)孟康音反映的是阳入变转特点,师古音反映的是同摄四等入声韵字在明母条件下读同一等的特点。

㉖苅 音例 来 祭 开 三 去 蟹 ‖ 良薛 来 薛 开 三 入 山 【力制】
㉗錴 力具 来 虞 合 三 去 遇 ‖ 力玉 来 烛 合 三 入 通 【良据】
㉘肉 疾僦 从 尤 开 三 去 流 ‖ 如六 日 屋 合 三 入 通 【如又】
㉙肉 而救 日 尤 开 三 去 流 ‖ 如六 日 屋 合 三 入 通 【如又】

按:"上乃铸五铢钱,肉、好周郭皆备",胡注:"韦昭曰:肉,钱形也。好,孔也。杜佑曰:内郭为肉,外郭为好。孟康曰:周郭,周匝为郭。"(p.4676)又:更铸五铢钱,背、面、肉、好皆有周郭。胡注:"肉,而就翻。"(p.5444)

㉚掖 音夜 以 麻 开 三 去 假 ‖ 羊益 以 昔 开 三 入 梗 【夷益*】

以上 30 例中，古入声字均用舒声字注音，其中包含假借字（如"族"）、破读字（如"食"）、古地名字（如"蓣""磏""浩""萆""曲"）等。胡注保留了前代注解家对这些被注字的多种音读，例如，"磏"，磏磝，杜佑曰：磏，口交翻，磝音敖；杨正衡曰：磏，口劳翻，磝五劳翻；毛晃曰：磏，丘交翻，磝牛交翻；或曰：磏，音确，磝，音爻（p. 3124）。又如，"曲"，曲遇，苏林曰：曲，音龋。遇，音颙。师古曰：丘羽翻（p. 288）。而曲逆，胡三省曰：曲、逆，皆如字（p. 378）。由此可以看出胡三省时代读书音中这些字的读法舒促皆可。

《通鉴音注》入声的变化趋势与《中原音韵》的"入派三声"不同：《中原音韵》清入归上，次浊入归去，全浊入归阳平；而胡注入声字的变化是：清入变平、上、去声，次浊入变上、去声，全浊入变去。其中，入声变入去声是主流。

第三节 《通鉴音注》的四声八调系统

一 四声八调的理论依据

音韵学界一般认为上古汉语的声调有平、上、入三声。发展到中古，入声中的长入变成了去声，这样就形成了中古平、上、去、入四声格局。但汉语明显有平、上、去、入四个声调的区分始于齐梁时代。当时盛行骈体文，讲究声韵，于是"四声"等说法广泛应用于诗歌创作和韵书的编制等领域，并且出现了按照声调来编排韵字的方式。《南史·陆厥传》："时盛为文章。吴兴沈约、陈郡谢朓、琅邪王融以气类相推毂，汝南周颙善识音韵。约等为文皆用宫商，将平、上、去、入四声，以此制韵，有平头、上尾、蜂腰、鹤膝。五字之中，音韵悉异，两句之内，角徵不同，不可增减。世呼为'永明体'。"[1] "（约）又撰《四声谱》，以为'在昔词人累千载而不悟，而独得胸衿，穷其妙旨'。自谓入神之作。武帝雅不好焉，尝问周舍曰：'何谓四声？'舍曰：

---

[1] （唐）毛延寿：《南史》，中华书局 1975 年版，第 1195 页。

'"天子圣哲"是也。'然帝竟不甚遵用约也。"① 中古韵书、韵图如《切韵》《广韵》《韵镜》《七音略》等都按照平、上、去、入四声编排韵字，其后宋元明清的韵书、韵图也都是按照平、上、去、入四声编排韵字。中古四声在《中原音韵》里发生了平分阴阳、浊上声变去、入派三声的变化。而现代汉语方言声调的数目，也是从三个到九个不等：广州话平、上、去各有阴阳，入声有上阴入、下阴入、阳入的区别，共9个调；温州话四声皆分阴阳，8个调；厦门话除阳上变阳去以外，平、去、入各分阴阳，7个调；梅县话平、入分阴阳，6个调；长沙话平、去分阴阳，6个调；合肥话、扬州话上、去、入不分阴阳，5个调；太原话平、上、去不分阴阳，入分阴阳，5个调；北京话、武汉话、成都话无入声，平分阴阳，4个调，表现出声调在其演变过程中的不平衡性。

高本汉在《中国音韵学研究》中将中古四声按照声母的清浊分成了八调，即阴平、阳平、阴上、阳上、阴去、阳去、阴入、阳入②，并且认为现代汉语方言的声调的多少都是依照这种体系分调类的。李荣认为粤语、闽语、吴语的"四声大多数因古声母的清浊分出阴阳调"③。四声分阴阳和古声母的清浊有直接关系。关于中古汉语声调有阴阳以及声调与声母清浊的关系，日本僧人安然《悉昙藏·定异音》（880）云：

  我日本国元传二音：表则平声直低，有轻有重；上声直昂，有轻无重；去声稍引，无轻无重；入声径止，无内无外。平中怒声与重无别，上中重音与去不分。金则声势低昂与表不殊，但以上声之重稍似相合，平声轻重，始重终轻，呼之为异。唇舌之间亦有差升。

  承和之末年，正法师来，初习洛阳，中听太原，终学长安，声势大奇。四声之中，各有轻重。平有轻重，轻亦轻重，轻之重者，金怒声也。上有轻重，轻似相合金声平轻，上轻始平终上呼之，重似金声上重，不突呼之。去有轻重，重长轻短。入有轻重，重低轻

---

① （唐）毛延寿：《南史》，中华书局1975年版，第1414页。
② ［瑞典］高本汉：《中国音韵学研究》，商务印书馆1994年版，第438页。
③ 李荣著，黄笑山校订：《切韵音系》，商务印书馆2020年版，第152页。

第五章 《通鉴音注》声调系统

昂。元庆之初，聪法师来，久住长安，委搜进士，亦游南北，熟知风音。四声皆有轻重。着力平入轻重同正和上。上声之轻似正和上上声之重，上声之重似正和上平声之重。平轻之重，金怒声也，但呼着力为今别也。去之轻重，似自上重，但以角引为去声也。音响之终，妙有轻重，直止为轻，稍昂为重。此中着力，亦怒声也①。

这里的"表"指表信公，由他传到日本的汉字读音是汉音，"金"指金礼信，所传为吴音。"正和上"即"正法师"，"正法师"和"聪法师"传到日本的汉字读音是唐代的音。"轻""重"分别指的是声母的清与浊。"怒声"指浊声母。"承和之末"是唐宣宗大中元年（847），"元庆之初"指的是日本元庆四年（880），相当于唐僖宗广明元年。从安然的叙述中可以看出，汉语的平、上、去、入四声各自有两种类型，这两种调类的不同在于声母清浊不同。葛毅卿《隋唐音研究》认为中古长安音有平、上、去、入四个声调，"每调各分阴阳，阴调基本上是清声母开头调字，阳调基本上是浊声母开头的字"②。周祖谟《关于唐代方言中四声读法的一些资料》云"平上去入四声在唐代已经因为声母清浊之不同而有了不同的读法，调类的数目也有增加"，"唐代有些方言四声各有轻重，跟现代吴语粤语四声各分阴阳相似"③。郑张尚芳指出"四声分八调唐时已然"，理由是：（1）从中古期四声到近代期阴、阳、上、去、入五声，或阴、阳、上、去四声之间，必须有一个四声八调时期来过渡。（2）没有阳上和阳去，怎能发生"浊上变去"现象？（3）日释安然880年著《悉昙藏》卷五记录了八世纪时日本人听到的四种汉语声调念法，其中惟正法师的洛阳音就是四声八调的④。

唐代中后期汉语有四声八调，还有汉越语的材料可以证明。汉越语

---

① ［日本］沙门安然：《悉昙藏·定异音》，转引自周祖谟《关于唐代方言中四声读法的一些资料》，载周祖谟《问学集》（上册），中华书局1966年版，第496—497页。
② 葛毅卿著，李葆嘉理校：《隋唐音研究》，南京师范大学出版社2003年版，第393页。
③ 周祖谟：《关于唐代方言中四声读法的一些资料》，载周祖谟《问学集》（上册），中华书局1966年版，第500页。
④ 郑张尚芳：《〈蒙古字韵〉所代表的音系及八思巴字一些转写问题》，载《李新魁教授纪念文集》，中华书局1998年版，第171页。

是越南汉字的读音，一般认为形成于公元九世纪，其来源是由唐入宋的汉语。有八个声调，其与中古汉语四声的对应如表5-1所示：

表5-1　　　　　　中古汉语四声与汉越南语八声对照表①

	全清	次清	全浊	次浊
平	阴平（平）	阴平（平）	阳平（玄）	阴平（平）
上	阴上（问）	阴上（问）	阳上（跌）	阳上（跌）
去	阴去（锐）	阴去（锐）	阳去（重）	阳去（重）
入	阴入（锐入）	阴入（锐入）	阳入（重入）	阳入（重入）

注：括号里的字表示声调名称。"锐入"指收-p、-t、-k韵尾的入声，"重入"指收-p、-t、-k韵尾的重声。

据上文所述，唐代中后期声调已经是四声八调。论及四声八调的材料还有元世祖时日本僧人了尊撰写的《悉昙轮略图抄》（1287）。该书卷一《论八声事》对当时汉语声调的描述也是八个调：

《私颂》云：平声重初后俱低，平声轻初昂后低，上声重初低后昂，上声轻初后俱昂，去声重初低后偃，去声轻初昂后偃，入声重初后俱低，入声轻初后俱昂②。

声调轻、重的分别跟声母的清浊相关联，四声因其声母的清浊而各有轻重，那就是八个调。罗常培说："从音韵的沿革上看，除去很少的僻字以外，阴调都由古清声字变来，阳调都由古浊字变来。"③ 可见元代初年汉语也是四声八调，平、上、去、入各分阴阳是确定无疑的。根据了尊的叙述，郑张尚芳认为："近古期以迄元初已有四声八调，阴阳各分平上去入的情形已无可疑……《字韵》仍存浊上，当也属于相似

---

① 花玉山：《汉越音与字喃研究》，博士学位论文，南京师范大学，2005年，第72页。
② [日本] 沙门子尊《悉昙轮略图抄》，转引自周祖谟《关于唐代方言中四声读法的一些资料》，载周祖谟《问学集》（上册），中华书局1966年版，第499页。
③ 罗常培：《京剧中的几个音韵问题》，载《罗常培语言学论文集》，商务印书馆2004年版，第440页。

的四声八调系统。"① 此后,《中原音韵》平声分阴、阳,明代范善溱《中州全韵》、清初王鵕《音韵辑要》平、去、入各分阴、阳,清周昂《增订中州全韵》四声悉分阴、阳,明确显示汉语声调为平、上、去、入各分阴、阳的四声八调系统②。现代温州话保留了古全浊声母字,声调平、上、去、入各分阴阳,可视为四声八调系统在方言中的存古形式。

胡三省1285年撰写的《通鉴音注》是读书音体系,其音系是承袭自五代、北宋、南宋、金代以来递相传承的读书人的雅音系统,其所处的时代与《蒙古字韵》(成书不晚于1269年)、《悉昙轮略图抄》(1287)相同,也是四声八调系统。

二 《通鉴音注》四声分阴阳的讨论

《通鉴音注》成书于1285年,其所处的时代与《蒙古字韵》《悉昙轮略图抄》大致相同。胡三省音系中,古全浊声母完整保留(有浊音轻化的现象,但所占比例甚小),入声韵有7个韵部共21个韵母,-p、-t、-k尾完整保留。从上文的研究可知《通鉴音注》语音系统中有平、上、去、入四个声调,这四个声调是否因为声母的清浊而分为阴调和阳调?我们按照清音字自注、全浊音字自注、次浊音字自注、清浊音字混注几项指标来考察《通鉴音注》的声调类型。本章第二节中我们已经探讨了《通鉴音注》平声分阴阳的问题,认为平分阴阳是《通鉴音注》声调系统的一个特点。下面我们继续探讨上、去、入声分阴阳的问题。

(一) 上声分阴阳

《通鉴音注》中上声字的音注有1588条,其中清音上声字的音注有644条,清上注清上的注音有562条,《广韵》清音上声字而以全浊上声字注音的有15条;全浊上声字的音注有372条,其中全浊上注全浊上的有306条,《广韵》全浊上声字而以清音上声字注音的有21条;

---

① 郑张尚芳:《〈蒙古字韵〉所代表的音系及八思巴字一些转写问题》,载《李新魁教授纪念文集》,中华书局1998年版,第171页。
② 罗常培:《从"四声"说到"九声"》,载《罗常培语言学论文集》,商务印书馆2004年版,第461—474页。

次浊上声字有394条音注，其中次浊上注次浊上的有338条。清音上声字与浊音上声字混注的有38条。还有上声变作其他声调的，不在此列。统计数据显示，上声清注清、浊注浊的比例在82%以上，而清浊相混注音的占总数的2.6%。清浊自注的数量和比例远大于混注的数量和比例，说明上声因声母的清浊而有区别，上声因声母的清浊而分为阴上和阳上两个调类。

本章第二节已经述及，《通鉴音注》中，全浊上声字有370例，有10例全浊上声字变作去声。全浊上变去在两宋是语音演变的大势，几乎所有的语音材料都在显示着这一特点，但在《通鉴音注》中，上声依旧独立，且依照声母的清浊而分阴上和阳上。

(二) 去声分阴阳

《通鉴音注》中去声字的音注有2170，其中清音去声字的音注有922条，清去自注830条；全浊去声字520条，自注454条；次浊去493条，自注437条。另外《广韵》清音去声字而以全浊去声字注音的有28条，《广韵》全浊去声字而以清音去声字作注的有28条。统计数据显示，清、浊去声自注的比例远远高于混注的比例，说明《通鉴音注》中去声因声母的清浊而有分别，即去声分阴去和阳去两个调类。

胡三省音注中还有用全浊上声字给中古全浊去声字注音的情况，有12条材料。这一情况和上文的《广韵》全浊上声字而用全浊去声字注音一样，是属于浊上变去的音变现象，这说明在胡三省《音注》中，浊上变去也在发生，但总体来说只是在个别字上发生了这种音变，还没有形成大势。

(三) 入声分阴阳

《通鉴音注》中入声字的音注有1577条，清音入声字有718条，全浊入声字有346条，次浊入声字有333条。其中，清音入声自注666条，全浊入声字自注306条，次浊入声字自注311条。统计数据表明，《通鉴音注》的入声因声母的清浊而有分别，即分为阴入和阳入。这一特点与《中原音韵》的声调特点不一样。我们考察《通鉴音注》入声的变化，发现只有12例次浊入声字与去声相混的例子，清音入声字与上声字相混的有2例，全浊入声字与全浊的平声字没有相混的例子。

从上文的分析可以看出，《通鉴音注》属于四声八调系统，即平、上、去、入各分阴阳。这种阴阳调的分别与其语音系统全浊声母字的完整保留有直接的关系。

小结

《通鉴音注》与《中原音韵》的成书相隔不到 40 年。中古的声调在《中原音韵》里所发生的变化是平分阴阳、全浊上变去、入派三声[1]。平分阴阳也是胡三省《音注》的特点，全浊上变去有所体现，但发生变化的字为数甚少；入派三声几乎没有体现出来。究其原因，主要在于二者的音系性质不同。《通鉴音注》音系属于读书人的雅音系统，反映的是唐宋以来的读书音体系。《中原音韵》是元代北方曲语的代表，其以当时实际唱曲的语音系统为基础。读书音的变化总是滞后于实际口语的变化。胡三省的《音注》成书虽然已经到了宋末元初，但与其他读书音系列的著作一样，属于四声八调系统，这一特点顺应了自唐以来汉语声调的发展规律。

---

[1] 我们认为《中原音韵》有入声的存在。

第六章 《通鉴音注》音系性质

第一节 《通鉴音注》音切的性质

胡三省为《资治通鉴》所作的《音注》不是韵书，而是随文释义的训诂书。韵书和训诂书的注音是不同的。方孝岳说："谓韵书取材于书音者，乃就其大略而言。实则二者性质迥然不同。书音者训诂学，韵书者音韵学。韵书所以备日常语言之用，书音则临文诵读，各有专门。师说不同，则音读随之而异。往往字形为此而音读为彼，其中有关古今对应或假借异文、经师读破等等，就字论音有非当时一般习惯所具有者，皆韵书所不收也。所谓汉师音读不见于韵书者多，往往即为此种，而此种实皆训诂之资料，而非专门辨析音韵之资料。"① 这段话明确指出训诂书的音切性质不同于专门韵书：训诂书的音切是为了以音辨义，是为了通训诂，其音注中除了涉及方言异读、古今音变等语音问题，也涉及假借、异文等文字问题，还涉及经师破读等语义或语法问题。《通鉴音注》旨在通训诂，破通假，遵师说，存异文，专门针对文献音义作注，其目的并不在于描述一套完整的语音系统。但是，通过对胡三省《音注》文字音读材料的整理与研究，我们已经构建起一个完整的语音体系——《通鉴音注》音系，因此我们能够就其音系性质进行探讨与研究了。

《通鉴音注》中有关文字音读的材料约有76486条，其注音方式主

---

① 方孝岳：《论〈经典释文〉的音切和版本》，《中山大学学报》（社会科学版）1979年第3期，第51页。

要有反切和直音，另外还有少量纽四声法的材料。除此之外，还有揭示假借、如字以及形式如"近，音附近之近""儋，音负担之担""疵，音疵廲之疵"等以词汇的形式限定其意义，同时也反映文字音读方式的材料。这些材料虽然属于训诂范畴，但也为我们研究语音提供了一定的帮助。胡三省常为一些很常用的字注音，如"好""恶""高""近""先""后""深""广""朝""降""败"等，这些词的注音反复出现，重复率极高，其用意在于提醒读者这些字在上下文语境中不可以读成如字，否则就曲解了文意。《通鉴音注》的旨趣决定了作者必须审音读，通训诂，所以尽管是一些常见常用的字，但因为其存在着两个或两个以上的读音，作者的这种辨析工作就非得认真仔细了。

胡三省的注音是有其标准的，他所认同的标准音就是共同语的读书音。理由是：

第一，胡三省以陆德明的《经典释文》为依据，参以服虔、应劭、颜师古、李贤、徐广、裴骃等的注文，以及《广韵》《集韵》《说文》等韵书、字书为《通鉴》作注，他所遵从的是代代相传的读书音系统。

第二，胡三省所著的十二卷《通鉴释文辩误》中，有批评史炤《资治通鉴释文》中因其蜀地方言而讹误注音的言论，例如[①]：

1）六年春，正月，诏曰："凡供荐新味，多非其节，或郁养强孰。"（卷二，p.28）胡三省《辩误》："史炤《释文》曰：强，去声。（费本同。）余谓'郁养强孰'者，言物非其时，未及成熟，为土室，蓄火其下，使土气蒸暖，郁而养之，强使先成熟也。强，音其两翻，读从上声，不从去声。自此之后，凡勉强之强，炤多从去声，盖蜀人土音之讹也。"

2）元初元年 羌豪号多钞掠武都、汉中、巴郡，板楯蛮救之。（卷二，p.28）胡三省《释文辩误》："史炤《释文》曰：楯，音顺。（海陵本同。）余按楯，音食伊翻，未尝有顺音。《广韵》二十二稕韵内有'揗'字，音顺，摩也。其旁从'手'不从'木'。

[①] 例证引自胡三省《通鉴释文辩误》，载《资治通鉴》（第二十册），中华书局1956年版。

此亦焰操土音之讹。板楯蛮以木板为楯，故名。"

　　胡三省《通鉴释文辩误》类似这样的例子有很多。从胡三省的表述看，他在撰作《音注》时十分重视共同语的音读，所以对史焰的"土音之讹"屡有所辩。

　　第三，我们将胡三省音注的反切和直音与《广韵》(《集韵》)进行了对比，发现二者的音韵地位完全相同的占到 83.98%；胡三省所作的音注与该字在《集韵》中的反切上字、反切下字完全相同的以及在《集韵》中被注字与注音字收在同一个小韵里的约有 355 条例证。由此看来胡三省的音注都有所本，而不是他自己的创造。《通鉴音注》中注音方法有反切，有直音，而且同一个字有几个反切时，有的只是用字的不同，实际上是同音的。

第二节　《通鉴音注》与《蒙古字韵》《中原音韵》音系的异同

　　《蒙古字韵》是现存的第一部汉语拼音韵书，是一部用八思巴字标引的按音节分排的汉字同音字表[①]，所记的是金末中原读书音，即五代、北宋、晚金都城所在的中州汴洛一带士大夫的官话正音，其性质是金元官话。该书采用宋金时期科考用的《礼部韵略》《平水新刊韵略》来编写汉字音表，初编名之为《蒙古韵略》。十六世纪朝鲜人崔世珍《四声通解》用朝鲜文转写了大量《蒙古韵略》的注音。其凡例第一条即说："《蒙古韵略》元朝所撰也，胡元入主中国，乃以国字翻汉字之音作韵书以教国人者也，其取音作字至精且切。"《蒙古韵略》后出的版本改称为《蒙古字韵》，是为了配合八思巴字颁行而编的官方韵书[②]。

[①] 郑张尚芳：《从〈切韵〉音系到〈蒙古字韵〉音系的演变对应规则》，(香港)《中国语文研究》2002 年第 1 期，第 51—63 页。

[②] 郑张尚芳：《〈蒙古字韵〉所代表的音系八思巴字的一些转写问题》，载《李新魁教授纪念文集》，中华书局 1998 年版，第 164—181 页。

第六章 《通鉴音注》音系性质

《蒙古字韵》作于元代初期，其具体年代不可考。《蒙古字韵》中的八思巴字创制于至元六年（1269）二月，并"诏以新制蒙古字颁行天下"①。至元七年（1270）四月，就"设诸路蒙古字学教授"②；同年十月癸酉，"敕宗庙祭祀祝文书以国书"③。现存孤本《蒙古字韵》根据的是至大元年（1308）朱宗文所作的增订本。根据朱宗文的序可知《蒙古字韵》至少作于此前④。朱宗文序云：

圣朝宇宙广大，方言不通，虽知字而不知声，犹不能言也。《蒙古字韵》，字与声合，真语音之枢机，韵学之纲领也。尝以诸家汉韵证其是否，而率皆承讹袭舛，莫知取舍，惟《古今韵会》于每字之首必以四声释之，由是始知见、经、坚为司。三十六字之母备于《韵会》，可谓明切也已。故用是详校各本误字，列于篇首，以俟大方笔削云。至大戊申清明前一日信安朱宗文彦章书。

朱宗文的老师刘更也作了一篇序文。序云：

赵次公为杜诗忠臣，今朱伯颜增《蒙古字韵》，正《蒙古韵》误，亦此书之忠臣也。然事有至难，以国字写汉文，天下之所同也。今朱兄以国字写国语，其学识过人远甚，此图为后学指南也必矣。余尝有二生来从笔砚，皆通于蒙古之学，疏敏且才。其一叶素柯也，其一朱伯颜也。至大戊申暮春之望，柯山刘更兰皋谨书。

刘更对朱宗文的工作给予了肯定，称赞朱宗文为"此书之忠臣"。根据刘、朱二人的序可知，朱宗文的修订主要是添补了两项内容："增《蒙古字韵》，正《蒙古韵》误"。正误的"校正字样"列在正文之前。朱宗文校订《蒙古字韵》的参考书之一是《古今韵会》。《古今韵会》

---

① 宋濂：《元史·世祖纪》，中华书局1976年版，第121页。
② 宋濂：《元史·世祖纪》，中华书局1976年版，第129页。
③ 宋濂：《元史·世祖纪》，中华书局1976年版，第131页。
④ 沈钟伟：《蒙古字韵集校》，商务印书馆2015年版。

是元至元二十九年（1292）邵武黄公绍所撰①。黄公绍的馆客熊忠惜此书卷帙浩繁，四方学士不能遍览，故删其注说之繁，同时亦增其韵字之遗阙，于大德元年（1297）撰成《古今韵会举要》。

《蒙古字韵》依照刘渊《壬子新刊礼部韵略》分为一百零七韵，每韵之内，又如韩道昭《五音集韵》按字母次序排列。然此二者，仅为其表。刘渊《壬子新刊礼部韵略》所分之韵，至元时有一韵之字而分入数韵者，有数韵之字而并为一韵者，《蒙古字韵》各以类聚，注云"已上案七音属某字母韵"。《蒙古字韵》的三十六字母亦与韩道昭《五音集韵》及传统字母有分合之异，如从疑母分出鱼母，从影母分出幺母，从匣母分出合母，照穿床并入知彻澄，这种情况基本与《古今韵会举要》相同。

根据《蒙古字韵》与《古今韵会》《古今韵会举要》的关系以及朱宗文作序的确切时间，我们认为《蒙古字韵》成书不会早于1292年，与《通鉴音注》是同一个时代的著作；前者是共同语读书音的韵书，后者是反映共同语读书音的书面文献。《通鉴音注》音系是宋末元初共同语读书音，是承袭晚唐五代、北宋以及金元时期的读书音而来的。南宋虽偏安江南，但读书人所公认的读书音不是临安话，而是中原雅音，其性质还是金元官话。《通鉴音注》写于1256—1285年，而在1269年（宋度宗咸淳五年）年初，蒙元朝廷开始在全国范围颁行八思巴新字，用以拼写蒙、汉以及维、藏、梵等多种语言，因此，我们将这两部反映共同语读书音的著作的音系进行比较，考察它们的异同。

元代汉语存在着两个标准音，一个是以《蒙古字韵》为代表的书面语音标准，另一个是以《中原音韵》为代表的口语标准语。《中原音韵》代表中原之音，流行在广大地区，适用于各种交际场合，是元代共同语的口语音，虽比《通鉴音注》晚出近40年，但基本上还是同一语音体系。

---

① 黄公绍以《礼部韵略》训释简略，故博考经史，旁及九流百家，增其注说，又采异体、异义，辨其正俗，撰成《古今韵会》。

第六章 《通鉴音注》音系性质

一 声母系统的比较

（一）知庄章三组声母

《通鉴音注》中知庄章三组声母合并为一个声母组：知₂庄、知₃章分别合并，知₂庄组与知₃章组之间有混注现象，则说明中古知、庄、章三组声母也已经合并为一组声母了。《蒙古字韵》音系中，只用一套八思巴字母来译写知庄章三组声母，说明它们已经合并为一套声母。但在某些小韵的归字上，表现为知₂庄一组、知₃章一组，与《中原音韵》的情形相似（见表6-1）。

表6-1 《通鉴音注》声母系统与《蒙古字韵》《中原音韵》的比较表[①]

序号	《广韵》	《通鉴音注》	《蒙古字韵》	《中原音韵》
1	帮 p	p	b̥	p
		f（非敷）	hʋ	f
2	滂 pʻ	pʻ	pʻ	pʻ
		f（非敷）	hʋ	f
3	並 b	b	pɦ	p, pʻ
		v	hɦʋ	f
4	明 m	m	m	m
		ʋ	ʋ	v
5	端 t	t	d̥	t
6	透 tʻ	tʻ	tʻ	tʻ
7	定 d	d	tɦ	t, tʻ
8	泥 n	n	n	n
9	知 ʈ	ʧ	dʒ	ʧ
10	彻 ʈʻ	ʧʻ	ʧʻ	ʧʻ
11	澄 ɖ	ʤ	ʧɦ	ʧ, ʧʻ

[①] 注：此表中《广韵》声母的音值采用的是邵荣芬《切韵研究》（校订本）（2008：p.129）的拟音，影母原先拟作"0"，本书改为"ø"。《蒙古字韵》声母的音值参考了郑张尚芳《从〈切韵〉音系到〈蒙古字韵〉音系的演变对应规则》的构拟（2002）。《中原音韵》声母的音值采用的是杨耐思《中原音韵音系》（1981：p.24）的拟音。

续表

序号	《广韵》	《通鉴音注》	《蒙古字韵》	《中原音韵》
12	娘 ɳ	n	ɲ	n
13	精 ts	ts	dz̥	ts
14	清 ts'	ts'	ts'	ts'
15	从 dz	dz	tsɦ	ts, ts'
16	心 s	s	s	s
17	邪 z	z	sɦ	s
18	庄 tʃ	tʃ		
19	初 tʃ'	tʃ'		
20	崇 dʒ	dʒ		
21	生 ʃ	ʃ	ʃ	ʃ
22	俟 ʒ	ʒ	tʃɦ	ʃ
23	章 tɕ	tʃ		
24	昌 tɕ'	tʃ'		
25	禅 dʑ	dʒ		
26	书 ɕ	ʃ		
27	船 ʑ	ʒ		
28	见 k	k	g̊	k
29	溪 k'	k'	k'	k'
30	群 g	g	kɦ	k, k'
31	疑 ŋ	ŋ	ŋ（含喻 j，鱼 ∅ɦ）	ŋ
32	影 ʔ	∅	,	∅
			'j（幺）	
33	晓 x	h	h	x
34	匣 ɣ	ɦ	hɦ（合）（一等）	x
			hɦj（匣）（非一等）	
35	云 ɣ	∅	∅ɦ（鱼）	∅
36	以 j		j（喻）	

第六章 《通鉴音注》音系性质

续表

序号	《广韵》	《通鉴音注》	《蒙古字韵》	《中原音韵》
37	来 l	l	l	l
38	日 ȵz	ʓ	ʓ	ʓ
总计	38	30	35①	21

《通鉴音注》中知庄章三组声母合并成了一个声母组，不仅如此，这个声母组又进一步演变，发生了与精组声母合并为一组的音变。知庄章合流后又与精组合并，在《蒙古字韵》和《中原音韵》中没有，说明这是吴方言的特点。根据耿振生《明清等韵学通论》（1998）的研究，吴方言中的确存在着知庄章三组声母变同精组声母的现象。

与此同时，端组也加入到知照组的演变当中来了：胡三省《通鉴音注》中端知混注17次，端与章混注13次，端庄混注3次，端精混注3次。端组字与知组、章组、庄组、精组的这些混注现象说明，在胡三省的方音中，除了把知读同端外，还存在着把章、庄、精也读同端的语音现象，这些现象在《蒙古字韵》和《中原音韵》里是没有的，由此说明这是方言的特点，在共同语读书音中端与精、知、庄、章并不相混。因此，我们认为，端组与精、知、庄、章的混注是其方言语音的不自觉的流露。在胡三省白话音中，精知庄章有读同端的现象。

（二）轻唇音

《切韵》音系的唇音字在等韵三十六字母中分为重唇音帮、滂、并、明和轻唇音非、敷、奉、微。《通鉴音注》音系中非敷合流，奉母独立，微母独立。《蒙古字韵》也是如此。《中原音韵》全浊声母消失，非敷奉合流，微母独立。

（三）微母

《通鉴音注》音系中的微母字除了独立的微母字之外，还有读同奉母、读同明母、读同晓母的现象。参考以上因素，我们给微母构拟的音值是[ʋ]。《蒙古字韵》不仅保留了中古音系中的微母，而且还将其他

---

① 郑张尚芳《从〈切韵〉音系到〈蒙古字韵〉音系的演变对应规则》说《蒙古字韵》的声母号称36个，实为35个。

材料中明母东₃韵系、明母尤韵系不变轻唇微母的一些字归入微母，即将明母尤韵的"谋""蜉""牟""侔""矛""鍪""鏊""蝥"等字，东₃韵的"瞢""梦""懜"等字，屋₃韵的"目""穆""牧""睦""缪"等字改读为微母①，比中古微母的范围要大。《中原音韵》微母字已经是一种半元音了：其"正语作词起例"第 21 条有"'网'有'往'"的辨似，这是在强调微母字与零声母字的区别；第 2 条指出"羊尾子"有人误读为"羊椅子"，"来也未"有人误读为"来也异"，"尾""未"是微母字，"椅"是影母字，"异"是喻母字，"椅""异"二字在《中原音韵》中已经都读成零声母了。把零声母字和微母字混同，说明微母字在《中原音韵》里是半元音[w]，而不是与轻擦音[f]相对应的浊擦音[v]。

（四）娘母

《通鉴音注》娘母并入泥母，而《蒙古字韵》音系中泥、娘二母的区别基本上完好地保存着，但二等韵中多数娘母变成了泥母，由此也可以知道娘母变成泥母首先是在二等里发生的。《中原音韵》泥母与娘母完全没有区别。《通鉴音注》中泥娘合流与《中原音韵》相同。

（五）疑母

《通鉴音注》中疑母字与泥母（娘母）有混同的现象，还有与同组的见溪混注、与喉音晓匣云混注的现象。与泥娘母混的疑母字变同泥母，与晓匣云混的疑母字变同匣母。疑母字还与舌齿音透、清、心、邪、章、来诸母混注。《蒙古字韵》只有中古一、三等韵的开口字部分保持疑母，中古一、三等合口及二、四等的疑母均已发生了变化，另外也有个别中古云母字变入疑母。《中原音韵》音系疑母字大部分与影、云、以三母合流了，个别疑母字混入娘母字。

（六）匣母

《通鉴音注》的匣母除了发生部分浊音清化外，还有匣云以合并、影匣混注等现象。清化的匣母字归并到晓母，与匣混注的云以疑母字变到匣母，影晓匣混也是吴方言的特点。另外，匣母与见溪群混注、与透从生来诸母混注。与舌根音声母以及与舌齿音声母的混注反映的是上古

---

① 参见李立成《元代汉语音系的比较研究》，外文出版社 2002 年版，第 23 页。

的音韵特点。尽管有如此多的语音现象，匣母还是基本保持其独立的全浊音的地位。《蒙古字韵》音系中，中古的匣母一分为二：洪音为合母，细音为匣母。这种分别在《通鉴音注》中不存在。《中原音韵》的匣母则已经完全清化，读同晓母了。

（七）影母

中古的影母在《通鉴音注》中与晓、匣、云、以都有混注的现象，涉及匣云以合流、影喻合流为零声母等音变。《通鉴音注》零声母的范围比中古音有所扩大，即除了中古的以母外，还有影、云诸母的字。《蒙古字韵》中，中古的影母也一分为二，一等、二等合口、纯三等韵、普通三等韵的大部分、重纽三等韵的B类为影母，二等开口、重纽三等韵的A类、纯四等变为幺母。幺母是影母的细音。《中原音韵》的影母没有这种分别，它们全都变成了零声母。《通鉴音注》中部分影母字与云以合流为零声母，部分影母字依旧保持着清喉塞音的独立。

（八）喻母

等韵三十六字母的喻母，在《切韵》音系中实际分为两类：三等为云母，四等为以母。《通鉴音注》中云母合口字与以母合流，同时影母的一些字也变到喻母里来了。《蒙古字韵》中，云母变为鱼母，以母变为喻母，喻母是腭化音，但是在八思巴碑刻中幺母和喻母是没有分别的。《中原音韵》影喻合流变成了零声母，只有个别例外，如齐微部的"惟维"变成了微母字。

（九）俟母

《通鉴音注》中只有一个俟母字"漦"。"漦"，《广韵》俟甾切，俟之开三平止；《通鉴音注》似甾翻，邪之开三平止。俟母字变同邪母。关于《切韵》俟母独立与否有两种不同的看法。董同龢《汉语音韵学》（2004：p.147）、李荣《切韵音系》（1956：p.127）认为俟母是一个独立的声母。俟母只有"漦""俟"两个小韵，《切韵》漦，俟之切；俟，漦史切；《王三》漦，俟淄切；俟，漦史切。两书的"漦""俟"两小韵都自相系联，而且"漦"都和"茬"小韵对立，"俟"都和"士"小韵对立。《广韵》漦，俟甾切，俟，床史切，似乎和崇母系联成一类，但"漦""茬"对立，"俟"和"士"对立，与《切韵》相同，说明《广韵》这两个小韵也没有和崇母合并。《七音略》《切韵指掌图》《四声等子》都把"漦""俟"放在禅母二等的位置,《韵镜》没有"漦"字,但"俟"字也是放在禅母二等的位置。现代方言"俟"和"士"往往不同声母,如广州话"士"读[ʃi],而"俟"读[tʃi]。《蒙古字韵》以一套声母译写知庄章三组声母,看来是将中古的俟母与禅母(或船母)合并成[ʑ]了;《中原音韵》全浊声母消失,知庄章合流,俟母也清化成[ʃ]了。这两部著作中俟母的变化与《通鉴音注》中俟母与邪母合并的情况不同,或许是因为知庄章并入精组而表现出来的俟船禅邪混同,只是《通鉴音注》中没有俟与船禅混的例子而已。

(十) 日母

《通鉴音注》日母与舌齿音混注现象较为明显,主要表现为泥日、娘日、禅日、从日、邪日等混注,同时日母与章、昌、船、书、知、彻、崇、清以及来母混同的情况也很明显。这是胡三省方言的特点,在《蒙古字韵》《中原音韵》中没有这种现象。

《通鉴音注》《蒙古字韵》《中原音韵》声母系统的异同大略如表6-2所示。

表6-2　《通鉴音注》与《蒙古字韵》《中原音韵》声母异同表

比较范围	《通鉴音注》	《蒙古字韵》	《中原音韵》
全浊声母的消变	有清化现象,全浊声母保留	有清化现象,全浊声母保留	浊音清化
轻唇音非敷奉的合并	非敷合流,奉母独立,奉母与微母有混同的现象	非敷不分,奉、微独立	非敷奉合流,微母独立;微母中收云母的"维惟"
知照合流	知照合流	知照合流	知照合流[①]
零声母的扩大	部分影喻合流为零声母。日母字也有变成零声母的个别现象	影母中分化出了幺母	影喻合流,变成了零声母(除了"惟维"变成了微母)
泥娘合流,疑母的一部分也变成了[n]	泥娘合流,疑母的一部分字也变成了[n]声母	泥、娘分立	泥娘合流

① 杨耐思:《中原音韵音系》,中国社会科学出版社1981年版,第25—27页。

续表

比较范围	《通鉴音注》	《蒙古字韵》	《中原音韵》
见精系三四等字尚未腭化	见、精系三、四等开口字尚未腭化	见、精系三、四等开口字尚未腭化	见、精系三、四等开口字尚未腭化
疑母	疑母独立,但存在与晓匣云母混注变成匣母的现象;疑母与娘母混同的则变成了泥母	疑母独立;一部分变成了鱼母,一部分变成了喻母	一部分跟影、喻合并,一部分跟泥、娘合并,还有一小部分独立[①]

二 韵母系统的比较

(一) 舒声韵部的比较

1. 东锺部

《通鉴音注》的东锺部大体上与《蒙古字韵》的东部、《中原音韵》的东锺部相当,主要来自中古通摄诸舒声韵。同时三者都包含了来自中古庚韵牙喉音合口字:《通鉴音注》只有一个"犷"字,而《蒙古字韵》和《中原音韵》是韵书因而收字更多、更能显示其系统性。另外,《通鉴音注》东锺部还收有《广韵》江韵的"淙""釭""虹""澒""戆"等字以及"梵""泛"等凡韵字,这些字基本上是人名水名地名用字,涉及传统文献读书音问题。这一现象在《蒙古字韵》《中原音韵》里没有出现。

2. 江阳部

江阳部主要来自中古江摄和宕摄诸韵,《通鉴音注》与《蒙古字韵》《中原音韵》的收字范围大致相同。但三者韵母数量不同。《通鉴音注》的江阳部只有3个韵母,即开口一等、开口三等以及合口一等;没有合口三等,因为合口三等合并到合口一等了。《中原音韵》中古江韵的唇音字已经和唐韵相同,例如"邦"和"帮"、"蚌"和"谤"、"庞"和"傍"、"厖"和"忙"都已经同空,各组前一字属江韵,后一字属唐韵。阳韵合口三等只有轻唇音,也与唐韵合并了。《中原音韵》中二等韵的开口字已经产生了[i]介音,江韵的牙喉音字与三等

[①] 杨耐思:《中原音韵音系》,中国社会科学出版社1981年版,第27页。

合流，其他则与一等韵合并，"江""姜"同音就是江韵已经产生［i］介音的例证。

《蒙古字韵》的阳部有五个韵母，除了一等、三等各分开合之外，二等江韵字独立为冈字母韵，与《中原音韵》江阳的一等韵相当，另外中古日母和云母的阳韵开口三等字也归此字母韵，而这些字在《中原音韵》中归在三等；江字母韵相当于《中原音韵》江阳的三等韵，其来源也完全相同。光字母韵来自江韵的舌齿音、唐韵阳韵合口的牙喉音（含"黄"字母韵）；庄字母韵来自阳开三庄组字；"庄"和"椿"、"疮"和"窗"、"床"和"撞"、"霜"和"双"，在《中原音韵》中同音，但在《蒙古字韵》中不同音，各组前一字属阳韵，后一字属江韵。中古江韵的舌齿音由于后元音的影响，至此率先产生了合口介音，在《蒙古字韵》音系中，阳开三庄组字没有跟上这个变化，只是占据了原来江韵留下的空位。况字母韵来自阳韵合口的去声字以及阳韵合口上声的"怳"。

另外，《通鉴音注》中江阳部中还有中古梗摄庚韵、青韵的一些字，反映的是上古同一来源的韵在文献的读书音中的保留。这种情况在《蒙古字韵》和《中原音韵》中没有。

3. 庚青部

庚青部主要来自中古梗曾摄诸韵，三部著作的收字范围大体一致，不同在于《通鉴音注》与《中原音韵》已经没有重纽的区别，只有一、三各分开合的四个韵母；而《蒙古字韵》还有"京""经"二韵的开口重纽韵的区别与对立，有五个韵母：揯字母韵来自登开一、庚开二、耕开二，跟《中原音韵》的［əŋ］相当。"京""经"两个字母韵跟《中原音韵》的［iŋ］相当。京字母韵主要来自庚开三、蒸开三、清开三和青韵的牙喉音，其"京"与"经"的对立是成系统的，主要原因是中古重纽的基础及其扩大化。泓字母韵只有耕合二的"泓"字，单立一韵主要是为了照顾语音的系统性。《中原音韵》的［uəŋ］韵母收30个字之多，这些字中除了"泓"外，在《蒙古字韵》中双唇塞音归庚部揯字母韵，作开口对待，双唇鼻音和牙喉音均归东部。《中原音韵》的两韵兼收可能受到了这个方言的影响。

4. 真文部

《通鉴音注》的真文韵与《蒙古字韵》的真部、《中原音韵》的真文部相当。不同之处首先在于《蒙古字韵》的真部还有巾、紧二韵的开口有重纽的区别存在，因而比另外两书的韵母多一个。其次是另一不同在于《通鉴音注》中有一部分山摄的字，反映的是方言中的存古现象，而其他两书中没有这种情况。

5. 寒仙部

中古的山摄以及咸摄在《通鉴音注》《蒙古字韵》《中原音韵》中的分韵分歧最大。《通鉴音注》只有寒仙部4个韵母，包括《广韵》山摄舒声诸韵，有一等、三等以及开合的区别；《蒙古字韵》将山摄分为寒部和先部洪细有别的两个韵部9个韵母，并且先部中包括了"鞭""贤"开口的重纽区别；《中原音韵》将山摄分成了寒山、桓欢、先天三个韵部6个韵母。三书分韵的分歧在于对一等韵寒桓合流与否、一摄韵母的主元音是否相同、重纽韵是否存在三个方面。《通鉴音注》中寒桓唇音混注，说明寒桓主元音相同；而且同摄韵母的主元音已经变得相同，韵母之间的不同只在于一、三等和开合口的不同。《蒙古字韵》中保存了山摄重纽的部分特征，且韵母的演变表现为洪音和细音的分别合并；《中原音韵》中重纽韵的特征也已经消失，但中古的寒韵和桓韵的主元音不同，因而一等合口独立为桓欢韵，开口韵则与一二等合流，三四等合流，因而分为主元音不同的三个韵部。

6. 侵寻部

这个韵部的情形《通鉴音注》与《中原音韵》一致，即有两个韵，一等韵与庄组声母相拼，三等韵与唇牙舌齿喉五组声母都相拼。《蒙古字韵》则保持了重纽特征，因而比前两书多出了一个韵母。

7. 覃盐部

中古咸摄在《通鉴音注》中同摄韵母主元音已经变得相同，原先的八个韵部由于主元音的趋同而合并为一个韵部2个韵母；而《中原音韵》中，中古咸摄的一、二等合流，三等、四等合流，表现为主元音不同的两个韵部2个韵母；《蒙古字韵》则表现为一等重韵合流、二等重韵合流、三等重纽的区别特征没有消失，但一等与二等、普通三等韵的主元音相同，不同在于二等有来自上古的 *r < ɣ < ɯ < j 介音，普

通三等韵有 i 介音。

8. 支思部、齐微部

《通鉴音注》的支思部包括《广韵》支脂之 3 韵的精组、庄组、章组、知组以及日母的开口字，齐微部主要包括来自广韵止摄诸韵（除了进入支思部的那些字）与蟹摄齐祭废、灰诸韵系的字。《中原音韵》的支思部来自中古舒声支脂之三组的精组、庄组、章组以及日母的开口字，入声字"栉""涩""瑟""缉""塞""德"，以及知母脂韵的"胝"字。齐微部也大致与《通鉴音注》相同。《蒙古字韵》不分支思和齐微，其支部包括六个字母，收字范围大致来自中古的止摄和蟹摄。

9. 鱼模部

《通鉴音注》的鱼模部主要来自中古遇摄的字。中古遇摄诸韵在《通鉴音注》中主元音变得相同因而变成了一个韵部，有一等和三等两个韵母，区别只在于介音。《蒙古字韵》和《中原音韵》都与此相同。稍有不同的是：第一，《中原音韵》的鱼模部收了一些中古入声字；第二，《通鉴音注》和《中原音韵》中都有尤侯部字读同鱼模部的情况，而《蒙古字韵》没有此种情况。

10. 皆来部

《通鉴音注》的皆来部主要包括来自《广韵》的咍泰开、佳皆夬韵的字，还有在一些声母后丢失了介音的三四等齐、祭、废诸韵系的字。《中原音韵》的皆来部除了包括咍泰开、佳皆夬，还包括来自入声陌二、麦韵字以及职韵的庄组字，还有"筛""则""刻"等字。此二书的皆来部与《蒙古字韵》的佳部相当。

11. 萧豪部

《通鉴音注》的萧豪部与《中原音韵》的萧豪部都来自中古效摄诸韵系，但是其韵母的数量不同：中古的效摄诸韵系在《通鉴音注》发生了主元音趋同音变而合流为一个韵部，有一等和三等两个韵母；在《中原音韵》中，中古效摄分成了三个韵母，主要是二等肴韵的唇音字跟一等豪韵字有对立，例如"包"与"褒"、"包"与"宝"、"抱"与"爆"皆不同音，齿音声母的个别字也跟一等有对立，例如"挠"与"脑"读音不同。所以一等与二等各自为韵，且主元音不同，一等为 [ɑ]，二等为 [a]。而且肴韵的牙喉音也与三四等萧宵韵有别，如

"交"与"娇"、"敲"与"撬"、"哮"与"枭"等皆不同音,所以肴韵也与三四等韵不同主元音。

邵荣芬《〈中原音韵〉音系的几个问题》解释说,第一,《中原音韵》其他开口二等韵的唇音字与舌齿音字都与相应的一等韵合了,只有肴韵例外,肴韵仍然独立,既然能承认肴韵唇音及舌齿音的例外,就应该能够承认牙喉音的例外。第二,《中原音韵》把山摄(桓韵除外)分为寒山、先天二韵,又把咸摄也分为监咸、廉纤二韵,说明那时洪细有别,主元音［a］与［ε］不能互相押韵,这一点与元曲各家的押韵完全一致,可见有广泛的语言基础。如果把二等肴韵牙喉音韵母定为［iau］,就得把来自萧宵韵的韵母定为［iɛu］,这不仅和两者之间可以押韵的事实不符,也和周德清划分韵部的通例不相符合。根据邵荣芬的意见,把《中原音韵》的萧豪部划分为三个韵母,分别构拟为［ɑu］、［au］、［iau］①。

《蒙古字韵》的萧部相当于《通鉴音注》及《中原音韵》的萧豪部,有四个韵母:高字母韵包括中古豪韵、肴韵唇音及舌齿音,交字母韵相当于《中原音韵》的［-au］,来自中古肴韵见溪晓匣四个声母字,中古影、疑二母字在《蒙古字韵》音系中已经归入高字母韵。骄字母韵和骁字母韵相当于《中原音韵》的［iau］,来自中古效摄三四等的宵、萧。中古宵韵的 B 类归入骄字母韵,A 类归入骁字母韵。

12. 尤侯部

《通鉴音注》的尤侯部与《中原音韵》的尤侯部基本相同,不同在于后者收了 6 个入声字。《通鉴音注》中通摄入声韵字也有变同尤侯部的情况,但入声韵依旧独立。《蒙古字韵》相当于中古流摄的尤部的字分布在五个字母韵里:鸠字母韵和樛字母韵相当于《中原音韵》的［iau］,前者来自中古流摄的尤、幽、侯的晓母字,后者来自幽和尤的晓母字。中古尤幽的关系类似于重纽韵,这两个字母韵对立的深层原因跟重纽有关,在《蒙古字韵》里表现为介音的不同。哀字母韵来自侯尤二韵的唇音,浮字母韵来自尤韵奉母。这些字在《中原音韵》里有

---

① 邵荣芬:《〈中原音韵〉音系的几个问题》,载《邵荣芬音韵学论集》,首都师范大学出版社 1997 年版,第 581 页。

的归入鱼模，有的归入萧豪，有的则留在尤侯部里，各自的分化条件不同。钩字母韵来自中古侯韵，相当于《中原音韵》的［-əu］，但中古侯韵的喉音字在《蒙古字韵》中不归入钩字母韵，而是归入鸠字母韵，唇音字则又归入裒字母韵。

13. 歌戈部

《通鉴音注》的歌戈部与《中原音韵》《蒙古字韵》的歌戈部相当。元代的官话方言有两大支，一是《中原音韵》代表的中原官话，二是《蒙古字韵》代表的北方官话，前者是唐末以来的标准语的最后代表，后者是元代统治者所推行的新标准音。《中原音韵》歌戈部中收有中古入声铎、觉、药等43个字，这些字在《蒙古字韵》中只归萧部，可以推测，在中原官话中，中古的铎觉药等照例一律派入歌戈部，而在比较保守的北方官话《蒙古字韵》中，则被派入萧豪部。

在《中原音韵》中，中古歌韵舌齿音已经与戈韵一等合流，产生了合口，但在《蒙古字韵》中这些字仍然归开口。《蒙古字韵》没有与［io］对应的字。

14. 车遮部与家麻部

《通鉴音注》《中原音韵》的车遮部、家麻部相当于《蒙古字韵》的麻部。

（二）入声韵部的比较

《蒙古字韵》的入声承阴声排列，原来收声不同的入声共享一个八思巴字符，说明这些入声字已经没有［-p］、［-t］、［-k］收声的区别了。郑张尚芳《从〈切韵〉音系到〈蒙古字韵〉音系的演变对应规则》（2002）指出《蒙古字韵》的入声韵尾是［-ʔ］。《蒙古字韵》入声韵与阴声韵相承，其入声韵部与《通鉴音注》入声韵部的异同如下。

1. 屋烛部

《通鉴音注》的屋烛部主要来自中古通摄的入声，与尤侯部和鱼模部相配；《蒙古字韵》与此相对应的入声韵部是谷、匊两个字母韵，也是与鱼模部相配，但是谷、匊两个字母韵中还包括了中古臻摄合口入声韵。

2. 药觉部

《通鉴音注》的药觉部主要来自中古的江摄、宕摄的入声韵，与萧

第六章 《通鉴音注》音系性质

豪部相配；《蒙古字韵》与此相对应的入声韵部是各、脚、爵、郭、觉、矍字母韵，也都是来自中古江宕摄入声韵的字。

3. 质物部、缉入部

《通鉴音注》的质物部主要来自中古的臻摄的入声字，缉入部包括来自中古深摄的入声韵字。在《蒙古字韵》中，讫、栉、吉、国、橘、汩、聿诸字母韵包含了来自中古的臻摄、梗摄、曾摄、深摄的三四等入声韵，它们与阴声韵支部相配。

在《通鉴音注》中，质物、陌职、缉入部有个别字发生混注的现象，说明-p、-t、-k 尾有交互现象，这是这三个其主元音相同的韵部开始混同、入声尾由浊塞尾向喉塞尾转变的前兆，并且这三个入声韵都大致与齐微部相配。

4. 薛月部、叶帖部

《通鉴音注》的薛月部包含了来自中古山摄的入声字，叶帖部来自中古咸摄的入声字。《蒙古字韵》的山咸二摄入声韵合流为一个韵部。

在《通鉴音注》中，薛月部与叶帖部有混注的情况存在，说明-p、-t 尾有交互现象，但是这种交互数量极少，并不影响-p、-t、-k 韵尾的独立。薛月部与叶帖部与阴声字韵混注的例子很少，我们只能粗略地指出它们与那些阴声韵部相配。

5. 陌职部

《通鉴音注》陌职部包含了中古梗摄和曾摄的入声韵。《蒙古字韵》中额、虢、格、克、黑诸字母韵包含了来自中古臻摄、梗摄、曾摄、深摄的一二等入声韵，它们与阴声韵佳部相配。

《通鉴音注》与《蒙古字韵》《中原音韵》的韵母系统的总体异同大略如表 6-3 所示。

（1）韵摄的合并。三者都表现出梗曾、江宕、止蟹的合流以及佳韵字进入麻韵。

（2）二等韵的消变。三者都产生了 [i] 介音，但二等的消失并不完全相同：《通鉴音注》的二等韵大部分与一等韵合流，开口牙喉音字与三四等韵合流；《蒙古字韵》的肴韵的变化与《中原音韵》相同。

表6-3　《通鉴音注》韵母系统与《蒙古字韵》《中原音韵》的比较表①

中古韵摄		《通鉴音注》		《蒙古字韵》			《中原音韵》	
		韵部	韵母	韵部		韵母	韵部	韵母
通		东锺	uŋ	东	公	uŋ	东锺	uŋ
			iuŋ		弓	iuŋ		iuŋ
江			aŋ		冈	aŋ		
					光	waŋ		aŋ
宕		江阳	iaŋ	阳	庄	ɯaŋ	江阳	
					江	iaŋ		iaŋ
			uaŋ		况	wiaŋ		uaŋ
止	止（精知庄章组、日母开口字）	支思	ɿ (ɿ/ʅ)	支	羁	i	支思	ɿ
					鸡	ii		
					赀	ɨ		
	止蟹细（除支思部字）	齐微	i		妫	ue	齐微	i
					规	iue		ui
			ui		惟	wi		ei
蟹	蟹洪	皆来	ai	佳	该	aj	皆来	ai
			iai		佳	jaj		iai
			uai		乖	waj		uai
遇		鱼模	u	鱼	孤	u	鱼模	u
			iu		居	iu		iu
臻		真文	ən	真	根	in	真文	ən
			iən		巾	in		in
			uən		紧	iin		un
					昆	un		
			iuən		钧	iun		iuən
					筠	win		

---

① 按：由于演变结果略有不同，三种材料的演变对应起来比较困难，读表时宜将中古韵摄分别与《通鉴音注》《蒙古字韵》《中原音韵》去对应，从而了解三者的变化。《蒙古字韵》依据郑张尚芳《从〈切韵〉音系到〈蒙古字韵〉音系的演变规则》一文的分韵和构拟，《中原音韵》依据宁继福《中原音韵表稿》的分韵及构拟。

第六章 《通鉴音注》音系性质

续表

中古韵摄	《通鉴音注》		《蒙古字韵》		《中原音韵》	
	韵部	韵母	韵部	韵母	韵部	韵母
山	寒仙	an	寒	干 an	寒山	an
						ian
				关 wan		uan
		ian		官 on	桓欢	on
		uan		间 jan		uon
			先	坚 ian	先天	iɛn
				涓 wian		
				鞬 ɪɛn		
		iuan		贤 iɛn		iuɛn
				卷 ion		
效	萧豪	ɑu	萧	高 aw	萧豪	ɑu
				交 jaw		au
				骁 iaw		
		iɑu		骄 ɪɛw		iau
果	歌戈	o	歌	歌 o	歌戈	o
		io				io
		uo		戈 wo		uo
假	家麻	a	麻	牙 a	家麻	a
		ia		嘉 ja		ia
				瓜 wa		ua
		ua		嗟 ia		
	车遮	iɛ		迦 ɪɛ	车遮	iɛ
				瘸 wɪɛ		iuɛ
梗	庚青	əŋ	庚	揯 iŋ	庚青	əŋ
				京 iŋ		
		iəŋ		经 iuŋ		iŋ
曾		uəŋ		泓 wuŋ		uəŋ
		iuəŋ		雄 iuŋ		iuəŋ

续表

中古韵摄	《通鉴音注》		《蒙古字韵》			《中原音韵》	
	韵部	韵母	韵部		韵母	韵部	韵母
流	尤侯	əu	尤	钩	iw	尤侯	əu
				裒	uw		
				浮	ow		
				鸠	iw		iəu
		iəu		樛	iuw		
深	侵寻	əm	侵	金	im	侵寻	əm
				愔	im		
		iəm		簪	im		iəm
咸	覃盐	am	覃	甘	am	监咸	am
				缄	jam		
				兼	iam		
		iam		箝	mɛi		iam
				嫌	iɛm	廉纤	iɛm
通入	屋烛	uk	鱼入（通入、臻入合口）			谷匊字母韵	
		iuk					
江宕入	药觉	ɑk	萧入（江宕入）			各脚爵郭觉矍字母韵	
		iɑk					
		uɑk					
臻入	质物	ət	支入（臻入、梗曾入、深之三四等入声韵）			讫吉榍国橘瀎聿字母韵	
		iət					
		uət					
		iuət					
山入	薛月	at	麻入（山咸入）			怛戛结讦葛括刮玦厥字母韵	
		iat					
		uat					
		iuat					
梗曾入	陌职	əŋ	佳入（梗曾入之一二等入声韵）			额虢格克黑字母韵	
		iəŋ					
		uəŋ					
		iuəŋ					

续表

中古韵摄	《通鉴音注》		《蒙古字韵》		《中原音韵》	
	韵部	韵母	韵部	韵母	韵部	韵母
深入	缉入	əp				
		iəp				
咸入	叶帖	ap				
		iap				
总计	23 韵部 61 韵母（入声 7 部 21 个韵母）		15 韵部 66 个韵母（入声 5 部 29 个韵母）		19 韵部 46 韵母	

（3）重纽问题。《通鉴音注》的重纽特征已经消失。《中原音韵》里，只有中古的质韵字唇音还有重纽的对立，其他重纽韵已经消失了重纽的区别，而《蒙古字韵》则保持了中古的重纽韵的特征。

（4）等位格局。《通鉴音注》表现为"二等二呼"即韵母分一等和三等，各有开合的格局。《中原音韵》与《蒙古字韵》则由于二等韵的独立而大体上表现为"三等二呼"。《中原音韵》只在萧豪部的唇音里还保持着肴韵的独立，《蒙古字韵》则只有庚部字的二等韵消失了，其他二等韵的介音已经变成了 [j]，二等韵独立为一个字母韵。

三　声调系统的比较

《通鉴音注》音系的声调类别是四声八调，平上去入各分阴阳，而《蒙古字韵》的声调系统，根据郑张尚芳的研究也是四声八调：

……四声分八调唐时已然。元代的情形，元世祖时日释了尊 1287 年所著《悉昙轮略抄》也有记录：

《私颂》云：平声重初后俱低，平声轻初昂后低；上声重初低后昂，上声轻初后俱昂；去声重初低后偃，去声轻初昂后偃；入声重初后俱低，入声轻初后俱昂。

据此描述，也是八调。其中"偃"义为"仰仆"或"偃伏"，表示该调前仰后伏，应与聪法师去声相近（不过末尾也许再拉长一点为低平 11 呈偃伏状）。现也拟值如下：

平轻	平重	上轻	上重	去轻	去重	入轻	入重
42	22	55	24	341	231	4	2

近古时期以迄元初已有四声八调，阴阳各分平上去入的情形已可无疑。其中除表氏浊上归去外，其他人多数还分开，至了尊还如此，不过他与聪法师的去声都只比浊上多个降尾而已，开端部分已经很相似了。《字韵》仍存浊上，当也属相似的四声八调系统①。

中古汉语的入声韵字有［-k］、［-t］、［-p］三种韵尾。在《中原音韵》里，根据古声母的清浊，发生了如下变化：全浊变阳平，次浊变去声，清音变上声，即"入派三声"。关于《中原音韵》有无入声，学者们的观点分为两派：一派认为无，以王力等为代表②；另一派认为有，以李新魁等为代表，其观点是"汉语共同语入声真正的消失，时代不会太早。直至明代中叶以后，北京音是早一些消失了入声，而中原共同语入声的消失，恐怕要到清代才发生"③。

陆志韦主张《中原音韵》还有入声，他提出三条内证：（一）全浊上声变入去声，周氏不标"上声作去声"，说明它们确实已经变成去声；入声派入三声，但不等于变成三声，所以分别标明"入声作平声""入声作上声""入声作去声"。（二）《中原音韵》把中古的清音入声派入上声，与今日国音不合。但在当时清音入声是高调的短音，差不多等于上声的尾巴。用在曲韵，跟上声相叶，最合适不过。就因为清音入声能完全派入上声，所以知道它们不能是真正的上声。（三）派入某声的入声字在今音可以完全不同音④。我们赞同陆志韦的观点，认为《中原音韵》的入声还存在，只是到底有几个调类，则还需进一步了解。周德清在《中原音韵·正语作词起例》中明确指出："入声派入平上去三声者，以广其押韵，为作词设耳。然呼吸言语之

---

① 郑张尚芳：《〈蒙古字韵〉所代表的音系及八思巴字一些转写问题》，载《李新魁教授纪念文集》，中华书局1998年版，第171页。
② 王力：《汉语史稿》，中华书局1980年版，第158页。
③ 李新魁：《再论〈中原音韵〉的"入派三声"》，载《中原音韵新论》，北京大学出版社1991年版，第85页。
④ 陆志韦：《释〈中原音韵〉》，载《陆志韦近代汉语音韵论集》，商务印书馆1988年版，第23—24页。

间，还有入声之别。"① 同样的表述还有："入声作三声者，广其押韵为作词而设耳，毋以此为比，当以呼吸言语还有入声之别而辨之可也。"②

第三节 《通鉴音注》与宋元时期其他文献语音特点的异同

一 与南宋等韵图《皇极经世解起数诀》音系的比较

《皇极经世解起数诀》（以下简称《起数诀》）是宋代鄱阳人祝泌于1241年撰成的一部等韵图。根据李新魁的研究，这部著作所代表的基本上是《集韵》的音系，反映了一些当时的实际语音。具体表现在以下方面：（一）声母方面，知组字与照组字已经合而为一；床禅两组混而不分；照_与照_合流；泥纽与娘纽常有混同现象；喻_与喻_无别；喻纽与影纽混同；匣纽已化入影纽。（二）韵母方面，归并了某些一等韵，如东冬、痕魂、覃谈等，某些一等韵的读音也与二等韵没有大的差别，如歌戈与麻、唐与江、豪与爻（肴）等；二等各韵归并；三等韵合流；三四等韵相混；三等韵字变入一等；支脂之的精组字列在一等。（三）声调方面保持了宋代韵书的平、上、去、入四声的格局，但由于浊音字的分化，可能在四声上已有清、浊（即阴、阳调）的区分，但从表面看，还是四类。（四）入声还牢固地存在着，入声韵兼配阴声韵、阳声韵，它们的收尾可能已经是一个 [-ʔ]。（五）有浊上变去的迹象。③

祝书早《通鉴音注》40余年成书，其代表的《集韵》音系与后者反映的宋元时期的读书音一脉相承。从上面所述的声韵调等方面的特点看，《起数诀》的音系与《通鉴音注》的音系大致相同，不同在于祝书的知照合流后不归精组。《通鉴音注》读书音层面，知照合流。其知照归精是方言现象。

---

① （元）周德清：《中原音韵·正语作词起例》，中国书店2018年版。
② （元）周德清：《中原音韵·正语作词起例》，中国书店2018年版。
③ 李新魁：《〈起数诀〉研究》，载中国音韵学研究会编《音韵学研究》（第三辑），中华书局1994年版，第35—41页。

二 与同时代北方词人白朴词曲韵部的比较

白朴，字太素，号兰谷，祖籍隩州（今山西曲沃），1226年生于汴京，1232年蒙古军南下侵金，1233年为元好问抚养，居聊城、济南、冠氏。1237年回到父亲身边，此后定居真定（今河北正定县）。1261年南游，1280年居建康（今江苏南京），1306年游扬州，卒年无考。白朴的生活年代与胡三省几乎相同：胡三省生于1230年，卒于1302年，不同的是两人一南一北。我们正可以通过比较同时代但不同地域（一南一北）的文人的读书音系统，考察他们的时代共同语读书音的语音的特点（见表6-4）。

表6-4　　《通鉴音注》韵部与白朴词曲韵部比较表[①]

中古韵摄	白朴词韵[②]	白朴曲韵[③]	《中原音韵》	胡三省《音注》
果	歌戈	歌戈	歌戈	歌戈
假	家麻	家麻	家麻	家麻
	车遮	车遮	车遮	车遮
止蟹	皆来	皆来	皆来	皆来
	灰頹	齐微	齐微	齐微
	机微			
	支思	支思	支思	支思
遇	鱼模	鱼模	鱼模	鱼模
流	尤侯	尤侯	尤侯	尤侯
效	萧豪	萧豪	萧豪	萧豪
咸	监咸	×	监咸	覃盐
	×	廉纤	廉纤	
山	寒桓	寒山	寒山	寒仙
		×	桓欢	
	先天	先天	先天	

① 注：表中×号表示无单独叶此韵者，或无此韵部字。
② 鲁国尧：《白朴的词韵和曲韵及其同异》，载《鲁国尧自选集》，河南教育出版社1994年版。
③ 鲁国尧：《白朴的词韵和曲韵及其同异》，载《鲁国尧自选集》，河南教育出版社1994年版。

第六章 《通鉴音注》音系性质　　　379

续表

中古韵摄	白朴词韵	白朴曲韵	《中原音韵》	胡三省《音注》
深	侵寻	侵寻	侵寻	侵寻
臻	真文	真文	真文	真文
梗	庚青	庚青	庚青	庚青
曾				
江	江阳	江阳	江阳	江阳
宕				
通	东锺	东锺	东锺	东锺
通入	屋烛	与阴声字互叶	派入阴声	屋烛
江宕入	×			药觉
梗曾臻深入	德质			德质
山咸入	月帖			月帖
25 部（入声9部）	23 部（入声4部）	19 部（不区别入声）	19 部（不区别入声）	23 部（入声7部）

　　从表6-4可见，白朴的曲韵与《中原音韵》极为相似：入声与阴声相叶，韵分19部。而其词韵却保留了入声四个韵部，将齐微部分为机微和灰颓两部，又将寒山与桓欢合为一部。入声韵的分部与胡三省《音注》相同，不同在于中古止蟹摄、山摄、咸摄的分合上：（1）胡三省《音注》的齐微部包括了中古止摄以及蟹摄的三四等以及一等合口灰韵、合口泰韵；白朴词韵将灰韵独立为灰颓部，其词韵中灰颓和机微都没有泰韵的字，泰韵字归入皆来部。（2）中古山摄诸韵在胡三省《音注》中合流为一个只有一个主元音的韵部，而在白朴词韵中却表现为一等二等以及三等元韵合口字等洪音字的合并、三四等细音字合并，共2个韵部，2个主元音。胡三省《音注》的齐微部与白朴的词韵不同，但与《中原音韵》相同，寒仙部与白朴的词韵、《中原音韵》都不相同。另外，三者的萧豪部所包含的范围虽然相同，但内涵不太一样：胡三省《音注》的萧豪部是一个主元音，而《中原音韵》的萧豪部是两个主元音，白朴的词韵中萧豪部目前尚不能明确知道有几个主元音，但即便与《中原音韵》一样有2个主元音，它们之间还是可以押韵的。

　　除了以上我们指出的三点不同之外，胡三省《音注》与白朴词韵的韵部的划分都相同。从同时代一南一北两个文人的读书音的对比中可以看出，胡三省《音注》与白朴的词韵同多异少，这正说明了胡三省《音注》的音系是共同语读书音，而且这一共同语是南北共承的中原雅音。

三　与元代吴方言音系的比较

我们再将胡三省《音注》与元代黄岩人陶宗仪的《南村辍耕录》的语音系统进行比较，考察同一方言区文人读书音系统的异同，并借此甄别出胡三省音系中的方音成分。陶宗仪，字九成，号南村居士，浙江黄岩人，中年以后定居于吴方言区北部的松江，直至老死。除了在元时到过江汉和大都，入明后去过都成（今南京）外，其生平行踪基本不出吴方言区[①]。

《辍耕录》卷十九关于"射字法"的记载，涉及吴方言语音的问题。射字法是民间流行的一种猜字游戏，属于字谜一类。南宋赵与时（吴兴人？1175—1231）《宾退录》卷一云：

俗间击鼓射字之技，莫知所始。盖全用切韵之法，该以两诗，诗皆七言。一篇六句，四十二字，以代三十六母，而全用五支至十二齐韵，取其声相近，便于诵读。一篇七句，四十九字，以该平声五十七韵，而无侧声。如一字［字］母在第三句、第四句，则鼓节前三后四，叶韵亦如之。又以一二三四为平上去入之别。亦有不击鼓而挥扇之类，其实一也。诗曰：西稀低之机诗资，非卑妻欺痴梯归，披皮肥其辞移题，携持齐时依眉微，离为儿仪伊锄尼，醍鸡笸溪批毗迷。此字母也。罗家瓜蓝斜凌伦，思戈交劳皆来论，留连王郎龙南关，卢甘林峦雷聊隣，帘枕赢娄参辰阑，楞根弯离驴寒间，怀横荣鞋庚光颜。此叶韵也。

陶宗仪《辍耕录》卷十九所记录的射字法也是这样一种猜字游戏，

[①] 鲁国尧：《〈南村辍耕录〉与元代吴方言》，载《鲁国尧自选集》，河南教育出版社1994年版。

第六章 《通鉴音注》音系性质

只是其诗与赵与时的《宾退录》里所记的诗已经不同，所表现的声韵类别也已经不同。《辍耕录》射字法云：

> 其法七字诗，十二句，逐句排写，前四句括定字母，后八句括定叶韵。诗曰：轻_{轻牵}兵_{兵边}平_{平便}明_{明眠}逢〇〇兴_{兴掀}征_{征煎}，经_{经坚}迎_{迎年}娉_{娉偏}停_{停田}应_{应烟}成_{成涎}声_{声躔}，清_{清千}澄_{澄缠}星_{星鲜}晴_{晴涎}丁_{丁颠}槃_{槃虔}盈_{盈延}能〇称_{称千}非〇〇精_{精煎}零_{零连}汀_{汀天}橙_{橙缠}。东蒙锺江支兹为，微鱼胡模齐乖佳，灰咍真谆臻匡亏，元魂痕寒欢关山，先森萧宵爻豪歌，戈麻阳唐耕斜荣，青蒸登尤侯车侵，潭谭盐忝横光凡。如欲切春字，清谆，清清千春，清字在第三行第一字，谆字在第七行第四字，拊掌则前三后一，少歇，又前七后四。夏字平声为霞，盈麻，盈盈延霞，盈字在第三行第七字，麻字在第十行第二字，拊掌则前三后七，少歇，又前十后二，少歇，又三。盖夏字去声，所以又三也。若入声，则四矣。余仿此。但字母不离二十八字，而叶韵莫逃五十六字，此为至要。……①（按，声母诗每字后两字是助纽字，加〇处为缺字）

《辍耕录》所记射字法所用的字母诗，其标注形式与在元代大为盛行的元刊本《玉篇》所载"切字要法"及"切韵六十八字诀"很相似，可知射字法的字母诗是根据它创制或者受它的影响而产生的。陶宗仪所记录的字母诗的声母字及其助纽字系统反映了元代吴方言声母的若干特点，李新魁考订其声母系统为23母：

《中原音韵》	崩 p	烹 p'		蒙 m	风 f	亡 v
射 字 法	兵 p	俜 p'	平 b	明 m	非 f	逢 v
《中原音韵》	东 t	通 t'		脓 n	龙 l	
射 字 法	丁 t	汀 t'	停 d	能 n	零 l	
《中原音韵》	宗 ts	聪 ts'		嵩 s		

---

① 周祖谟：《射字法与音韵》，载周祖谟《问学集》（下册），中华书局1966年版，第663—669页。

射字法	精 ts	清 tsʻ	澄 dz	星 s	晴 z
《中原音韵》	锺 tʂ	充 tʂʻ		双 ʂ	戎 ʐ
射字法					
《中原音韵》	工 k	空 kʻ		烘 h	邕 ʔ
射字法	经 k	轻 kʻ	檠 g	迎 ŋ	兴 h 盈 ɦ 应 ʔ[①]

这个声母系统与宋代三十六字母比，少了知、彻、澄、娘、照、穿、床、审、禅、日、敷、奉，并且影喻合流，共少了 13 个声母。与《中原音韵》比，则全浊声母完整保留（除了奉母），知照组并入精组。《辍耕录》射字法的声母与胡三省音系的声母的共同点在于知照合流后又与精组合并，读同精组，这是吴方言的特点。不同之处在于胡三省语音系统中，奉母独立、日母独立、影母独立，而且胡三省音注中所反映的知照归精组是吴语特点。但其音系性质是共同语标准读书音，所以知照组合流，精组独立，共 30 个声母。

由此看来，知照组并入精组是元代吴方言的语音特点。这一特点存在的时间应该比胡三省生活的时代更早。我们将胡三省音注所反映的语音系统与其同时代的共同语读书音、同时代的北方词人以及其方言区的语音材料进行了比较，可以论定《通鉴音注》音系是共同语读书音系统，其声母中知照并入精组、禅日、泥日混同、从邪不分等是吴语的特点。韵母系统大致与共同语读书音一致，而寒仙、覃盐以及萧豪部的韵母之间归并比其他材料的来得更为宽松。

第四节　《通鉴音注》音系的语音基础

《四库全书总目提要》云："《资治通鉴》，宋司马光撰，元胡三省音注。"关于作者的时代，我们认为应当定位在宋末元初。胡三省 1230 年生，1256 年中进士，中进士后即奉父命撰写《音注》，前后持续了

[①] 李新魁：《〈射字法〉声类考》，载《古汉语论集》，湖南教育出版社 1985 年版，第 70—80 页。

30年。其间因为战乱,"稿三失",复购他本重新作注,而且前后《音注》的体例也有不同:先前的注依照陆德明《经典释文》的做法,注与原文分开,共有97卷,名之为《广注》,惜其已佚;后来的《注》将注文放在原文之下,又将司马光的《通鉴考异》放在注文之后。

胡三省是吴语区人,他中进士之时,北方已经沦陷了22年。南宋(1127—1279)小朝廷偏安江南,以临安为政治中心,持续了150余年,才为蒙元政权所统一。蒙元政权统一中国之时,距他完成《音注》只不过6年时间。此时胡三省已经49岁,他的语音形成时期、受教育的时期、人生的青壮年时期都是在南宋时期度过的。胡三省做过小吏,走过一些地方,但主要是在南宋的疆域之中。入元后隐居乡里,不再出仕。他平常口里说的是吴语,书之于纸上的是共同语读书音。《通鉴音注》音系中,保留全浊声母,照系不分庄章组,梗曾合一、江宕合一、有入声韵且入声承阴声韵,铎、觉承效摄而不承果假摄,这些特点与《切韵指掌图》《四声等子》相类似[①],因此,《通鉴音注》音系基本上还属于宋、金雅音系统,虽身处宋末元初,其语音所反映的时代比起历史时代应当滞后而不应当提前。《中原音韵》(1324)是其时北方口语音的代表作,而《通鉴音注》音系则反映的是宋末元初(甚至更前一点)的传统读书音,两者反映的不是同一时期的语音特点。

汉语自古就有共同语和方音的区别,共同语有读书音和口语音的分别,方音也有官话音和非官话音的分别。胡三省是吴语区人,日常生活中他口里说的当是吴语。但是,与任何一个知识分子一样,他在著书立说时,用的是书面语,即读书音。他的读书音的语音形成是在南宋,所遵从的还是由五代、北宋、南宋、金代递相传承的读书人的雅音系统,即中州汴洛之音。胡三省为《资治通鉴》作音注,就是因为当时几个版本的注释舛谬乖互,其中尤以史炤的《通鉴释文》中的错讹为最。《资治通鉴》是一部卷帙浩繁的大书,能够通读一遍的人已经相当了不起,胡三省不但读了,而且校订、注音、释义、考证、辨误,做了大量的工作。我们看胡三省的《音注》,是将其放在汉语语音史的角度,认

[①] 郑张尚芳:《〈蒙古字韵〉所代表的音系及八思巴字一些转写问题》,载《李新魁教授纪念文集》,中华书局1998年版,第164—181页。

为它是反映宋末元初共同语读书音的文献材料。

　　研究汉语音韵，南方之音与北方之音的差异常被人谈及。汉语的确有南北方音的差异，那么，胡三省的语音体系是否也有吴语的特点呢？宋室南迁之时（1127），大批官僚士族随之南迁，也将汴梁一带的中原之音携带进入南方。明人陈全之《蓬窗日录》卷一说："杭州类汴人种族，自南渡时至者，故多汴音。"① 杭州本是吴语区，自南宋之后，转而使用北方传入的官话作为交际的工具。这种官话虽来自北宋的汴梁，南宋150年间，久浸吴地，其官话语音必然受到吴语的影响。使用共同语的人，由于时代、地域的因素，所操的正音之中也不免会杂入方言土语，胡三省也不例外。

　　从《音注》音切与中古音的比较看，胡注与《广韵》《集韵》音韵地位完全相同的约占83.98%，与《广韵》《集韵》都不相同的占12.87%。《通鉴音注》音系与《广韵》《集韵》不同之处，除了反映其时代语音演变特点外，还反映出吴方言的特点和传统读书音的特点。胡三省的音注首先是读书音体系，是承袭自五代、北宋、南宋、金代递相传承的读书人的雅音系统，即中州汴洛之音。

---

　　① 李新魁：《近代汉语南北音之大界》，载《李新魁音韵学论集》，汕头大学出版社1997年版，第228—266页。

第七章 《通鉴音注》同音字表

本表依照声韵调列出了胡三省《资治通鉴音注》的被注字。同一字而读音有多个的被注字，依照相应的声、韵、调填入表中相应的位置。以韵部为序，先列舒声韵部，后列入声韵部。同韵部的字依声母、声调填入相应的格子里。

表7-1　　　　　　　　　东锺部

	东锺韵 uŋ						东锺韵 iuŋ					
	阴			阳			阴			阳		
	平	上	去	平	上	去	平	上	去	平	上	去
p		琫										
p'												
b				芃								
m				梦濛艨	蠓曚				惷			
f							鄼葑䈪	奉泛	俸风			
v									渢梵		缝俸奉	
ʋ												
t				湩						湩		
t'	恫侗	桶	统									
d				瞳橦潼佟鲖彤箮侗洞	挏洞	恸峒洞						
n												

续表

	东锺韵 uŋ						东锺韵 iuŋ					
	阴			阳			阴			阳		
	平	上	去	平	上	去	平	上	去	平	上	去
l				礱笼砻	笼宠					癃鸗鸗		
ts	鬉鬉鬉鬉鏓葼葼倧嵕	傯總峒	粽				纵从		纵从			
ts'	怱						从檧鏒					
dz				倧藂淞琮淙悰寶					纵从			从
s												
z												
tʃ							樟潨螤	瘇冢塚種	湩中衷			
tʃ'		恫					充忡珫艟					
dʒ									种漴沖重		蚛 中 重	
ʃ							憃					
ʒ												
ʎ				憹					娀茙		冢冗茸	
k	玒		虹赣				共供	栱珙玒鞏	共供			
k'	悾	倥空	鞚空控				恐	恐				
g									卭			
ŋ									喁禺遇			
ø	蓊		瓮				饔灉雍		灉雍	廱肜	涌埔甬	雍

第七章 《通鉴音注》同音字表　　387

续表

	东锺韵 uŋ						东锺韵 iuŋ				
	阴			阳			阴			阳		
	平	上	去	平	上	去	平	上	去	平	上	去
h	恟						訩匈訩	兇匈恟洶洶恼訩				
ɦ				烘烘		澒						

表 7-2　　　　　　　　　　江阳部

	江阳部 aŋ						江阳部 iaŋ					
	阴			阳			阴			阳		
	平	上	去	平	上	去	平	上	去	平	上	去
p		榜										
p'	滂											
b				旁房方		傍並						
m				邙芒	蟒莽舥							
f									昉			
v												
ʋ												
t	簹襠璫当	帑戃党	党									
t'	盪	党帑	盪瑒									
d				砀	盪砀帑	汤荡宕砀宕						
n												
l				崀踉浪稂茛琅狼羹						踉辌量凉	裲	两掠量倞
ts	臧牂	駔	葬				浪㘰	将		将滄		

续表

	江阳部 aŋ 阴			江阳部 aŋ 阳			江阳部 iaŋ 阴			江阳部 iaŋ 阳		
	平	上	去	平	上	去	平	上	去	平	上	去
tsʻ	仓						锵枪		怆			
dz				臧		臧藏				嫱		
s	丧	颡	丧将				襄细相		相丧向儴倡将			
z										洋	橡	
tʃ							漳尚鄣障	长昶	障张瘴将长			
tʃʻ							猖閶倡创伥	氅錩昶	畅创怆长倡怅玚翃			
dʒ			畅				苌偿畅尚长徜	杖上仗	畅长仗将		上	
ʃ							襄殇		珦向儴饷			
ʒ												
ʌʒ							瀼攘穰穰	穰	尚			
k	钢亢伉吭掆	航	虹掆				畺疆殭僵	襁繦				
kʻ	嶈吭亢	忼慷	伉邡亢炕犷①				蜣恇					
g							瀺强强疆					
ŋ				柳卬		柳				卬	仰	

① 注:"犷"字的反切下字是唇音字"谤"。

第七章 《通鉴音注》同音字表

续表

	江阳部 aŋ						江阳部 iaŋ				
	阴			阳			阴			阳		
	平	上	去	平	上	去	平	上	去	平	上	去
ø									怏䩕	徉颺洋歉佯详炀	养咩瀁	养颺恙炀漾样
h									怏	珦乡		
ɦ			航亢伉行债杭桁䤪吭	伉沆	行吭					颺		

表 7-3　　　江阳部、支思部

	江阳部 uaŋ						支思部 ɿ					
	阴			阳			阴			阳		
	平	上	去	平	上	去	平	上	去	平	上	去
p												
pʻ												
b				旁								
m												
f	枋邡	纺昉放	舫									
v				方坊防鲂		辋						
ʋ				邙			辋惘罔	忘				
t												
tʻ												
d												
n												
l												

续表

	江阳部 uaŋ						支思部 ï				
	阴			阳			阴			阳		
	平	上	去	平	上	去	平	上	去	平	上	去
ts							孳訾次粢仔齜滋赀赵氀呰	訾呰秭仔訿姊	恣积次			
tsʻ							赵郪	泚玼	蛓伙积刺			
dz									玼疵磁茈兹		呰渍恣	眦崒齌
s							澌廝厮厮偲罳徒司	玺	思笥澌伺			
z									磁		姒汜兕汜	饲嗣
tʃ							镏辐淄茬揸砥泜氏胝氏	笫轵抵時枳阯砥徵	制裁挚帜伎识颭质辇知			
tʃʻ							辐差嗤魑螭绨摘郗荅	褫	厕炽帜眙			
dʒ									茌褆提治蚩廌	柿陁峙湁偫偫跱豸	士莳迟稚馗直植	谥致蚔稺
ʃ									醿绝蓍施	屣躧縰陁弛	使灑趜施谥帜识		

第七章 《通鉴音注》同音字表　　　　　　　　　　　391

续表

	江阳部 uaŋ						支思部 ɿ				
	阴			阳			阴			阳		
	平	上	去	平	上	去	平	上	去	平	上	去
ʒ												视谥
ʧʰ										輮柟㜘衫辅		毦洱珥
k	桄洸横		诳广									
kʰ	筐洭恇	慷	广									
g												
ŋ												
ø	尪汪				眭王							
h	肓	怳幌皝滉恍恍荒		皝								
ɦ				锽瑝偟蝗篁璜潢湟	慌皝滉	眭						

表 7-4　　　　　　　　　　　齐微部

	齐微部 i						齐微部 ui					
	阴			阳			阴			阳		
	平	上	去	平	上	去	平	上	去	平	上	去
p	狴	妣	嬖						背悖诶匌			
pʰ	批	埤	瞥睥嬖					咄	咄妃			
b				箄鞞鼙批	髀狴				培		琲	背悖郒邶字珪琲诶

续表

	齐微部 i						齐微部 ui					
	阴			阳			阴			阳		
	平	上	去	平	上	去	平	上	去	平	上	去
m				麋	眯				攻			瑂沫昧
f						绯诽騑	敗朏诽菲	柿袯肺诽				
v									贵			扉吪费闱
ʋ											亹	
t	缇氐鞮羝伍碑	泜邸坻抵柢诋提缇	羃谛坻泜柢蒂				塠磓		役碓敦			
t'	梯	缇	剃薙㡗				衰推縋蜕佻					
d				缇鞮睼绨鶗庠		蹄弟䤽遰谛𨅖提褅鼟遶歒娣棣睇				雖隤䨆		憞憝兑
n				㥾尼怩		祢	迡毦洱泥腻				倭馁腇	捼内

续表

	齐微部 i						齐微部 ui				
	阴			阳			阴			阳	
	平	上	去	平	上	去	平	上	去	平	上	去
l				刕黧藜篱 藜氂釐灕 蠡灕驪犁 麗羅貍离	邐娌悝 澧邐	荔戾 离汵 晉儷 砺螯 丽隷 綟厉 蠡				嬴鑘儽累 縲縲	讄磊 累儡 罍灅	耒累 酹儡 雷櫐 颣礧
ts	鳖齌臍齑 挤齐	济	祭穄 挤霽 妻					笸	绛蕞			
ts'	郪	济泚 玼	挤妻				衰缞	灌璀	焠毳 淬脆 倅			
tɕ				齐	荠	齐眦 霽眥						悴瘁 顇笸 蕞
s	齌些嘶析	洗洒	洩屑				眭荽睢	躗髓	详祟 彗			
z												瘁 隊 彗 簪 隧 燧 璲 檖
tʃ							箠騅	捶箠 箠	贅惴 酸			
tʃ'							衰	揣	毳吹			
dʑ										槌搥锤鎚 倕衰陲腄 脽騅椎	葦	縋憝 腄

续表

	齐微部 i						齐微部 ui					
	阴			阳			阴			阳		
	平	上	去	平	上	去	平	上	去	平	上	去
ʃ									率帅 祝浼 说蜕 楝			
ʒ												
ʌʒ										痿绥蕤		蜹汭
k	薪芳稽幾 期其糠幾 析機磯雞	機幾 己蟣 顗	蓟繫稽 暨幾 薋				瓌佽睽邦 瓌傀窐桂 隗騩闺封 瑰	炔会 炅帼 洽庢 愤沬 郐狯				
k'	鸂	厄紧 屺荣 稽	丞契				媒悝	傀䰟	禊块			
g				綦幾祇邠 薪颀祺庍 期支俟圻 亓崎		機邠 惎						
ŋ				巍鲵邠兒 倪麑	顗幾 齯眲	艾睨 羿毅				嵬岿鮠	隗峞	礙
ø	黟噫黟唉 醫	扆依	殪黟 饐缢 衣			曳泄 施易 食枻 异洩 廙肆 愬	葳煨	猥	熨憎 尉荟 濊蔚 愤薉	帏潍	蓮腄 唯荱 鲔炜 荾洧	彗 遗槽 为 纬 卫 穟彙 蜩绢
h	意醯豨釐 欷悕	熹豨 喜	唏熹 喜汽 忾				袆煇翚	虺贿 卉	濊鏚 翙颇 涣㖃			

续表

	齐微部 i						齐微部 ui				
	阴			阳			阴			阳	
	平	上	去	平	上	去	平	上	去	平	上	去
ɦ				鼷傒	奚傒傒	禊係繫				窐瑼槐隈	汇廆回	阓濭蘯回 缋溃 惠溃

表 7-5　　　　　　　　　　　　　鱼模部

	鱼模部 u						鱼模部 iu					
	阴			阳			阴			阳		
	平	上	去	平	上	去	平	上	去	平	上	去
p	晡铺		谱									
p'		浦诮	铺怖诮									
b				匍莆蒲酺菩蒱荷扶	簿	鲌哺怖						
m				毋瞀膜牳橅	姥莽							
f	尃柎跗鈇廊枹莩桴怤傅郭俘泭莩跗	酺箠父铁鲋府	傅仆计									
v				泭廊朴箠夫	滏腐	賻鮒傅腐						
ʋ				毋	怃庑娬	鹜婺						
t	闍峹	赌	妒秺敁									
t'			吐莵									
d				涂駼菟峹								

续表

	鱼模部 u						鱼模部 iu				
	阴			阳			阴			阳	
	平	上	去	平	上	去	平	上	去	平	上	去
n				孥弩帑挐笯	怒							
l				颅鑪胪泸艫瓡	橹滷卤	璐潞				胪娄蒌虑	缕偻卢穭褛旅稆簬屡	屡鑢洳
ts	苴	组	作				揟苴沮且蛆诹疽嫩		足沮			
tsʻ	粗怚		苴厝酢错				趣狙苴疽沮趋取趣姝睢且趣	娶	覻趋趣取趣狙			
dz				殂	粗					殂	聚姐沮咀	聚
s		傃塑沂塑					胥胥须缏颏	胥谞				
z										徐	溆抒屿	
tʃ	苴沮苴	沮龃	诅咀				沮蛛侏赌	麈褚著紵拄贮	著澍	著翥箸		
tʃʻ		潒					摅姝樗趋	胸处	趣处			
dʒ							屠朱塗涂滁蒢躇铢著如	竖抒贮紵处杼	竖澍抒处杼墅	竪澍箸逗曙		
ʃ	纾疏	数	疏数				纾疏抒郵徐	数疏输成	数			
ʒ										杼墅		

第七章 《通鉴音注》同音字表

续表

	鱼模部 u						鱼模部 iu				
	阴			阳			阴			阳		
	平	上	去	平	上	去	平	上	去	平	上	去
ʎȝ								茹如濡襦絮竖				孺茹乳洳竖女
k	觚泒苽菰酤	殺蛊顾贾估罟苦	酷稝锢				句琚车拘	拒锯蒟莒枸	瞿倨泃句			
k'	刳		袴				岖祛虚𣀷区陇𧮲		去龋			
g							遽句朐璩耗權𤡉瞿	麥秬虞枸簨		勮遽㥾锯		
ŋ				晤部		虞梧连忤午袴悟				㽌禹䣝吾	齬圄篽御圉	语
Ø	杅恶汗扞洿於坞	坞鵐隖鄔	恶噁汗污鸣洿				迂纤阓	妪饫淤纡阓		飮好罂譽吁汙与隃籲异窬榆俞杅仔邗迂褕屿渝异旗阓舆亐	瘐瘀瑀屿俁窳予寓	舆念芋䆜饌谕与雨
h	瀭憮虖	浒	谑呼				呴雩朐吁盱姁歔嘘	诩呴栩珝羽煦呴	呴酗胸呴煦煦酗			

续表

	鱼模部 u						鱼模部 iu				
	阴			阳			阴			阳	
	平	上	去	平	上	去	平	上	去	平	上	去
fi				瓠鹕糊	沪岵梏苦濩鄂洿扈旿	瓠乎濩辂						

表 7-6　　　　　　　　　　皆来部

	皆来部 ai						皆来部 iai				
	阴			阳			阴			阳	
	平	上	去	平	上	去	平	上	去	平	上	去
p			败贝狈芾沛									
p'			沛浿派									
b				俳		鞴排稗败愍倍儞						
m				霾		勋						
f												
v												
ʋ												
t	骀											
t'	邰籉台		绐	忕軑汰贷大								

第七章 《通鉴音注》同音字表

续表

	皆来部 ai						皆来部 iai				
	阴			阳			阴			阳	
	平	上	去	平	上	去	平	上	去	平	上	去
d				骀	给	埭汰玳瑇逮贷						
n				能		能耐						
l				涞		癞贳睐徕来贷酹瀬						
ts		載	绰瘵									
ts'	偲	采寀	懈采蔡									
dz				豺裁财	載	載裁						
s		鳃	洒	塞赛								
z												
tʃ				祭瘵								
tʃ'	釵差	蔡		虿差衩								
dʒ				侪	豸	眦砦						
ʃ			灑	曬榖灑洒								
ʒ												
ʌʒ												
k	陔垓峐豥街湝	解骇	匄诫解疥鸠廨丐概懈价夬夬				街湝		懈疥解诚廨鸠懈疥夬价骇			

续表

	皆来部 ai						皆来部 iai				
	阴			阳			阴			阳		
	平	上	去	平	上	去	平	上	去	平	上	去
k'	揩阄	铠锴阉	咳				揩	铠锴				
g												
ŋ				敳皑睚	骇	睚昙阂	睚	骇	睚			
∅	洼娃唉	毐	阨噫喝陀暧隘				洼娃		阨噫喝陀			
h	哈	醢										
ɦ				孩骸鲑湝膎鞵	獬解澥蟹	邂劾讋龄				膎骸湝鞵鲑	獬澥解蟹	邂讋龄

表 7-7　　　　　　　　　皆来部、真文部

	皆来部 uai						真文部 ən					
	阴			阳			阴			阳		
	平	上	去	平	上	去	平	上	去	平	上	去
p												
p'												
b												
m												
f												
v												
ʋ												
t												
t'												
d												
n												
l												

第七章 《通鉴音注》同音字表

续表

	皆来部 uai						真文部 ən				
	阴			阳			阴			阳		
	平	上	去	平	上	去	平	上	去	平	上	去
ts												
tsʻ												
dz												
s												
z												
tʃ							溱甄臻榛镇					
tʃʻ								龀櫬				
dʒ												酳
ʃ							诜侁					
ʒ												
ʌʒ												
k		拐	坏绘哙诖									
kʻ			蒯哙蒉									
g												
ŋ			聩									
ø	畏掜											
h												
ɦ	畏槐		璯畫维诖澅								狠很	

表7-8　　　　　　　　　　　真文部

	真文部 in						真文部 un					
	阴			阳			阴			阳		
	平	上	去	平	上	去	平	上	去	平	上	去
p							賁奔	畚				
pʻ									湓			
b							湓瓫盆	体笨		歕坌湓		
m							亹扪	悗懑	懑			
f						棻	僨					
v							賁汾棻賁鞼	刎憤蚠	棻分			
υ							汶闽	扵吻刎	棻扵闻			
t							墩惇		敦			
tʻ							涒啍噉					
d							臀敦屯扽			遯頓		
n							麕噉					
l				淪轔璘		轮蒞遴蹻輪	论崙		论			
ts	溱进珍	賑	跈缙				踆朘	噂撙僔				
tsʻ	甄眹							刌				
dz				溱铣	进		蹲踆	撙				
s	莘						飧蓀	嗖愁				
z				賮濜芩烬								
ʧ	眕甄禛镇	镇诊眕缜賑稹	振侲瑱填									

402　　《资治通鉴音注》语音研究（修订本）

续表

	真文部 in						真文部 un					
	阴			阳			阴			阳		
	平	上	去	平	上	去	平	上	去	平	上	去
tʃ	嗔瞋		疢疹									
dʒ				绉䌷		陈眘						
ʃ	娠信身	哂										
ʒ												
ʌʒ				尸								
k	靳身	堇谨	靳斤				焜裈绲悃	鯀绲悃				
k'							髡	悃阃壸				
g				慇懂㸃近	菌近	殣近						
ŋ				鄞齗圁银	听							
ø	溵㶖	隐㶖殷	隐	身	绉	酳绉鞇引	辒温瑥					
h	诉昕		䜣				惛惽					
ɦ							浑焜	浑混	溷圂			

表 7-9 真文部、寒仙部

	真文部 iuən						寒仙部 an					
	阴			阳			阴			阳		
	平	上	去	平	上	去	平	上	去	平	上	去
p							般彬					
p'									昐盼			
b												辨辦
m												
f												
v												
ʋ												

续表

	真文部 iuən						寒仙部 an				
	阴			阳			阴			阳		
	平	上	去	平	上	去	平	上	去	平	上	去
t							箪郸单殚瘅	断疸	瘅断锻			
tʻ							啴滩摊					
d							弹挕掸檀			袒蜒涎弹袒但	鰕弹亶怛	
n							濡	煗懦赧	难懦惔			
l			仑惀				藋滦襴㳕	㳕	鸾			
ts							横齹	横	鄼灒			
tsʻ	梭						餐		璨鑚爨			
dz									攒栈	瓒	瓒	
s							狦	散缲	缲			
z												
tʃ	迍朒屯淳谆窀	准纯	谆				砖		僎			
tʃʻ	辒㕙	蹲					刬剗铲	篡				
dʒ				尊鹌屯					孱潺	栈孱	棧栈	
ʃ			眴				狦滻汕	滻产清	狦汕			
ʒ				橓盾								
ʎʒ				鹑		肫						
k	颎皲		捃				奸营乾鞗汗干邗玕	竿睊笴篝	旰间杆閒干			

第七章 《通鉴音注》同音字表

续表

	真文部 iuən						寒仙部 an					
	阴			阳			阴			阳		
	平	上	去	平	上	去	平	上	去	平	上	去
k'							衎侃	衎				
g				帬裙								
ŋ										犴岸贗		
ø		缊蘊悃	蕴醞缊愠	涢郧沄匀筠煴员	抎狁	餫郓		鷃按				
h	荤獯纁勋						嘆					
ɦ							翰邯汗寒邗娴	悍伺		扞閈铧	翰	

表 7-10　　　　　　　　寒仙部

	寒仙部 ian						寒仙部 uan					
	阴			阳			阴			阳		
	平	上	去	平	上	去	平	上	去	平	上	去
p		扁							绊			
p'						番						
b				胍牝珼骿骈	辫		柈磻瘢繁般槃番盤	伴		辨辦		
m					瞑晎蘮		谩漫曼慢蔓	懑		谩缦漫萬幔蟻		
f												
v												
ʋ												
t	巅蹎滇颠					殿			断锻			

续表

		寒仙部 ian					寒仙部 uan				
	阴			阳			阴			阳		
	平	上	去	平	上	去	平	上	去	平	上	去
tʻ		琠靦 腆覞	瑱									
d				佃闐填寘		窴淀 田				抟		鍛
n					撚碾 輾					渜	煖愞	愞愞
l				链零怜隣 嫌连涟俘 令	莲輦 璉	楝				滦		
ts	籛湔鶼煎	戳揃	溅					儹蠶				
tsʻ	芉	瘥	倩蒨						鑹籫			
dz					践诶 孱	荐荐 栫				攒欑戩		
s	迁仙鲜	跣鲜 洗狝 铣瘗	先线					篹	蒜			
z												
tʃ		餰餐饘邅 犍	辗	颤襢			砖					
tʃʻ		链迅	缠阐							籑		
dʒ				单蝉禅缠 提铤澶孱 瀍塵	禅埋 单善 鳝	擅禩 禅鄯					餪篹 撰誤	
ʃ		岘										
ʒ												
ʎʒ												

续表

	寒仙部 ian						寒仙部 uan				
	阴			阳			阴			阳	
	平	上	去	平	上	去	平	上	去	平	上	去
k	鞯犍悭	浬鱇建謇蹇					莞官摆鸾	筦莞管盥琯	馆观冠灌贯惯悁棺洹琯丱裸弯萑			
kʻ	开汧牵		伣									
g				軒鞯	捷							
ŋ					碾巘				蚖刓			
ø	咽烟燕鄢阏	鄢偃匽咽宴嫣	傿堰鄢醮	莚蜒	戬衍演鋋	延羡	婉剜罯绾弯湾霝	盌绾	愧腕			
h	軒轩掀		憪				骓					
ɦ				舷	键岘	见	鐶洹瀼镮桓郇貆纨丸瓘闤还骓	浣澣皖	环患幻宦	镮皖摆宦		

表 7–11 寒仙部、萧豪部

	寒仙部 iuan						萧豪部 ɑu					
	阴			阳			阴			阳		
	平	上	去	平	上	去	平	上	去	平	上	去
p							胞	褓緥堡鸨				豹
pʻ								窃礮				
b							袍匏鲍炰咆匏	鲍	暴			

续表

	寒仙部 iuan						萧豪部 ɑu					
	阴			阳			阴			阳		
	平	上	去	平	上	去	平	上	去	平	上	去
m						怞					蓩	娼 毷 瑁 眊
f	镭 璠 翻 幡 反	反 阪 岅 蕃 坂										
v				璠 蕃 番 笲 烦 燔		饭						
ʋ					輓 晚 挽 娩 㡈	萬 曼 蔓						
t									倒 岛			
tʻ							弢 慆 饕 洮 條 瑫 綯 叨					
d									驹 绚 洮 梼 骒 咷			蘱 帱
n								孂 挠 桡 铙			挠 桡 淖	
l				戀 挛		窝				登 醪	辗 獠 獠 漻 橑 嫪	嫪 芳
ts	镌 睃							璪	譟 躁			
tsʻ	诠 铨 谋 痊 梭			绻			操	慅	愺 造 操 糙			
dʑ						吮				糟 艚 嘈	皁	漕
s	酸 揎 宣 瑄	選					艘 搔 臊 榱	扫 燥	譟 掃 搔			
z				源 璿 还 琁 璇	隽 吮							

第七章 《通鉴音注》同音字表　　409

续表

	寒仙部 iuan						萧豪部 ɑu				
	阴			阳			阴			阳		
	平	上	去	平	上	去	平	上	去	平	上	去
tʃ	㙮刬佺转	刬	襈传转				嘲	笊獠爪				
tʃʻ	梭诠佺	喘	钏穿				抄钞勦		勦			
dʒ				椽传	沌瑑篆吮	传襈馔撰				鄛		澡
ʃ							弰鞘箾	稍				
ʒ												
ʎʒ				堧壖惼	吮㽔软蠕	撰㽔惼顿						
k	蠲涓鹃	罥昍	罥狷				囊皋楺高篙膏鸡尤	槁缟藁暠橐狡搅佼	高膏浩邵缟觉玫校窖			
kʻ							碻砍	拷	犒			
g				惓	圈寋件							
ŋ				嫄沅蚖元原			嚻骜鏊熬磝嗷鏤磽		䃅	傲骜慠樂		
∅		鄢苑		捐蠉鸢瑗洹垣辕爰援允①	缳沇	椽缘怨洹援媛远		媪襖	澳襖澳			
h	煖謹䥶埙喧諼	烜諠晅諼	咺绚				挠猇髐虓哮		好			
ɦ				縣玄玄泫	蜎泫	眩袨炫衒	蠔壕嗥虢殽洨		滆镐	敩校佼		

① 注："允"，胡三省音注"音铅"，以仙合三平山。

表 7-12　　　　　　　　　　萧豪部、歌戈部

	萧豪部 iɑu						歌戈部 o					
	阴			阳			阴			阳		
	平	上	去	平	上	去	平	上	去	平	上	去
p	瘭标飙橌镖镖	褾										
p'	漂嫖镖	镖										
b					殍	镖						
m					杪眇藐							
f												
v												
ʋ												
t	刁芀猵貂											
t'	桃挑桃佻	朓		糶朓跳咷								
d				脩佻蓚跳调芀迢	挑调	藋调掉						
n					褭嬝袅							
l				膋镽廖嫽撩缭料僇憀藔燎璙镽		疗镽廖镽缭料调璙燎蓼盄						
ts	僬	愀勦剿湫焦灓剿巢	皭醮醮									
ts'		愀悄	峭									
dz				憔鐎		噍峭						

第七章 《通鉴音注》同音字表   411

续表

	萧豪部 iɑu						歌戈部 o				
	阴			阳			阴			阳		
	平	上	去	平	上	去	平	上	去	平	上	去
s	绡蛸骚	谡小										
z												
tʃ	鵃釗昭招朝			罿焰								
tʃʻ	佻											
dʒ				昭朝侶晁	肇洮旐	少召						
ʃ	少	少	少									
ʒ												
ʎʒ				昭荛	娆							
k	鼻徼鄥徼憿浇侥骁	敫璬皦	踍徼噭缴				牁柯	牁笴	个			
kʻ	鄡鄥		窾				珂	岢				
g						翘						
ŋ				僥峣尧						峨攨		
ø	妖要徼幺	夭	幼要陶枭姚珧轺桃洮榆譽籋窑			鹞						
h	鬃						诃呵					
ɦ				皛芍						苛荷	荷	

表 7-13　　　　　　　　　　歌戈部

	歌戈部 io						歌戈部 uo					
	阴			阳			阴			阳		
	平	上	去	平	上	去	平	上	去	平	上	去
p							跛		譒			
p'							颇陂	跛叵				
b										番颇繁		
m										魔	麽	磨
f												
v												
υ												
t							□					
t'							妥橢	唾				
d												墮
n												懦
l							蠡骡羸螺蜾紒	倮猓裸臝				
ts									坐			
ts'							脞	剉坐莝				
dz									痤			坐
s							莎娑	锁梭				
z												
tʃ												
tʃ'												
dʒ												
ʃ												
ʒ												
ʌʒ												
k							涡迦锅过		过裹			
k'												
g										迦		

续表

	歌戈部 io						歌戈部 uo					
	阴			阳			阴			阳		
	平	上	去	平	上	去	平	上	去	平	上	去
ʋ									囮			
ø							倭					
h							鞾靴		和			
ɦ												和

表 7-14　　　　　　　　　　家麻部

	家麻部 a						家麻部 ia					
	阴			阳			阴			阳		
	平	上	去	平	上	去	平	上	去	平	上	去
p	羓		坝靶									
p'	蚆芭		帊									
b				杷								
m				蟇蟆		祃伆						
f												
v												
ʋ												
t												
t'	靵											
d												
n				挐秅								
l												
ts	吒挓樝		咤									
ts'												
ʥ												
s												
z												
tʃ	樝渣溠齇查		笡溠									

	家麻部 a						家麻部 ia					
	阴			阳			阴			阳		
	平	上	去	平	上	去	平	上	去	平	上	去
tʃ	差吒		差吒汉									
dʒ				秅查嵖槎	槎	咤						
ʃ	裟											
ʒ												
ʌʒ												
k							迦葭猳伽麚袈枷	假夏	假			
k‘												
g							伽茄					
ʋ							吾衙			疋迓		
ø							乌	哑				
h							鞾岈					
ɦ							蝦瑕假虾	夏	下			

表7–15　　　　　　　　　　家麻部、车遮部

	家麻部 ua						车遮部 iɛ					
	阴			阳			阴			阳		
	平	上	去	平	上	去	平	上	去	平	上	去
p												
p‘												
b												
m										哶	哶乜	
f												
v												
ʋ												
t												
t‘												

第七章 《通鉴音注》同音字表 415

续表

	家麻部 ua						车遮部 iɛ					
	阴			阳			阴			阳		
	平	上	去	平	上	去	平	上	去	平	上	去
d												
n												
l												
ts	树挝						祖邪罝	借	唶借			
ts'												
dz												藉
s								写				
z									斜苴			
tʃ	树柤						奢	赭堵	蔗炙橐			
tʃ'							车斜哆	哆	绤			
dʒ									佘阇斜邪			贳
ʃ									厙			
ʒ									虵铊			麝
ʌʒ										若		
k	绸䦨渦媧	凸										
k'												
g												
ŋ												
ø	汙竉						椰爺斜邪涂		虵	欬掖射		
h	蓳											
ɦ				铧	踝	华						

表 7-16　　　　　　　　庚青部

	庚青部 əŋ						庚青部 iŋ					
	阴			阳			阴			阳		
	平	上	去	平	上	去	平	上	去	平	上	去
p							栟并	屏昺皽昒	并併邴屏			

续表

	庚青部 əŋ						庚青部 iŋ					
	阴			阳			阴			阳		
	平	上	去	平	上	去	平	上	去	平	上	去
pʻ												
b										枰缾		併
m										洺		瞑
f												
v												
ʋ												
t	璒			灯燈磴			钉		订矴钉			
tʻ							廳聼	頲脡挺侹				
d						橙				莛	梃挺脡艇町	廷
n				佇						泞		
l				俊稜楞		冷				令泠軨凌瓴泠囹酃蛉羚伶玲苓棱㱓		令
ts	増噌						睛菁晶箐鄑鶄		甄			
tsʻ							蜻请			倩清		
dʑ				曾					缯		靚阱	阱 靚请窘
s							醒省					
z										饧		
tʃ	筝						祯桢浈承正拯钲	昇丞	證证			
tʃʻ	棠樽铛鎗铮						稱侦浈偁柽废		废骋	稱侦		

第七章 《通鉴音注》同音字表 417

续表

	庚青部 əŋ						庚青部 iŋ					
	阴			阳			阴			阳		
	平	上	去	平	上	去	平	上	去	平	上	去
ʨ				伧浈峥		埸			裎湮盛乘徵塍橙		铤	晟 丞乘嵊
ʃ		省					胜		眚省			
ʒ									渑骤			塍乘
ʑ				掌					耳			
k	绠更秔	绠耿犷梗鲠矿哽	绠更哽亘						刭颈璥璟			
kʻ	铿								轻			
g									鲸勍黥鼲			近
ŋ												迎
ø	罂罃甇			嚶罃应		璟瘿	罃罂应		赢嬴		郢	孕膡媵
h	亨						馨		兴夐诇			
ɦ				珩恒横行宏桁瑝峘嵤曾锽陆岖		横			胫硎		悻胫迥	胫

表 7-17　　　　　　庚青部

	庚青部 uəŋ						庚青部 uəŋ					
	阴			阳			阴			阳		
	平	上	去	平	上	去	平	上	去	平	上	去
p									迸埄			
pʻ							砰怦					
b										榜棚篣傰捞輣澎		蚌

续表

	庚青部 iuəŋ						庚青部 uəŋ					
	阴			阳			阴			阳		
	平	上	去	平	上	去	平	上	去	平	上	去
m										甿薨黾蝱萌	艋	
f												
v												
ʋ												
t												
t‘												
d												
n												
l												
ts												
ts‘												
dz												
s												
z												
tʃ												
tʃ‘												
dʒ												
ʃ												
ʒ												
ʌʒ												
k	坰扃	颎泂炅憬璟煛烱冋					扩					
k‘	顷	綮										
g				悙甇								
ŋ												
ø				嫈堼縈			泓					

第七章 《通鉴音注》同音字表　　　　　　　　　　　　　　　　　　　　　419

续表

	庚青部 iuəŋ						庚青部 uəŋ					
	阴			阳			阴			阳		
	平	上	去	平	上	去	平	上	去	平	上	去
h		诇夐					鞃訇甍					
ɦ				迥						翃嵤闳		

表 7－18　　　　　　　　　　　　尤侯部

	尤侯部 əu						尤侯部 iəu					
	阴			阳			阴			阳		
	平	上	去	平	上	去	平	上	去	平	上	去
p												
p'					剖							
b				掊抔哀		培						
m				瞀缪蝥蟊 蛑鉾		袤貿 楙瞀 姆娼				缪		谬缪
f	缶不覆㬱											
v				稃朴涪罘		伏覆 復						
ʋ				毋								
t												
t'	羭	蚪										
d						脰郖 逗						
n										杻狃 紐扭		糅
l				䨲娄楼溇 髅镂		镂				浏瘤㗛戮 鏐骝遛留	浏	罍廖 留
ts	诹掫陬		走族				驺鯫黎		偢愁			
ts'							鹜鞦㵙瘶 萩鯫楸					

续表

	尤侯部 əu						尤侯部 iəu				
	阴			阳			阴			阳	
	平	上	去	平	上	去	平	上	去	平	上	去
ʤ									酋蝤遒	湫		鹫肉
s		薮嗾							琇宿鏽			
z									囚			蹂
ʧ	驺掫箃緅啄	掫	鲰				休赒鳌鯲	帚	祝呪			
ʧʻ			篍				愊犨蹂	扭				
ʥ							裯稠酧䮛椆鯈綢踌绌			慢受绶	籀酎鼬伷	
ʃ	鲰瘦廀艘溲	首鲰					手守首					
ʒ												
ʌʒ									㽥	蹂揉	肉糅	蹂
k	响句鸘缑褠泃	樛	雊诟媾榖购嗀冓				摎樛嫪	缴樛玖韭	灸			
kʻ	弶龟	釦叩	殼诟询叩				龟	糗				
g												
ŋ				偶								
ø	瓯欧讴区	欧殴呕	沤				櫌麀	囮卣蝤斿蚰逌浟猶疣邮廀	牖诱莠犏琇		狖右	
h			诟					㗅	畜齅嗅			

第七章 《通鉴音注》同音字表　　421

续表

	尤侯部 əu						尤侯部 uəi					
	阴			阳			阴			阳		
	平	上	去	平	上	去	平	上	去	平	上	去
ɦ			㺅𤠔猴睺	厚迶後堠								

表 7－19　　　　　**侵寻部**

	侵寻部 əm						侵寻部 im					
	阴			阳			阴			阳		
	平	上	去	平	上	去	平	上	去	平	上	去
p							禀					
pʻ												
b												
m												
f												
v												
ʋ												
t												
tʻ												
d												
n													賃
l										菻廩懍	临檁
ts							寖	枕祲				
tsʻ							沁					
dz								熷				
s							深					
z								浔寻镡				
tʃ							鍼箴	枕揕				
tʃʻ							郴綝琛					

续表

	侵寻部 əm						侵寻部 im					
	阴			阳			阴			阳		
	平	上	去	平	上	去	平	上	去	平	上	去
ʤ				岑涔参		谶渗				忱谌任沈忱	椹	喋沈
ʃ	参琹		渗				谌	沈谂	深			
ʒ												
ʌʒ										纴妊任镡	稔	纴纴任
k							禁衿					
k'												
g										黔衿		懔喋
ŋ										崟		
ø							愔瘖阇喑			阴喑饮	欠	
h							歆廞					
ɦ												

表 7-20　　　　　　　　　覃盐部

	覃盐部 am						覃盐部 iam					
	阴			阳			阴			阳		
	平	上	去	平	上	去	平	上	去	平	上	去
p												
p'												
b												
m												
f												
v												
ʋ												
t	擔澹耽儋襜眈湛	紞	瓵儋擔					玷		跕玷店跕僛		

第七章 《通鉴音注》同音字表

续表

	覃盐部 am						覃盐部 iam				
	阴			阳			阴			阳		
	平	上	去	平	上	去	平	上	去	平	上	去
t'	儋册	统噉毯	探唪賧				沾					
d				郯倓惔镡谭覃儋昙	噉啖倓憺禫坍	啖嘀憺噉賧倓澹				恬		
n				册	湳					粘黏		
l				怵檻岚蓝婪	掌	缆				奁帘匳		殓敛赡
ts		昝		渐歼								
ts'	饞参偺	憯瘠							堑壍			
dz										灊		
s		糁散	三	暹彡歼铦孅苫暹恓								
z										燖		
tʃ							颭	占				
tʃ'	惨		忏				铦佔襜觇		赡韂觇堑			
dʒ				镵瀺巉	湛啖	镵儳				剚赡		
ʃ							痁彡苫	睒陕剡				
ʒ												
ʌʒ										颟髯	染	染赡
k	淦弇妎	礛	监赣瞰淦灨				珹监缄兼	玁减	监兼			
k'	戡尵叁		阚				瞰慊歉		僤			

续表

	覃盐部 am						覃盐部 iam					
	阴			阳			阴			阳		
	平	上	去	平	上	去	平	上	去	平	上	去
g										箝钳铃铖柑黔钻拑		
ʋ												
ø	谙菴	晻	闇				阉崦厌	㸃魘厌奄	厌奄阽㱃檐			炎燄艳
h	憨蚶											
ɦ				浛邯酣			玲戆含感					

表 7-21 屋烛部、药觉部

	屋烛部 uk		屋烛部 iuk		药觉部 ak		药觉部 iak		药觉部 uak	
	阴	阳	阴	阳	阴	阳	阴	阳	阴	阳
p	濮				镈傅搏薄膊					
pʻ	撲扑				粕泺薄					
b		曝樸扑撲暴			鳆箔亳魄					
m		沐鹜		敉缪莒	漠鄚摸瘼					
f										
v										
ʋ										
t	督毒				矺					
tʻ	秃				柝跅橐					
d		蠹椟猰韣髑韣			柝拓泽度乐					

第七章 《通鉴音注》同音字表　　425

续表

	屋烛部 uk		屋烛部 iuk		药觉部 ɑk		药觉部 iɑk		药觉部 uɑk	
	阴	阳	阴	阳	阴	阳	阴	阳	阴	阳
n		耨媷嗕		狃忸恧衂		诺				
l		谷角逯漉录簏簝艫		籙戮逯渌录僇蓼		頞酪乐抹骆轹洛		䂮		
ts	鏃蹙		跟属蹙蹴		柞作苲		燋著爝斮			
tsʻ			趣数趣蹴		错		芍			
dʑ					笮苲作柞苲筰					
s	餗㯷涑		铺玉蓿		索					
z										
tʃ			襡枻琡嘱属蠾蠋粥筑斸瘃				著灼焯斮勺乇			
tʃʻ			畜惆杻趗琡俶歜鄐				臭绰逴			
dʐ				璹属蠾躅孰筑妯舳				著鄐勺		
ʃ			缩谡朿儵㪅				铄			
ʒ				璹				汋		
ɣ				潏嗕郁				郁		
k	桔縠告告谷		鞠鞫拘		彉亭格		谑跼屩		崞彉貜矍鑐	
kʻ	桔嚳告		麹				卻			

续表

	屋烛部 uk 阴	屋烛部 uk 阳	屋烛部 iuk 阴	屋烛部 iuk 阳	药觉部 ɑk 阴	药觉部 ɑk 阳	药觉部 iɑk 阴	药觉部 iɑk 阳	药觉部 uɑk 阴	药觉部 uɑk 阳
g			跼				噱醵			
ʊ			狱		锷崿鄂粤愕		瘧			
ø	剧		澳奥彧 俄篯薁 燠隩		酈渍谷 毓粥	垩		彴栎	蠖	
h			稽畜俄 勖项旭		膗蠚鄗 郝		谑		彍	
ɦ		毂槲				貉骼鵅				镬穫濩

表7-22   质物部

	质物部 ət 阴	质物部 ət 阳	质物部 it 阴	质物部 it 阳	质物部 ut 阴	质物部 ut 阳	质物部 iuət 阴	质物部 iuət 阳
p								
p'			疋		咄			
b						浡勃字悖		
m			镒					
f							黻韨绋绂 芾茇袯	
v							佛拂艴费	
ʊ								
t					咄			
t'					吐怢			
d					突			
n			眤暱昵		讷		呐	
l			篥溧		瘅		率	
ts					卒		卒	
ts'					卒			
dʑ					捽			

第七章 《通鉴音注》同音字表

续表

	质物部 ət		质物部 it		质物部 ut		质物部 iuət	
	阴	阳	阴	阳	阴	阳	阴	阳
s			悉		窣		珬鈢訹怴戌	
z								
tʃ			铚座郅桎栉质騺蛭鑕瓆礩撽伮		窋		窋	
tʃʻ			咥抶柶叱				絀怵	
dʑ			翄袠袟秩鈇				鈇	
ʃ			瑟蝨蝨				率	
ʒ								術沭潏
ʎʒ			馹					
k			吃訖		滑		厥屈龟	
kʻ			契栔趌		窟矻		詘龟屈	
g					屈		屈詘倔	
ŋ			耴					
ø			佾軼溢鎰泆颭汨		蔚唱		蔚熨尉	鬱通鶻滴
h					惚笏忽		欻	
ɦ					扢齕纥鶻		齕	

表 7-23　　薛月部、陌职部

	薛月部 at		薛月部 iat		薛月部 uat		薛月部 iuat		陌职部 ək		陌职部 ik	
	阴	阳	阴	阳	阴	阳	阴	阳	阴	阳	阴	阳
p			别镳		般跋		擘		偪襞鷩辟			
pʻ			瞥憋		波钹		粕		辟劈愊			

续表

	薛月部 at 阴	薛月部 at 阳	薛月部 iat 阴	薛月部 iat 阳	薛月部 uat 阴	薛月部 uat 阳	薛月部 iuat 阴	薛月部 iuat 阳	陌职部 ək 阴	陌职部 ək 阳	陌职部 ik 阴	陌职部 ik 阳
b				批苾	犮铍魃馛				舶匐踣暴煏煏伏		辟愎鵯擗甓	
m	眛沫		蠛篾灭		靺秣韈蔑眛				貉舶伯万脉冒貊帕匐栢		幂	
f												
v							筏阀栰茷					
ʋ							韤袜					
t	妲怛靼哒鞑				掇馁				镝適靮			
t'	獭闼挞太		飻		脱侻		贷咋慝贰		惕剔擿惕遏偈耀			
d	哒		轶咥绖垤昳迭跌						塍贷		荻翟顿耀	
n	捺		涅		豽		呐				捺溺	
l	剌砢						埒		贷仂		蚀砾轹酾扐鬲泺栎砺	
ts			窣				舂惙		则谪		嵴勣借踖脊踧鲫	
ts'	蔡		切		撮						磧鼛刺射	
dz			截								瘠藉堉唐	

第七章 《通鉴音注》同音字表　　　429

续表

	薛月部 at		薛月部 iat		薛月部 uat		薛月部 iuat		陌职部 ək		陌职部 ik	
	阴	阳	阴	阳	阴	阳	阴	阳	阴	阳	阴	阳
s	萨		渫契泄 高绁褒 缫楔洩 线媟						塞索		析裼蜥 淅舄皙	
z												匛
tʃ			惼折浙 晣喆				剟啜惙 掇拙		讁磔舴 簀迮箐 嘖棚窄 栅咋		仄昃擳 炙跖摭 蹠	
tʃʻ	䂼刹		掣彻啜 惙鰈				歠啜		栅簀索		㑅晷	
dʒ		雪哒		撤折				栅讁斫 翟䟰咋		擳踯酈 湜祐植 殖崱 蒯	
ʃ	煞刹撒					刷		栅索		螫郝泽 奭拭啬	
ʒ			折								射	
ʌʒ			折				爇呐				藉籍瘠射	
k	匌		戛秸介 揭評桔 扢孑羯		括筈适		觖决阕 滀谲蹶 蹙		骼鬲格 虢		激亟棘 棘硕撠 攫	
kʻ	可		劫契揭 掣锲		筈		决阕觖 缺		隙闃契 郤			
g					碣揭			阙橛撅 蹶				勮墑屐剧
ŋ		枿		嚚孽孼 肎蘖㦿				刖	領		嶷	
ø	堨阏頞 阿		轧蠍喝 僵		曳拽		抉觖说		轭搤阨		嗌	液廙嚜弋 怪掖夜场 易贰腋杙 帟蜴峰

续表

	薛月部 at 阴	薛月部 at 阳	薛月部 iat 阴	薛月部 iat 阳	薛月部 uat 阴	薛月部 uat 阳	薛月部 iuat 阴	薛月部 iuat 阳	陌职部 ək 阴	陌职部 ək 阳	陌职部 ik 阴	陌职部 ik 阳
h		喝愒		瞎歇蠍					赤		阋閴虩洫	
ɦ		鶡阏輵黠滑		頡絜曳纥乾蹩缬拽跌					劾覈䓈画翮索		阋	

表 7-24　　　　　陌职部、缉入部、葉帖部

	陌职部 uək 阴	陌职部 uək 阳	陌职部 iuək 阴	陌职部 iuək 阳	缉入部 əp 阴	缉入部 əp 阳	缉入部 ip 阴	缉入部 ip 阳	葉帖部 ap 阴	葉帖部 ap 阳	葉帖部 iap 阴	葉帖部 iap 阳
p												
pʻ												
b												
m												
f												
v												
ʋ												
t							搭缛				喋	
tʻ							昜沓鑔潔阖搨鳎				怗	
d							阘喀蹋逻				堞垫喋谍蹀艓	
n							衲				捻蹑	
l							柆飒		肋摺拉		埒鬣镊蹑聂	
ts							戢		匝帀鍖函		楫浃偆婕睫甋咠	
tsʻ							葺					

第七章 《通鉴音注》同音字表

续表

	陌职部 uək		陌职部 iuək		缉入部 əp		缉入部 ip		葉帖部 ap		葉帖部 iap	
	阴	阳	阴	阳	阴	阳	阴	阳	阴	阳	阴	阳
ʣ							戢楫		袷			
s						霅	歰卙					
z							霅褶					
tʃ					戢		縶		眨𥻞		𨌑	
tʃʻ									𥻞笈		咕諜慴 叶𩰚㥈 䛆欱	
ʥ							縶褶		沓			
ʃ					鈒䦘霎 涩				霎歃唼 萐啑		睫䕨歃 渫葉	
ʒ												
ʌʒ							霅				渫啑	
k	蛤𩋄		淢				蛤盍浩 合郃磕		梜箧唊 郏袷胛 帢			
kʻ							溘榼磕		梜箧惬 帢帢			
g											笈	
ŋ							岌				邺	
ø	馘蟈				㭲		挹悒		邑匼		擪厌鯓 擪压	殜
h			洫		吸翖歙							
ɦ	劐蜮繣 㩁画								榼郃袷 郃		鰪侠挟陜 洽㿼	

附　　论

附论1　《通鉴音注》重纽问题研究[①]

胡三省《通鉴音注》中关于中古重纽韵字的音注以及用重纽韵字作反切上字的音注（包括反切和直音）有489条。我们对胡三省反切或直音中重纽韵字以及用重纽韵字作反切上字的反切进行分析和统计，并以此为基础研究宋末元初重纽韵的演变轨迹，从而揭示重纽韵的演变规律。

一　重纽的定义及其研究结论

周法高在《隋唐五代宋初重纽反切研究》一文中说："所谓'重纽'，是指切韵或广韵同一三等韵中，开口或合口的唇、牙、喉音字同纽有两组反切，在早期韵图（韵镜或七音略）中，分别列在同一行的三、四等。我们管前者叫做重纽B类，后者叫做重纽A类。"[②]

关于重纽A、B类所代表的内容，有的学者与周法高的提法不同：董同龢称之为一、二类；邵荣芬称之为甲、乙类；龙宇纯也称之为A、B类，但所指与周法高的恰恰相反。目前学界以周法高的分类和命名为标准，即重纽三等为B类，重纽四等为A类。

重纽出现的范围，通常认为重纽出现于支、脂、祭、真（谆）、

[①] 原文刊于《宁夏师范学院学报》（社会科学）2009年第5期，采入本书时，题目有所更改，内容有所修订。
[②] 周法高：《隋唐五代宋初重纽反切研究》，载《第二届国际汉学会议论文集》，台北，1986年，第85—110页。

仙、宵、侵、盐八韵系（举平以赅上去入，下仿此），但学者也有争议，争议的问题是关于庚$_三$/清、蒸、幽等韵是否是重纽。

对此周法高先生也有说明：（1）所谓三等重纽韵的出现，只要是唇牙喉音下至少有一组重纽出现就行了；例如侵韵和盐韵就只是影纽有一组重纽。还有清韵和庚韵三等合成一组 A、B 类[1]，蒸韵没有重纽，唇牙喉音属 B 类。幽韵在王仁昫《刊谬补缺切韵》切语下字分两类，晓纽有重纽；可是《广韵》和《韵镜》都没有区别。麻韵三等只有舌齿音和喉音喻以纽字，属 A 类，却没有 B 类。（2）C1 类和 C2 类包括有轻唇音出现的那些韵，C1 类只有唇牙喉音字，C2 类具有唇牙喉音字和舌齿音字[2]。

目前国际汉语音韵学界通用的就是周法高先生的将三等韵分成 A、B、C 三类，本书的称说也以此为标准，把列在三等的重纽韵字称为 B 类，把列在四等的重纽韵字称为 A 类。其他三等韵字称为普$_三$或 C 类字（包括周法高的 C1 类和 C2 类）。讨论的范围只限于通常认为的重纽八韵系的唇、牙、喉音字。

重纽是同一三等韵的唇牙喉音字里出现的两组反切不同的字，但这两组反切所反映出来的现象是同等、同声、同韵、同调、同开合，只是反切的上下字不同。重纽 A、B 类的区别究竟在哪里？自清朝道光二十二年陈澧作《切韵考》（1842）发现以来，海内外的学者们经过深入研究之后大都承认重纽之所以存在是因为其语音上存在着差别，而且由于解释导致这种差别存在原因的不同，而形成了五派意见。关于这一点，冯蒸在《语言文字词典·汉语音韵学》"重纽"条下有极为精要的说明：

> 从拟音上看，可归纳为五派：（1）重纽三、四等的区别是由于元音的区别，周法高、董同龢、Paul Nagal 等主之；（2）重纽三、四等的区别是由于介音，有阪秀世、河野六郎、李荣、蒲立

---

[1] 原注：在《韵镜》中，清韵的唇牙喉音列在四等，和庚韵三等恰巧配合成一组重纽 A、B 类。

[2] 周法高：《隋唐五代宋初重纽反切研究》，载《第二届国际汉学会议论文集》，台北，1986 年，第 86 页。

本、俞敏、邵荣芬等主之；(3) 重纽三、四等的区别是由于声母和介音，王静如、陆志韦主之；(4) 重纽三、四等确有语音上的差别，但没法说出区别在哪里，陈澧、周祖谟等主之；(5) 重纽并不代表语音上的区别，章炳麟、黄侃等主之[1]。

重纽反切中，反切上字的韵母类别与被切字的韵母类别的一致性，与人们对传统的反切构造的认识不大一致。反切的一般原则是上字取其声，下字取其韵和调，即反切下字的韵母类别决定被切字的韵母类别，反切上字的韵母与被切字无关。但是重纽反切的实际构造却不是这样的，重纽反切上字的韵母类别决定被切字的韵母类别。具体来说就是：A类上字切A类字，B类上字切B类字；当上字为C类字时，若下字是A类字则被切字为A类，若下字是B类则被切字为B类。而且A类字和B类字不互相用作反切上字。这种反切上字、反切下字、被切字三者之间的韵类关系被称为"类相关"。关于"类相关"，冯蒸《语言文字词典·汉语音韵学》"类相关"条下总结道：

> 该学说的创始人是辻本春彦，该术语的创始人是平山久雄。辻本春彦《所谓三等重纽问题》(1954) 提出一条规律：表示重纽的反切中，上字若A类，则被切字亦属A类；上字若B类，则被切字亦属B类。1957年上田正也提出了此种看法。平山久雄在中国学者周法高《三等韵重唇音反切上字研究》的启发下（周氏于此文列举了以《切韵》校勘的《广韵》、陆德明《经典释文》诸书中的唇音反切，发现重纽A、B类字不互相用反切上字。不过因为两者共同以普通三等韵的轻唇字作反切上字，所以在反切系联上看不出区别来），于1960年发表了《关于〈切韵〉蒸职韵与之韵的音值》，据周氏对唇音重纽反切的观察推而广之，观察到《切韵》重唇音重纽A类字和B类字不互相用为反切上字的原则也可适用于牙喉音，并把A类字和B类字分别只能切A类字和B类字而C类字则无此限制的现象称为"（上字与归字之间的）类相关"。台

---

[1] 冯蒸：《汉语音韵学》，载《语言文字词典》，学苑出版社1999年版，第379页。

湾学者杜其容《三等韵牙喉音反切上字分析》(1975) 也提出过类似的看法①。

值得注意的是，周法高《隋唐五代宋初重纽反切研究》列举出了陆德明《经典释文》（六世纪末叶）、颜师古《汉书音义》（七世纪中叶）、玄应《一切经音义》（七世纪中叶）、慧琳《一切经音义》（八世纪下叶）、朱翱《说文系传》（十世纪下叶）和《集韵》（十一世纪上叶）的重纽反切，指出重纽 A、B 类都是有分别的，不互相用作反切上字。那么，处于十三世纪末十四世纪初的胡三省《资治通鉴音注》重纽字的音注的情形如何呢？是否也同上述文献的重纽反切的构造特点一致呢？下面我们就从《广韵》重纽字在胡注中的表现入手，研究传统重纽八韵系即支、脂、祭、真（谆）、仙、宵、侵、盐等的唇、牙、喉音字在胡注中的特点。我们将从以下方面探讨这个问题：（一）A、B 类字用作反切上字或直音者；（二）被注字是 A、B 类字，其反切上字或直音的构成情况。

二 胡三省《资治通鉴音注》重纽反切或直音的考察

（一）A 类字用作反切上字或直音者

1. A 类字用作 A 类字的反切上字或直音者（77 例）

唇音（51 例）

帮母（20 例）：痹，必至②；比，必寐；匕，音比；畀，必寐；比，音庳；沘，音比；摈，必刃；傧，必刃；毖，音必；韠，音毕；滨，音宾；赴，音跸；便，毗连；便，频连；箯，音鞭；篃，音编；鷩，音鳖；瘭，必烧；标，必遥；贆，音标

滂母（7 例）：扁，音篇；嫖，匹昭；骠，匹妙；僄，匹妙；僄，匹妙；漂，匹妙；剽，匹妙

並母（16 例）：比，频脂；比，频二；鼙，频移；比，毗至；比，毗寐；鼙，频弥；庳，音婢；比，频寐；比，音毗；膑，频忍；膑，毗

---

① 冯蒸：《汉语音韵学》，载《语言文字词典》，学苑出版社 1999 年版，第 379—380 页。

② 本章所列反切都省去了"翻"字。

宾；比，毗必；嚬，音颦；嫔，毗宾；便，频面；慓，频妙

明母（8例）：眯，音弥；泯，弥邻；泯，弥忍；黾，弥兖；沔，弥兖；愐，弥兖；沔，音湎；眇，音妙

牙音（10例）

见母（6例）：钩，音均；昀，音均；狷，吉掾；鄄，吉掾；鄄，音绢；甄，音绢

溪母（2例）：觑，窥瑞；觑，音企

群母（2例）：悸，音揆；悸，葵季

喉音（16例）

影母（15例）：黝，音伊；駰，音因；垔，音因；要，一遥；要，一妙；要，音邀；要，音腰；挹，一及；愔，一寻；厌，一涉；厌，一艳；厌，一赡；厌，一叶；猒，一艳；厌，音魇

晓母（1例）：堕，音隳

2. A类字作B类字的反切上字或直音者（0）

3. A类字作C类字的反切上字或直音者（17例）

唇音（12例）

帮母（9例）：并，卑正；并，必正；并，必姓；辟，必亦；屏，卑郢；屏，卑正；屏，必郢；屏，必逞；栟，卑盈

并母（3例）：辟，频亦；辟，毗亦；辟，频益

牙音（1例）

溪母（1例）：顷，窥营。

喉音（4例）

影母（3例）：窫，一六；缨，伊盈；应，一陵

晓母（1例）：诇，翩正

4. A类字作四等韵字的反切上字或直音者（15例）

唇音（2例）

帮母（1例）：嬖，必计

滂母（1例）：睥，匹诣

牙音（9例）

见母（6例）：缴，吉吊；曒，吉了；徼，吉吊；狷，吉县；蠲，吉玄；敫，吉了

溪母（3例）：挈，诘结；篋，诘协；契，诘结

喉音（4例）

影母（4例）：抉，一决；幺，一尧；燕，一千；燕，因肩

5. A类字作二等韵字的反切上字者（4例）

唇音（2例）

滂母：窌，匹孝；盼，匹苋

喉音（2例）

影母：喝，一介；噫，一戒

6. A类字作一等韵字的反切上字者（13例）

唇音（2例）

滂母：粨，匹各；浦，匹布

喉音（11例）

影母：阏，一曷；唵，一感；鸣，一故；欧，一口；殴，一口；瓯，一侯；讴，一侯；呕，一口；汙，一胡；坞，一古；坞，一古

（二）B类字作反切上字或直音者

1. B类字作B类字的反切上字或直音者（69例）

唇音（36例）

帮母（10例）：费，兵媚；费，音秘；悘，兵媚；诐，彼义；陂，彼寄；豳，彼贫；别，彼列；禀，彼甚；禀，笔锦；贬，悲检

滂母（1例）：澴，音帔

並母（7例）：岯，平眉；否，皮鄙；圮，皮美；罢，音疲；被，皮义；糒，音备；汴，皮变

明母（18例）：靡，美为；靡，音縻；靡，音縻；郿，音媚；郿，音眉；魅，明秘；魅，音媚；宓，音密；缗，眉巾；斌，音彬；斌，悲巾；邠，彼巾；邠，悲巾；闽，眉巾；汶，音岷；汶，音崏；俛，音免；娩，音免

牙音（23例）

见母（7例）：概，音冀；觊，音冀；騩，京媚；簋，音轨；氿，音轨；卷，音卷；弮，音眷

溪母（2例）：蜠，音困；訚，音愬

群母（11例）：技，音伎；骑，奇寄；黄，音匮；馈，音馈，馗，

音遽；廛，音仪；碣，音桀；卷，遽员；拳，音权；侨，音乔；黔，音琴

疑母（3例）：蚁，音蚁；犠，音仪；谳，宜桀

喉音（10例）

影母（3例）：阕，音嫣；訞，音妖；祅，音妖

晓母（7例）：戏，音麾；戏，音羛；噏，音吸；歙，音翕；歙，音瀹；吸，音翕；翖，音翕

2. B类字作A类字的反切上字或直音者（2例）

唇音（2例）

明母：弥音靡；芈，眉婢

3. B类字作C类字的反切上字或直音者（6例）

唇音（4例）

帮母：邴，彼病

并母：愎，弼力

明母：缪，靡幼；谬，靡幼

牙音（1例）

见母：区，亏於

喉音（1例）

影母：䩋，乙六

4. B类字作四等韵字的反切上字者（0）

5. B类字作二等韵字的反切上字者（8例）

唇音（4例）

并母：逢，皮江；庞，皮江；辨，皮苋

明母：䫉，美角

喉音（4例）

影母：哑，倚下；喔，乙角；陁，乙革；揞，乙革

6. B类字作一等韵字的反切上字者（0）

从以上六个方面的情况可以观察出胡三省音注中重纽A、B类作为反切上字的情形，表解如表1所示：

表1　　　　　　　重纽 A、B 类作反切上字情况统计

反切上字为 A 类字	A 切 A	A 切 B	A 切 C	A 切一	A 切二	A 切四
次数	77	0	17	13	4	15
反切上字为 B 类字	B 切 B	B 切 A	B 切 C	B 切一	B 切二	B 切四
次数	69	2	6	0	8	0

从上面的统计表可以看出 A 类字切 A 类字、B 类字切 B 类字共有 146 例，而 A、B 互切只有 2 例，二者的比例是 146∶2，胡注中重纽 A、B 类字互不相涉的特征是显而易见的。

说明：这个表所反映的资料是严格的，即所选取的例子的反切上字（或直音）、反切下字（或直音）与被注字的《广韵》反切的上字、下字所代表的声母、韵母完全相同。还有一些例证，其反切上字也是重纽韵字，但是存在着或者声母与《广韵》不一致，或者反切下字的韵母与广韵不一致之处，这样的例证尽管符合分析条例反切上字是重纽韵字的条件，但其反切反映了一定的音变现象，即或者声母有变化（如浊音清化）和不同声母的混同（如见母和溪母以及影母的混同等），或者韵母有变化（如支脂混同、仙元混同等），这样的例子没有被统计进来。

（三）被注字是 A 类字，其反切上字或直音的构成情况

1. 一等韵字作 A 类字的反切上字者（16 例）

唇音（10 例）

滂母：缥，普沼

并母：箄，步佳；比，簿必；比，薄必；缠，步千

明母：渑，莫忍；渑，莫善；渑，莫践；宓，莫必；谩，莫连

牙音（2 例）

见母：鄄，工掾

溪母：跬，空累

喉音（4 例）

影母：鹰，乌点

晓母：睢，呼惟；睢，呼季；堕，火规

2. C 类字作 A 类字的反切上字者（24 例）

唇音（2 例）

滂母：憋，芳列

明母：芈，亡氏

牙音（6 例）

溪母：企，去智；跂，去智；诘，去吉；遣，去战

群母：跂，渠宜；悸，其季

喉音（16 例）

影母：缢，於赐；恚，於避；恚，衣避；要，於笑；愔，於今；厌，於琰；厌，於涉；猒，於盐；厌，於赡；餍，於琰；厌，於盐；黡，於琰；厌，於叶；厌，於艳

晓母：眭，香萃；堕，许规

3. 四等韵字作 A 类字的反切上字或直音者（2 例）

唇音（1 例）

帮母：跸，壁吉

牙音（1 例）

见母：甄，稽延

4. 同时我们需要考察在 C 类字作 A 类字的反切上字时，其所使用的反切下字的情况

在上文 C 类字作 A 类字的反切上字例中，其反切下字为 A 类字的有 4 个：吉、季、避、规；其反切下字为精组字的有 3 个：赐、笑、萃；其反切下字为章组字的有 4 个：氏、战、涉、赡；其反切下字为喻$_{四}$母字的有 4 个：琰、盐、叶、艳；其反切下字为来母字的有 1 个：列；其反切下字为知组字的有 1 个：智；其反切下字为 B 类字的有 2 个：宜、今。

关于以"宜""今"为 A 类字的反切下字，我们的解释是："跂，渠宜翻"，胡注中只出现一次，而"跂"的另一注音"去智翻"共有 5 次注音。"宜"是 B 类字，这里用"宜"作以 C 类字为上字、被切字为 A 类字的反切下字，可能是胡三省注错了，或者文献在流传过程中抄错了。"愔，于今翻"胡注中有 30 个。"今"是 B 类字，按理说它不该出现在以 C 类字为上字、被切字为 A 类字的反切中，但其数量却说明胡三省就是这么认定的，其原因我们尚无法解释。

(四) 被注字是 B 类字，其反切或直音的构成情况

1. 一等韵字作 B 类字的反切上字或者直音者（15 例）

唇音（11 例）

帮母：否，补美

滂母：陂，普罗；陂，普何；披，普麾；披，普彼；岥，普懿；濞，普懿

并母：卞，音盘；辨，步见

明母：靡，母被；縻，忙皮

牙音（2 例）

见母：蹶，姑卫

疑母：樣，音俄

喉音（2 例）

影母：邑，乌合

晓母：猲，呼曷

2. C 类字作 B 类字的反切上字或直音者（93 例）

唇音（5 例）

滂母：披，芳麾

并母：费，父位

明母：靡，武彼；靡，武皮；岷，武巾

牙音（55 例）

见母（15 例）：妫，俱为；妫，居为；奇，居宜；掎，举绮；掎，居蚁；掎，居绮；皮，举绮；羁，居宜；羁，居例；暨，居乙；峤，居庙；矫，举夭；禁，居禽；检，居掩；检，居俭

溪母（7 例）：喟，丘愧；軓，居洧；崎，丘宜；崎，邱宜；揭，丘例；卷，去权；趫，丘妖

群母（24 例）：䕺，其位；耆，渠伊；洎，其冀；技，渠绮；技，巨绮；伎，渠绮；伎，巨绮；瑾，渠吝；窘，巨陨；揭，其列；卷，其圆；犍，渠延；轿，旗妙；跻，巨娇；黔，巨今；黔，其今；黔，渠今；钳，其廉；钳，其炎；拑，其炎；拑，巨炎；黔，其炎，笎，极晔；黔，其淹

疑母（9 例）：齮，鱼倚；劓，鱼器；峞，鱼委；嚚，鱼巾；嵒，

鱼巾；孽，鱼列；谳，鱼战；谳，鱼列；谚，鱼变

喉音（33例）

影母（26例）：委，於伪；逶，於为；倚，於绮；瘗，於例；赟，於伦；阌，於连；堰，於扇；阌，於焉；阌，於乾；嫣，於虔；焉，於乾；焉，於虔；夭，於兆；夭，於绍；妖，於遥；祅，於骄；妖，於骄；夭，於表；夭，於骄；饮，於鸩；暗，於鸩；饮，於禁；瘖，於今；陰，於禁；阉，衣廉；阉，衣检

晓母（6例）：戏，许宜；嚣，许骄；歙，许及；翕，许及；歙，许急；廞，许今

3. 四等韵字作B类字的反切上字者（3例）

唇音（1例）：郫音甓

牙音（1例）：闃音计

喉音（1例）：焉音烟

4. 同时我们也需要考察在C类字作B类字的反切上字时，其所使用的反切下字的情况

C类字作B类字的反切上字或直音者93例，其中，其反切下字为B类字的有32个，即：靡、彼、皮、巾、宜、绮、蚁、乙、庙、夭、禽、掩、俭、愧、权、妖、冀、娇、今、淹、倚、器、委、变、伪、虔、乾、骄、表、禁、检、及、急；其反切下字为章组字的有3个，即：战、扇、绍；其反切下字为喻₃母字的有6个，即：位、为、洧、圆、炎、晔；为喻₄母字的有延、遥、陨3个。其反切下字为来母字的6个，即：例、吝、列、廉、伦、连；其反切下字为知组字的有2个：兆、鸩；其反切下字为A类字的有两个：伊、妙。

我们将上述A、B类字作为被注字时其反切上字的情形表解如表2所示：

表2　　　　　　**重纽A、B类字的反切上字情况统计**

被注字为A类	一切A	C切A	四切A
次数	16	24	2
被注字为B类	一切B	C切B	四切B
次数	15	93	3

由表2可知，一等韵字作 A、B 类字的反切上字分别为 16 和 15 例，C 类字作 A、B 类字的反切上字分别为 24 和 93 例，而四等韵字作 A、B 类字的反切上字分别为 2 和 3 例。

与上文分析 A、B 类字作反切上字或直音一样，我们在分析 A、B 类被注字时，也是严格选取反切上字（或直音）、反切下字（或直音）与被注字的《广韵》反切的上字、下字所代表的声母、韵母完全相同的例子作为分析条件。当然也有一些由于语音演变或者方音的混杂例外的情况，我们在此文中不予统计分析。

我们将上述（一）、（二）、（三）、（四）中所反映的 A 切 A、B 切 B、C+A=A、C+B=B 以及 C 类字与舌齿音字拼切 A 类字或 B 类字的情况统计如表3所示：

表3　　　　　　　　　重纽反切情况统计

	A切A	B切B	C切A						C切B					
			C+A	C+章组字	C+精组字	C+来母字	C+知组字	C+喻四母字	C+B	C+章组字	C+来母字	C+知组字	C+喻三母字	C+喻四母字	C+A
次数	77	69	6	4	3	1	2	8	60	3	9	3	12	4	2
			24						93					

上文我们考察了胡三省《资治通鉴音注》的反切上字（或直音）的情况，我们认为胡三省《资治通鉴音注》的反切上字分用重₃和重₄，这种分用重₃、重₄的情形与《经典释文》、颜师古《汉书音义》、玄应《一切经音义》、慧琳《一切经音义》、朱翱《说文系传》和《集韵》的重纽反切的不互用作反切上字的特点是一致的。

三　胡三省《资治通鉴音注》重纽韵的演变

《广韵》重纽韵字在胡三省《资治通鉴音注》中有以下表现：（一）重₃、重₄都与三等韵发生韵混现象。（二）重₃与一等韵、四等韵也有混韵的情况；重₄有与一等韵、二等韵混韵的情况。下面我们按照止、蟹、臻、山、效、深、咸诸韵摄的先后顺序将胡注中的中古重纽韵字的注音进行归纳和分析。

（一）止摄

胡注中止摄 B 类韵字共有 97 次注音（同一字不同切语按被注次数计算，下仿此），其中以 B 类韵字作 B 类韵字的反切下字者有 70 次，以三等韵字作 B 类韵字反切下字者有 20 次，以一等韵字作 B 类韵字反切下字者有 4 次，以四等韵字作 B 类韵字反切下字者有 2 次，以 A 类字作 B 类字的反切下字者 1 次。由此可以看出止摄 B 类字保持不变的占到 74.2%，发生变化的则占 25.8%。胡注中止摄 A 类字共有 44 次注音，其中以 A 类韵字作 A 类韵字的反切下字者有 20 次，以三等韵字作 A 类韵字反切下字者有 14 次，以二等韵字作 A 类韵字反切下字者有 1 次，以 B 类字作 A 类字的反切下字者 5 次。由此看出止摄 A 类字保持不变的占到 50%，发生变化的也占 50%，如表 4 所示。

表 4　　　　　　　　　止摄重纽字混注情况统计

	重三	重四	一等	二等	三等	四等	总计
重三	70	1	4	0	20	2	97
重四	5	24	0	1	14	0	44

（二）蟹摄

胡注中蟹摄祭韵共 8 例注音，且都是 B 类字，没有 A 类字。而且祭韵的 B 类字全都发生了音变，其中与三等韵混的有 6 例，与四等齐韵混的有 2 例，如表 5 所示。

表 5　　　　　　　　　蟹摄重纽字混注情况统计

	三等韵	四等韵	总计
重三	6	2	8

说明：①蟹摄祭韵有 1 例是废韵切祭 B，其他都是祭韵的舌齿音字作反切下字。②胡注用纯四等齐韵去声字作祭 B 的反切下字有 2 例。

（三）臻摄

臻摄 B 类字共有 19 次注音，其中以 B 类字作反切下字的 17 例，以三等韵作反切下字的只有2例。臻摄A类字共有27次注音，其中以A类字作反切下字的17例，以三等韵作反切下字的有10例。

表6　　　　　　　　　臻摄重纽字混注情况统计

	重三	重四	三	总计
重三	17	0	2	19
重四	0	17	10	27

（四）山摄

山摄B类字共有40个反切，其中以B类字作反切下字的有24例，以三等韵作反切下字的11例，以一等韵作反切下字的有3例，以四等韵作反切下字的有2例。山摄A类字共有26个反切，其中以A类字作反切下字的有8例，以三等韵作反切下字的有14例，以四等韵作反切下字的有4例，如表7所示。

表7　　　　　　　　　山摄重纽字混注情况统计

	重三	重四	三等韵	四等韵	一等韵	总计
重三	24	0	11	2	3	40
重四	0	8	13	4	0	25

（五）效摄

效摄B类字共有22个反切，其中以B类字作反切下字的有14例，以A类字作反切下字的有1例，以三等韵作反切下字的有3例，以一等韵作反切下字的有4例。效摄A类字共有20个反切，其中以A类字作反切下字的有14例，以三等韵作反切下字的有6例，如表8所示。

表8　　　　　　　　　效摄重纽字混注情况统计

	重三	重四	三等韵	一等韵	总计
重三	14	1	3	4	22
重四	0	14	6	0	20

(六) 深摄

深摄 B 类字共有 24 个反切，其中以 B 类字作反切下字的有 19 例，以三等韵作反切下字的有 4 例，以一等韵作反切下字的有 1 例。深摄 A 类字共有 3 个反切，其中以 B 类字作反切下字的有 2 例，以三等韵作反切下字的有 1 例，如表 9 所示。

表 9　　　　　　　深摄重纽字混注情况统计

	重三	重四	三等韵	一等韵	总计
重三	19	0	4	1	24
重四	2	0	1	0	3

(七) 咸摄

咸摄 B 类字共有 13 个反切，其中以 B 类字作反切下字的有 6 例，以三等韵作反切下字的有 7 例。咸摄 A 类字共有 18 个反切，其中以 A 类字作反切下字的有 1 例，以三等韵作反切下字的有 16 例，以四等韵字作反切下字的有 1 例，如表 10 所示。

表 10　　　　　　咸摄重纽字混注情况统计

	重三	重四	三等韵	四等韵	总计
重三	6	0	7	0	13
重四	0	1	16	1	15

以上我们分析了胡注中所有重纽韵字的反切下字的使用情况，并将其实际情况做成表格以便于比较。胡注中不同韵摄的重纽韵的演变情况有所不同。总的来看，胡注中的重纽韵表现出以下特点：①重$_三$、重$_四$与三等韵、纯四等韵的关系都较为密切。②重纽三等韵有与同摄一等韵混同的情况。③重纽四等韵有与同摄四等韵混同的情况。

小结

胡三省《资治通鉴音注》的重纽现象与慧琳《一切经音义》《集韵》的重纽格局有相同的一面也有不同的一面。相同的是胡三省《资治通鉴音注》中 A、B 类不互相用作反切上字的情形与《广韵》(《切韵》）以及陆德明《经典释文》、颜师古《汉书音义》、玄应《一切经音义》、慧琳《一切经音义》、朱翱《说文系传》和《集韵》的不互相用作反切上字是一致的。不同的是慧琳《一切经音义》《集韵》的重纽格局是重₃和普₃关系较为密切，重₄和纯₄关系较为密切；二者界限分明；胡注的 A、B 类字都与唇牙喉音字以外的三等韵关系密切，而且胡注中重纽 B 类字与一等韵、二等韵、四等韵也有混注现象。胡三省《资治通鉴音注》成书距离《集韵》有 246 年的光景，其间语音的发展演变在所难免，因而表现出与北宋初年共同语不同的语音特点。尽管如此，读书音的保守性质决定了其在发展过程中必须重视它的继承性，胡三省《资治通鉴音注》不会离开《广韵》《集韵》太远。因此，一方面胡三省《资治通鉴音注》恪守着《广韵》的重纽韵的区别特征，另一方面也透露出了他所处的那个时代（宋末元初）的共同语的实际变化。

附论2 《通鉴音注》特殊音切的韵母关系研究[①]

胡三省《通鉴音注》中有一些特殊音注，这些音注概括起来有以下几个特点：一是保留了上古的地名、人名的读法；二是保留了古代域外译音的读法；三是保留了假借字、古字、异体字、连绵字的读音；四是记录了古今、方俗之音；五是有误注字音的情况存在。我们在研究《通鉴音注》音系时关注到了这些特殊音切，但材料比较零散。这篇文章已经发表，姑且附于此处，便于我们集中了解文中相关问题（收入本书时略有改动）。

一　东冬锺韵字与江韵字交替

①"乃选骑二千，衔枚夜进，败仲礼于漅头"，胡注："杜佑曰：

[①] 原文刊于《毕节师范学院学报》2010 年第 12 期，采入本书时题目有所改动，内容有所修订。

潼音崇，水所衝曰潼。《考异》曰：太清纪作潼头，在去年十二月。今从典略。"（p.5035）崇，《广韵》东₃韵字；潼，《广韵》绛韵字。《集韵》潼、崇同音鉏弓切。胡三省以"崇"注"潼"，此类现象在其《音注》里还有如下例证：

② "作三阳宫于告成，之石淙"，胡注："淙，藏宗翻，又士江翻。"（p.6545）胡三省对"淙"字注音的切语与《广韵》的切语完全相同。"淙"的正读为冬韵，又读为江韵。

③ "隐性愯直"，胡注："愯，书容翻，愚也，又涉降翻。"（p.8648）"愯"，《广韵》有书容、丑江二切。"愯"的正读为锺韵，又读为江韵。

④ "太常卿敬钉以勇略"，胡三省注："钉，古红翻，又古双翻。"（p.7356）。胡注与《广韵》切语完全相同。

⑤ "壁带往往为黄金钉"，胡三省注："钉，音工，流俗读之音江，非也。"（p.1002）可见，读书音只有"工"音，而流俗音有"江"一读。

⑥ "唐以夏丘为虹县"，胡三省注云："虹，汉书音贡，今音绛。"（p.4095）"虹"，《广韵》有古送切、古巷二切，古送切"贡"，古巷切"绛"。

⑦ "囊撲二弟"，胡三省注："撲，弼角翻，又普卜翻。"（p.214）按：撲，《广韵》屋一韵字，《集韵》有"弼角切"，属觉韵。"撲"《广韵》只有屋韵一读，胡注中则有觉韵、屋韵两种读法，胡注与《集韵》相同。

从这7个例子可知，文献中有些字既有江韵的读法，又有东冬锺韵的读法，其入声也是这样。而且，这样的读法与《广韵》或《集韵》音切的读法基本吻合。胡三省《音注》中东冬锺与江混注或者互为又音的这些例子说明在文献的读书音中，有些字依旧保持传统读法，这些字的读音在《广韵》中或者以又音的形式予以保留，或者不见于《广韵》，但在《集韵》中有所保留。

二 东锺韵字与梗曾韵字交替

① "故安、赵犊、霍奴等杀幽州刺史及涿郡太守，三郡乌桓攻鲜

于辅于犷平"，胡注："犷，服虔音鞏，师古曰：九勇翻，又音鑛。"（p.2061）犷，《广韵》有两读，一读古猛切，见梗合二上梗；另一读居往切，见阳合三上宕。鞏，《广韵》居悚切，见锺合三上通；服虔是东汉末年人，其"音鞏"与师古的"九勇切"相合。鑛，《广韵》古猛切，见梗合二上梗，与"犷"同音。这里胡三省采用服虔和颜师古（581—645）的注音，反映的是语音的发展："犷"在东汉末读锺韵，到隋末初唐，既可读锺韵，又可读庚韵。这种现象与《中原音韵》中古的梗曾二摄的舒声字既见于庚青部，又见于东锺韵的情况相同。

同时，其入声韵字也有混注的情况，表现为屋_与德混注1例、屋三与德混注2例、锡与沃混注1例：

② "暴露於野三年"，胡注："暴，蒲北翻，又如字。"（p.304）《广韵》"暴"有二切，一为蒲木切，一为薄报切。胡三省的"蒲北切"与《广韵》"蒲木切"相对应，只是韵母不同：前者注为曾摄入声德韵，后者注为通摄入声屋_韵。

③ "于是信孰视之，俛出袴下蒲伏"，胡注："伏，蒲北翻。"（p.310）

④ "夫其膝行、蒲伏，非恭也"，胡注："伏，凫墨翻，伏地也。"（p.231）伏，《广韵》有二切，一为扶富切，另一为房六切，其中房六切与胡三省的音注对应，也只是韵母不同，胡注为德韵，《广韵》注为屋三韵。

⑤ "泗川守壮兵败于薛，走至戚"，胡注："戚，如字；如淳将毒翻。"（p.265）戚，《广韵》仓历切，清锡开四入梗；胡注如字，指的就是这个音，同时胡三省又给出如淳的音。"毒"是通摄入声沃韵字。如淳的注音在《集韵》中被保留：《集韵》戚，有子六切、昨木切，音与"将毒切"近。

东锺韵和梗曾摄的这些混注情况，与其后的《蒙古字韵》《中原音韵》里的情况相一致。《蒙古字韵》的公韵包括了庚耕登合口、弓韵包括庚三合口、清韵合口①。而《中原音韵》中，庚青部的"崩绷烹棚鹏

---

① 郑张尚芳：《从〈切韵〉音系到〈蒙古字韵〉音系的演变对应规则》，（香港）《中国语文研究》2002年第1期，第51—63页。

薨盲瞢萌迸猛艋蜢孟肱觥甍薨宏絋横嵘弘兄"等字都归在东锺韵里，东锺韵的"疼"归在庚青部里①。陆志韦认为在《中原音韵》里，登庚耕的牙喉音合口字变到东锺韵里去了："庚耕登的合口跟东锺韵通押。这样的字《中原音韵》两韵部都收，可是两方面的字不全同。卓书只收在东锺，好像那些合口字真的已经变为 uŋ、iuŋ 音了。那末《中原音韵》的分收或是兼收表明有些合口字在方言异读（参《西儒耳目资》uŋ 跟 uəŋ 重读）。"②

《资治通鉴音注》中东锺韵字与梗曾韵字的交替现象，与《蒙古字韵》（1269）、《中原音韵》（1324）等一样，反映的是梗曾摄牙喉音合口字所发生的音变。

三 -m、-ŋ 尾韵字的交替

① "王陵可，然少戆"，胡注："戆，愚也；古者下绀翻，今则竹巷翻。"（p.406）戆，《广韵》有二切，一为呼贡切，一为陟降切；《集韵》戆有"呼绀切"。胡三省的"竹巷翻"与《广韵》"陟降切"相对应；"下绀翻"与《广韵》"呼贡切"对应。胡三省的注语说明"戆"字古读与今读不同：戆，古音是-m 尾字，中古是-ŋ 尾字。

② "中常侍高梵车叩头流血诉言枉状"，胡注："梵，房戎翻，又房泛翻。"（p.1644）"梵"是人名，人名有存古性质，临文诵读时当不改其古音，但是语音有变转，胡三省时代文献中"梵"的读音有二，一为传统读书音，是上古音；另一为其时代音，是中古音。所以将"梵"字的两个读音都注了出来，这一注音与《广韵》完全相同。

③ "残贼公行，莫之或止；大命将泛，莫之振救"，胡注："泛，方勇翻，孟康曰覆也。师古曰：字本作覂，此通用。"（p.451）泛，《广韵》孚梵切，《集韵》有"方勇切"与胡三省音相同。胡三省的注音与《集韵》一致，这是因为《集韵》比《广韵》更多地保留了文献古读。"泛"与"覂"（《广韵》方勇切）是异体字，音同义同形异。

④ "尚书郎王杼送伐还秦，并遗暮末马千匹及锦罽银缯"，胡注：

---

① 宁继福：《中原音韵表稿》，吉林文史出版社 1985 年版，第 12—16、122 页。
② 陆志韦：《释〈中原音韵〉》，载《陆志韦近代汉语音韵论集》，商务印书馆 1988 年版，第 13 页。

"缯，慈林翻。"（p.3802）缯，《广韵》《集韵》都在蒸韵，而胡注将其与侵韵字混同，或许是胡三省音中-m尾韵的"林"字已经变成了-n尾，而他的方音中in、iŋ分辨不清，所以用-m尾的"林"字作了-ŋ尾的"缯"字的反切下字。关于此说法，笔者还有另外5个例子需要补充。在胡三省《音注》中，将-m尾字与-n尾字混注的还有以下几个：监（见衔），古苋翻（见山）；邯（匣寒），户甘翻（匣谈）；瘱（清仙），千感翻（清覃）；散（心寒），悉览翻（心谈）；泛（敷凡），音幡（敷元）。这5例混注的例子说明了两点，一是胡三省《音注》中山摄与咸摄的主元音已经变得相同，二是个别-m尾的字、-n尾的字已经分辨不清。

四 宕摄字与庚韵字的交替现象

中古宕摄字与庚韵字交替有三种情况：一是阳韵字与庚韵开口三等字交替，二是唐韵字与庚韵开口二等字交替，三是青韵字与唐韵开口字交替。具体分析如下：

① "书曰：反虏逆贼鱷鲵"，胡注："鱷，古鲸字，其京翻。"（p.1164）这里指出"鱷"是"鲸"的古字，读音是"其京翻"。《广韵》"鱷"巨良切，群阳开三平宕；《集韵》"鱷"渠京切，与胡三省的注音一致，都是群庚开三平梗。

② "兑则若莫邪之利锋，当之者溃"，胡注："兑，刘向《新序》作'锐'。杨倞曰：兑，犹聚也，读与队同。倞，音谅。"（p.189）《广韵》倞，渠敬切，群庚开三去梗；《集韵》倞有"力让切"一读，与胡三省的注音一致。

③ "赵锽新得宣州"，胡注："锽，户航翻。"（p.8381）又："其后政绩可称者唯常州刺史薛谦光、徐州刺史司马锽而已。"胡注："锽，户萌翻，又音皇。"（p.6570）"锽"在胡三省《音注》中有三种注音：户盲翻、户航翻、音皇，其中户盲翻与《广韵》的音读一致，匣庚二开平梗；而户航翻（匣唐开一平梗）、音皇（匣唐合一平梗），与《集韵》"胡光切"（匣唐合一平梗）一致。

④ "齐渠丘实杀无知，而陈、蔡不羹亦杀楚灵王，此皆大都危国也"，胡注："羹，音郎。"（p.161）《广韵》羹，古行切，见庚开二平

梗；《集韵》羮，卢当切，"羮"与"郎"在同一个音组里。

⑤ "审素二子瑝、琇皆幼"，胡注："瑝，户盲翻，又音皇。"（p. 6811）瑝，《广韵》户盲切，匣庚开二平梗；胡三省的注音有一读与《广韵》相同，"瑝"读作"皇"，与《广韵》音不同，而《集韵》保存了这一读法（见庚合二平梗）。

⑥ "于是以贺玚及平原明山宾、吴兴沈峻、建平严植之补博士，各主一馆，馆有数百生，给其饩廪"，胡注："玚，徒杏翻，又音畅。"（p. 4546）"玚"，《广韵》有"徒杏"（澄庚开二上梗）、"丑亮"（彻阳开三去宕）二切，胡注与《广韵》注音完全相同。

⑦ "阪中郎将袁盎骑，並车擥辔"，胡注："並，蒲浪翻"，（p. 450）"李怀光自蒲城引兵趣泾阳並北山而西。"（p. 7375）胡注："並，读曰傍，步浪翻。"

例中的"並"在文献中指的是"傍"，其义为"沿着……旁边走"。这种因为假借关系的注音不应当算作已经发生的音变。"並"这样的注音却与《集韵》所注的音相同。我们认为，这种音变于古文献是因为假借而造成的，但在时音中这个假借音已经固定下来成为其真正的读音了。这个说法还期待方家指点。

宕摄舒声韵出现的这种情况，在其入声韵中同时出现了：

矍，俱碧翻，见陌开三入梗；《广韵》居缚切，见药合三入宕；《集韵》俱碧切，与《音注》相同；粕，普白翻，滂陌开二入梗；《广韵》匹各切，滂铎开一入宕；《集韵》匹陌切，与《音注》同音；泽，音铎，定铎开一入宕；《广韵》玚伯切，彻陌开二入梗；《集韵》泽、铎在同一个音组，达各切；魄，音薄，並铎开一入宕；《广韵》普伯切，滂陌开二入梗；《集韵》魄、薄在同一个音组，白各切。药与陌₂混注的现象，与其所相配的阳声韵阳与庚₃韵的混注相一致。铎韵与陌₁相混，与其所配的阳声韵唐韵庚₂韵的相混一致。

五 臻摄字与山摄字交替的现象

① "昔高阳氏有才子八人，苍舒、隤敳、梼戭、大临、尨降、庭坚、仲容、叔达"，胡注："敳，以善翻，韦昭以震翻。"（p. 1715）"以震翻"是韦昭的注音，胡三省的注与之不同，但大概书音也有此

读，所以胡三省就列在旁边。《广韵》"㦬"有以淺、余忍两切，其中"以浅切"与胡三省的"以善翻"比较接近，以仙开三上山；而"余忍切"与韦昭的音"以震翻"接近，以真开三上臻。《集韵》中有"羊进切"，与韦昭的音一致。《音注》中，谆韵与仙韵合口字的交替注音有以下5例，其被注字及其音韵地位如下：

② "昌逃于下儁山，其众悉降"，胡注："师古曰儁，字兖翻，又辞兖翻。"（p. 2684）"儁"《广韵》谆韵字，胡三省注的音都是仙韵合口字，声母条件是精母。儁，《音注》字兖翻，从仙合三上山；又辞兖翻，邪仙合三上山；《广韵》子峻切，精谆合三去臻，《集韵》祖峻切，与《广韵》相同。

③ "散骑常侍裴昭明、散骑侍郎谢竣如魏吊"，胡注："竣，七伦翻，又丑缘翻。"（p. 4307）"竣"《广韵》《广韵》七伦切，清谆合三平臻，与胡三省所注的第一个音相同；《集韵》逡缘切，与胡三省所注的第二个音相同。

④ "释子俊劝释伏兵请本收斩之，悉诛其家"，胡注："俊，七伦翻，又且缘翻。"（p. 2747）"俊"《广韵》此缘切，清仙合三平山，与胡三省所注的第二个音相同；《集韵》七伦切，与《音注》第一个音同。

⑤ "败太守刘盱于允街"，胡注："允，音铅。"（p. 1430）胡三省《通鉴释文辩误》卷二云："史炤《释文》曰：允，音铅。（海陵本同。）余按《汉书音义》，惟允吾县音铅牙，允街县音铅街，此外无音。"① 允，《音注》音铅，以仙合三平山；《广韵》允，余准切，以谆合三上臻；《集韵》余专切，与《音注》相同。

⑥ "战于富平河上，打破之"，胡注："余按《水经》，河水东北迳安定郡眴卷县故城西……应劭曰：眴音旬日之旬。卷，音箘簬之箘。"（p. 1599）卷，《音注》音箘，溪谆合重三平臻；《广韵》有四切，均为仙韵字和元韵字；《集韵》巨陨切，与《音注》同。

从"儁""竣""俊"三字的注音看，仙韵合口字与谆韵字在精母

---

① （元）胡三省：《通鉴释文辩误》，载《资治通鉴》（第二十册），中华书局1956年版，第22页。

和清母的条件下分辨不清。

⑦ "宗室属未尽而以罪绝者，复其属"，胡注："谓袒免以上亲，以罪绝属籍者，复其属籍。免，音问。"（p. 1131）按：袒免，上音但，下音问。袒免，谓去冠代之以免。免者，以布广一寸，从项中而前，交于额上，却向后绕于髻。免，《音注》音问，明文合三去臻，《广韵》亡辨切，明仙开重三上山，《集韵》文运切，与《音注》同。"袒免"是古专有名词，保存了古读。

⑧ "圁水出白土县西，东入河"，胡注："圁，音银，今银州银水是。"（p. 377）"圁"是水名。《汉书》卷九十四上"晋文公攘戎翟，居于西河圁洛之间"，晋灼曰："圁音嚚，《三仓》作圁，《地理志》'圁水出上郡白土县西，东流入河。'"师古曰："圁水即今银州银水是也。书本作'圁'，晋说是也，后转写者误为'圁'耳。""发胜、夏、银、绥、丹、延、鄜、坊、石、隰十州兵镇胜州。"胡注："胜州，隋之榆林郡。后魏书有银州，隋废为儒林郡，属绥州；贞观二年，分绥州之儒林真乡县复置银州银川郡，汉西河之圁阴、圁阳县地也。圁，音银。"（p. 6232）可见"圁水"为"圁水"之误。《广韵》"银""圁"同音，语巾切。

六　梗摄青韵字与山摄桓韵字混注

① "伏兵千人于野桥箐以邀官兵"，胡注："箐，李心传曰音咨盈翻，史炤曰仓甸切，盖从去声亦通。"（p. 8279）《广韵》"箐"子盈切，而史炤的音被《集韵》收录。

② "汉人自佷山通武陵"，胡注："佷，孟康曰音桓。唐峡州辰阳县有佷山。佷，音银。"（p. 2201）《广韵》没有"佷"字的注音，《玉篇》户恳切，匣痕开一上臻；《集韵》"佷、恒、姮、楦"同一音组，胡登切。大概是文献传抄过程中出现的错误将"恒"或"姮""楦"误作"桓"。正确的注音当为"佷，音恒"，匣登开一平曾；《广韵》无"佷"字，《玉篇》户恳切，匣痕开一上臻；《集韵》"佷""恒"同音胡登切。《音注》与《集韵》二者皆混。胡三省注"佷音银"，与《玉篇》《集韵》声母皆不合。

七　东韵与真韵交替

"刺史杨忞"，胡注："忞，莫中翻。"（p.8151）《广韵》忞，武巾切，明真开重三平臻，《集韵》眉贫切，二者与胡三省音之间存在着东韵和真韵的交替，其条件是明母。

东₃明母字与真韵明母字值得讨论一下。东锺部的主元音是[u]，与真文部的[i]不同，尽管如此，我们认为二者的混同也是前后鼻音不分的表现。双唇声母往往会使得其后的韵母发生三等介音丢失的现象，这一点我们可以从明母东₃韵、尤韵后世不变轻唇音的现象能够得到证明，因为双唇声母吞掉了其后韵母的[i]介音。陆志韦《古音说略》（1985：p.54）的解释是，东₃和尤韵的主元音都是u，声母m跟u同化，把其中的i介音给吞没了，以后当然不能再变成轻唇音。而把前元音读成后元音，则是由于声母的同化作用。

同化作用是一般语言中常见的一种语音变化。当两个不相同或不相似的音连起来发的时候，两个音由于互相影响、互相适应而变为相同或者相似的音。东₃韵的明母字与真韵的明母字混同，是因为明母是合口圆唇的声母，它往往会影响其后面的韵母向后高元音的方向变化。m与前高的元音[i]、加上前高的舌头音[n]作韵尾，发音人在一瞬间改变这几个音的发音部位或者发音方法而把n音发成[ŋ]，并伴有一个合口[u]的色彩。这时就很容易把韵母的音改成跟声母的发音部位或方法相同的音。

正是由于明母将真韵[in]给同化为后高元音，并伴有一个合口[u]的色彩，才使得胡三省的方音将其与东₃韵混同。这是他的方音色彩（前后鼻音不分）。方言区的读书人诸书立说，不小心流露出方音色彩的现象很正常，很普遍。

八　阳声韵和阴声韵混注的现象

①"右十二军出黏蝉"，胡注："蝉，服虔音提。"（p.5660）黏蝉是古县名，在乐浪。蝉，《音注》音提，禅支开三平止；《广韵》市连切，禅仙开三平山，《集韵》"蝉""提"在同一个音组，音田黎切。

②"陈留秦周、鲁国蕃向、东莱王章为八厨"，胡注："贤曰：蕃，

姓也，音皮。"（p. 1818）蕃向，人名。蕃，《音注》音皮，並支开重三平止；《广韵》附袁切，並元合三平山，《集韵》"蕃""皮"在同一音组，音蒲糜切。

③ "其诗曰：'啴啴焞焞，如霆如雷。显允方叔，征伐猃狁，蛮荆来威。'"胡注："师古曰：《小雅·采芑》之诗也。啴啴，众也。焞焞，盛也。……焞，音土回翻。"（p. 947）"焞焞"是叠音词，利用词的重叠来表达某种意义，与单个词的意义不同，是属于构词法范畴。《音注》同音。

④ "封宣帝耳孙信等三十六人皆为列侯"，胡注："晋灼曰：耳，音仍。耳孙，曾孙。《集韵》：关中河东语。"（p. 1131）耳，《音注》音仍，日蒸开三平曾，《广韵》而止切，日之开三上止，《集韵》如蒸切，与《音注》同音。

⑤ "西与秦将杨熊会战白马，又战曲遇东"，胡注："遇，音颙。"（p. 288）曲遇，古地名。遇，《音注》音颙，疑锺合三平通；《广韵》牛具切，疑虞合三去遇；《集韵》遇、颙在同一音组，音鱼容切。

⑥ "且番禺负山险，阻南海"，胡注："禺，音愚，又鱼容翻。"（p. 394）番禺，古地名。禺，《音注》鱼容翻，疑锺合三平通；《广韵》遇俱切，疑虞合三平遇；《集韵》鱼容切，与《音注》切语同。

从以上分析看，阴声韵和阳声韵混注的字，其本身意义较为固定：或者是人名姓氏，或者是地名，或者是古语，完全是书面的读音。

这种阴阳混注现象在《广韵》中也存在。徐通锵《"阴阳对转"新论》（2004：p. 185—212）中就列出了《广韵》中有阴阳异切的176例，并说"《广韵》的这种同一个字阴、阳两读、而且意义相近或相通的情况，可能就是古时'文白异读'的沉积"（p. 204），"《广韵》阴阳异切的不少例证与杨树达所考释的先秦两汉时期的阴阳对转是一样的，……阳入异切的例证也明显地与先秦的对转相似。这种一致性和相似性可以清楚地说明《广韵》的阴阳异切就是先秦两汉时期的阴阳对转的残留"（p. 205）。与《广韵》中的阴阳异切是先秦两汉时期阴阳对转的残留一样，《资治通鉴音注》中的这6个例子所表现出来的阴阳混注也是先秦两汉时期阴阳对转的残留。先秦两汉的阴阳对转在现代方言白读中还有残留，如山西太原话下列字的读音：病 piŋ 文/pi 白；名

miŋ 文/mi 白；听 tiŋ 文/ti 白；星 xiŋ 文/xi 白[①]。"这可能反映白读的不同层次，犹如现代闽方言的白读那样。"（徐通锵 2004：p. 204）

九　止摄与蟹摄的交替

这里所说的止、蟹二韵字的交替不同于中古以后发生的止蟹分合音变。止蟹分合反映的是语音发展的规律，而这里探讨的几个例子既不同于中古的《广韵》，也不符合后世的演变。

①"頯所奏事，余庆多劝上从之，上以为朋比"，胡注："頯，薄谐翻，又蒲回翻。"（p. 7591）按：《广韵》"頯"只有一读："敷悲切"，滂脂重三平止。《集韵》反切的音韵地位相同：《集韵》"頯"有"蒲枚""蘖皆"二切，分别与胡三省的两个注音相对应。

②"夜，命甲士六百，皆持巨斧，载冶者，具韛炭，乘流而下"，胡注："韛，蒲拜翻，韦囊也，鼓以吹火。"（8886）韛，《音注》蒲拜翻，並皆开二去蟹；《广韵》平祕切，並脂开重三去止；《集韵》平祕切，与《广韵》注音相同。胡三省《音注》中"韛"有两次注音，一是"蒲拜翻"，二是"平祕翻"，平祕翻与《广韵》《集韵》的反切一致。由此看脂韵唇音字在胡三省看来是与皆韵开口相同的。

③"今举事一不幸，全躯保妻子之臣随而媒孽其短"，胡三省注云："服虔曰：媒，音欺，谓诋欺也。孟康曰媒，酒教；孽，麴也，谓酿成其罪也。师古曰：孟康说是。"（p. 716）媒，《音注》音欺，溪之开三平止；《广韵》莫杯切，《集韵》谟杯切，《音注》与《广韵》《集韵》皆不同。从词义看，媒有欺义，当是汉代人同义换读的做法，而训诂家沿袭用之。

十　支与歌（戈）混注的现象

①"波汉之阳亘九嶷为长沙"，胡注："郑氏曰：波，音陂泽之陂。师古曰：波汉之阳者，循汉水而往也。水北曰阳。波，音彼皮翻，又音彼义翻。"（p. 1179）"波"音"陂""彼皮翻""彼义翻"者，皆与《广韵》音不同：《广韵》在支韵，《音注》在戈韵，但三者皆与《集

[①]　徐通锵：《汉语研究方法初探》，商务印书馆2004年版，第204页。

②"行三百余里，及于当阳之长坂"，胡注："孔颖达曰：陂者曰坂。陂，彼寄翻，又普罗翻。李巡曰：陂者，谓高峰山坡。"（p. 2084）陂，《音注》普罗翻，滂歌开一平果；《广韵》彼为切，帮支开重三平止；《集韵》滂禾切，与《音注》只是开合不同而已。

③"乌江亭长檥船待"，胡注："徐广曰：檥，音仪，一音俄。应劭曰：檥，正也。孟康曰：檥，音蚁，附也，附船着岸。如淳曰：南方谓整船向岸曰檥。《索隐》曰：檥字，诸家各以意解耳。邹诞本作'様船'，以尚翻；刘氏亦有此音。"（p. 353）檥，读"俄"时的音韵地位是疑歌开一平果；《广韵》檥，鱼倚切，疑支开重三上止；《集韵》檥、俄在同一音组，音牛河切。

④"至是初行开元通宝钱，重二铢四参"，胡注："按《汉书律历志》：权轻重者不失黍絫。应劭曰：十黍为絫，十絫为铢。师古曰：絫，孟音来戈翻。此字读亦音累继之累。二铢四絫，二百四十黍也。'参'当作'絫'，盖笔之误也。"（p. 5924）絫，读"来戈翻"时，其音韵地位是来戈合一平果；《广韵》絫，力委切，来支合三上止；《集韵》卢戈切，与《音注》相同。

十一　虞模字的喉音字与同麻_韵字混注的现象

①"汙"在胡三省《音注》有四种读法：乌故翻、乌路翻；一胡翻、音乌；音于；乌瓜翻。其中以乌故翻为多，作动词，意为"污损、玷污"：汙衊宗室（p. 1024）。"一胡翻"之"洿"，作名词，意为"停水"：大川无防小水，得入陂障，卑下以为汙泽（p. 1065）。乌瓜翻之"污"，作形容词，意为"汙下也"：亿兆汙人，四三叛帅（p. 7464），句中"汙"与"叛"对文，都处在定语的位置上。专有名词"汙水"的"汙"读"于"：项羽悉引兵击秦军汙水上（p. 292）。汙，《音注》乌瓜翻，影麻合二平假；《广韵》乌路切，影模合一去遇；《集韵》有乌瓜切，与《音注》同。

②"以其世子散骑常侍夸领冗从仆射"，胡注："夸，枯花翻。杨正衡：音孚。"（p. 2641）夸，《音注》枯花翻，溪麻合二平假；《广韵》况于切，晓虞合三平遇；《集韵》枯瓜切，与《音注》同。

附　论　　　　　　　　　　　　　　　　　　　459

十二　虞与支混注

"亡逃不可得，即留所发兵垫娄地"，胡注："服虔曰：垫，音垫陉之垫。郑氏曰：娄，音赢。师古曰：垫，音丁念翻。娄音楼。"（p.1035）娄，《音注》音赢，来支合三平止；《广韵》力朱切，来虞合三平遇；《集韵》娄、赢在同一音组，音伦为切。

十三　尤与咍混注

"迁太后于雍萯阳宫"，胡注："萯，音倍。"（p.213）萯，《音注》音倍，並咍开一上蟹；《广韵》房久切，並尤开三上流；《集韵》萯、倍在同一音组，音簿亥切，萯阳宫，秦文王所起，"萯音倍"保存了上古地名的读法。

十四　效摄与流摄混注

①"其中庭彤朱而殿上髤漆"，胡注："师古曰：以漆漆物谓之髤，音许求翻，又许昭翻。今关东俗器物一再著漆者谓之捎漆；捎，即髤声之转重耳。'髤'字或作'髹'，音义亦与'髤'同。今关西俗云黑髤盘、朱髤盘，其音如此。两义并通。毛晃曰：髤，赤黑漆。"（p.1002）髤，《音注》许昭翻，晓宵开三平效；《广韵》许尤切，晓尤开三平流；《集韵》虚尤切，与《广韵》相同。根据胡三省的解释，"髤"之所以读"许昭翻"，是"捎"之转音，这个音是关东的俗音。

②"僇力本业"，胡注："僇，力竹翻，古'戮'字。《说文》：并力也。《字林》音辽。"（p.47）僇，《音注》音辽，来萧开四平效；《广韵》力救切，来尤开三去流；《集韵》"僇""辽"在同一音组，音怜萧切。

③"分刌节度，穷极幼眇"，胡注："幼眇读曰要眇。"（p.952）"幼"是"要"的假借字；《广韵》伊谬切，影幽开三去流；《集韵》"幼""要"同一音组，一笑切。

④"夫缴纫①争言而竞后息"，胡注："缴，《索隐》音纠，康吉吊

---

①　章钰校曰：十二行本"纫"作"纷"。

切，非。"（p.115）司马康的注音与《集韵》同，胡三省认为是错的。缴，《音注》引《索隐》音纠，见幽开三上流；《广韵》古了切，见萧开四上效；《集韵》"缴""訆"同一音组，吉吊切，"缴"下注云："纠戾也。刘向曰纷缴争言。"（p.165上）我们认为此处是胡三省注错了音，当从司马康。

⑤ "乃诈以舍人嫪毐为宦者，进于太后"，胡注："师古曰：嫪，居虬翻；许慎郎到翻；康卢道切。"（p.213）按，"嫪"作为姓氏读"郎到切"，《广韵》与《集韵》相同。可见许慎和司马康的注音是对的，而师古的注音则不知何所据。我们从许慎、司马康的注音。

十五 效摄与遇摄混注

① "丰州都督崔智辨将兵邀之于朝那山北"，胡注："朝，丁度集韵音与邾同。"（p.6414）朝，《音注》音邾，知虞合三平遇；《广韵》陟遥切，知宵开三平效；《集韵》朝、邾在一个音组，音追输切。

② "仁不从，自将万人留橐皋"，胡三省注："橐皋，孟康音拓姑。陆德明曰：橐，章夜翻，又音托。"（p.2211）皋，《音注》音姑，见模合一平遇；《广韵》古劳切，见豪开一平效；《集韵》皋、姑同一音组，攻乎切。

十六 反映域外译音的几个例子

① "大夏国人曰：吾贾人往市之身毒"，胡注："身毒，孟康曰身毒，即天竺也，所谓浮屠胡也。邓展曰毒音笃。李奇曰一名天笃。师古曰亦曰捐毒。索隐曰身音乾。"（p.628）"身"的这两个注音是域外译音，从汉至唐，历代对"天竺"的译音不同。《广韵》《集韵》"身"皆为"失人切"。

② "龟兹王布失毕及其相那利等至京师"，胡注："龟兹，音丘慈，又音屈佳。"（p.6265）龟兹，西域国名，唐人又读作"屈佳"。

③ "护羌校尉段熲击罕姐羌，破之"，胡注："姐，且也翻，又音紫。"（p.1780）《集韵》姐、紫在同一音组，音蒋氏切。

④ "以其绝域不录，放其使者于县度"，胡注："县度，在乌秅国西。县度者，石山也，溪谷不通，以绳索相引而度。县，古悬字通。师

古曰：悬绳而度也。乌秅，郑氏音鹦拏。师古曰：乌，音一加翻；秅音直加翻；急言之声如鹦拏耳，非正音也。"（p. 978）乌，《音注》说郑氏音鹦，《集韵》"乌""鹦"在同一个音组，音于谏切。

⑤ "温又使孤讨先零叛羌"，胡注："零，音怜。"（p. 1920）"先零"是专有名称，是西羌最大的部落。零，《广韵》落贤切，来先开四平山；《集韵》灵年切，其下注云：先零，西羌名。

⑥ "右奥鞬王闻之，即自立为车犁单于"，胡三省注曰："奥，音郁。"（p. 868）奥，《音注》音郁，影屋合三入通；《广韵》乌到切，影豪开一去效；《集韵》乙六切，与《音注》相同。

⑦ "侍御史剑南留后李宓"，胡三省注曰："宓，音密，又音伏。"（p. 6926）宓，《音注》音伏，奉屋合三入通；《广韵》美笔切，明质开重三入臻；《集韵》莫笔切，与《广韵》同。

小结

上文我们从十六个方面分析了《资治通鉴音注》特殊音切所反映的韵母关系。胡三省为《资治通鉴》所作的《音注》是音义类著作，引用了不少旧注，这都说明其注音是有传承的成分的。由于保留了一些古代专有名称的读音以及文字的假借音、异体字的音、古音与今音以及方俗之音，所以表现出某些音切比较"特殊"。胡三省《音注》的音系反映了宋末元初共同语读书音的文献材料，其音系是承袭了五代、宋初、南宋、金代读书人递相传承的雅音系统。厘清这些特殊音切，可以帮助我们更好地研究胡三省《音注》的语音系统。

参考文献

一　经典文献

(宋)《宋本广韵》，北京中国书店1982年版。
(宋)丁度：《宋刻集韵》，中华书局1989年版。
(宋)《资治通鉴》，中华书局1956年版。
(元)胡三省：《通鉴释文辩误》，载《资治通鉴》(第二十册)，中华书局1956年版。
(元)周德清：《中原音韵》，北京中国书店2018年版。

二　中文专著

北京大学中国语言文学系语言学教研室编：《汉语方音字汇》(第二版重排本)，语文出版社2003年版。
陈新雄编著：《中原音韵概要》，(台北)学海出版社1985年版。
丁邦新：《丁邦新语言学论文集》，商务印书馆1998年版。
丁锋：《〈博雅音〉音系研究》，北京大学出版社1995年版。
方孝岳编：《广韵韵图》，中华书局1988年版。
冯蒸：《〈尔雅音图〉音注研究论集》，学苑出版社2020年版。
耿振生：《明清等韵学通论》，语文出版社1992年版。
郭锡良编著：《汉字古音手册》(增订重排本)，商务印书馆2010年版。
黄淬伯：《慧琳一切经音义反切考》，中华书局2010年版。
黄侃述，黄焯编：《文字声韵训诂笔记》，武汉大学出版社2013年版。
黄坤尧：《音义阐微》，上海古籍出版社1997年版。
蒋冀骋：《近代汉语音韵研究》(修订本)，商务印书馆2021年版。
蒋冀骋、吴福祥：《近代汉语纲要》，湖南教育出版社1997年版。

蒋希文：《徐邈音切研究》，贵州大学出版社 2022 年版。
李方桂：《上古音研究》，商务印书馆 1980 年版。
李立成：《元代汉语音系的比较研究》，外文出版社 2002 年版。
李荣著，黄笑山校订：《切韵音系》，商务印书馆 2020 年版。
李新魁：《〈中原音韵〉音系研究》，中州书画社 1983 年版。
刘广和：《音韵比较研究》，北京广播电视出版社 2002 年版。
鲁国尧：《鲁国尧语言学论文集》，江苏教育出版社 2003 年版。
《陆志韦语言学著作集》（一），中华书局 1985 年版。
《陆志韦近代汉语音韵论集》，商务印书馆 1988 年版。
罗常培、蔡美彪编著：《八思巴字与元代汉语》（增订本），中国社会科学出版社 2004 年版。
马君花：《〈通鉴音注〉语音研究》，（台北）花木兰文化出版社 2016 年版。
麦耘：《音韵与方言研究》，广东人民出版社 1995 年版。
宁继福：《中原音韵表稿》，吉林文史出版社 1985 年版。
钱毅：《宋代江浙诗韵研究》，中国社会科学出版社 2019 年版。
邵荣芬：《切韵研究》（校订本），中华书局 2008 年版。
沈建民：《〈经典释文〉音切研究》，中华书局 2007 年版。
施向东：《音史寻幽：施向东自选集》，南开大学出版社 2009 年版。
王力：《汉语史稿》，中华书局 1980 年版。
王力：《汉语语音史》，商务印书馆 2010 年版。
徐宇航：《潮州方言一百多年来的音韵演变》，商务印书馆 2018 年版。
杨耐思：《中原音韵音系》，中国社会科学出版社 1981 年版。
张凯：《〈玉篇直音〉语音研究》，科学出版社 2021 年版。
张晓曼：《〈四声通解〉研究》，齐鲁书社 2005 年版。
赵元任：《现代吴语的研究》（附调查表格），科学出版社 1956 年版。
郑张尚芳：《郑张尚芳语言学论文集》（上下），中华书局 2012 年版。
周祖谟：《周祖谟语言文史论集》，学苑出版社 2004 年版。
朱晓农：《音法演化 发声活动》，商务印书馆 2012 年版。
竺家宁：《近代音论集》，（台北）学生书局 1994 年版。

三 中文译著

[美] 白一平著：《汉语上古音手册》，龚群虎、陈鹏、翁林佳译，上海教育出版社 2022 年版。

[美] 包拟古著：《原始汉语与汉藏语》，潘悟云、冯蒸译，中华书局 1995 年版。

[瑞典] 高本汉著：《中国音韵学研究》，商务印书馆 1994 年版。

[加拿大] 蒲立本著：《上古汉语的辅音系统》，潘悟云、徐文堪译，中华书局 1999 年版。

[俄] 斯·阿·斯塔罗斯金著：《古代汉语音系的构拟》，林海鹰、王冲译，郑张尚芳、冯蒸审校，上海教育出版社 2010 年版。

[美] 王士元：《王士元语言学论文集》，商务印书馆 2002 年版。

[苏] 谢·叶·雅洪托夫著，唐作藩、胡双宝选编：《汉语史论文集》，北京大学出版社 1986 年版。

[美] 薛凤生：《汉语音韵学十讲》，华语教学出版社 1999 年版。

四 论文

白涤州：《集韵声类考》，《中央研究院历史语言研究所集刊》1931 年第三本第二分。

边田钢：《牙喉音来源之以母及其上古音值》，《语言科学》2018 年第 3 期。

边田钢：《牙喉音来源之舌齿音声母的音位化构拟》，《语言科学》2019 年第 4 期。

陈亚川：《反切比较法例说》，《中国语文》1986 年第 2 期。

储泰松：《隋唐音义反切研究的观念与方法之检讨》，《复旦学报》（社会科学版）2002 年第 4 期。

董同龢：《全本王仁昫刊谬补缺切韵的反切下字》，《中央研究院历史语言研究所集刊》1948 年第十九本。

董同龢：《全本王仁昫刊谬补缺切韵的反切上字》，《中央研究院历史语言研究所集刊》1951 年第二十三本下册。

耿振生：《论近代书面音系研究方法》，《古汉语研究》1993 年第 4 期。

哈平安：《五代两宋词的入声韵部》，载《语言与言语障碍论集》，首都师范大学出版社 1996 年版。

胡方：《论厦门话 [ᵐbᵘgⁿd] 声母的声学特性及其他》，《方言》2005年第 1 期。

黄易青：《论上古喉牙音向齿头音的演变及古明母音质：兼与梅祖麟教授商榷》，《古汉语研究》2004 年第 1 期。

江灏：《〈资治通鉴音注〉反切考》，载《古汉语论集》，湖南教育出版社 1985 年版。

蒋冀骋：《论〈中原音韵〉中知照庄三系的分合》，《湖南师范大学社会科学学报》1997 年第 6 期。

金有景：《汉语史上 [ï]（ꞮꞭ）音的产生年代》，《徐州师范大学学报》（哲学社会科学版）1998 年第 3 期。

赖江基：《从〈诗集传〉的叶音看朱熹音的韵系》，载中国音韵学研究会《音韵学研究》（第二辑），中华书局 1986 年版。

李惠昌：《遇摄韵在唐代的演变》，《汕头大学学报》（人文社会科学版）1989 年第 4 期。

李建强：《从黄侃〈声韵略说〉看当前复声母问题的论争》，《长江学术》2017 年第 1 期。

李新魁：《论近代汉语照系声母的音值》，《学术研究》1979 年第 6 期。

廖秋华：《从胡三省自注反切与征引反切的比较看他的审音标准》，《汉语史学报》2021 年第 1 期。

林焘：《日母音值考论》，《燕京学报》1995 年第 1 期。

刘广和：《南朝宋齐译经对音的汉语音系初探》，《西域历史语言研究集刊》（第八辑），科学出版社 2015 年版。

刘晓南：《〈韵会〉赀字母韵考论》，《中国语文》2005 年第 2 期。

鲁国尧：《宋词阴入通叶现象的考察》，载中国音韵学研究会《音韵学研究》（第二辑），中华书局 1986 年版。

马重奇：《颜师古〈汉书注〉反切考》，《福建师范大学报》（哲学社会科学版）1990 年第 3 期。

麦耘：《汉语语音史上的 ï 韵母》，载中国音韵学研究会、石家庄师范专科学校编《音韵论丛》，齐鲁书社 2004 年版。

［美］梅祖麟：《古代楚方言中"夕（祭）"字的词义和语源》，《方言》1981年第3期。

［美］梅祖麟：《跟见系字谐声的照三系字》，《中国语言学报》1983年第1期。

潘悟云：《中古汉语轻唇化年代考》，中国人民大学书报资料中心《复印报刊资料》（语言文字学）1984年第1期。

潘悟云、朱晓农：《汉越语和〈切韵〉唇音字》，载中华文史论丛增刊《语言文字研究专辑》，上海古籍出版社1982年版。

［日］秋谷裕幸：《闽语中早于中古音的音韵特点及其历史含义》，《辞书研究》2020年第5期。

任福禄：《颜师古〈汉书注〉舌音唇音反切声类研究：兼与马重奇先生商榷》，《古汉语研究》1993年第3期。

［日］森博达著：《中古重纽韵舌齿音字的归类》，刘云凯译，载刘利民、周建设主编《语言》（第五卷），首都师范大学出版社2005年版。

邵荣芬：《〈五经文字〉的直音和反切》，《中国语文》1964年第3期。

［日］辻本春彦著：《所谓三等重纽的问题》，冯蒸译，载冯蒸《汉语音韵学论文集》，首都师范大学出版社1997年版。

［日］松尾良树著：《论〈广韵〉反切的类相关》，冯蒸译，载刘利民、周建设主编《语言》（第一卷），首都师范大学出版社1999年版。

孙玉文：《李贤〈后汉书音注〉的音系研究》（上、下），《湖北大学学报》（哲学社会科学版）1993年第5、6期。

唐虞：《"儿"[ɚ]音的演变》，载《中研院历史语言研究所集刊论文类编》（语言文字编·音韵卷一），中华书局2009年版。

唐作藩：《晚唐尤韵唇音字转入虞韵补正》，载《纪念王力先生九十诞辰文集》，山东教育出版社1991年版。

万献初：《近古百种韵书–m韵尾消变的历时进程》，《励耘学刊》（语言卷）2012年第2期。

项梦冰：《客家话古日母字的今读：兼论切韵日母的音值及北方方言日母的音变历程》，《广西师范学院学报》（哲学社会科学版）2006年第1期。

谢纪锋：《对〈跟见系字谐声的照三系字〉一文的几点意见》，《贵州大学学报》（社会科学版）1996年第2期。

徐宇航：《潮州方言鼻音声母：规则、演变、层次》，《中国语文》2018年第6期。

徐之明：《李善反切系统中特殊音切例释》，《古汉语研究》2000年第1期。

叶宝奎：《关于汉语近代音的几个问题》，《古汉语研究》2000年第3期。

［日］远藤光晓著：《论〈切韵〉唇音开合》，包小金译，载董琨、冯蒸主编《音史新论》，庆祝邵荣芬先生八十寿辰学术论文集，学苑出版社2005年版。

曾晓渝：《见母的上古音值》，《中国语文》2003年第2期。

［美］张琨著：《汉藏语系的"铁"*QHLEKS字》，冯蒸译，载冯蒸《汉语音韵学论文集》，首都师范大学出版社1997年版。

张卫东：《论中古知照系部分字今读同精组》，《深圳大学学报》1984年第1期。

张渭毅：《论知组、庄组、章组声母在近代汉语早中期的演变类型：为杨耐思先生八十华诞而作》，载张渭毅主编《汉声：汉语音韵学的继承与创新》（下），中国文史出版社2011年版。

张玉来：《近代汉语共同语的构成特点及其发展》，《古汉语研究》2000年第2期。

郑仁甲：《论三等韵的ǐ介音：兼论重纽》，载中国音韵学研究会《音韵学研究》（第三辑），中华书局1994年版。

郑再发：《汉语语音史的分期问题》，载《中研院历史语言研究所集刊论文类编》（语言文字编·音韵卷二），中华书局2009年版。

周法高：《玄应反切考》，《中央研究院历史语言研究所集刊》1948年第二十本上册。

朱晓农、寸熙：《试论清浊音变圈：兼论吴、闽语内爆音不出于侗台底层》，《民族语文》2006年第3期。

后　　记

　　本书是 2009 年 6 月获批的国家社会科学基金一般项目"《资治通鉴音注》音系与宋元语音的比较研究"（项目批准号：09BYY036）的最终研究成果，该成果于 2014 年 2 月被全国哲学社会科学办公室鉴定为良好等级准予结项。在该项目研究成果的基础上形成的《〈通鉴音注〉语音研究》，有幸得到台湾花木兰文化出版社资助出版（2016）。2019 年我申报了"宁夏第十四届哲学社会科学优秀成果奖（2015—2017）"，承蒙宁夏社会科学办公室和诸多评审专家的支持，本成果有幸获得著作类二等奖，这对我来讲是巨大的鞭策和鼓励。现在呈现给读者的是在初版基础上的修订本，篇幅由初版的 27 余万字增加到 47 万字左右。本次进行的修订主要包括三个方面：一是修改、补充、完善了初版内容。重新审视了轻重唇音混注、端知混注等类隔现象，补充修改了塞音与其同部位鼻音混注现象的分析，补充了同组塞音声母混注问题的分析。重新审视一字多读问题，将其与语音演变划分开来研究。重新审视了牙喉音与齿音、舌音、唇音混注的用例，指出其作为通假字、人名地名等用字，读书音保存了其古读的现象。二是增补了《同音字表》和附论。《同音字表》是我们多方研究之后的结论，以表格形式直观地呈现了胡三省《通鉴音注》语音系统的特点。关于重纽研究、特殊音切韵母关系，在论述音系特点过程中有所探讨，但材料较为零散，无法集中展开研究。此次修订将这两篇文章作为"附论"列于文末，在收录过程中有部分删改。三是调整了初版部分章节的内容和结构。

　　本人长期致力于中古及近代汉语音韵问题研究。在研究过程中，把胡三省《通鉴音注》所反映的语音问题放在宋元时期汉语音韵的大背景下，结合宋元时期其他语音材料的研究成果进行比较研究，展现和总

后　记

结了这项材料的音系特点、演变规律及其音系性质。在 2014 年之前，我们围绕相关主题发表了系列论文，例如《〈资治通鉴音注〉轻唇音研究》《〈资治通鉴音注〉音系性质研究》《〈资治通鉴音注〉音系特点研究：兼与江灏商榷》《〈资治通鉴音注〉知照合流问题的研究》《中古入声韵在〈资治通鉴音注〉中的演变》等。胡三省《通鉴音注》广博精深，拙作的研究只是冰山一角，还有大量的研究工作有待后期继续深入开展。拙作尚且存在诸多不足，翘首以待方家斧正。

拙作付梓之际，我首先要感谢课题组成员在课题申报、课题研究以及出版过程中所作的贡献，感谢评审专家在项目结项评审中给予较高评价并提出了宝贵的修改意见和建议——这些修改意见和建议使我得以有机会在再版之前有针对性地予以修订和完善。感谢全国哲学社会科学办公室对该课题的肯定，从而顺利结项并授予良好的鉴定结果，感谢此书的责任编辑刘艳老师，感谢长期支持我工作的老师、朋友以及家人们，感谢对拙作的出版给予关注与鼓励的同仁们！

马君花
2023 年 10 月